KB187324

신인간지성론

2

Nouveaux Essais sur l'entendement humain

Gottfried Wilhelm Leibniz

Published by Acanet, Korea, 2020

한국연구재단총서
Academic Library of NRF
학술명저번역 627

신인간지성론 2

Nouveaux Essais sur l'entendement humain

고트프리트 빌헬름 라이프니츠 지음 | 이상명 옮김

아카넷

차례

이 책의 번역에 관하여 | 7

3부 말에 관하여

1장 말 혹은 언어 일반에 관하여 | 19
2장 말의 의미에 관하여 | 27
3장 일반 명사에 관하여 | 42
4장 단순 관념의 이름에 관하여 | 55
5장 혼합 양태와 관계의 이름에 관하여 | 63
6장 실체의 이름에 관하여 | 69
7장 불변화사에 관하여 | 109
8장 추상적 용어와 구체적 용어에 관하여 | 116
9장 말의 불완전성에 관하여 | 118
10장 말의 남용에 관하여 | 127
11장 방금 말한 불완전성과 남용에 대한 치료책에 관하여 | 144

4부 지식에 관하여

1장 지식 일반에 관하여 | 155
2장 우리 지식의 등급에 관하여 | 164
3장 인간 지식의 범위에 관하여 | 186
4장 우리 지식의 실재성에 관하여 | 210
5장 진리 일반에 관하여 | 217
6장 보편 명제의 진리성과 확실성에 관하여 | 221

7장 공준 혹은 공리라 불리는 명제에 관하여 | 233
8장 공허한 명제에 관하여 | 267
9장 우리의 현존에 대한 우리의 지식에 관하여 | 276
10장 신의 현존에 대한 우리의 지식에 관하여 | 279
11장 다른 사물들의 현존에 대한 우리의 지식에 관하여 | 293
12장 우리의 지식을 확장하는 방법에 관하여 | 301
13장 우리의 지식에 대한 다른 고찰 | 314
14장 판단에 관하여 | 316
15장 개연성에 관하여 | 318
16장 동의의 정도에 관하여 | 322
17장 이성에 관하여 | 347
18장 신앙과 이성, 그리고 그것의 구별 경계에 관하여 | 381
19장 광신에 관하여 | 393
20장 오류에 관하여 | 404
21장 학문의 분류에 관하여 | 423

옮긴이 해제 | 433
감사의 말 | 456
찾아보기 | 459

일러두기

1. 이 번역은 고트프리트 빌헬름 라이프니츠의 Nouveaux Essais sur l'entendement humain 아카데미판을 대본으로 번역한 것이다. 서지사항과 참고 번역서는 '이 책의 번역에 관하여'를 참고하기 바란다.
2. 주는 대본으로 삼은 아카데미판의 편집자 주이고, 필요한 경우 역자가 [옮긴이 주]로 따로 표기하고 주를 추가했다.
3. **진하게** 강조한 것은 라이프니츠의 강조이다.
4. 각주에서 약자를 사용해 다른 저작을 지시하는 경우는 다음을 가리킨다.
   A: *Sämtliche Schriften und Briefe*, Preusischen (Deutschen) Akademie der Wissenschaften zu Berlin; Berlin-Brandenburgische Akademie der Wissenschaften 편, Reihe I-VII, Darmstadt, Leipzig, Berlin, 1923ff. (A VI(철학 저작), 권, 쪽수)로 표기.
   GP: *Die Philosophischen Schriften von Gottfried Wilhelm Leibniz*, C. I. Gerhardt 편, 7권, Berlin, 1875~1890. (GP 권, 쪽수)로 표기.
   GM: *G. W. Leibniz Mathematische Schriften*, C. I. Gerhardt 편, 7권, Berlin, 1849~1863. (GM 권, 쪽수)로 표기.
   Dutens: *Leibnitii Opera omnia*, Ludovico Dutens 편, 6권, Genf., 1768. (Dutens 권, 쪽수)로 표기.
   A.T.: Rene Descartes, *Œuvres*, C. Adam & P. Tannery 편, Paris, 1897~1913. (A.T. 권, 쪽수)로 표기.

이 책의 번역에 관하여

1. 번역 대본과 참고 번역서

번역 대본으로 삼은 원본은 베를린-브란덴부르크 학술원과 괴팅겐 학술원에서 편집한 *Sämtliche Schriften und Briefe*의 6번째 철학 저작 시리즈 중 뮌스터 대학교 라이프니츠 연구소에서 편집하고 아카데미 출판사에서 출판한 6권 *Nouveaux Essais*에서 『신인간지성론』이 수록되어 있는 43쪽부터 527쪽까지이다. 이 6권의 편집책임자는 쿠르트 뮐러(Kurt Müller)이고, 편집 작업은 현재는 라이프니츠 철학 연구에서 영향력이 큰 전문가인 앙드레 로비네(André Robinet)와 하인리히 셰퍼스(Heinrich Schepers)가 맡았다. 이 책의 초판 출판 연도는 1962년이고, 이번 번역에 사용한 책은 보통 아카데미판이라고 부르는 2006년 재판본이다.

번역에는 두 권의 독일어 번역서와 한 권의 영어 번역서, 그리고 프랑스에서 출판된 한 권의 단행본을 참고했다. 독일어 번역본과 영어 번역본은 원본과 거의 일일이 대조하면서 번역했고, 프랑스어 단행본은 라이프니츠의 17세기 프랑스어 표기를 모두 현대적 표기로 바꿔 출판해서 도움이 되었다. 이 책들의 서지사항은 다음과 같다.

독일어본1: *Neue Abhandlungen über den menschlichen Verstand*, Ernst Cassirer, Hamburg, Meiner, 1996(초판: 1915).
독일어본2: *Neue Abhandlungen über den menschlichen Verstand*, Wolf von Engelhardt & Hans Heinz Holz, 2권, Darmstadt, Wissenschaftliche Buchgesellschaft, 1959~1961.(프랑스어—독일어 대역본)
영어본: *New Essays on Human Understanding*, Peter Remnant & Jonathan Bennet, Cambridge UP, 1981.
프랑스어 단행본: *Nouveaux essais sur l'entendement humain*, introd., Jacques Brunschwig, Flammarion, 1993.

2. 필라레테스 부분의 번역과 참고 도서

로크의 입장을 대변하는 필라레테스 부분은 로크의 『인간지성론』을 코스테가 프랑스어로 번역하여 1700년에 출판한 *Essai philosophique concernant l'entendement humain*(Amsterdam)의 일부를 라이프니츠가 직접 인용하거나 변형한 것이다. 대본인 아카데미판에서는 로크의 책에서 해당 부분의 위치를 가리키는 "§. 00." 표시와 함께 *이탤릭체*로 표기했지만 이 번역에서는 우리말 관례에 따라 *이탤릭체* 부분을 큰따옴표(" ") 안에

넣었다. 필라레테스 부분에서 큰따옴표가 붙지 않은 부분은 라이프니츠가 로크의 책에 근거를 두지 않고 자신이 쓴 것이다.

필라레테스 부분을 번역하기 위해서는 로크의 『인간지성론』을 참고해야 할 뿐만 아니라 라이프니츠가 읽었던 코스테의 프랑스어본도 참고할 필요가 있었다. 이 과정에서 『인간지성론』 우리말 번역을 참고해 내용 이해와 번역어 등에서 도움을 받았고 번역에 반영하기도 하였으나 그대로 옮기지는 않았다. 코스테의 번역서에서 가져온 라이프니츠의 인용 문장들이 로크 책의 우리말 번역서에서 그대로 옮길 만큼 일치하지 않기 때문이다. 로크의 『인간지성론』은 다음의 책과 번역서를 참고했다.

존 로크, 『인간지성론 1, 2』, 정병훈, 이재영, 양선숙 옮김, 한길사, 2014.
John Locke, *An Essay Concerning Human Understanding*, ed. Peter H. Nidditch, OUP, 1998.
John Locke, *Essai philosophique concernant l'entendement humain*, trad. Pierre Coste, Paris, 2009.

3. 편집자 주와 옮긴이 주

아카데미판에서 『신인간지성론』의 각주는 라이프니츠의 주석이 아니라 아카데미판 편집자인 로비네와 셰퍼스의 주석이다. 라이프니츠는 『신인간지성론』에서 상당히 많은 인물과 저작을 언급한다. 그 저작과 인물 중에는 현재 우리에게 익히 알려져 있는 것들도 있지만 해외의 전문 백과사전에서 찾아야 하거나 그곳에서도 찾지 못하는 것들도 많다. 그리고 몇몇 저작들의 경우는 해외 아주 큰 도서관에서 겨우 흔적을 찾을 수 있거나 그런 곳에도 남아 있지 않은 것들도 있다. 그런 점에서 편집자 주가 비록 서지정보만 알려주는 경우도 많지만, 그런 문헌이 있었다는 것만으로도 유용한 정보라 할 수 있다. 그래서 아주 불필요하다고 판단되는 극소수의 경우를 제외하고는 편집자 주를 다른 표기 없이 모두 번역했다.

[옮긴이 주]는 편집자 주에는 없지만 역자가 필요하다고 판단되는 경우 독자의 이해를 돕기 위해 추가한 것이다. [옮긴이 주]는 보통 다음의 경우에 필요하다고 판단했다. 첫째, 번역 대본인 아카데미판에 인물과 저작들에 대한 주석이 없는 경우, 참고한 독일어, 영어 번역서의 주석을 참고하거나 여러 경로로 사전류와 자료를 조사해 추가했다. 둘째, 몇몇 번역어에 대해서 해설할 필요가 있는 경우 해설을 추가했다. 셋째, 라이프니츠 철학에서 낯선 개념이나 용어에 대해서 독자의 이해를 돕기 위해 해설하거나 간단한 정보를 제공할 필요가 있는 경우 주석을 추가했다.

『신인간지성론』을 읽고 이해하는 데 필요한 객관적 자료나 정보를 기초적인 수준에서 제공하려고 했지만 라이프니츠 철학의 특정 개념이나 주장, 이론 등에 대해서 나의 주관적 이해와 해석이 포함된 해설은 하지 않았다. 그런 주해는 독자의 이해를 방해할 수도 있고 독자가 스스로 읽고 이해하고 해석하는 데 선입견을 제공할 수도 있기 때문이다. 물론 완전히 다른 언어인 우리말로 번역할 때, 번역어 자체가 역자의 주관적 이해를 암암리에 함축할 수 있지만 그 정도는 피할 수 없는 일이라고 생각한다.

4. 번역 원칙과 몇몇 개념의 번역어 해설

철학 원전 번역에서 가장 중요한 것은 그 철학자가 사용하는 용어나 개념, 문장의 의미와 표현을 정확하게 번역하는 것이다. 흔히 1차 문헌이라고 불리는 책은 철학 연구에서 가장 토대가 되는 자료로 사용되는데 개념이 구별되지 않거나 의미가 정확하게 전달되지 않으면 그 역할을 할 수 없기 때문이다. 그래서 우선 원문의 개념과 문장에 충실하게 또 그런 한에서 우리말로 잘 읽을 수 있도록 번역하려고 노력했다. 최근 가독성에 대한 요구가 커지면서 쉽게 읽을 수 있는 번역을 좋게 평가하지만 철학 원전을 그 목적으로만 번역한다면, 상당한 원문 훼손을 감수해야 하고 원전의 가치도 떨어지게 된다. 더구나 『신인간지성론』은 원문 자체의 가독성도 높지 않은 저작이다. 대화체로 쓰였지만 진정한 의미에서, 적어도 플라톤의 대화편이나 라이프니츠의 다른 대화체 저작들에서 기대할 수 있을 정도의 대화체 저작이라고 보기 어렵다. 라이프니츠 자신도 인정하듯이 단지 대화의 형식만 이용했을 뿐이다. 또한 라이프니츠는 콜론(:)과 세미콜론(;)을 사용해 문장을 길게 쓰는 경우가 많다. 이 기호들도 문장 간의 의미연관을 나타내기 때문에, 그것을 고려해 문장을 나누어 번역했고, 가급적 문장의 순서가 유지될 수 있도록 했다.

철학적으로 중요한 개념의 경우 연구자들에게 구별되게 보이기 위해서 번역어를 통일할 필요가 있다. 그런 용어의 경우 일관되게 한 번역어를 사용했다. 그렇지 않은 경우까지 원어와 우리말을 일대일 대응으로 번역하거나 하나의 번역어를 고집할 경우 어색한 번역문이 되는 경우가 많기 때문에, 중요 개념 외에는 원문의 의미가 전달되는 한 읽기 편하게 번역하려고 노력했다. 이런 의도와 노력에도 불구하고, 도달하지 못한 부분은 전적으로 나의 능력이 부족한 탓이다.

나는 몇몇 개념을 가급적 일반적으로 사용하는 우리말에 가깝게 번역하려고 했다. 그래서 관념이나 인식의 종류를 가리키는 표현 중에 'clair'를 '명확한'으로, 'distinct'를 '구별되는'으로, 'obscur'를 '모호한'으로, 'confus'를 '혼란스러운' 혹은 '혼란한'으로, 그리고 'adequat'를 '적합한'으로 번역했다. 이 말들은 근대 인식론의 주요 개념이고 기존에 어느 정도 굳어진 번역어가 있다. '명석한', '판명한', '애매한', '모호한', '충전적'이 그것이다. 하지만 이 번역어들은 일반 독자들에게 익숙하거나 철학 외에 다른 분야에서도 같은 의미로 사용되는 말이 아니다. 오히려 이 번역어들이 유독 철학에만 사용되는 고유한 전문용어인 것처럼 인식된다면, 일반 독자들에게 철학은 더욱더 고립된 학문으로 여겨질 것이다. 좀 더 원어의 의미에 적합하고 일반적으로 사용하는 우리말에 가깝게 번역하는 것이 필요하다. 참고로 로크의 『인간지성론』 우리말 번역에서는 이것을 '뚜렷한', '구별되는', '불명료한', '혼란스러운'이라고 번역했다. 그리고 '적합한'이라고 번역한 'adequat'는 라틴어 'adaequátus'의 번역어이고, 영어와 독일어도 이 라틴어의 형태를 그대로 쓰고 있다. 이 말이 본래 '같게 만들다/동등하게 하다'라는 의미를 가진 라틴어 동사 'adǽquo'에서 유래한다는 것을 고려하면, 관념과 대상의 일치 혹은 상응이라는 의미를 갖는다고 이해할 수 있고, 이런 관점에서 '일치하는'이라고 번역할 수도 있다. 하지만 'adequat'를 '일치하는'이라고 번역하는 것은 매우 낯설어 보이고, 또 다른 원어와도 혼동될 수 있다. 그래서 대상이 무엇이든 그 대상과 일치하거나 상응하는 관념이라는 의미를 지닐 수 있는 '적합한'이라는 말로 번역했다. 그리고 '적합한'이라는 번역어뿐만 아니라 '명확한', '구별되는', '모호한', '혼란스러운'이라는 번역어가 이 말들이 술어로 사용될 경우에도 자연스럽다.

다음은 이 책 제목 번역에 관한 것이다. 'entendement'을 '지성'이 아니라 '오성'으로 번역하는 경우가 있다. 이것은 'entendement'의 독일어 번역이 'Verstand'이고, 이 'Verstand'는 칸트 철학에서 '오성'으로 번역하기도 해서 그에 따른 것으로 보이는데, 우선 라이프니츠는 칸트 이전의 철학자이기 때문에, 영향의 방향을 역으로 보는 것은 적절하지 않다고 생각했다. 또한 두 용어의 개념적 의미가 같지 않다. 라이프니츠의 지성 개념이 적용 범위가 더 넓다. 그리고 라이프니츠는 자신이 사용하는 'entendement'이 라틴어 'intellectus'에 해당한다고 밝히고 있고(2부 21장 5절), 로크의 'understanding'도 라틴어 'intellectus'에 해당한다는 것이 『인간지성론』의 라틴어 전작에서도 나타난다. 따라서 '오성'보다는 '지성'이 더 정확한 번역어라고 판단했다.

끝으로 'aperception'의 번역어에 관한 것이다. 보통 'aperception'이 『모나드론』에 처음 등장하는 개념으로 알려져 있는데, 그렇지 않다. 라이프니츠의 인식론 저작인 『신인간지성론』에서 'aperception'과 이것의 동사형 'apercevoir/s'apercevoir'는 매우 빈번하게 사용되며, 또한 다른 저작에서와 달리 그 의미를 구별해야 할 필요성도 나타난다. 라이프니츠 철학 저작 번역서에서 'aperception'은 보통 '통각(統覺)'으로 번역하고, 'apercevoir/s'apercevoir'는 '의식하다'로 번역한다. 역자도 전에는 그저 그렇게 번역했다. 그것은 아마도 'aperception' 개념이 주로 칸트 철학을 통해서 알려졌고 칸트 철학에서 'apperzeption'을 '통각'으로 번역하기 때문일 것이다. 그런데 이 말에 특정한 인식론적 의미를 부여한 것은 라이프니츠가 처음이고, 칸트는 라이프니츠보다 더 특수한 의미를 부여해 자신의 인식론에서 감각에 주어진 지각들을 '통일'하는 의식 작용으로 사용한 것이다. 하지만 라이프니츠에서 'aperception'은 '통일하는 의식 작용'의 의미를 갖지 않는다. 오히려 반성적 인식의 의미가 더 주요하다.『모나드론』과『자연과 은총의 원리』에서 라이프니츠는 이것을 '의식(conscience)' 혹은 모나드의 내적 상태에 대한 '반성적 인식(connaissance reflexive)'이라고 말한다.(『모나드론』, 14절;『자연과 은총의 원리』, 4절) 그리고『신인간지성론』에서는 반성적 지각, 구별되는 지각과 같은 의미로 사용하고, 또 단순히 '통각'으로 번역하기 어려운 다른 많은 이론과 주장이 등장한다. 예를 들면 미세 지각 이론이나 인간과 동물의 구별 같은 것이다. 더구나 명사형 '통각'에 맞추어 'apercevoir/s'apercevoir'를 우리말에서 사용하지 않는 '통각하다'로 번역할 수도 없는 노릇이다. 그래서 라이프니츠 철학적 주장에 어울리는 다른 더 정확한 번역어를 찾는 일이 필요했다.

번역어를 결정하는 과정에서 주목하게 된 것은, 로크의 견해를 쓰는 필라레테스 부분에서 로크가 쓴 'perception'과 'perceive'를 코스테는 프랑스어로 'aperception' 그리고 주로 동사형으로 'apercevoir'로 번역했다는 것이다. 예를 들어 2부 21장 5절 부분에서 로크가 'the power of perception'이라고 쓴 것을 코스테는 'la puissance d'apercevoir'라고 번역했다. 그럼 왜 이렇게 번역했을까? 17세기에 라틴어 'perceptio(n)/percipere(v)'와 영어 'perception(n)/perceive(v)'를 프랑스어로 번역할 때, 동사의 의미에서 차이가 있었다. 즉 명사형 'perceptio/perception'은 프랑스어 'perception'으로 옮겨도 의미가 같았지만, 동사형 'percipere/perceive'는 'percevoir'로 옮길 수 없었다. 당시 'percevoir'는 인식론적 의미로 사용되지 않고, 주로 금전이나 영수증을 '받다' 혹은 세금을 '징수하다'라는 의미로 사용되었다. 그래서 'percipere/perceive'의 프랑스어 동사는 'apercevoir'가 사용되었다. 이것은 라틴어와 프랑스어로 저작을 남긴 데카르트에서도 확인되는 사실이다.(데카르트는 라틴어 명사형 'perceptio'는 프랑스어로 'perception'이라고 썼지만 동사형은 'percevoir'가 아니라 'apercevoir'를 썼다. 『정념론』, 1부 19절) 그리고 『신인간지성론』에서도 'perception'은 등장하지만 'percevoir'라는 동사는 전혀 등장하지 않는다. 모두 확인해보지는 못했지만 아마도 라이프니츠 프랑스어 저작에서 'percevoir'는 사용되지 않았을 것으로 추정된다.

이와 더불어 주목해야 할 부분은 라이프니츠가 'apercevoir/perception'과 's'apercevoir/aperception'을 다른 의미로 또 다른 맥락에서 사용한다는 것이다. 이것은 그가 'perception'과 's'apercevoir'를 구별하는 것으로 알 수 있다.(2부 9장 4절) 'perception'은 정신 내부에 있으나 외부 사물에 대한 표상이고, 'aperception'은 정신 내부에 있는 지각으로 향하는 반성적 인식이다. (『자연과 은총의 원리』, 4절) 따라서 'aperception'은 정신 안에 있는 것에 대한 반성적 지각이다. 그래서 나는 'perception'을 '지각'으로 번역하는 것과 구별하여 'aperception'을 '자각'으로 번역하는 것이 적절하다고 생각했다.

정리하자면 프랑스어로 'perception(지각)'의 동사형은 'apercevoir(지각하다)'가 쓰이고, 'aperception(자각)'의 동사형은 's'apercevoir(자각하다)'가 쓰였다고 할 수 있다. 그리고 명사형 'aperception'도 'apercevoir(지각하다)'의 명사형인 경우가 있을 것이고 이 경우 지각하는 활동의 명사형으로 보아 '지각작용'으로 번역하고, 's'apercevoir(자각하다)'의 명사형인 경우가 있을 것인데, 이 경우는 '자각'으로 번역했다. 그래서 라이프니츠가 주장하는 미세 지각들에 대한 의식은 이미 정신 안에 있는 지각들에 대한 반성적 인식이기 때문에, 『신인간지성론』에서 미세 지각을 '자각하다(s'apercevoir)'라고 쓰지 지각하다(apercevoir)라고 쓰지 않는다. 즉 미세 지각은 지각의 대상이 아니라 자각의 대상이다.(『모나드론』 16절)

이렇게 번역어를 고민하면서 『신인간지성론』에서 사용된 곳을 일일이 전수 조사해서 사용된 맥락과 경향성, 규칙성을 살펴보았는데, 명사 'aperception'은 17번 등장하고 네 군데에서 '지각작용'의 의미로 해석되고, 나머지는 '자각'의 의미로 해석된다. 동사 'apercevoir/s'apercevoir'는 모두 115번 등장한다. 로크가 감각지각에서 온 지식을 많이 언급한다면, 라이프니츠는 그것에 대한 반성적 인식, 즉 자각을 더 많이 언급할 수밖에 없다. 그래서 115회 중에서 '지각하다'가 사용된 곳은 26회뿐이고 대부분 필라레테스 부분에 등장하며, '자각하다'는 그 나머지 월등히 많은 수로 테오필루스 부분에 등장한다.

3부

말에 관하여

1장

말 혹은 언어 일반에 관하여

§1 **필라레테스** "신은 인간을 사회성 있는 피조물로 창조했기에, 인간에게 욕망을 불어넣었을 뿐만 아니라 필연적으로 같은 종의 인간들과 함께 살도록 했습니다. 하지만 신은 인간에게 말하는 능력도 주었습니다. 이 능력은 이 사회의 커다란 도구이자 공통의 끈(lien)임에 틀림없습니다." 이것이 **관념**을 대리하고 또 설명하는 데 사용되는 **말**(Mots)의 기원입니다.

테오필루스 저는 당신이 홉스와 견해를 달리하는 것을 보니 기쁩니다. 그는 인간이 필연성에 의해서 그리고 같은 종의 인간들의 악의에 의해서 단지 그렇게 살도록 강제되었을 뿐이라고 생각함으로써, 인간이 사회를 위해서 창조되었다는 것에 동의하지 않았습니다. 그는 모든 악의에서 벗어난 최고의 인간들은 그들의 목적을 더 잘 달성하기 위해서 단결할 것이라는 것을 고려하지 않았습니다. 새들이 함께 더 잘 여행하기 위해서 모여들고, 적은 수로는 성공할 수 없는 커다란 댐을 만들기 위해 수백 마리 비버들이 연합하는 것처럼 말입니다. 그리고 비버들에게 이 댐은 저수지나 작은 호수를 만들기 위해서 필요합니다. 비버들은 이 댐을 이용해서 거기에 그들의 굴을 만들고 호수에서 그들이 먹을 물고기를 잡습니다. 이것이 함께 사는 데 적합한 동물사회의 근본이며, 동물들에게서 그들의 동류에 대한 두려움은 결코 발견되지 않습니다.

필라레테스 "아주 좋습니다. 그리고 이 사회를 더 계발하기 위해서 인간은 우리가 **말**이라고 부르는 분절음을 만드는 데 적합한 **기관**을 자연적으로 가지고 있습니다."

테오필루스 이 **기관**과 관련해서 말하자면, 원숭이들도 외견상으로는 우리처럼 말을 만드는 데 적합한 기관을 가지고 있습니다. 그렇지만 원숭이들에게는 최소한의 진척도 발견되지 않습니다. 따라서 원숭이들에게는 눈에는 보이지 않는 어떤 것이 결여된 것이 틀림없습니다. 또한 고려해야 할 것은 사람들이 **말을 할 수 있다**는 것입니다. 즉 분절음을 만들지 않고 입의 소리를 통해서 들리게 할 수 있습니다. 음악 소리를 이런 목적으로 사용할 때처럼 말입니다. 하지만 **말** 언어는 자연적 단순성의 상태에 있는 사람들에 의해서 조금씩 형성될 수 있고 완전하게 될 수 있는 반면, **소리 언어**를 발명하기 위해서는 더 많은 기술이 필요합니다. 소수에 불과하지만 중국어와 같이, 소리와 억양을 이용해서 그들의 말을 다양하게 하는 민족들이 있습니다. 그들의 언어(langue)가 인공적이라는 것은 저명한 수학자이자 언어에 대한 식견이 뛰어난 골리우스의 생각이기도 합니다.[1] 말하자면 그들의 언어는 우리가 중국이라고 부르는 저 큰 나라에 거주하는 많은 상이

1) Jacques Golius(1596~1667): M. Martini가 쓴 *l'Atlas sinicus* 편집에 참여한 레이던 대학교 교수, 수학자.

한 민족들 간에 말의 소통을 정립하기 위해서 몇몇 재능 있는 사람들에 의해서 단번에 발명되었습니다. 이 언어가 오랜 사용에 의해서 지금은 달라졌을 수 있지만 말입니다.

§[1] **필라레테스** 오랑우탄과 다른 원숭이들이 말을 만들지는 않지만 기관을 소유하고 있는 것처럼 앵무새들과 어떤 다른 새들은 언어를 소유하지 않지만 말을 소유하고 있다고 말할 수 있습니다. "왜냐하면 사람들은 이 새들과 다른 많은 동물들이 결코 언어 능력을 가질 수는 없지만 충분히 구별되는 소리를 내도록 조련할 수 있기 때문입니다." §[2] "내적 생각들의 기호로 이런 소리를 사용하는 사람만이 그 소리를 통해서 다른 사람들에게 자신의 생각을 드러낼 수 있습니다."

테오필루스 사실 저는 우리가 우리를 이해시키려는 욕망이 없다면, 결코 언어를 만들지 않았을 것이라고 생각합니다. 하지만 언어를 만들면, 인간이 마음속으로 추론하는 데도 유용합니다. 말을 추상적 생각들을 기억하는 도구로 사용하기도 하고, 기호들과 비어 있는 생각들을 사용하는 추론에서 유용성을 발견하기도 하기 때문입니다. 모든 것을 설명하고 매번 명사(名辭)[2]의 자리에 정의를 대체하는 것은 너무 많은 시간이 필요할 것이기 때문입니다.

2) [옮긴이 주] 'terme'를 의미맥락에 따라 '명사' 혹은 '용어'로 번역했다. 'terme' 혹은 라틴어로 'terminus'가 개념적/논리적 의미로 쓰일 때 '명사'로 번역했고, 이때 '명사'는 명제의 구성요소로 명제의 항을 의미하며 한자어로 '名詞'가 아니라 '名辭'이다. 하지만 'terme'는 어문법 용어로 '名詞'로 사용되기도 한다. 우리말 표기가 모두 '명사'여서 한자를 병기하지 않으면 구별되지 않으나 사용된 맥락이 논리학에 관련된 내용일 경우와 말이나 언어에 관련된 내용일 경우로 구별할 수 있다. 그리고 언어적/표현적 의미로 쓰일 때는 일반적으로 '용어' 혹은 '표현'이라는 번역어가 더 적합하다. 영어의 경우 그대로 'term'으로 번역해 단어 자체로 구별되지 않지만 독일어 번역에서는 모두 그대로 'Terminus'로 번역하지 않고 'Ausdruck'이라고 번역하기도 했다.

§3 **필라레테스** "하지만 각각의 특정한 사물을 지칭하기 위해서 하나의 구별되는 이름이 필요할 때, 말의 증대는 언어 사용에 혼란을 주기 때문에, 일반 관념을 표시할 때에는 일반 명사를 사용함으로써 언어도 더 완전하게 됩니다."

테오필루스 **일반 명사**는 단지 언어의 완전성을 위해 사용될 뿐만 아니라 언어의 본질적 구조를 위해서도 필요합니다. 만약 사람들이 **개별 사물**을 개체적인 것으로 이해할 때, 단지 **고유** 명사(noms propres)만 있고 **총칭**(appellatifs) 명사가 없을 경우, 즉 단지 개체를 표현하기 위한 말만 있을 경우에는 말하는 것이 불가능할 것이기 때문입니다. 그 이유는 사람들이 가장 빈번하게 지칭하는 것인 개체의 성질들 그리고 특히 개체의 행동들에 대해서 다룰 때, 매번 새로운 것으로 되돌아오기 때문입니다. 그러나 만약 사람들이 특정한 사물을 최하위 종(species infimas)으로 이해할 때, 대개의 경우 최하위 종을 결정하기 어렵다는 것과는 별개로, 이것이 이미 유사성에 근거를 둔 보편적인 것임은 명백합니다. 그러니까 사람들이 유에 대해서 말하는 것인지, 종에 대해서 말하는 것인지에 따라 유사성이 더 확장적인지, 덜 확장적인지가 문제이기 때문에, 모든 종류의 유사성 혹은 일치를 표기하고 따라서 모든 정도의 일반 명사를 사용하는 것은 자연스러운 일입니다. 그리고 심지어 가장 일반적인 것은 그것이 지니고 있는 관념이나 본질과 관련하여 덜 채워져 있지만, 그것과 합치하는 개체와 관련하여 더 포괄적이기 때문에, 대개의 경우 형성하기 가장 쉽고 가장 유용한 것입니다. 어린아이들과 자기가 말하고 싶은 언어와 이야기하는 소재를 많이 알지 못하는 사람들을 보십시오. 그들은 그들에게 결여된 고유 명사를 사용하는 대신 '사물', '식물', '동물' 같은 일반 명사를 사용합니다. 그리고 모든 **고유** 명사나 개체 이름은 본래 **총칭** 명사나 일반 명사에서 기원했다는 것이 확실합니다.

§4 **필라레테스** "인간들이 어떤 관념을 표시하기 위한 것이 아니라 '무', '무지', '불모'처럼 특정한 관념의 결여나 부재를 표시하기 위해서 사용하는 말도 있습니다."

테오필루스 저는 부정적 진리가 있는 것처럼 결여 관념(idées privatives)이 있다고 왜 말할 수 없는지 모르겠습니다. 부정하는 행위는 긍정적이기 때문입니다. 저는 이 문제에 대해서 이미 언급했습니다.

§5 **필라레테스** 그 점에 대해서 논쟁하지 말고 다음을 고찰하는 것이 더 유용할 것입니다. "우리의 모든 개념과 지식의 기원에 좀 더 가까이 가기 위해서, 감관에서 완전하게 떨어져 있는 행동과 개념을 표현하기 위해서 사용하는 말이 어떻게 감각 가능한 관념에서 **기원**하는지 고찰하는 것 말입니다. 감각 가능한 관념에서 나온 말은 더 난해한 의미로 **전환**되니까요."

테오필루스 우리의 욕구는 우리가 관념의 자연적 질서를 단념하도록 강제합니다. 왜냐하면 이 질서는 천사와 인간 그리고 모든 지성적인 것 일반에 공통적이고, 우리가 우리의 이해관계에 관심을 갖지 않았다면, 우리가 따라야 하는 것이기 때문입니다. 따라서 우리 종이 종속되어 있는 기회와 사건이 우리에게 제공하는 것에 열중했어야 합니다. 그리고 이 질서는 **개념의 기원**을 제공하지는 않지만 말하자면 **우리가 발견한 것들의 역사**를 제공합니다.

필라레테스 매우 좋습니다. 그리고 말의 분석은 이름 자체를 통해서, 당신이 가져왔던 근거에 따르면 개념의 분석이 제공할 수 없는 이 연관을 우리에게 알려줄 수 있습니다. "그러므로 다음의 말, 즉 **'상상하다'**, **'이해하다'**, **'결합하다'**, **'파악하다'**, **'주입시키다'**, **'싫증나게 하다'**, **'동요'**, **'평온'** 등의 말은 모두 감각 가능한 사물들의 작용에서 끌어온 것이고 특정한 사고방식에 적용되는 것입니다. '정신'이라는 말의 첫 번째 의미는 숨이고 '천사'라는 말은 전달자를 의미합니다. 이로부터 우리는 어떤 종류의 개념은 이 언어를 처음 말했던 사람을 포함하고 있다고 추측할 수 있고, 또 어떻게 자연이 이름 자체를 통해서 그 모든 지식의 기원과 원리를 갑자기 인간에게 제시했는지 추측할 수 있습니다."

테오필루스 저는 이미 당신에게 언급했습니다. 호텐토트 족의 '**교의**'에서는 그들의 말에 부드럽고 순한 바람의 숨을 의미하는 것을 한 단어로 성령이라는 이름으로 불렀다는 것을 말입니다. 이것은 다른 대부분의 말에서도 마찬가지인데 대부분의 참된 어원이 소실되었기 때문에, 사람들은 여전히 그것을 인정하지 않습니다. 종교에 별로 헌신적이지 않은 특정한 네덜란드인은[3] 플랑드르어 소사전에서 신학과 그리스도교 신앙을 조롱하기 위해서 (신학, 도덕 철학, 형이상학의 용어들은 본래 조야한 것들에서 기원한다는) 이 진리를 잘못 사용했습니다. 그 사전에서 그는 용어들을 정의하고 해설했습니다. 그런데 그 용어의 사용에 필요한 것이 아니라 말의 근원적 의미를 포함하는 듯 보이지만 그 의미를 악의적으로 바꾸어 정의하고 해설했습니다. 게다가 그는 신성을 모독하는 표시를 했기 때문에, 사람들은 그가 감옥에서 벌을 받을 것이라고 말합니다. 그렇지만 **비유**에 기초가 되었던 **감각 가능한 사물과 감각 불가능한 사물 간의 유비**를 고려하는 것이 적절할 것입니다. 사람들은 이것을 '**~에**(à)', '**~과/와 함께**(avec)', '**~의/에서**(de)', '**~ 앞에**(devant)', '**~에서**(en)', '**~밖에**(hors)', '**~을 통해서**(par)', '**~을 위해서**(pour)', '**~위에/관해서**(sur)', '**~을 향해서**(vers)' 같은 전치사들을 사용할 때 제공되는 것과 같은 그런 아주 폭넓은 사례를 살펴봄으로써 더 잘

3) A. Koerbagh, *Een Bloemhof* (1668). J. A. G. Tans 박사가 제공한 정보.

이해할 것입니다. 이 예들은 모두 장소, 거리, 운동과 관련이 있고 나중에 모든 종류의 변화, 순서, 잇달음, 차이, 일치로 전환됩니다. '~에'는 가깝게 하는 것을 의미합니다. '나는 로마에 간다.'라고 말할 때처럼 말입니다. 하지만 사람들은 한 사물을 묶어놓기 위해서 결합하고자 하는 곳에 그 사물을 가깝게 하기 때문에, 우리는 한 사물이 다른 사물과 묶여 있다고 말합니다. 더욱이 한 사안이 도덕적 이유에서 다른 사안에 뒤따라 나올 때에는, 말하자면 거기에 비물질적 결합이 있기 때문에, 우리는 어떤 사람의 움직임과 의지에서 뒤따라 나오는 것은 그것이 기인하는 그 사람에게 속한다고 말합니다. 마치 그런 결합이 그 사람에게 일어나거나 그와 함께 일어나는 것은 그 사람과 관계가 있는 것처럼 말입니다. 두 물체가 하나의 동일한 장소에 있을 때, 한 물체는 다른 물체'와 함께' 있습니다. 하지만 사람들은 다른 사물이 동일한 때에 있거나 동일한 순서 혹은 순서 중 일부에 있을 때 혹은 하나의 동일한 활동에 협력하고 있을 때에도 한 사물이 다른 사물'과 함께' 있다고 말합니다. 사람들이 어떤 장소'에서' 나올 때, 장소가 우리에게 제공했던 감각 가능한 사물들로 인해서 장소는 우리 감각의 대상이 됩니다. 그리고 또한 장소는 그 사물들로 완전하게 가득 채워져 있는 우리 기억의 대상이 됩니다. 이로부터 대상은 전치사 '~에서/의'로 표시된다는 것이 도출됩니다. 사람들이 '그것이 문제이다.', '사람들은 그것에 대해서 이야기한다.'[4]라고 말할 때, 마치 사람들이 그것에서 나온 것처럼 말입니다. 그리고 어떤 장소에 포함되어 있는 것이나 어떤 전체에 포함되어

4) [옮긴이 주] 이 문장의 원어는 'il s'agit **de** cela', 'on parle **de** cela'이다. 전치사 'de'가 포함된 문장이지만 우리말로 번역했을 때, 단순히 직접적으로 '~의/에서'로 번역되지 않는 문장이다.

있는 것은 그것을 떠받치고 있고 그것과 함께 제거되기 때문에, 우연적 속성들이 마치 주체'에' 있는 것과 같은 것으로 간주됩니다. '주체 안에 있다.' '주체 내에 거주한다.'[5] 조사 '~ 위에/관해서'도 대상에 적용됩니다. 사람들이 이 주제'에 관해' 생각한다고 말할 때, 이것은 거의 노동자가 자신이 자른 나무 위에 있거나 자신이 조각한 돌 위에 있는 것과 마찬가지입니다. 그리고 이 유비는 극히 다양하고 어떤 특정한 개념에 의존하지 않기 때문에, 이로부터 언어가 이 **조사**와 **격**의 사용에서 매우 다양해진다는 것이 도출됩니다. 이 조사와 격을 통제하는 것은 전치사입니다. 혹은 이 조사와 격에 전치사가 암묵적으로 들어 있고 잠재적으로 포함되어 있습니다.

5) [옮긴이 주] 이 문장의 원어는 'sunt in subjecto', 'inhaerent subjecto'이다.

2장
말의 의미에 관하여

§1 **필라레테스** 이제 말은 인간의 관념을 표시하기 위해 인간에 의해서 사용되기 때문에, 우선 말이 어떻게 그렇게 결정되었는지 물을 수 있습니다. 그리고 사람들은 이것을 인정합니다. "특정한 분절된 발음과 특정한 관념 간의 연결이 자연적 연결이 아니라 (만약 그럴 경우 인간들 간에 하나의 언어만 있었을 것이기 때문에) **임의적 제정**(institution arbitraire)에 의한 연결이라는 것 말입니다. 그것에 의해서 특정한 말이 임의적으로 특정한 관념의 표시가 되었습니다."

테오필루스 스콜라 철학에서 그리고 무엇보다 다른 곳에서도 말의 **의미**가 임의적이라고 (제정에서 나왔다고) 말하고는 한다는 것을 저는 알고 있습니다. 그리고 말의 의미가 자연적 필연성에 의해서 결정되지 않는다는 것은 진실입니다. 그렇지만 그것은 때로는 우연이 어느 정도 부분을 차지하는 자연적 근거에 의해서 때로는 선택을 포함하는 도덕적 근거에 의해서 결정됩니다. 아마도 완전히 선택에 의해서 만들어지고 전적으로 임의적인 어떤 인공 언어가 존재할 것입니다. 사람들이 중국의 언어가 그런 것이었다고 믿는 것처럼, 그리고 달가르노[6]와 체스터의 주교인 고 윌킨스[7]의 인공 언어처럼 말입니다. 하지만 사람들이 이미 알려진 언어에서 만들어낸 것으로 알고 있는 언어들은 그 언어들이 전제하고 있는 언어들에 자연적으로 또 우연히 있는 것을 혼합하고 선택해서 만들어집니다. 따라서 이것은 도적들이 자기 무리의 사람들만 이해하기 위해서 만들어낸 언어와 같은 것입니다. 독일인들은 이 도적떼의 언어를 'Rotwelsch'라고 부르고, 이탈리아인들은 'Lingua Zerga', 프랑스인들은 'Narquois'라고 부릅니다. 그들은 통상적으로 그들에게 알려진 일상 언어의 토대 위에 은유를 통해서 말의 관용적 의미를 바꾸거나 합성 혹은 파생을 통해서 그들의 방식으로 새로운 말을 만들어냄으로써 그런 언어를 만듭니다. 또한 언어는 상이한 민족의 교류에 의해서도 만들어집니다. 인접한 언어를 무차별적으로 혼합하거나 혹은 가장 빈번하게 일어나듯이, 어떤 한 언어의 규칙을 무시하고 변경하면서 그리고 심지어 그 자리에 다른 말을 넣으면서 사람들이 왜곡하고 변경하고 혼합하고 망가뜨린 것을 기초로 삼아 만들어집니다. 지중해 무역에서 사용되는 '링구아 프랑카(Lingua Franca)'[8]는 이탈리아어를 토대로 만들

6) George Dalgarno(1616~1687), *Ars signorum, vulgo character universalis et lingua philosophica*(London, 1661). 보편 언어로서 철학적 언어의 구성에 관심을 가졌던 스코틀랜드 출신의 학자.

7) John Wilkins(1614~1672), *An essay towards a real character and a philosophical language*(London, 1668).

8) [옮긴이 주] '링구아 프랑카'는 가교 언어, 공통 언어, 무역 언어라고 부르기도 한다. 모국어가 다른 사람들 간에 무역, 문화, 역사, 종교, 외교, 학술 등의 특정 목적을 위해 사용한 언어를 통칭하는 표현이다. 현대에 국제공용어로 특정 언어, 즉 영어나 프랑스어를 사용하는 것과는 다른 의미이다.

어졌고 문법 규칙은 고려하지 않았습니다. 제가 파리에서 대화를 나누었던 한 아르메니아의 도미니크회 수도사[9]는 라틴어를 토대로 한 일종의 '링구아 프랑카'를 만들었거나 그의 동료들로부터 배울 수 있었는데, 제가 보기에 그것은 격도 시제도 어떤 다른 굴절도 없었지만 충분히 이해 가능했습니다. 그리고 그는 그 말에 익숙해지면서 유창하게 말했습니다. 다른 많은 저작으로 알려진, 매우 박식한 프랑스 예수회의 라베 신부는 라틴어를 기초로 한 언어를 만들었습니다. 그것은 우리의 라틴어보다 더 쉽고 덜 불편하지만 '링구아 프랑카'보다는 더 규칙적입니다. 그는 특별히 그 언어에 대한 책을 썼습니다.[10] 오래전에 만들어진 것으로 보이는 언어들 중 오늘날 많이 변하지 않은 것은 거의 없습니다. 이것은 그 언어들을 고대 서적과 남아 있는 기념비들과 비교해보면 명백합니다. 예전 프랑스어는 프로방스어와 이탈리아어에 더 가까웠습니다. 그리고 사람들은 독실한 루이 황제의 아들이 선서한, 그의 친척인 니타드[11]가 우리를 위해 보존한 선서 문구에서 중세 독일어(Théotisque)를 봅니다. 그것도 기원후 9세기에 사용되었던 것과 같은 프랑스어 혹은 (예전에 'lingua romana rustica(토속 로망스어)'로 불렸던) 로망스어와 함께 말입니다. 다른 곳에서는 그렇게 오래된 프랑스어, 이탈리아어, 스페인어를 거의 찾아볼 수 없습니다. 중세 독일어 혹은 고대 독일어에는 그 당시 바이센부르크(Weissenbourg)의 수도승 오트프리트(Otfrid)의 『복음서』가 있습니다. 이것은 플라시우스(Flacius)가 발간했

9) 이 인물은 Aprakuniq의 아르메니아 수도원의 P. Antoine Nazarean이다. 그는 1674년 2월에 파리에 머물렀다.

10) Philippe Labbe(1607~1667), *Grammatica linguae universalis*(1663).

11) Nithart: 9세기 프랑스의 역사가, 샤를마뉴와 베르타의 자손이었고 경건왕 루이 1세의 누나였다. 842년 로망스어(langue romane)와 중세 독일어(tudesque)로 되어 있는 '스트라스부르 서약(Serments de Strasbourg)'을 그의 저작에 실어 후대에 전한 것으로 유명하다.

고 실터(Schilter)가 새로 편집하려고 했던 책입니다.[12] 영국을 지나가던 색슨족은 우리에게 더 오래된 책을 남겼습니다. 그런 책에는 캐드먼이 쓴 '창세기' 앞부분과 '성스러운 역사'의 다른 부분에 대한 몇몇 판본이나 해석이 있는데, 이것은 베드가 이미 언급한 것입니다.[13] 하지만 그리스어와 라틴어를 제외하고 게르만 언어들뿐만 아니라 유럽의 모든 언어들로 된 것 중 가장 오래된 책은 그 전체가 특수한 문자로 쓰인 『은문자 성서사본(*Codex Argenteus*)』[14]이라는 이름으로 알려진 흑해 고트족의 『복음서』입니다. 이것은 베스트팔렌에 있는 베르됭의 고대 베네딕트 수도원에서 발견되었고 스웨덴으로 옮겨져 피렌체에 있는 『유스티니아누스 법전(*Pandectes*)』의 원본만큼 세심하게 잘 보관되었습니다. 비록 이 판본이 스칸디나비아의 게르만어와는 거리가 먼 지방어로 근동의 고트족을 위해서 쓰인 것이기는 하지만 말입니다. 하지만 사람들은 흑해의 고트족이 스칸디나비아에서 혹은 적어도 발트해에서 기원했다는 것이 개연적이라고 믿습니다. 그런데 이 고대 고트족의 언어나 지방어는 근대 게르만어와 언어의 토대는 동일할지라도 전혀 다릅니다. 고대 갈리아 언어는 웨일스, 콘월, 저지 브르타뉴의 언어인 진짜 갈리아 언어에 가장 가까운 언어라고 판단하기에는 한층 더 다릅니다. 하지만 히브리어는 이보다 한층 더 다르고, 우리에게 더 오래된

12) 오트프리트의 『복음서』는 중세 독일어로 쓰인 복음시로, 1571년 플라시우스에 의해서 발간되었고, 그 후 Scherz가 새로운 판본을 만들었으며 1726년 실터의 라틴어 번역과 함께 발간했다. 실터(Johann Schilter, 1632~1705)는 독일의 역사학자, 법률가이자 스트라스부르크 대학 교수였다. 독일어의 기원에 관한 그의 저작도 사후에 J. G. Scherz(*Thesaurus antiquitatum teutonicarum*, Ulm, 1726)에 의해서 출간되었다.

13) Caedmon, *Paraphrasis poetica Geneseos*, ed. Fr. Junius(1655). 이것에 대한 발췌와 주석이 Bède le Vénérable, *Historia ecclesiastica gentis anglorum*(iv부, 24장)에 기재되어 있다.

14) *Codex Argenteus*, ed. Fr. Junius(1665).

브르타뉴어, 갈리아어, 게르만어의 흔적을 보여줍니다. 그렇지만 이 언어들은 모두 하나의 어원을 가지고 있고, **켈트어**라고 불리는 하나의 동일한 언어의 변형어로 간주할 수 있습니다. 고대인들은 게르만 사람뿐만 아니라 갈리아 사람도 **켈트족**이라고 불렀습니다. 그리고 게르만족의 언어, 켈트족의 언어와 많은 공통의 뿌리를 가지고 있는 켈트어와 라틴어의 기원뿐만 아니라 그리스어의 기원을 이해하기 위해서 한층 더 나아가면, 우리는 이 언어들이 다뉴브 강과 비스와 강을 가로지르는 흑해에서 온 **스키타이족**에서 유래한 모든 민족들과 공통의 기원을 가지고 있다고 추측할 수 있습니다. 그중 일부는 그리스로 갔고 나머지는 게르만 지역과 갈리아 지역을 가득 채웠을 것입니다. 이것은 유럽인들이 아시아에서 왔다는 가설의 결과입니다. (슬라보니아어로 가정되는) **사르마티아어**는 적어도 태반이 게르만어에서 기원했거나 게르만어와 공통의 기원을 갖습니다. 게르만 민족보다 더 오래된 스칸디나비아의 언어인 핀란드어에서도 많은 유사한 점이 나타납니다. 즉 대부분이 바다와 더 인접한 곳에 위치한 덴마크, 스웨덴, 노르웨이의 언어에서도 많은 유사성이 있습니다. 그리고 **핀족**의 언어 혹은 우리 대륙의 북동부 지역의 언어는 독일해 혹은 그보다는 노르웨이 해에서 카스피 해까지 뻗어 있는 라플란드 사람들의 언어이고, (두 해양 사이에 끼어 있는 슬라보니아인들에 의해서 중단되기는 하지만 말입니다) 지금은 모스크바의 일부인 곳에서 온 헝가리인들과 관계가 있습니다. 하지만 아시아의 북동부 지역에 퍼져 있는 타타르족의 언어와 그 변형어들은 우즈베키스탄인 혹은 터키인, 칼무크족과 몽고인들의 언어이듯이 훈족과 쿠만족의 언어였던 것으로 보입니다. 그런데 스키타이족의 이 모든 언어들은 그 언어들 간에 그리고 우리의 언어와 많은 부분 공통의 기원을 가지고 있습니다. 그리고 아라비아어도 (거기에 히브리어, 고대 페니키아어, 칼데아어, 고대 시리아어,

아비시니아의 에티오피아어도 포함되어야 합니다) 매우 많은 부분이 우리의 언어와 공통의 기원을 가지고 있고 명백하게 일치하는 부분을 가지고 있다는 것이 발견됩니다. 이것을 단지 우연이라고 하거나 단순히 교류 때문이라고 할 수는 없습니다. 그보다는 민족의 이동에서 비롯되었다고 해야 할 것입니다. 따라서 여기에 모든 민족들이 공통의 기원을 가지고 있고 근본적이고 근원적으로 하나의 언어에서 기원했다는 견해가 서로 상충하는 것도 없고 그 견해를 더 두둔하지 않을 이유도 없습니다. 만약 히브리어나 아라비아어가 그 근원어에 더 가까웠다면, 그 견해는 적어도 상당 부분 변경되어야 합니다. 그러면 독일어는 더욱더 자연어로 그리고 (야콥 뵈메의 언어로 말하면) 아담의 언어[15]로 간주되었을 것입니다. 왜냐하면 우리가 만약 순수한 형태로 근원적 언어를 가진다면 혹은 그런 언어로 인정받을 만하도록 충분히 보존했다면, 물리적 연결이든 임의적 제정에 의한 연결이든, 최초 작자의 지혜와 존엄에 적합한 연결의 근거가 나타나야 하기 때문입니다. 그러나 우리의 언어가 파생어라고 가정할 때, 그럼에도 그것은 근본적으로 그 자체로 근원적인 어떤 것을 가지고 있습니다. 그것은 나중에 우리의 언어에 우연이지만 물리적 근거에 따라 형성되는 새로운 뿌리 말과 관련해서 나타나는 것입니다. 동물의 소리를 표시하는 낱말이나 동물의 소리에서 유래하는 낱말들이 그것에 대한 사례를 제공합니다. 그러한 예를 들면, 개구리 소리에서 유래한 라틴어 'coaxare'는 독일어 'couaquen' 혹은 'quaken'과 관련이 있습니다. 그런데 이 동물이 내는 소리의 최초의 뿌리는 게르만어의 다른 말인 것으로 보입니다. 왜냐하면 이 동물은 매우 많이

15) J. Böhme, *Mysterium magnum*(1640), 19장 22와 35장 12, 48~57, 그리고 *Von dem dreyfachen Leben des Menschen*(1660), 5장 85~86.

울기 때문에, 사람들은 요즘 이 말을 축소형으로 'quakeler'라고 부르는, 무가치한 이야기와 재잘거림에 해당하는 것으로 간주하기 때문입니다. 하지만 분명 이와 같은 낱말인 'quaken'은 예전에는 좋은 의미로 사용되었고 입으로 내는 모든 종류의 소리를 나타냈습니다. 물론 말하기도 예외가 아니었습니다. 그리고 이 동물이 내는 소리나 소음은 생명의 증거이기 때문에, 그리고 사람들은 살아 있는 어떤 것을 보기 전에 그 소리를 통해서 그것이 있다는 것을 알기 때문에, 옛날 독일어로 'quek'은 가장 오래된 책에서 볼 수 있듯이 '생명' 혹은 '살아 있는'을 나타낸다고 할 수 있습니다. 그리고 현대어에도 그런 흔적은 있습니다. 'quek-silber'는 '살아 있는 은'을 의미하고 'erquicken'은 어떤 기력 감퇴나 큰일을 겪은 후에 원기를 회복하거나 재창조되는 것과 같이 힘을 돋우는 것을 의미하기 때문입니다. 또한 북부 독일어에서는 살아 있는, 즉 자라고 있는 특정한 잡초를 'Quäken' 이라고 부르기도 합니다. 이것이 독일어로 곡물에 피해가 생기도록 밭에서 쉽게 스스로 확장하고 번식하는 것을 가리키는 것처럼 말입니다. 그리고 영어로 'quikly'는 '빠르게', '살아 있는 방식으로'를 의미합니다. 따라서 이 낱말과 관련해서 독일어는 근원어로 간주할 수 있다고 판단할 수 있습니다. 고대인들은 개구리의 소리를 모방한 소리를 다른 곳에서 끌어올 필요가 없었기 때문입니다. 그리고 그 정도를 보여주는 다른 사례가 많이 있습니다. 고대 게르만족, 켈트족 그리고 그들과 친척인 다른 민족들은 자연적 본능에 따라 글자 'R'을 격렬한 움직임과 이 글자의 소리 같은 그런 소리를 나타내는 것으로 사용했던 것으로 보입니다. 이것은 다음의 낱말들에서 나타납니다. ῥέω, fluo, rinnen, rüren(fluere), ruhr(fluxion), le Rhin, Rône, Rour(Rhenus, Rhodanus, Eridanus, Rura), rauben(rapere, ravier), radt(rota), radere(raser), rauschen(프랑스어로 번역하기 어려운 말이다. 이것은 바람이나 지나가는 동물이 나뭇잎이나 나무를 건드려서 나는 소음 같은 것이나 질질 끌리는 드레스가 내는 소음 같은 것을 의미한다), reckken(격렬하게 확장하다). 이 마지막 낱말에서 나온 'reichen'은 '도달하다'이고, 'der rick'은 일종의 '북부 독일어(Plattütsch)'에서 혹은 브라운슈바이크 근처에 있는 니더작센 지역에서 어떤 사물에 매달리기 위해서 사용하는 긴 몽둥이나 막대를 의미합니다. 이 지역에서 Riege, Reihe, [recta], regula, regere는 길이나 수직적 흐름과 관계가 있고, 'reck'은 매우 확장되고 긴 사물이나 사람 그리고 특별히 거인을 의미하며, 또 독일어에서 'reich'와 라틴어 계통 언어에서 'riche' 혹은 'ricco'에서 보이는 것처럼 유능하고 부유한 사람을 의미했습니다. 스페인어로 'riccos hombres'는 귀족이나 주요 인물을 의미합니다. 이것은 동시에 말이 어떻게 은유, 제유, 환유에 의해서 한 의미에서 다른 의미로 넘어가도록 하는지, 그것의 흔적을 항상 뒤쫓지 않아도 잘 이해시켜줍니다. 또한 사람들은 라틴어 'rumpo', 그리스어 'ῥήγνυμι', 프랑스어 'arracher', 이탈리아어 'straccio'와 연결되어 있는 'riss(파열)'에서 이런 소음과 격렬한 움직임도 알아차립니다. 그런데 글자 'R'이 자연적으로 격렬한 움직임을 표시하듯이 글자 'L'은 더 부드러운 것을 나타냅니다. 그래서 우리는 'R'을 발음하기 너무 힘들고 어려운 아이들과 다른 사람들이 그 자리에 글자 'L'을 놓는 것을 봅니다. 예를 들어 'mon levelend pele'라고 말하는 것처럼 말입니다. 이 부드러운 움직임은 다음의 낱말들에서 나타납니다. leben(살다), laben(힘을 돋우다, 살게 하다), lind, lenis, lentus(느린), lieben(사랑하다), lauffen(흐르는 물처럼 빠르게 미끄러지다), labi(미끄러지다, '매끄러운 배는 파도를 미끄러지듯 나아간다.'[16]), legen(부드럽게 놓다), 이 낱말

16) Vergilius, 『아이네이스』, VIII, v. 91. "labitur uncta vadis abies."

에서 나온 liegen(눕히다), lage 혹은 laye(돌침대 같은 침대, 'lay-stein' 누울 침대, 석반)가 나오고, lego, ich lese(나는 사람들이 내려놓은 것을 주워 모은다. 이것은 '내려놓다'의 반대 의미이다. 그리고 또한 '나는 읽는다.' 그리고 끝으로 그리스인들에게는 '나는 말한다.'), laub(나뭇잎, 쉽게 움직이는 것, 여기에 lap, lid, lenken도 관계되어 있다.), [laube(초목 지붕)], luo, λύω(녹다), (니더작센 지역에서) leien은 눈 녹듯이 스스로 녹아내리는 것입니다. 여기서 하노버의 '레이네'라는 강의 이름이 유래했습니다. 이 이름은 눈이 녹으면서 크게 부풀어 오른 산악지대에서 나온 것입니다. 말의 기원에는 사물과 소리 그리고 발음 기관의 움직임 간에 관계를 보여주는 자연적인 어떤 것이 있다는 것을 입증하는 다른 유사한 명칭들이 말할 필요 없이 무수히 많이 있습니다. 이런 이유에서 다른 이름과 결합하는 글자 'L'은 라틴어, 라틴어 계통 언어, 그리고 표준 독일어에서 축소형을 만듭니다. 그렇지만 이 근거를 모든 곳에서 확인할 수 있다고 주장할 수는 없습니다. lion(사자), lynx(스라소니), loup(늑대)는 전혀 부드럽지 않기 때문입니다. 하지만 아마도 이것은 다른 속성과 연결될 수 있을 것입니다. 그 속성은 우리를 두렵게 만들고 도망가도록 강제하는 이 동물들의 빠르기(lauf)입니다. 마치 그런 동물이 오는 것을 본 사람이 다른 사람들에게 'lauf(도망가)'라고 외칠 때처럼 말입니다. 대부분의 말들이 다수의 우연적 사건과 변화에 의해서 극도로 변경되고 그 말들의 발음과 근원적 의미에서 멀어지는 경우는 제외해야 합니다.

필라레테스 예를 더 들면 이해가 더 잘 될 것 같습니다.

테오필루스 여기 매우 명백한 예를 들겠습니다. 이 예는 다른 많은 것들을 포함하고 있습니다. 이 예에는 '눈'이라는 낱말과 그것의 관계어가 사용됩니다. 이 예를 보이기 위해서 저는 좀 멀리서 시작할 것입니다. (첫 번째 글자) 'A'는 'Ah'를 만드는 작은 들숨에서 나옵니다. 그리고 이것은 처음에 아주 명확하게 소리를 만들고 나서 사라지는 공기의 방출이기 때문에, 'a'와 'h'가 별로 강하지 않을 때, 이 소리는 자연적으로 작은 숨(온화한 숨(spiritum lenem))을 나타냅니다. 그래서 이것은 ἄω, aer, aura, haugh, halare, haleine, ἀτμὸς, athem, odem(독일어)의 기원입니다. 하지만 물은 액체이기도 하고 소음을 만들기 때문에, (보기에) 'Ah'는 철자의 중복에 의해서, 즉 'aha' 혹은 'ahha'로 더 조잡하게 되어서 물로 받아들이게 되었던 것입니다. 튜턴족과 다른 켈트족은 운동을 더 잘 표시하기 위해서 공기와 물 모두에 'VV'를 앞에 놓았습니다. 그래서 wehen, Wind, 바람은 공기의 운동을 표시하고 waten, vadum, water는 물의 운동 혹은 물에서의 운동을 표시합니다. 그러나 'Aha'로 다시 돌아와서, (제가 말한 것처럼) 이것은 물을 의미하는 일종의 뿌리인 것으로 보입니다. 고대 스칸디나비아 튜턴주의의 어떤 것을 보존하고 있는 아이슬란드인들은 'aa'라고 말하면서 들숨을 축소했고, (Aix, 'Aquas grani'[17]를 의미하는) 'Aken'이라고 말하는 다른 사람들은 그것을 확대했습니다. 라틴어로 'aqua'로 표기하고, 특정 지역의 독일어에서 'ach'라고 말하는 것처럼 말입니다. 예를 들어 물을 표시하기 위한 합성어에서 'Schwarzach'는 검은 물을 의미하고 'Biberach'는 비버의 물을 의미합니다.[18] 그리고 사람들은 'Wiser'나 'Weser' 대신에 오래된 증서에서는 'Wiseraha'라고 말했고, 고대의 거주인들은 이것을 'Wisurach'라고 말했습니다. 여기서 라틴어를 쓰는 사람들은 'Visurgis'를 만들었습니다. 'Iler', 'Ilerach'에서 'Ilargus'를 만든 것처럼 말입니다. 프랑스인들

17) [옮긴이 주] 중세, 로마 시대에 현재 독일의 도시 아헨(Aachen)을 지칭하던 이름, 'Aquiae granni', 'Aquis granni'로 표기하기도 했다.
18) [옮긴이 주] 'Schwarzach'와 'Biberach'는 독일의 지명으로 많이 사용된다.

은 aqua, aigues, auue에서 결국 'oo'라고 발음하는 'eau(물)'를 만들었는데, 거기에는 그 기원이 더 이상 남아 있지 않습니다. 오늘날 게르만인들에게 'Auwe', 'Auge'는 자주 물에 잠기는 장소이고 목초지, locus irriguus, pascuus에 적합하지만 더 특별하게 이것은 'Reichenau(Augia dives)'와 다른 많은 수도원의 이름처럼 섬을 의미합니다. 그리고 이것은 많은 튜턴 민족과 켈트 민족에게서 틀림없이 발생했습니다. 왜냐하면 그로 인해서 일종의 평지에 고립된 듯한 모든 것들이 'Auge' 혹은 'Ooge', 'oculus'라는 이름을 갖게 되었기 때문입니다. 그래서 독일인들은 물 위에 뜬 기름방울을, 그리고 스페인사람들은 'ojo'를 구멍이라고 부릅니다. 하지만 Auge, Ooge, oculus, occhio 등은 더 특별하게, 대표적으로 얼굴에서 빛나는 고립된 구멍인 '눈'에 사용되었습니다. 프랑스어 'oeil'도 거기서 유래했다는 것은 의심의 여지가 없습니다. 제가 방금 제시한 연쇄를 따라가지 않으면 그것의 기원을 결코 알지 못할 것입니다. 그리고 그리스어 'ὄμμα', 'ὄφις'도 같은 원천에서 나온 것으로 보입니다. 'Oe' 혹은 'Oe-land'는 북쪽 사람들에게는 섬입니다. 히브리어에는 'אי, Ai'가 섬인 어떤 흔적이 있습니다. 그리고 보샤르는 페니키아인들이 섬으로 가득한 에게 해에 붙였던 이름이 여기에서 온 것이라고 믿었습니다.[19] 'Augere', '증가'도 마찬가지로 'auue' 혹은 'auge', 즉 '물의 범람'에서 나옵니다. 이와 유사하게 고대 작센에서 'ooken', 'auken'은 '증가하다'라는 의미였고, 황제에 대해서 사용할 때 'Augustus'는 'ooker'로 번역되었습니다. 하르츠 산에서 유래해서 자주

19) [옮긴이 주] Samuel Bochart(1599~1667): 라이프니츠가 좋게 평가하고 종종 인용했던 언어학자. 이 부분과 관련해서 *Geographia sacra seu Phaleg et Canaan*(Caen, 1646), 434쪽, 436~438쪽 참조.

갑작스럽게 범람하게 되는 브라운슈바이크의 강을 'Oocker'라고 하고 예전에는 'Ouacra'라고 했습니다. 말이 나온 김에 말하자면, 강 이름은 최대한 오래된 언어와 고대의 거주민들이 표시하는, 알려진 가장 오래된 시대에서 유래하는 것이 보통입니다. 그래서 그것은 특별한 연구가 필요합니다. 언어 일반은 문자와 기술 이전에 사람들이 남긴 가장 오래된 유적이기 때문에, 그것을 통해서 최대한 그들의 기원과 혈족관계, 이주를 표시합니다. 이런 이유에서 잘 이해된 어원학은 흥미롭고 중요합니다. 하지만 다양한 민족의 언어를 연결해야 하고, 확실한 검증 없이 한 민족에서 멀리 떨어져 있는 다른 민족에게로 너무 많이 뛰어넘지 않아야 합니다. 여기에서 무엇보다 유용한 것은 중간에 놓인 민족들을 증거로 사용하는 것입니다. 그리고 일반적으로 사람들은 많은 양의 협력적인 증거가 없으면 어원학에 신뢰를 주지 않습니다. 그렇지 않으면 그것은 고로피우스의 방식입니다.

필라레테스 고로피우스의 방식이라니요? 그것이 무엇입니까?

테오필루스 이것은 16세기의 학식 있는 의사인 고로피우스 베카누스[20]의 기이하고 때로는 우스꽝스러운 어원학인데 속담이 된 것입니다. 다르게 보면 그가 킴브리어라고 부르는 게르만 언어가 히브리어 자체만큼 그리고 그보다 더 어떤 근원적인 것의 표지를 가지고 있다는 주장에 크게 잘못은 없습니다. 저는 탁월한 철학자인 고 클라우베르크[21]가 게르만 언어의 기원

20) [옮긴이 주] Johannes Goropius Becanus(1519~1572): 16세기에 알려진 학자이자 의사로, 게르만 언어의 기원에 대한 연구로 *Hermathena*(1580)를 남겼다. 이 부분과 관련해서 *Hermathena*, in: *Opera*(1580), 25쪽, "Linguae cimbricae excellentia" 참조.

21) [옮긴이 주] Johannes Clauberg(1622~1665): 데카르트 철학과 말브랑슈의 기회원인론 형이상학을 옹호한 독일 철학자, 논리학자로 그의 독일어에 관한 연구인 *Ars etymologica Teutonum*(1663)는 라이프니츠가 편집해서 발간한 *Collectanea etymologica*(Hannover, 1717)에서 결실을 맺었다.

에 대해서 작은 논고를 냈던 것을 기억하는데, 그가 이 주제에 대해서 약속했던 것을 잃어버린 것은 아쉬운 일입니다. 제 자신도 그 주제에 관해서 몇몇 생각들을 출판했습니다.[22] 그 외에도 저는 브레멘의 신학자, 고 게르하르트 마이어[23]에게 그가 하던 대로 이 연구에 노력을 기울이도록 했지만 죽음이 그 연구를 중단시켰습니다. 그렇지만 저는 독자들이 어느 날 실터의 유사한 연구처럼 그의 연구가 유익하다는 것을 다시 알기를 기대합니다. 하지만 스트라스부르크의 저명한 법률자문관인 실터도 죽었습니다.[24] 적어도 튜턴족의 언어와 유적들이 유럽의 기원과 관습, 유적들에 대한 대부분의 연구와 관계가 있다는 것은 확실합니다. 그리고 제가 방금 말한 것처럼 민족의 기원을 해명하기 위해 특별히 필요한 언어들 간의 조화를 더 잘 발견하기 위해서 학자들이 왈롱어, 바스크어, 슬로베니아어, 핀란드어, 터키어, 페르시아어, 아르메니아어, 그루지아어, 그리고 다른 언어들도 연구하기를 바랍니다.

§2 **필라레테스** 이 계획은 매우 중요합니다. 하지만 지금은 **말의 재료**에 대한 논의는 그만두고 말의 **형식**, 즉 상이한 언어들에 공통적인 의미에 대한 논의로 다시 돌아와야 할 때입니다. 첫 번째로 테오필루스, 당신은 다음에 동의할 것입니다. "한 사람이 다른 사람에게 이야기할 때, 말은 그가 알지 못하는 사물들에 적용될 수 없기 때문에, 그가 표시하려고 하는 것은 그의 고유한 관념입니다. 그리고 한 사람이 자신의 고유한 기반에서 관념을 가

22) Leibniz, *Unvorgreiffliche Gedancken, betreffend die Ausübung und Verbesserung der Teutschen Sprache*(1697).

23) Gerhard Meier(1616~1695), *Glossarium linguae sexonicae*, in: Leibniz, *Collectanea etymologica*, 서문, 52~53쪽.

24) Johann Schilter(1632~1705)는 1705년 5월 14일 사망했다.

질 때까지 그는 관념이 사물의 성질들과 일치한다거나 다른 사람들의 견해와 일치한다는 것을 전제할 수 없습니다."

테오필루스 그렇지만 사실상 사람들에게는 자기 생각을 가리키려고 할 때보다는 다른 사람들의 생각을 가리키려고 할 때가 훨씬 더 빈번합니다. 이런 일은 암묵적 신앙을 가진 평신도들에게서 자주 일어납니다. 그럼에도 저는 사람들의 생각이 아무리 비어 있고 통찰력이 없더라도 항상 일반적인 어떤 것을 이해한다는 것에 동의하고, 사람들이 필요할 때 말의 의미를 배울 수 있다는 믿음에 만족하면서, 적어도 다른 사람들이 사용하는 말의 관례에 따라 말을 분류하는 데 주의를 기울인다는 것에 동의합니다. 따라서 사람들은 때때로 단지 다른 사람들의 생각의 대변인이거나 말의 운반자일 뿐입니다. 편지가 전적으로 그런 것처럼 말입니다. 그리고 사람들은 심지어 생각하는 것보다 이런 것을 더 자주 합니다.

§3 **필라레테스** 사람들이 아무리 멍청해도 그들은 항상 일반적인 어떤 것을 이해한다는 것을 추가한 것은 당신이 옳습니다. "금이라고 부르는 것을 들었을 때 그것이 빛나는 노란색이라는 것을 알아차린 어린아이는 공작의 꼬리에서 본 같은 색에 금이라는 이름을 붙입니다. 다른 사람들은 거기에 큰 무게와 용해성, 전연성을 더할 것입니다."

테오필루스 인정합니다. 하지만 사람들이 말하는 대상에 대한 관념은 때때로 이 어린아이의 관념보다 한층 더 일반적입니다. 그리고 저는 맹인이 색에 대해서 올바르게 말할 수 있고 그가 인식하지 못하는 빛을 칭송하는 연설을 할 수 있다는 것을 의심하지 않습니다. 그는 그것의 효과들과 상황들을 배웠기 때문입니다.

§4 **필라레테스** 당신이 고찰한 것은 모두 맞습니다. 사람들이 종종 그들의 생각을 사물보다는 말에 더 많이 적용하는 일이 있습니다. 그리고 사람들

은 대부분의 말들을 그것들이 표시하는 관념을 알기 전에 배웠기 때문에, 종종 그렇게 앵무새처럼 말하는 사람이 어린아이들뿐만이 아니라 성인들 중에도 있습니다. §[4] 그렇지만 인간들은 보통 자기 자신의 생각을 표현하는 것이라고 주장합니다. 더욱이 "그들은 말에 다른 사람들의 관념과 사물 자체에 대한 비밀스러운 관계를 배당합니다. 왜냐하면 우리와 대화를 나누고 있는 사람이 소리를 다른 관념과 연결하면, 이것은 두 개의 언어로 이야기하는 것이기 때문입니다. 사실상 사람들은 어떤 것이 다른 사람의 관념인지 검토하는 데 주의를 집중하지 않고, 우리의 관념이 대중들과 한 나라의 지식인들이 같은 말에 연결해놓은 관념이라고 전제합니다." §[5] "이런 일은 특별히 단순 관념과 양태에서 발생하지만, 실체와 관련해서 사람들은 더 특별하게 말이 사물의 실재성도 의미한다고 믿습니다."

테오필루스 실체와 양태는 똑같이 관념에 의해서 표현됩니다. 그리고 사물도 관념과 마찬가지로 그것이 실체의 경우든, 양태의 경우든 말에 의해서 표기됩니다. 따라서 저는 실체적인 것의 관념과 감각 가능한 성질의 관념이 더 고정되지 않으면 거의 차이가 없다고 봅니다. 그 밖에 우리의 관념과 생각이 우리 대화의 재료가 되고 우리가 표시하려고 하는 것 자체가 되는 경우가 있고, 반성적 개념이 사람들이 생각하는 것보다 더 많이 사물의 개념에 포함되는 경우가 있습니다. 경우에 따라 사람들은 말을 질료적으로 합니다. 그런 부분에서 사람들은 단어의 자리에 의미를 정확하게 대입할 수 없거나 관념이나 사물의 자리에 관계를 정확하게 대입할 수 없습니다. 이런 일은 사람들이 문법학자로 말할 때뿐만이 아니라 명사를 설명하면서 사전학자로 말할 때에도 일어납니다.

3장

일반 명사에 관하여

§1 **필라레테스** "오직 특정한 사물만 현존하더라도 대부분의 낱말들은 **일반 명사들**입니다. 왜냐하면" §2 "각각의 개별 사물이 개별적이고 구별되는 이름을 갖는 것은 불가능하기 때문입니다. 그뿐만 아니라 그러기 위해서는 비범한 기억이 필요할 것입니다. 그에 비하면 자신의 모든 병사들의 이름을 호명할 수 있는 장군의 기억은 아무것도 아닐 것입니다. 사람들이 명명할 필요가 있는 각각의 동물, 식물, 또 각각의 식물의 잎, 곡물, 그리고 끝으로 각각의 모래알이 자신의 이름을 가져야 한다면, 사물도 무한하게 늘어날 것입니다. 그리고 감각적으로 균등한 사물들의 부분, 예를 들어 물의 부분이나 철의 부분을 어떻게 명명할 수 있습니까?" §3 "그 외에도 이 개별 이름은 쓸모가 없습니다. 언어의 주요 목적은 제 말을 듣는 사람의 정신에 제가 가진 관념과 유사한 관념을 불러일으키는 것이기 때문입니다. 따라서 일반 명사를 통해서 표기되는 유사성으로 충분합니다." §4 "단지

특정한 단어들만으로는 우리의 지식을 확장하지 못하고", 과거를 통해서 미래를 판단하지도 다른 사람을 통해서 개인을 판단하지도 못합니다. §5 "그럼에도 사람들은 특정한 개체에 대해서, 특히 우리 종의 특정한 개체에 대해서 언급할 필요가 있기 때문에, 나라, 도시, 산, 다른 장소의 구별에도 붙이는 **고유 명사**(noms propres)를 사용합니다. 마필상들은 그들의 말에도 고유한 이름을 붙입니다. 알렉산더 대왕이 자신의 애마가 시야에서 멀어졌을 때 이런저런 특정한 말과 구별하기 위해서 애마에 고유한 이름을 붙인 것처럼 말입니다."

테오필루스 그 지적은 맞습니다. 그리고 그중 일부는 제가 방금 언급한 것과 일치합니다. 하지만 저는 제가 이미 고찰했던 것에 따라 **고유 명사는 보통 총칭 명사였다는 것**을 추가하려고 합니다. 즉 브루투스, 카이사르, 아우구스티누스, 카피토, 렌툴루스, 피소, 키케로, 엘베, 라인, 루어, 라이네, 오커, 부케팔로스, 알프스, 브렌너, 피레네처럼 그것의 기원이 일반 명사인 것들 말입니다. 왜냐하면 첫 번째 브루투스라는 이름은 외견상의 어리석음 때문이고, 카이사르는 자기 엄마의 배를 가르고 나온 아이의 이름이며, 아우구스티누스는 숭배의 이름이었고, 카피토는 부케팔로스와 마찬가지로 큰 머리를 의미하며, 렌툴루스, 피소, 키케로는 특별히 특정 종류의 채소를 경작하는 사람들에게 최초로 붙인 이름이라는 것을 사람들은 알고 있습니다. 저는 라인 강, 루어 강, 라이네 강과 오커 강의 이름이 무엇을 의미하는지는 이미 말했습니다. 그리고 스칸디나비아에서는 모든 강을 엘베 강이라고도 부른다는 것을 사람들은 알고 있습니다. 끝으로 **알프스**(Alpes)는 눈 덮인 산이고 ('album'과 'blanc'이 여기서 유래합니다) 브렌너 혹은 피레네는 높은 고도를 의미합니다. 켈트어로 'bren'이 '높은' 혹은 ('Brennus'처럼) '수장'을 의미하기 때문입니다. 니더작센 사람들에게 'brink'

가 높이를 의미하는 것처럼 말입니다. 그리고 갈리아와 스페인 사이에 피레네가 있는 것처럼 독일과 이탈리아 사이에 **브렌너**(Brenner)가 있습니다. 따라서 저는 감히 거의 모든 낱말들이 일반 명사에서 유래한다고 말합니다. 특별히 어떤 특정한 개체를 표기하기 위해서 이유도 없이 하나의 이름을 짓는 일은 아주 드물기 때문입니다. 따라서 개체의 이름은 대표적으로 혹은 다르게 어떤 개체에게 붙였던 종의 이름이었다고 말할 수 있습니다. 예를 들어 전 도시에서 가장 머리가 큰 사람에게 혹은 아는 사람들 중에서 가장 머리가 크다고 간주되는 사람에게 **대두**라는 이름을 붙이는 것처럼 말입니다. 이와 같이 사람들은 유의 이름을 종에 붙입니다. 즉 사람들은 차이를 신경 쓰지 않을 때, 더 개별적인 종들을 지칭하기 위해서 더 일반적이거나 더 애매한 명사에 만족할 것입니다. 예를 들면, 보히누스의 책처럼 특별히 책 한 권을 가득 채울 정도로 그 종류가 많음에도 불구하고, 사람들이 약쑥이라는 일반 명사에 만족하는 것처럼 말입니다.[25)]

§6 **필라레테스** 고유 명사의 기원에 관한 당신의 고찰은 매우 정당합니다. 하지만 **총칭 명사** 혹은 일반 명사의 기원으로 가기 위해서, 테오필루스 당신은 분명히 다음에 동의할 것입니다. "말은 일반 관념의 표시일 때 일반어가 됩니다. 그리고 관념이 추상 작용에 의해서 이러저러한 개별적 현존으로 **결정**할 수 있는 시간과 장소 혹은 이러저러한 다른 상황에서 분리될 때, 관념은 일반 관념이 됩니다."

테오필루스 저는 추상 작용이 이렇게 사용되는 것을 부정하지 않습니다. 하지만 이것은 개체에서 종으로 올라가는 것이라기보다는 종에서 유로 올라가는 것입니다. 왜냐하면 (이것이 역설적으로 보이겠지만) 우리가 사물 자

25) Johannes Bauhinus(1541~1613), *De plantis absinthii nomen habentibus*(1593).

체를 보존하지 않는 한, 개체에 대한 지식을 갖는 것과 어떤 사물의 개체성을 정확하게 **결정하는** 방법을 발견하는 것은 불가능하기 때문입니다. 모든 상황은 변경될 수 있기 때문에, 우리가 감각할 수 없는 가장 작은 차이들과 그 자체로 결정되는 것과는 거리가 먼 장소나 시간은 그 상황이 포함하고 있는 것들에 의해서 자체적으로 결정되어야 합니다. 여기서 가장 주목할 만한 점은 **개체성**은 무한을 포함하고 있다는 것이고, 이 무한을 파악할 능력이 있는 사람만이 이러저러한 사물의 개체화 원리에 대한 지식을 가질 수 있다는 것입니다. (이 말을 올바르게 이해하면) 이것은 우주의 모든 사물이 서로가 서로에 대해서 미치는 영향에서 비롯된 것입니다. 사실 만약 데모크리토스의 원자가 존재했다면, 상황은 이렇지 않았을 뿐만 아니라 같은 형태와 같은 크기를 가지고 있는 **상이한** 두 개체들 사이에 **차이**도 없었을 것입니다.

§7 **필라레테스** "그럼에도 어린아이들이 자신들과 이야기하는 개인들에 대해서 형성하는 관념이 (이 사례에 우리가 집중하기 위해서) 개인들 자신과 유사하고 단지 개별적이기만 하다는 것은 전적으로 명백합니다. 유모와 엄마에 대한 어린아이들의 관념은 아이들의 정신에 아주 잘 형성되어 있고 어린아이들은 유모나 엄마의 이름을 유일하게 그 개인들에게만 사용합니다. 시간이 지나서 아이들이 그들의 아버지나 어머니와 유사한 다른 많은 존재자들이 있다는 것을 관찰하게 되었을 때, 아이들은 이 모든 개별 존재자들이 똑같이 분유하고 있다고 생각하는 것에 대한 관념을 형성하고 다른 존재자들에게 하듯이 그 존재자들에게 인간이라는 이름을 붙입니다." §8 "그들은 같은 방식으로 더 일반적인 이름과 개념을 획득합니다. 예를 들어 동물에 대한 새로운 관념은 어떤 것의 추가로 만들어지는 것이 아니라 오직 인간의 형태나 개별적 속성들을 제거함으로써 그리고 생명, 감각 그리고

자발적 운동과 동반된 신체를 보존함으로써 형성됩니다."

테오필루스 매우 좋습니다. 하지만 이것은 단지 제가 방금 말한 것을 보여줄 뿐입니다. 왜냐하면 어린아이는 인간의 관념에 대한 관찰에서 동물의 관념에 대한 관찰로 추상 작용을 통해서 나아가기 때문에, 자신의 어머니나 아버지 그리고 다른 개인들에게서 관찰했던 더 특별한 관념에서 나와 인간 본성의 관념에 이르게 되었기 때문입니다. 아이가 개체에 대한 정확한 관념을 가지고 있지 않다고 판단하기 위해서는 보통의 유사성에 쉽게 속는지 그리고 자신의 어머니가 아닌 다른 여성을 자신의 어머니로 여기는지 살펴보는 것으로 충분합니다. 당신은 거짓 마르탱 게르의 이야기[26]를 알고 있습니다. 그는 비슷하다는 이유로 실제 부인을 두고 그녀의 가까운 친척과 교활하게 바람을 피웠고, 재판관도 실제 부인이 왔을 때 오랫동안 혼란에 빠졌습니다.

§9 **필라레테스** "따라서 유와 종에 관한 이 모든 비밀이 스콜라 철학에서 많은 잡음을 만들었지만 그 외에도 약간 경시된 것은 합당합니다. 제 말은 결국 이 모든 비밀이 특정한 이름이 붙은 더 확장되거나 덜 확장되는 추상 관념을 형성하는 데에만 귀착된다는 것입니다."

테오필루스 유적으로 그리고 종적으로 사물을 분류하는 기술은 적지 않게 중요하고 기억만이 아니라 판단에도 많은 도움을 줍니다. 당신은 이것이 식물학에서 얼마나 중요한지 알고 있고 동물과 다른 실체들에 대해서는 말할 것도 없습니다. 그리고 어떤 사람[27]이 명명한 것처럼 도덕적 존재

26) 마르탱 게르(Martin Guerre)는 바스크의 협잡꾼으로 자신과 동일 인물이 되기 위해서 온 아르노 뒤 틸이 그의 가정에서 그를 대신하게 했고 그의 가족들이 아르노를 마르탱으로 알게 했다. 하지만 마르탱 게르가 진짜임이 밝혀지면서 정체성 사칭에 대해 논쟁하는 소송이 있었고, 소송은 거짓 게르를 교수형에 처하는 것으로 끝을 맺었다.

자와 개념적 존재자에 대해서도 마찬가지입니다. 대부분의 순서는 거기에 의존하고, 다수의 훌륭한 작가들은 그들의 모든 논의가 나눠질 수 있도록 쓰거나 유와 종과 관련되어 있는 방식에 따라 하위 분할될 수 있도록 씁니다. 이것은 사물을 보존하는 것뿐만 아니라 사물을 발견하는 것에도 도움을 줍니다. 그리고 모든 종류의 개념을 특정한 제목이나 하위 분할된 범주 아래에 배치한 사람들은 매우 유용한 어떤 것을 만들었습니다.

§10 **필라레테스** "낱말을 정의할 때, 우리는 더 가까운 종이나 일반 명사를 사용합니다. 이것은 이 유가 의미하는 상이한 단순 관념들을 세는 수고를 줄이기 위한 것이거나 어떤 때는 이런 열거를 할 수 없는 창피함을 면하기 위한 것일 수 있습니다. 그러나 논리학자들이 말하는 것처럼 **유**와 **종차**[28]를 이용하는 것이 정의하는 가장 빠른 길일지라도, 제 생각에, 그 방법이 가장 최선의 길인지는 의심할 여지가 있습니다. 적어도 그것이 유일한 길은 아닙니다. 인간은 이성적 동물이라고 하는 정의(이 정의가 아마도 가장 정확한 것은 아니겠지만 현재의 목적에는 꽤 충실합니다)에서 동물이라는 낱말의 자리에 그것의 정의를 위치시킬 수 있습니다. 이 정의는 '정의는 유와 종차로 구성되어야 한다.'는 규칙이 얼마나 필연성이 결여되는지 그리고 그것을 정확하게 관찰하는 것이 얼마나 장점이 없는지 보여줍니다. 또한 언어는 항상 논리학의 규칙에 따라서, 즉 각 명사의 의미가 다른 두 명사에 의해서 정확하고 명확하게 표현될 수 있는 방식으로 형성되지 않습니다. 그리고 이 규칙을 만든 사람은 그 규칙에 따른 정의를 우리에게 너무 적게 주는 잘못을 저질렀습니다."

27) 예를 들면 E. Weigel.
28) [옮긴이 주] 원어는 'différence'라고만 되어 있으나 종차(différence spécifique)를 의미한다.

테오필루스 저는 당신의 지적에 동의합니다. 그렇지만 정의가 두 명사로 구성될 수 있다면, 많은 이유에서 장점이 있을 것입니다. 의심의 여지없이 이것은 과정을 상당히 단축할 것이고, 모든 분할은 가장 좋은 분할법이자 발견, 판단, 기억에 많은 도움을 주는 이분법으로 환원될 수 있었습니다. 그럼에도 저는 논리학자들이 항상 유 혹은 종차가 단 하나의 낱말로 표현되기를 바란다고 생각하지 않습니다. 예를 들어 사각형의 유로 간주될 수 있는 **정다각형**이라는 명사처럼 말입니다. 그리고 원형의 경우 유는 평면 곡선 도형이고, 종차는 원주의 점들이 중심과 같이 특정한 점에서 같은 거리로 떨어져 있는지로 이루어집니다. 그 밖에 **유**는 매우 빈번하게 **종차**로 바뀔 수 있고, 또 **종차**는 **유**로 바뀔 수 있다는 것을 지적하는 것도 적절합니다. 예를 들면, 사각형은 사변형의 정각이거나 정각의 사변형이기도 하다는 것입니다. 따라서 유와 종차는 명사와 형용사가 서로 다른 것처럼 다를 뿐인 것 같습니다. 이것은 마치 인간은 이성적 동물이라고 말하는 대신, 인간은 동물적인 이성적 존재라고, 즉 동물적 본성을 타고난 이성적 실체라고 말하는 것을 언어가 허용하는 것과 같습니다. 반면 정령들(Genies)은 이성적 실체이지만 그 본성은 동물적이지 않거나 동물과 공유하지 않습니다. 그리고 이런 유와 종차의 교환은 하위 분할 질서의 변화에 의존합니다.

§11 **필라레테스** "제가 방금 말한 것에서 사람들이 '일반적' 그리고 '보편적'이라고 부르는 것이 사물의 현존에 속하지는 않지만 지성의 작품이라는 결과가 나옵니다." §12 "그리고 모든 종의 본질은 단지 추상 관념일 뿐입니다."

테오필루스 저에게는 이 결과가 잘 보이지 않습니다. 왜냐하면 일반성은 개개의 사물들 간의 유사성으로 이루어지고 이 유사성이 실재성이기 때문입니다.

§13 **필라레테스** 저는 저의 관점에서 당신에게 "이 종들이 유사성에 근거한다."라고 말하려고 했습니다.

테오필루스 그러면 왜 종과 유의 본질을 탐구하지 않습니까?

§14 **필라레테스** "상이한 개인들의 정신에 있는 복합 관념들은 종종 단순 관념들의 상이한 집합인 경우가 있다는 것을 사람들이 고찰한다면, 제가 본질이 지성의 작품이라고 말한 것을 듣고 크게 놀라지는 않을 것입니다. 따라서 한 인간의 정신에 있는 탐욕은 다른 인간의 정신에 있는 것과 같지 않습니다."

테오필루스 고백건대, 필라레테스, 당신이 추론한 결과의 설득력에 대해서 제가 지금 이 부분만큼 이해가 부족했던 부분은 없었습니다. 그래서 미안합니다. 만약 인간이 이름을 다르게 사용하면, 이것이 사물이나 그들의 유사성을 바꿉니까? 만약 한 사람이 탐욕이라는 이름을 어떤 유사한 것에 적용하면, 그리고 다른 사람은 또 다른 것에 적용하면, 이것은 같은 이름으로 지칭된, 상이한 두 종일 것입니다.

필라레테스 "우리에게 가장 친숙하고 우리가 가장 밀접하게 알고 있는 실체의 종에서 사람들은 한 여성이 세상에 가져다 놓은 과일이 인간인지 여러 차례 의심했습니다. 심지어 그들은 그것을 키우고 세례를 주어야 하는지에 대해서 논쟁도 했습니다. 만약 인간의 이름도 그중 하나인 추상 관념이나 본질이 자연의 작품이라면, 그리고 지성이 조립하는 단순 관념의 다양하고 불확실한 집합이 아니라면, 그래서 추상 작용을 통해서 일반 명사로 환원한 다음에 그것에 이름을 붙인 것이라면, 이런 일은 일어날 수 없을 것입니다. 그러므로 근본적으로 추상 작용에 의해서 형성된 모든 구별되는 관념은 구별되는 본질입니다."

테오필루스 필라레테스, 당신의 언어가 저를 혼란스럽게 한다는 말을 하게 되어 미안합니다. 저는 어떻게 그렇게 연결되는지 모르겠습니다. 우리가 항상 외부를 통해서 내부의 유사성을 판단할 수 없으면, 그것은 자연에 결여된 것입니까? 사람들이 한 괴물이 인간인지 의심하는 것은 그것이 이성을 가지고 있는지 의심하는 것입니다. 만약 그것이 이성을 가지고 있다는 것을 안다면, 신학자들은 그것에게 세례를 주도록 명할 것이고 법률자문관들은 음식을 주도록 명할 것입니다. 물론 사람들은 논리적 관점에서 최하위의 종들에 대해서 논쟁할 수 있습니다. 그런 종들은 하나의 동일한 물리적 종이나 동일한 생식 부족에서 우연적으로 다양해지기 때문입니다. 하지만 사람들은 그 종들을 결정할 필요는 없습니다. 심지어 그 종들을 무한히 다양하게 할 수 있습니다. 전문가들이 명명하고 구분할 수 있는 오렌지, 라임, 레몬의 많은 다양성에서 보이는 것처럼 말입니다. 튤립과 카네이션이 유행하고 있을 때, 이와 같은 것을 그 꽃들에서도 볼 수 있습니다. 그 밖에 인간들이 이러저러한 관념들을 연결하든 연결하지 않든, 그리고 또 자연이 이러저러한 관념들을 현실적으로 연결하든 연결하지 않든, 이것은 본질, 유 혹은 종에게는 아무런 영향이 없습니다. 그것은 우리의 생각과 독립적인 가능성에 관한 문제이기 때문입니다.

§15 **필라레테스** "사람들은 보통 각 사물의 종이 실재적 구조를 갖는다고 상정합니다. 그리고 이 사물에서 모든 단순 관념들의 축적과 공존하는 성질들이 의존해야 하는 그런 것이 있어야 한다는 것에 대해서 의심하지 않습니다. 그러나 사물들이 특정한 이름으로, 그 사물들이 우리가 그런 이름을 붙인 특정한 추상 관념과 일치하는 한에서, **종류**나 **종**으로 분류된다는 것은 명증적이기 때문에, 각각의 유 혹은 종의 **본질**은 일반 명사나 특수 명사로 표시되는 추상 관념과 다르지 않습니다. 그리고 우리는 이것이 본질이라는 낱말이 가장 일반적으로 사용될 때 의미하는 것임을 알게 될 것

입니다. 제 생각에, 상이한 두 이름으로 두 종류의 본질을 표기하고, 하나를 **실재적 본질** 그리고 다른 하나를 **명목적 본질**이라고 부르는 것은 나쁘지 않을 것 같습니다."

테오필루스 제가 보기에 당신의 언어는 표현 방식에 있어서 많은 혁신을 이룬 것 같습니다. 지금까지 사람들은 명목적 정의와 인과적 혹은 실재적 정의에 대해서는 잘 이야기했습니다.[29] 하지만 제가 아는 한, 실재적 본질이 아닌 다른 본질에 대해서는 그렇지 않았습니다. 예를 들어 열 개의 평면이나 표면으로 둘러싸인 정규적 물체인 정십면체의 본질은 거짓이고 불가능한 본질이라고 이해하는 것처럼, 명목적 본질을 거짓이고 불가능한 본질, 즉 본질인 것으로 보이지만 그렇지 않은 것으로 이해하지 않는 한에서 말입니다. 근본적으로 본질이란 사람들이 제시한 것의 가능성 이외에 다른 것이 아닙니다. 사람들이 가능하다고 상정하는 것은 정의를 통해서 표현됩니다. 하지만 이 정의가 동시에 가능성을 표현하지 못할 때는 단지 명목적 정의일 뿐입니다. 왜냐하면 그때 사람들은 이 정의가 어떤 실재적인 것, 즉 어떤 가능한 것을 표현하는지 의심할 수 있기 때문입니다. 그 사물이 실제로 세상에서 발견될 때, 경험이 우리를 도와 우리가 그것의 실재성을 '경험을 통해서' 인식하기 전까지는 말입니다. 실재성을 '선험적으로' 인식하게 해주는 근거가 없으면, 정의된 사물의 원인이나 그것의 가능한 생성을 드러내는 것으로 충분합니다. 따라서 이 조합이 가능성을 보여주는 원인에 의해서 혹은 현실성을 보여주는 경험에 의해서 정당화되지 않는다면,

29) [옮긴이 주] 라이프니츠의 명목적 정의와 실재적 정의 혹은 인과적 정의의 구별에 대해서는 De synthesi et analysi universali seu arte inveniendi et judicandi: A VI, 4, 538~545, 그리고 Meditationes de Cognitione, Veritate, et Ideis: A VI, 4, 585~592 참조.

그래서 결과적으로 가능한 것으로 정당화되지 않는다면, 우리에게 적절해 보이는 대로 관념들을 연결하는 것은 우리에게 달려 있지 않습니다. 본질과 정의를 더 잘 구별하기 위해서 고찰해야 하는 것은, 동일한 구조나 동일한 도시가 사람들이 다른 면에서 바라봄에 따라 다른 원근법으로 표현될 수 있는 것처럼, 사물에 하나의 본질이 있지만 하나의 동일한 본질을 표현하는 다수의 정의가 있다는 것입니다.

§[18] **필라레테스** 당신은 "실재와 명목은 단순 관념에서 그리고 양태의 관념에서는 항상 동일하지만 실체의 관념에서는 항상 전적으로 상이하다."라는 저의 생각에 동의할 것입니다. "세 개의 선으로 공간의 경계선을 긋는 도형이라는 것은 삼각형의 실재적 본질일 뿐만 아니라 명목적 본질이기도 합니다. 이것은 일반 명사를 붙인 유일한 추상 관념이라서가 아니라 사물의 고유한 본질이거나 고유한 존재 또는 그 사물의 속성들이 유래하고 결합되어 있는 토대이기 때문입니다. 그러나 금에 대해서는 완전히 다릅니다. 금의 색, 무게, 용해성, 불변성 등이 의존하고 있는 부분들의 실재적 구조는 우리에게 알려져 있지 않습니다. 그리고 우리는 그에 대한 아무런 관념도 없기 때문에, 그것을 표기할 이름을 가지고 있지 않습니다. 그렇지만 이 물질을 금이라고 부르게 만드는 것이 그 성질들이고, 그 성질들은 금의 명목적 본질, 즉 금에게 그 이름의 권리를 주는 것입니다."

테오필루스 그보다 저는 관용적 표현에 따라 금의 본질은 금을 구성하고 금에게 감각 가능한 성질들을 주는 것이라고 말하는 것을 더 좋아합니다. 그 성질들이 금을 재인식하게 하고 금의 **명목적 정의**를 만드는 것입니다. 반면 우리가 금의 내부 조직이나 구조를 설명할 수 있다면, **실재적 정의**와 **인과적 정의**를 가질 것입니다. 하지만 여기서 명목적 정의는 실재적 정의로 발견되기도 합니다. (그 정의가 이 물체의 가능성이나 생성을 '선험적으로' 인식하게 해주지 않기 때문에) 그 명목적 정의 자체를 통해서가 아니라 경험을 통해서 말입니다. 왜냐하면 우리는 그 성질들이 함께 발견되는 물체가 있다는 것을 경험하기 때문입니다. 지금까지 사람들이 차가운 상태에서 가단성(malléabilité) 있는 유리가 자연에서 가능한지 의심할 수 있는 것처럼, 그 정도의 무게를 가진 것이 그 정도의 가단성과 양립할 수 있을지 의심할 필요는 없습니다. 그 외에도 저는 실체의 관념과 술어의 관념 간에 차이가 있다는 당신의 견해에 동의하지 않습니다. 이 견해는 마치 술어의 정의는 (즉 양태의 정의와 단순 관념의 대상의 정의는) 항상 실재적이고 동시에 명목적인데 실체의 정의는 단지 명목적일 뿐이라는 것과 같습니다. 저는 실체적 존재자인 물체의 실재적 정의를 얻는 것이 더 어렵다는 것에는 동의합니다. 그것의 조직이 덜 감각 가능하기 때문입니다. 하지만 모든 실체가 그런 것은 아닙니다. 왜냐하면 우리는 대부분의 양태에 대해서 가지고 있는 것과 같은 밀접한 인식을 (신과 영혼 같은) 참된 실체 혹은 일체에 대해서도 가지고 있기 때문입니다. 더욱이 물체의 조직과 마찬가지로 덜 알려져 있는 술어도 있습니다. 예를 들어 노란색이나 쓴맛은 단순 관념의 대상이거나 단순한 환상임에도 불구하고 우리는 그것에 대한 혼란스러운 지식을 가지고 있기 때문입니다. 하나의 동일한 양태가 명목적 정의뿐만 아니라 실재적 정의도 가질 수 있는 수학에서도 마찬가지입니다. 본질과 속성도 구분해야 하는 이 두 정의의 차이가 무엇인지 잘 해명했던 사람들은 소수였습니다. 제 견해에 따르면, 그 차이는 실재적 정의는 정의되는 것의 가능성을 보여주는 것이고 명목적 정의는 그렇지 않다는 것입니다. 두 직선이 하나의 동일한 평면에 있고, 그 선들을 아무리 무한하게 연장하더라도, 서로 만나지 않는다는 두 **평행 직선**의 정의는 명목적 정의입니다. 우선 이것이 가능한지 의심할 수 있기 때문입니다. 하지만 사람들이 하나의 평면

위에 주어진 한 직선에 평행하는 한 직선을 그을 수 있다는 것을 이해할 때, 평행선을 긋는 연필의 끝이 항상 주어진 직선에서 같은 거리를 유지하도록 주의한다는 전제에서, 사람들은 동시에 그것이 가능하다는 것을 보고 왜 그 선들이 결코 서로 만나지 않는 속성을 갖는지 알 것입니다. 그 속성이 명목적 정의를 만들지만, 두 선이 직선일 때에는 단지 평행선의 표기일 뿐입니다. 반면 그 선들 중 적어도 하나가 곡선이면, 결코 서로 만날 수 없다는 본성은 가질 수 없을 것이고 또한 평행선도 될 수 없을 것입니다

§19 **필라레테스** "본질이 추상 관념과 다른 어떤 것이라면, 그것은 생성 불가능하고 소멸 불가능한 것이 아닐 것입니다. 아마도 유니콘, 인어, 완전한 원은 세상에 없을 것입니다."

테오필루스 필라레테스, 저는 당신에게 이미 말했습니다. 본질은 오직 가능성에 관한 문제이기 때문에, 영구적이라고 말입니다.

4장

단순 관념의 이름에 관하여

§2 **필라레테스** 저는 제가 항상 양태의 형성은 임의적이라고 믿었다는 것을 인정합니다. 하지만 단순 관념과 실체의 관념과 관련해서는 가능성 외에도 "이 관념이 실재적 현존을 표시해야 한다."라고 확신합니다.

테오필루스 저는 그것이 필연적인지 모르겠습니다. 신은 관념의 대상을 창조하기 전에 이미 관념을 가지고 있고, 어느 것도 신이 이러저러한 관념을 지적인 피조물에게 전달할 수 없도록 방해하지 않습니다. 우리 감관의 대상과 그 감관이 우리에게 제공하는 단순 관념의 대상이 우리 밖에 있다는 것을 증명하는 엄밀한 증명도 없습니다. 특히 이것은 감각 가능한 성질들에 대한 우리의 단순 관념이 우리 밖의 대상에 있는 것과 유사성이 없다고 믿는 데카르트주의자들과 당신의 저명한 저자 같은 사람들에게 해당되는 것입니다. 따라서 이 관념이 어떤 실재적 현존에 근거하도록 강제하는 것은 아무것도 없습니다.

§4, 5, 6, 7 **필라레테스** 당신은 적어도 단순 관념과 합성 관념 간의 다른 차이점에 대해서는 저에게 동의할 것입니다. "**단순 관념**의 이름은 정의될 수 없습니다. 반면 합성 관념의 이름은 정의될 수 있습니다. 왜냐하면 정의는 하나 이상의 명사를 포함해야 하고 그 각각의 명사는 하나의 관념을 표시해야 하기 때문입니다. 따라서 사람들은 무엇이 정의될 수 있고 무엇이 정의될 수 없는지 알고, 왜 정의가 무한하게 진행될 수 없는지 압니다. 제가 아는 한, 지금까지 어느 누구도 이 점을 지적하지 않았습니다."

테오필루스 저도 대략 20년 전쯤 '라이프치히의 저널'에 게재한「관념에 관한 소론」[30]에서 단순 명사는 명목적 정의를 가질 수 없다는 점을 지적했습니다. 하지만 동시에 이 명사가 우리의 관점에서만 단순할 때, (왜냐하면 우리는 그 명사를 구성하고 있는 기초적 지각에 이를 정도로 분석을 진행할 수단을 가지고 있지 않기 때문에) 예를 들어 뜨거움, 차가움, 노란색, 녹색 같은 명사들은 원인을 설명하는 실재적 정의를 받을 수 있다는 것을 덧붙였습니다. 이에 따라 **녹색**의 실재적 정의는 파란색과 노란색의 적절한 혼합으로 합성된 것입니다. 비록 녹색에게 파란색, 노란색처럼 자신을 식별하게 해주는 명목적 정의 이상은 가능하지 않더라도 말입니다. 반면에 그 자체로 단순한 명사, 즉 그것에 대한 이해가 명확하고 구별되는 단순 명사는 명목적이든 실재적이든 어떠한 정의도 받을 수 없습니다. '라이프치히의 저널'에 게재한 소론에서 당신은 지성에 관해 축약해서 설명된 이론의 상당 부분의 토대를 볼 수 있을 것입니다.

§7, 8 **필라레테스** 그 점을 해명하고, 정의될 수 있는 것 혹은 정의될 수 없

30) Leibniz,「인식, 진리 그리고 관념에 대한 성찰(Meditationes de Cognitione, Veritate, et Ideis)」: A VI, 4, 585~592(*Acta Eruditorum*, 1684, 11), 537~542.

는 것을 지적한 것은 좋습니다. 그리고 저는 이 점을 유념하지 않아서 커다란 논쟁들이 종종 일어나게 되고 인간의 대화에 많은 의미 없는 말들이 도입된다고 믿고 있습니다. "스콜라 철학에서 많은 잡음을 만들었던 저 유명한 논쟁거리들은 사람들이 관념에서 발견되는 저런 차이에 주의하지 않았기 때문에 발생한 것입니다. 논쟁술의 위대한 거장들은 대부분의 단순 관념들을 정의하지 않은 채 놔두도록 했습니다. 그리고 그들이 그 관념들을 정의하려고 했을 때, 성공하지 못했습니다. 예를 들어 인간의 정신은 아리스토텔레스의 다음 정의에 포함되어 있는 것보다 더 예리한 뜻 모를 말을 발견할 수 없었습니다. '운동은 한 존재자가 가능태에 있는 한에서, 가능태에 있는 한 존재자의 현실태이다.'[31]" §9 "운동을 한 장소에서 다른 장소로 가는 이동이라고 정의하는 근대인들은 다른 말의 자리에 동의어를 놓았을 뿐입니다."

테오필루스 저는 이미 지난 우리의 대화 중 한 곳에서, 당신 측 사람들이 그렇지 않은 많은 관념들을 단순 관념으로 여긴다고 지적했습니다. 제가 생각하기에, 운동은 정의될 수 있는 것에 속합니다. 그리고 운동은 장소의 변화라는 정의를 경시해서는 안 됩니다. 아리스토텔레스의 정의는 사람들이 생각하는 것처럼 그렇게 불합리한 것이 아닙니다. 그들은 그에게서 그리스어 'κίνησις'가 우리가 **운동**이라고 부르는 것을 가리키는 것이 아니라 **변화**라는 말로 표현하는 것을 가리킨다는 것을 이해하지 못한 것입니다. 이로부터 그가 운동에 대해서 매우 추상적이고 매우 형이상학적인 정의를 내렸다는 것이 도출됩니다. 반면 우리가 운동이라고 부르는 것을 그는

31) "le mouvement est l'acte d'un être en puissance, en tant qu'il est en puissance." Aristoteles, *Physica*, III, 1, 201a9~11; *Metaphysica*, XI, 9, 1065b14~16.

'φορὰ' 'latio(이동)'라고 부르며, 변화(τῆς κινσεως)의 종류 중에서 발견됩니다.[32]

§10 필라레테스 그러나 당신은 "같은 작가가 한 투과의 현실태(l'acte du transparent)라는 빛에 대한 정의"에 대해서는 적어도 변론하지 못할 것입니다.

테오필루스 당신과 마찬가지로 저도 그것이 매우 무용하다고 봅니다. 그리고 그는 우리에게 중대한 것을 말해주는 것도 아닌, **현실태**라는 말을 너무 많이 사용합니다. 그에게 **투명**은 통과해 볼 수 있는 매개이고, 그에 따르면 빛은 현실적 과정을 구성하고 있는 것입니다.[33] 잘 되었군요!

§11 필라레테스 그러므로 우리는 다음의 의견에 대해서 일치합니다. "산초 판사가 애인을 소문으로 보는 능력을 가진 것처럼, 혹은 진홍빛의 섬광에 대해서 말하는 것을 자주 들었던 맹인이 그것이 트럼펫 소리와 유사하다고 믿는 것처럼, 사물을 귀로 맛볼 수 있는 것이 아닌 한, 우리가 여행자의 진술[34]로 파인애플의 맛을 알 수 없는 것처럼, 우리의 단순 관념이 명목적 정의를 가질 수 없다는 것 말입니다."

테오필루스 당신이 옳습니다. 그리고 세상의 모든 여행자들은 그들의 진술로 우리가 이 나라의 한 신사에게 빚지고 있는 것을 우리에게 줄 수 없었습니다. 그 신사는 하노버에서 3리그 정도 떨어져 있는 베저 강가 근처에 파인애플을 성공적으로 재배하고 그것을 증산하는 방법을 찾았습니다.

∴

32) [옮긴이 주] 아리스토텔레스는 일반적인 상위 개념으로 운동(κίνησις)에서의 변화를 네 가지로 구별했다. 1. 장소 변화(κίνησις κατὰ τόπον, φορὰ), 2. 양적 변화(αὔξησις καὶφθίσις), 3. 질적 변화(κ. κατὰ τὸ ποιόν), 4. 실체적 변화, 즉 생성과 소멸(γένεσς φθρὰ). 『자연학(*Physica*)』 3부, 1장 참조.

33) Aristoteles, *De Anima*, II, 7, 418b4, 418b10, 419a11.

34) 로크는 여백에 다음의 책을 인용했다. *La Relation du Voyage de M. de Gennes*, 79쪽.

아마도 우리는 어느 날 그것을 포르투갈 오렌지처럼 풍부하게 우리의 산물로 가질 수 있을 것입니다. 분명히 맛은 좀 떨어지겠지만 말입니다.

§12, 13 **필라레테스** "복합 관념의 경우는 완전히 다릅니다. 맹인은 상이 무엇인지 이해할 수 있고, 결코 무지개를 본 적이 없는 사람도 무지개를 구성하는 색들을 보기만 한다면, 무지개가 무엇인지 이해할 수 있습니다." §15 "단순 관념이 설명 불가능하더라도 그것이 적어도 의심스러운 것은 아닙니다." 왜냐하면 경험이 정의보다 더 많이 작용하기 때문입니다.

테오필루스 그러나 우리의 관점에서만 보면 단순한 관념에 관한 몇 가지 어려움이 있습니다. 예를 들면, 파란색과 초록색의 경계를 정확하게 표기하기 어려울 것이고 일반적으로 매우 유사한 색들을 구분하는 것이 어려울 것입니다. 반면에 우리는 산술학과 기하학에서 사용하는 용어들에 대해서는 정확한 개념을 가질 수 있습니다.

§16 **필라레테스** "단순 관념은 또 다른 특징이 있습니다. 그것은 최하위의 종에서 최상위의 유까지 논리학자들이 **범주 계열**이라고 부르는 것에 잘 종속되지 않습니다. 최하위의 종은 하나의 유일한 단순 관념일 뿐이기 때문에, 거기서 아무것도 뺄 수 없습니다. 예를 들어 흰색과 빨강색이 어울려 있는 공통의 현상을 보존하기 위해서는 흰색의 관념과 빨강색의 관념에서 아무것도 뺄 수 없습니다. 이런 이유에서 사람들은 이 색들을 **색**이라는 유 혹은 이름으로 노란색과 다른 색들과 함께 파악합니다. 그리고 사람들이 소리, 맛, 촉각적 성질도 포괄하는 한층 더 일반적인 용어를 만들려고 할 때, 그들은 그들이 통상적으로 부여하는 의미로 성질에 대한 일반 명사를 사용합니다. 이것은 하나 이상의 감관을 통해서 정신에 작용하고 그것의 관념을 도입하는 연장, 수, 운동, 쾌락 그리고 고통의 성질들을 구별하기 위한 것입니다."

테오필루스 이 지적에 더 말할 것이 있습니다. 필라레테스, 저는 당신이 여기서 그리고 다른 곳에서 저의 믿음을 정당하게 평가하기를 희망합니다. 그것이 모순의 정신에서 나온 것이 아니라 사안이 그것을 요구한 것 같다는 믿음 말입니다. 감각 가능한 성질들의 관념이 종속 관계에 잘 속하지 않고 하위 분할도 잘 할 수 없다는 것은 장점이 아닙니다. 왜냐하면 그것은 단지 우리가 그런 관념에 대해서 잘 모른다는 것에서 기인하기 때문입니다. 그렇지만 눈으로 볼 수 있고, 물체를 통과하고 그럼으로써 그 색들 중 어떤 하나가 드러나게 되고, 통과되지 않는 물체의 매끄러운 표면에 반사되는 것은 모든 색들이 공통적으로 가지고 있는 것이고, 바로 이 사실이 우리가 가지고 있는 관념에서 어떤 것을 뺄 수 있다는 것을 알려줍니다. 심지어 중대한 이유로 색을 극단적으로 (그중 하나는 긍정적인 것, 즉 흰색이고 다른 것은 부정적인 것, 즉 검은색입니다) 분할할 수도 있고, 더 특수한 의미에서도 색이라고 부르는 매개적인 것으로 분할할 수도 있습니다. 그리고 이 매개는 빛의 굴절에 의해서 생겨납니다. 또한 색들은 깨진 광선의 볼록한 면의 색과 오목한 면의 색으로 하위 분할될 수도 있습니다. 그리고 색의 분할과 하위 분할이 사소한 결과는 아닙니다.

필라레테스 하지만 이 단순 관념에서 어떻게 유를 찾을 수 있습니까?

테오필루스 관념은 외견상으로만 단순하기 때문에, 그 관념과 연결된 정황을 동반합니다. 비록 그 연결이 우리에게 이해되지 않더라도 말입니다. 그리고 그 정황은 설명 가능한 어떤 것과 분석 가능한 어떤 것을 제공하고, 그 분석이 어느 날 이 현상의 근거를 발견할 수 있을 것이라는 희망을 주기도 합니다. 따라서 감각 가능한 물질 덩어리에 대한 우리의 지각뿐만 아니라 감각 가능한 성질에 대한 지각에도 일종의 **중복**(pléonasme)이 있습니다. 그리고 이 중복이란 우리가 같은 대상에 대해서 하나 이상의 개념을 가진다는 것입니다. 금은 명목적으로 다수의 방식으로 정의될 수 있습니다. 사람들은 금을 우리가 가진 물체 중 가장 무거운 물체라고 말할 수 있고, 가장 가단성이 큰 물체라고 말할 수도 있으며 골회 도가니와 질산 등에 저항해 가용성 있는 물체로 정의할 수 있습니다. 각각의 이러한 표지들은 금을 식별하기에 적절하고 충분합니다. 어떤 연금술사들이 그들의 화금석이 더 무겁다고 주장하듯이 더 무거운 물체가 발견되기 전까지는, 혹은 사람들이 은색이고 금의 거의 모든 다른 성질들을 가지고 있다고 말하는 금속인 '고정불변의 은(lune fixe)'[35]을 내보일 때까지는 — 그리고 명예로운 보일[36] 씨가 그것을 만들었다고 하는 것 같습니다 — 적어도 잠정적으로 그리고 우리가 가진 물체들의 현재 상태에서는 충분하다는 말입니다. 그래서 사람들은 우리가 단지 경험적으로만 인식하는 문제에서 우리의 모든 정의는 단지 잠정적일 뿐이라고 말할 수도 있습니다. 이것은 제가 이미 앞에서 언급한 것 같습니다. 따라서 사실상 우리는 한 색이 굴절 없이 오직 반사에 의해서 만들어질 수 있다는 것이 가능한지, 그리고 지금까지 우리가 보통 굴절각의 오목 면에서 관찰했던 색들이 지금까지 알려지지 않은 종류의 굴절에 의해서 볼록 면에서 발견되는 것이 가능한지, 그리고 그 역으로도 가능한지, 증명을 통해서 알 수 없습니다. 따라서 파란색의 단순 관념은 우리가 우리의 경험을 바탕으로 지정했던 유를 빼앗길 것입니다. 하지만 우리가 가지고 있는 파란색에서 그리고 그것이 동반하는 정황에서

35) [옮긴이 주] 'lune'는 연금술사들이 은에 붙인 이름이다. 보통 라틴어로 'luna fixa'로 통용되었고 본래 '고정불변의 달'을 의미하지만 연금술사들에 의해서 색은 은색인데 금만큼 무거운 금속을 가리키는 것으로 쓰였다.

36) Robert Boyle(1627~1691), *An Historical Account of a Degradation of Gold*(1678), 10~13쪽.

멈추는 것이 좋습니다. 그리고 그 정황은 유와 종을 만드는 방법에 관한 어떤 것을 우리에게 제공합니다.

§17 **필라레테스** 하지만 이런 고찰에 대해서는 어떻게 말씀하시겠습니까? "단순 관념은 사물의 현존에서 얻어지기 때문에 결코 임의적이지 않지만 혼합 양태의 관념은 전적으로 임의적이고 실체의 관념은 특정한 방식으로 임의적이다."

테오필루스 저는 임의적인 것이 단지 말에서 발견될 뿐이지 결코 관념에서 발견되지 않는다고 생각합니다. 왜냐하면 관념은 단지 가능성만 표현하기 때문입니다. 따라서 절대 존속살인자가 없다 하더라도 그리고 모든 입법자가 솔론처럼 말하는 데 신중한 것은 아니라 하더라도, 존속살인은 가능한 범죄이고 그것의 관념은 실재적일 것입니다.[37] 왜냐하면 관념은 전적으로 영원한 신에게 있고 또 우리가 그 관념에 대해서 현실적으로 생각하기 전에 우리에게도 있기 때문입니다. 저는 이것을 우리의 첫 번째 대화에서 보여드린 것 같습니다.[38] 만약 어떤 사람이 관념을 인간의 현실적 생각으로 간주하려고 한다면, 그것은 그에게 허용됩니다. 하지만 그는 아무 이유 없이 공인된 언어사용에 반대하는 것이 될 것입니다.

37) [옮긴이 주] Locke, 『인간지성론』, II, 22장, 4, 6절 참조.

38) [옮긴이 주] 1부 1장 5절 이하, 2부 1장 25절, 현실적 생각 작용으로서의 '생각'과 생각 작용이 향하고 있는 대상으로서 '관념'의 구별 참조.

5장

혼합 양태와 관계의 이름에 관하여

§2, 3 및 이하 **필라레테스** "하지만 단순 관념이 사물의 실재적 현존에 의해서 선택의 여지없이 생기는 데 반해 혼합 관념은 정신이 실재적 견본도 필요 없이 적합하다고 판단하는 단순 관념들을 결합함으로써 형성하는 것 아닙니까? 사물이 현존하기도 전에 종종 혼합 관념을 보지 않습니까?"

테오필루스 만약 당신이 관념을 현실적 생각으로 간주한다면, 당신이 맞습니다. 그러나 당신의 구별을 형상 자체나 이 생각의 가능성과 관련된 것에 적용할 필요가 있는지 저는 잘 모르겠습니다. 그리고 그렇기 때문에 이것이 현실 세계와 구별되는 관념의 세계에서 문제가 되는 것입니다. 필연적인 것이 아닌 존재자의 실재적 현존은 사실이나 역사의 문제입니다. 하지만 가능성과 필연성에 대한 지식은 (**필연적**인 것의 반대가 **가능한** 것은 아니기 때문에) 증명적 학문을 구성합니다.

필라레테스 "하지만 '죽이다'의 관념을 양의 관념과 연결하는 것보다 '죽이다'의 관념을 인간의 관념과 연결하는 것이 더 잘 되나요? 유아살해범보다 존속살해범이 더 잘 연결된 개념으로 합성됩니까? 영국인들이 'stabbing'이라고 부르는 것, 즉 칼로 찌르는 살해 혹은 날선 검으로 베어 죽일 때보다 그들에게 더 고통스러운 칼끝으로 찌르는 것, 이것이 하나의 이름과 하나의 관념을 얻을 수 있을 만큼 더 자연스러운 것입니까? 예를 들어 양을 죽이는 행위와 사람을 칼로 죽이는 행위에 대해서 사람들은 일치하는 이름과 관념을 가지고 있지 않는데도 말입니다."

테오필루스 가능성만이 관련되어 있을 때, 이 모든 관념은 똑같이 자연적입니다. 양을 죽이는 것을 본 사람은 이 행위에 이름을 붙이지 않았고 주목하지 않았더라도 그 행위에 대한 관념을 생각에 가지고 있습니다. 따라서 관념 자체가 문제일 때, 왜 우리는 이름에 제한되나요? 그리고 관념 일반이 문제일 때, 왜 우리는 혼합 양태의 관념의 가치에 집착하나요?

§[8] **필라레테스** "인간은 다양한 종류의 혼합 양태를 임의적으로 만들기 때문에, 다른 언어에서 상응하는 말이 없는 말을 어떤 한 언어에서 발견하게 됩니다. 로마인들이 사용한 'Versura'라는 낱말에 상응하는 말이 다른 언어에는 없습니다. 또한 유대인들이 사용한 'Corban'이라는 말도 마찬가지입니다.[39] 사람들은 라틴어 'hora', 'pes', 'libra'를 '시각', '발', '파운드'로 과감하게 번역하지만 로마인들의 관념은 우리의 관념과 매우 달랐습니다."

테오필루스 제가 보기에, 관념 자체와 그것의 종이 문제일 때, 우리가 논의했던 많은 것들이 이 관념의 이름 덕분에 지금 다시 나오고 있습니다. 이름

39) [옮긴이 주] 로마어 'versura'는 문자 그대로는 '교환', '교체'를 뜻한다. 어떤 사람이 빚을 갚기 위해서 새로 돈을 빌려서 채권자를 바꾸는 행동이나 과정으로 이해할 수 있다. 'corban'은 신에 바치는 봉헌물 또는 근원적 제물을 의미하며, 그래서 성화를 입거나 파문당하는 것은 이런 봉헌물, 제물의 결과이다.

과 인간의 습관에 관한 고찰은 적절합니다. 하지만 그것은 학문과 사물의 본성에 아무런 변화도 주지 않습니다. 보편 문법을 쓰려고 했던 사람들은 사실 언어의 본질에서 언어의 현존으로 잘 넘어갔고, 다양한 언어의 문법을 비교하게 되었습니다. 이것은 이성에서 도출한 보편 법학을 쓰려고 했던 저자가 법과 민족의 습관을 잘 비교 대조한 것과 같습니다. 실천에서뿐만이 아니라 이론적 고찰에서도 유용한 이것은 그 저자에게 다양한 고찰들을, 이것이 없었다면 놓쳤을 고찰들을 알아볼 기회를 제공했습니다. 그렇지만 역사나 현존에서 분리된 학문 자체에서 인민들이 이성이 명령한 것에 따랐는지 아니면 따르지 않았는지는 중요하지 않습니다.

§9 **필라레테스** "'**종**'이라는 낱말의 의심스러운 의미 때문에, 어떤 사람들은 혼합 양태의 종이 지성에 의해서 형성된다는 말을 듣고 충격을 받았습니다. 하지만 저는 각각의 '**종류**'나 '**종**'의 경계를 정하는 것에 대해서 생각하도록 내버려 두었습니다. 저에게 이 두 낱말은 전적으로 동의어이기 때문입니다."

테오필루스 보통 종의 경계를 확정하는 것은 사물의 본성입니다. 예를 들어 인간과 동물의 경계, 검과 칼의 경계 말입니다. 그렇지만 저는 진정으로 임의적인 개념이 있다는 것을 인정합니다. 예를 들어 1피트를 결정하는 것이 문제일 때 말입니다. 왜냐하면 직선은 동형적이고 제한이 없기 때문에, 자연은 그것에 경계를 표기하지 않기 때문입니다. 또한 의견이 개입하는 막연하고 불완전한 본질도 있습니다. 한 사람이 대머리가 되지 않기 위해서 적어도 얼마만큼의 머리카락을 남겨야 하는지 의문을 제기할 때처럼 말입니다.

"견딜 수 없을 만큼의 논증으로 혼란스러워 주저 앉을 때까지."[40]

자신의 적을 압박하는 것은 고대인들의 궤변입니다. 그러나 자연은 그 개념을 결정하지 않았고, 의견이 거기에 일부를 차지하고, 그가 대머리인지 아닌지 의심할 수 있는 사람들이 있고, 네덜란드에서 작은 말로 평가되는 말이 웨일스에서는 큰 말로 간주될 것이라고 당신이 지적했던 것처럼, 어떤 사람에게는 대머리로 통용되고 다른 사람에게는 대머리로 통용되지 않는 애매함이 있다는 것이 정답입니다.[41] 단순 관념에도 그런 종류의 것이 있습니다. 제가 방금 지적한 것처럼 색의 최종 경계는 의심스럽기 때문입니다. 본질에도 실제로 **반명목적인 본질**이 있습니다. 그런 경우 예를 들어 박사 학위와 자격, 기사의 계급과 자격, 대사와 왕의 신분과 자질 같은 사안의 정의에 포함되어 있는 이름은 한 개인이 그 이름을 사용할 공인된 권리를 획득했을 때 알려집니다. 그리고 한 외무대신이 아무리 많은 권한을 가지고 아무리 많은 수행원을 거느려도, 그의 신임장이 그에게 그 이름을 수여하지 않으면, 그는 대사로 통하지 않을 것입니다. 그러나 이 **본질**과 **관념**은 당신이 언급했던 의미와는 약간 다른 의미에서 **막연하고 의심스럽고 임의적이고 명목적**입니다.

§10 **필라레테스** "하지만 이름이 당신이 임의적이지 않다고 믿는 혼합 양태의 본질을 보존하는 경우가 있는 것 같습니다. 예를 들어 '대승리'라는 이름이 없으면 우리는 그런 경우에 로마인들에게 일어났던 일에 대해서 아무런 관념도 가질 수 없었을 것입니다."

테오필루스 저는 사물에 주목하기 위해서 그리고 기억과 현실적 지식을 보

40) Horace, *Epistola*, II, 1, v, 47. "Dum cadat elusus ratione ruentis acervi."

41) [옮긴이 주] 이 대머리 논쟁은 디오게네스(Diogenes Laertios, II)가 소개한 것으로 메가라 학파의 에우불리데스(Eubulides)에서 기원한 것이다.

존하기 위해서 이름을 사용한다는 것을 인정합니다. 하지만 이름은 관련된 문제에 아무런 영향도 주지 않고 본질을 명목적인 것으로 만들지도 않습니다. 그리고 저는 필라레테스 당신이 어떤 이유에서 본질 자체가 선택과 이름에 의존한다고 강력하게 주장하는지 이해가 안 됩니다. 당신의 저명한 저자가 그런 주장을 하기보다는 관념과 양태를 더 세밀하게 고찰하고 다양한 관념과 양태를 분류하고 더 발전시켰으면 좋았을 것이라고 기대했습니다. 그러면 저는 즐겁고 유익하게 그의 길을 따랐을 것입니다. 그는 우리에게 의심의 여지없이 많은 깨달음을 주었기 때문입니다.

§12 **필라레테스** "우리가 **말**이나 **철**에 대해서 이야기할 때, 우리는 그것들을 우리 관념의 기원적 모형을 우리에게 제공하는 사물로 간주합니다. 그러나 우리가 **정의**, **인정**과 같은 **도덕적 존재자**인 혼합 양태나 적어도 이 양태의 가장 고려할 만한 부분들에 대해서 이야기할 때, 우리는 그것의 기원적 견본이 정신에 현존하는 것으로 간주합니다. 그런 이유에서 우리는 정의와 절제 **개념**에 대해서 이야기하지만 사람들은 말과 돌 개념에 대해서 이야기하지 않습니다."

테오필루스 전자의 관념에 대한 모형도 후자의 관념에 대한 모형과 마찬가지로 실재적입니다. 정신의 성질은 물체의 성질보다 덜 실재적이지 않습니다. 사람들이 말을 보는 것처럼 정의(justice)를 보지 않는다는 것은 사실입니다. 하지만 정의를 덜 이해하지도 않고 또 더 잘 이해하지도 않습니다. 사람들이 정의를 고려하든 않든 간에 직선과 경사가 운동에 있는 것처럼 정의는 행동에 있습니다. 사람들이 저의 견해에 동의하고 또 인간사에서 가장 능력 있고 가장 많이 경험하는 견해라는 것을 당신에게 보이기 위해서 저는 다만 다른 모든 사람들이 추종하는 로마 법률가의 권위를 이용합니다. 그는 이 혼합 양태나 도덕의 존재를 **사물**, 특히 **비물체적인 것들**이라고 부르는 사람입니다. 예를 들어 (이웃의 땅을 지나갈 수 있는 권한 같은) 토지 이용권은 그에게는 '비물체적인 것(res incorporales)'입니다. 그중에는 오랜 기간 사용함으로써 얻을 수 있고 소유하고 청구할 수 있는 재산권이 있습니다. **개념**이라는 낱말과 관련해서, 매우 유능한 사람들이 이 말을 관념이라는 말처럼 넓은 의미로 사용했습니다. 라틴어에서도 마찬가지로 사용됩니다. 영어와 프랑스어에서 그 말이 반대로 사용되는지는 모르겠습니다.

§15 **필라레테스** "더 지적해야 할 것은, 사람들은 혼합 양태의 관념을 알기 전에 그것의 이름을 안다는 것입니다. 그 관념을 주목할 필요가 있다는 것을 알려주는 것이 그 이름이기 때문입니다."

테오필루스 좋은 지적입니다. 그렇기는 하지만 사실 요즈음 어린아이들은 보통 사물을 알기 전에 용어집의 도움으로 양태의 이름뿐만 아니라 실체의 이름도 배우고 심지어 실체의 이름을 양태의 이름처럼 배웁니다. 이것은 이 용어집에 **이름**만 있고 **동사**는 없기 때문입니다. 그 용어집을 쓴 사람은 동사가 양태를 표시하는데도 특별한 실체를 표기하는 대부분의 이름보다 동사가 대화에 더 필수적이라는 것을 고려하지 않았습니다.

6장

실체의 이름에 관하여

§1 **필라레테스** "다른 존재자들처럼 실체의 **유**와 **종**도 **종류**일 뿐입니다. 예를 들어 태양은 일종의 별입니다. 말하자면 태양은 항성에 속합니다. 왜냐하면 각각의 항성이 정확한 거리로 떨어진 자리에 있는 사람에게 태양으로 보일 것이라고 믿는 것이 근거가 없는 것은 아니기 때문입니다." §2 "각 종류의 경계를 짓는 것은 그것의 본질입니다." §[3] "그것은 구조의 내부에 의해서 알려지거나 그것을 우리에게 알게 해주고 특정한 이름으로 부르게 하는 외적 표기에 의해서 알려집니다. 따라서 사람들은 스트라스부르크의 시계를 그것을 만든 시계공처럼 혹은 그 시계의 효과를 바라보는 관찰자처럼 인식할 수 있습니다."

테오필루스 당신이 그렇게 표현한다면, 저는 반대하지 않습니다.

[§4] **필라레테스** 저는 우리의 이견이 다시 살아나지 않는 방식으로 적절하게 표현하고 있습니다. 저는 지금 "본질은 **종류**에만 관계하고 **개체**에 본질

적인 것은 아무것도 없다."라는 것을 추가합니다. "사고나 병은 저의 안색이나 몸매를 바꿀 수 있고 열이나 추락은 저에게서 이성과 기억을 빼앗을 수 있고, 뇌졸중은 제가 감각이나 지성, 생명이 없도록 만들 수 있습니다. 만약 사람들이 이성을 소유하는 것이 저에게 본질적이냐고 묻는다면, 저는 아니라고 답할 것입니다."

테오필루스 저는 개체에 본질적인 어떤 것이 있다고 믿습니다. 그것도 사람들이 생각하는 것보다 더 많다고 믿습니다. 능동 작용은 실체에게 본질적이고 수동 작용은 창조된 실체에게 본질적입니다. 생각하는 것은 정신에게 그리고 연장과 운동을 갖는 것은 물체에게 본질적입니다. 말하자면 한 개체가 어떤 종류나 종에 한 번 속하면, 자연에 어떤 변혁이 일어나더라도 (적어도 자연적으로) 중단 없이 속할 수밖에 없는 종류나 종이 있습니다. 그러나 개체가 우연적으로 속하는 종류나 종이 있습니다. (저는 인정합니다) 그리고 개체는 그런 종류에 속하는 것을 중단할 수 있습니다. 따라서 사람들은 건강하지 않을 수 있고 아름답지 않을 수 있고 박식하지 않을 수 있습니다. 심지어 보이지 않을 수도 손으로 만질 수 없을 수도 있습니다. 그러나 생명과 신체 기관, 지각을 갖지 않을 수는 없습니다. 저는 인간이 계속해서 지속하고 그 효과가 있는데도 왜 때에 따라 생명과 사고를 중단한 것처럼 보이는지 앞에서 설명했습니다.

§8 **필라레테스** "하나의 공통된 이름으로 분류된 많은 개체들은 하나의 유일한 종처럼 생각됩니다. 하지만 그들은 그들의 (개별적인) 실재적 구조에 의존하는 매우 상이한 성질들을 갖습니다. 이것은 자연 물체를 검사한 모든 이들이 쉽게 관찰한 것이고 종종 화학자들이 애석한 경험을 통해 확신하는 것입니다. 이 화학자들은 한 조각의 안티몬, 유황, 황산염에서 이 무기물의 다른 부분에서 찾았던 성질들을 공허하게 찾기 때문입니다."

테오필루스 이보다 더 참된 것은 없습니다. 여기에 저는 몇 가지 새로운 것을 더할 것입니다. 사람들은 또한 『성공하지 못한 화학 실험에 관하여』라는 제목의 책을 썼습니다.[42] 그들은 이 물체들을 유사하거나 동형적인 것으로 간주해서 잘못 생각했습니다. 하지만 그 물체들은 반대로 사람들이 생각하는 것보다 더 혼합된 것입니다. 같지 않은 물체들에서 개별적 부분들 간의 차이를 지적하는 것은 놀라운 일이 아니고, 의사들은 인간 신체의 체질과 기질이 어떻게 다른지만 잘 알 뿐이기 때문입니다. 한마디로 말하면, 제가 이미 앞에서 언급한 것처럼, 논리적으로 최하위의 종은 발견될 수 없고, 하나의 동일한 종에서 완전하게 유사한 두 개의 완전한 실재적 개체도 결코 발견될 수 없습니다.

§9 **필라레테스** "우리는 이 모든 차이들에 주목하지 않습니다. 우리는 미세한 부분들을 인식하지 못하고 따라서 사물의 내적 구조를 인식하지 못하기 때문입니다. 또한 우리는 사물의 종류나 종을 결정하기 위해서 그것을 사용하지 않습니다. 그리고 우리가 이런 본질을 통해서 혹은 스콜라 철학에서 실체적 형상이라고 부르는 것을 통해서 그것을 결정하려고 할 때, 우리는 색에 따라 물체를 분류하려고 하는 맹인 같을 것입니다." §11 "우리는 정신의 본질조차 알지 못하고, 다양한 종의 정신이 있어야 한다는 것은 우리가 잘 알지만, 천사에 대해서 다른 특수한 관념도 형성하지 못합니다. 또한 우리는 신에게 무한성을 부여하는 것 외에 단순 관념의 수 때문에 우리의 관념에서 신과 정신 간의 차이도 구별하지 못하는 것 같습니다."

42) Robert Boyle, *Tentamina quaedam de infido experimentorum successu*(1667). 이것은 *Certain Physiological Essays*(1661)에 포함되어 있는 *Two Essays concerning the Unsuccessfulness of Experiments*의 라틴어 번역이다.

테오필루스 저의 체계에는 신과 창조된 정신 간에 또 다른 차이가 있습니다. 제 견해에 따르면, 그것은 모든 창조된 정신은 신체를 가져야 한다는 것입니다. 바로 우리의 영혼이 신체를 가지고 있는 것처럼 말입니다.

§12 **필라레테스** "적어도 저는 신체와 정신 간에 이런 유비가 있다고 믿습니다. 즉 물체적 세계의 다양성에 빈 공간이 없는 것처럼 지성적 피조물들에게도 그만큼의 다양성이 있으리라는 것입니다. 우리에서 시작해서 최하위의 사물까지 내려갈 때, 그 하강은 **매우 미세한 단계**로 그리고 사물의 연속적 잇달음을 통해서 일어나고, 매번 멀어지는 간격에서 사물은 서로 아주 조금만 다릅니다. 날개를 가지고 있는 물고기들이 있고 그 물고기들에게 공기는 낯설지 않습니다. 물에 사는 새들이 있고 그 새들은 물고기처럼 차가운 피를 가지고 있으며 그것의 살맛은 고기를 먹지 않는 기간 동안 양심적인 사람들에게 먹는 것이 허용된 맛과 매우 유사합니다. 새의 종과 동물의 종에 매우 근접한 동물들이 있는데, 그래서 그것들은 이 두 종 사이 중간을 유지합니다. 양서 동물은 육지 동물과 수중 동물을 똑같이 유지합니다. 바다표범은 땅 위에서도 살고 바다에서도 삽니다. 그리고 돌고래는 (그 이름이 바다의 돼지를 의미합니다) 따듯한 피와 돼지의 내장을 가지고 있습니다. 바다 인간들에 대해서 보고된 것을 이야기하지 않겠지만, 사람들이 인간이라고 부르는 동물만큼 지식과 이성을 가지고 있는 것 같은 어떤 **동물들이 있습니다**. 그리고 동물과 식물 간에 매우 큰 유사성이 있습니다. 만약 당신이 그중 하나를 가장 불완전한 종으로 다른 하나를 가장 완전한 종으로 생각한다면, 그것들 간에 주목할 만한 차이를 알아차리기 어려울 것입니다. 따라서 우리가 **물질의 최하위의 부분들과 유기조직을 가장 덜 지닌 부분들**에 이를 때까지, 우리는 어디에서든 종들이 서로 연결되어 있다는 것과 거의 감각할 수 없을 정도로만 다르다는 것을 발견할 것입니다.

그리고 우리가 모든 사물의 작자가 가진 무한한 지혜와 힘을 고찰할 때, 우리에게 사물이 찬란한 **우주의 조화**에 맞춰져 있고 위대한 목적뿐만 아니라 최고 건축가의 무한한 선에도 맞춰져 있다고 생각할 이유가 있습니다. 피조물들의 상이한 종들도 우리에서 시작해 그의 무한한 완전성을 향해 점차적으로 상승합니다. 따라서 우리에게는 우리 아래보다 우리 위에 더 많은 피조물의 종들이 있다고 확신할 근거가 있습니다. 왜냐하면 우리는 완전성의 정도에 있어서 무에 가장 근접한 것들보다는 신의 무한한 존재로부터 훨씬 더 멀리 떨어져 있기 때문입니다. 그럼에도 우리는 이 모든 다양한 종들에 대해서 명확하고 구별되는 관념을 가지고 있지 않습니다."

테오필루스 저는 필라레테스, 당신이 방금 설명한 것과 유사한 어떤 것에 대해서 다른 곳에서 말하려고 계획했었습니다. 하지만 제가 기대했던 것보다 더 나은 것들을 말하는 것을 보니 미리 알려진 것에 매우 만족합니다. 박식한 철학자들은 이런 문제를 다룹니다. '형상들 가운데 빈 공간이 있는지(utrum detur vacuum formarum)', 즉 '현존하지 않지만 가능한 종이 있는지, 그래서 자연이 그것을 망각한 것으로 볼 수 있는지' 하는 문제 말입니다. 제게는 우주가 크기는 하지만 모든 가능한 종들이 그 큰 우주에서 공존 가능한 것은 아니라고 믿는 이유가 있습니다. 이것은 동시에 함께 있는 사물들과 관련해서뿐만 아니라 사물들의 잇따른 연결 전체와 관련해서도 말입니다. 말하자면 저는 신이 선택한 피조물들의 이 잇따른 연결과 양립 불가능하기 때문에,[43] 결코 존재하지 않았고 결코 존재하지 않을 종들이 필연

43) [옮긴이 주] 여기서 'cette suite des creatures'를 보통 '이 일련의 피조물들'로 번역하게 되는데, 그럴 경우 라이프니츠의 견해를 크게 오해하게 된다. 라이프니츠는 다른 사물이나 피조물과 양립 불가능하다고 말하는 것이 아니라 사물의 잇따른 연결(la suite des choses), 피조물들의 잇따른 연결(la suite des creatures)과 양립 불가능하다고 말한다. 양립 불가능한

적으로 있어야 한다고 믿습니다. 하지만 저는 우주의 완전한 조화가 수용할 수 있는 모든 사물들이 우주 안에 포함되어 있다고 믿습니다. 항상 하나의 동일한 전체에 혹은 하나의 동일한 체계에 있지 않더라도, 서로 떨어져 있는 피조물들 사이에 중간 피조물이 있다는 것은 바로 이 조화와 일치하는 것입니다. 그리고 두 종의 중간에 있는 것은 때때로 다른 것이 아니라 특정한 사정과 관련되어 있습니다. 다른 관점에서 인간과 매우 다른 새는 말하는 것으로 인간에 근접합니다. 하지만 원숭이가 앵무새처럼 말할 수 있다면, 원숭이가 인간에게 더 근접할 것입니다. **연속성의 법칙**이란 자연은 잇달아 연결된 순서에 빈 공간을 허용하지 않는다는 것입니다. 하지만 모든 형상 혹은 모든 종이 모든 순서에 속하지는 않습니다. 정신 혹은 정령과 관련해서, 저는 모든 창조된 지성은 유기조직을 지닌 신체를 가진다고 생각합니다. 그 신체의 완전성은 예정조화 덕분에 지성의 완전성에 상응하거나 이 신체에 포함되어 있는 정신의 완전성에 상응합니다. 우리보다 위에 있는 정신의 완전성에 관한 어떤 것을 이해하기 위해서 우리의 신체를 능가하는 신체 기관들의 완전성에 대해서도 상상해보는 것이 큰 도움이 될 것이라고 생각합니다. 이 부분이 가장 생기 있고 풍부한 상상력이 필요한 곳입니다. 제가 다르게 잘 표현할 수 없어서 이탈리아어로 사용하는 '가장 막연한 상상력(l'invenzione la piu vaga)'이라는 표현이 우리를 우리 이상으로 향상시키는 데 가장 적절합니다. 사람들이 생각했던 것 이상

대상, 그래서 조화를 이룰 수 없는 대상이 사물이나 피조물인 것과 그것들의 잇따른 연결인 것은 매우 다른 이야기이다. 자연과 우주의 구조에 대한 라이프니츠의 견해를 정확하게 보기 위해서 잇따름(suite), 연속(continuité), 질서/순서(ordre) 개념을 주목해서 볼 필요가 있다. 피조물들 중에도 인간 외에 다양한 종들이 있다는 주장은 이 부분을 피조물들과 양립 불가능한 것으로 이해할 경우 문제가 발생하기 때문이다.

으로 신적인 완전성을 찬미하는 조화의 체계를 정당화하기 위해서 제가 했던 말은 피조물에 대해서 지금까지 가졌던 것보다 비교할 수 없을 정도로 더 큰 관념을 갖는 데에도 도움이 될 것입니다.[44)]

[§13] **필라레테스** "실체에서도 종의 실재성이 부족한지의 문제로 돌아와서, 당신에게 질문합니다. 물과 얼음은 다른 종입니까?"

테오필루스 제가 당신에게 질문할 차례입니다. 도가니에서 녹은 금과 주괴에서 다시 식은 금은 하나의 동일한 종입니까?

필라레테스 다른 질문을 제기함으로써 질문에 답하지 않는 사람은,

"논쟁을 논쟁으로 해결하는 사람입니다."[45)]

"하지만 당신은 사물을 종으로 환원하는 것은 오직 사물에 대한 우리의 관념에만 관계한다는 것을 인정할 것입니다. 이 관념은 이름으로 충분히 구별됩니다. 하지만 우리가 이 구별이 그 관념의 실재적이고 내적인 구조에 근거한다고 전제한다면, 그리고 우리 자신이 이러저러한 명명을 통해서 사물들을 종으로 구별하는 것과 같은 방식으로 자연이 사물들의 실재적 본질에 따라 현존하는 사물들을 그 종만큼 구별한다고 전제한다면, 우리는 큰 착오에 빠지는 것입니다."

테오필루스 **종**이라는 용어 혹은 **다른 종의 존재**라는 용어 간에 어떤 애매함이 있습니다. 그리고 그것이 이 모든 혼란을 야기합니다. 우리가 이 혼란

44) Leibniz, "Systeme nouveau de la nature", *Journal de Sçavans*(1695. 6월과 7월), GP IV, 477~487쪽 참조.

45) "Qui litem lite resolvit." 이 문장은 로크의 책에 있는 것이 아니라 Horace, *Satires*, II, 3, v. 103에서 인용한 것이다.

을 제거하면, 아마도 이름에 관한 이견 정도만이 있을 것입니다. 사람들은 종을 수학적으로 그리고 또 물리학적으로 고려할 수 있습니다. 수학적 엄밀함에서 두 사물을 전적으로 유사하지 않게 만드는 최소한의 차이가 그 두 사물을 **종적으로 다르게** 만듭니다. 따라서 기하학에서 모든 원은 하나의 동일한 종에 속합니다. 원들은 모두 완전히 유사하기 때문입니다. 그리고 같은 이유에서 모든 포물선도 하나의 동일한 종에 속합니다. 하지만 타원과 쌍곡선은 같은 종에 속하지 않습니다. 이것들에는 무한하게 많은 수의 종류나 종이 있기 때문입니다. 각각의 종에도 무한하게 많은 수가 있기는 하지만 말입니다. 초점으로부터의 거리와 정점으로부터의 거리가 같은 비율인, 셀 수 없을 정도로 많은 모든 타원은 하나의 동일한 종에 속합니다. 하지만 이 거리의 비율이 타원의 크기에 따라서만 달라지기 때문에, 이로부터 타원의 이 모든 무한한 **종들**은 단지 하나의 유일한 **유**를 만들고 더 이상의 하위 분할은 없다는 결론이 나옵니다. 그에 비해 세 초점을 가진 계란형 타원도 무한하게 많은 수의 그런 **유**들을 가질 것이고, 무한히 무한하게 많은 수의 **종들**을 가질 것이지만 이 종들 중에서 각각의 유는 단순히 무한하게 많은 수를 가집니다. 이런 의미에서 두 물리적 개체는 결코 완전하게 하나의 종에 속하지 않습니다. 그것들은 결코 완전하게 유사하지 않기 때문입니다. 더욱이 동일한 개체가 종에서 종으로 이동할 것입니다. 그것은 결코 한순간 이상 자기 자신과 전체적으로 유사할 수 없기 때문입니다. 하지만 인간들이 물리적 종을 정립할 때에는 이런 엄밀함에는 집착하지 않습니다. 그리고 그들 자신이 최초의 형태로 되돌려 놓을 수 있는 한 물질 덩어리가 그들의 관점에서 하나의 동일한 **종**을 유지한다고 말하는 것은 그들에게 달려 있습니다. 그래서 우리는 물, 금, 수은, 보통 소금이 그대로 유지되고 통상적 변화에서 변장할 뿐이라고 말합니다. 그러나 유기체 혹은 식물과 동물의 종들에서는 종을 발생에 따라 정의합니다. 따라서 하나의 동일한 기원이나 종자에서 유래했거나 유래할 수 있는 유사한 것은 하나의 동일한 종에 속할 것입니다. 인간에서는 인간의 발생 외에도 이성적 동물의 자질과 결부시킵니다. 그리고 아무리 자신의 전 생애 동안 동물과 유사하게 머물러 있는 인간들이 있더라도, 사람들은 그것이 능력이나 원리의 결여가 아니라 이 능력을 방해하는 장애물 때문이라고 추정합니다. 하지만 사람들도 이렇게 추정하는 데 충분한 것으로 받아들이기를 원하는 모든 외적 조건들에 대해서 결정하지 않습니다. 그럼에도 인간들이 자신들이 명명하기 위해서 그리고 이름과 연결된 권리를 위해서 만든 어떤 규칙들이 있는데, 그 규칙들이 변함없이 계속되고 서로 연결되어 있고 이해 가능할 때, 실재적으로 정립될 것입니다. 그리고 그들은 가능성까지도 포함하는 자연이 종을 우리에 앞서 만들고 구별한 것이라고 상상할 수 있을 것입니다. 내부에 관해서, 내부 구성에 근거하지 않는 외부 현상은 없을지라도, 하나의 동일한 현상이 두 개의 상이한 구조에서 도출될 수 있는 경우가 있다는 것은 결코 사실이 아닙니다. 하지만 그 경우에 공통적인 어떤 것은 있을 것이고 우리 철학자는 그것을 **근접한 형상인**이라고 부릅니다. 하지만 그렇지 않을 경우, 즉 무지개의 청색과 터키옥의 청색은 완전히 다른 기원을 가진다는 매리오트의 예처럼,[46] 어떠한 공통적인 형상인도 없는 (이에 대해 저는 그와 다른 견해를 가지고 있습니다) 경우, 그리고 우리에게 이름을 짓도록 만드는 드러나는 특정한 자연이 내적으로 공통적인 것을 가지고 있지 않다는 것에 사람들이 동의할 경우, 우리의 정의는 틀림

46) Edme Mariotte(1620~1684), *Essays de physique*, 네 번째 에세이, *De la nature des couleurs*(1681), 여덟 번째 무지개 현상, 307쪽 이하.

없이 실재적 종에 근거합니다. 왜냐하면 현상들 자체가 실재성이기 때문입니다. 그래서 우리가 진실하게 구별하거나 비교한 모든 것은 자연에서도 구별되거나 일치된 것이라고 말할 수 있습니다. 물론 자연은 우리가 알지 못하는 구별과 비교를 하고 또 자연이 한 것이 우리가 한 것보다 더 나을 수 있습니다. 또한 유와 종을 자연에 충분히 근접한 방식으로 지정하기 위해서는 많은 수고와 경험이 필요합니다. 근대 식물학자들은 꽃의 형상에서 이끌어낸 구별들이 자연적 질서에 가장 근접하다고 믿습니다.[47] 그렇지만 그들은 거기서도 또 다른 많은 어려움에 부딪힐 것이고, 그러면 제가 방금 말한 식물학자들이 꽃의 형상에서 이끌어낸 것처럼 오로지 하나의 구별근거에 따라 비교하고 배열하는 것이 적절할 것입니다. 그리고 그것은 아마도 용인할 수 있고 배우는 이들에게 편리한 체계를 세우는 데 지금까지 가장 적절한 방법입니다. 하지만 그뿐만 아니라 식물의 다른 부분과 사정에서 이끌어낸 다른 구별근거를 따를 수도 있습니다. 이때 각각의 비교근거별로 목록을 따로 만들 필요가 있습니다. 그렇지 않으면 많은 하위 유들과 많은 비교들, 그리고 유용한 구별과 관찰을 놓치게 될 것입니다. 하지만 사람들이 종의 생성을 더 깊이 파고들면 들수록, 종을 배열할 때, 더욱더 요구되는 조건들을 따르게 될 것이고, 그러면 자연적 질서에 더욱더 가까워질 것입니다. 그래서 정통한 몇몇 사람들[48]의 추측이 참으로 판명되

47) [옮긴이 주] 이 체계화 원리는 라이프니츠 당시에 Jean Bauhin이 쓴 *Historia planatarum univeralis*에서 수행되었다.

48) 여기서 몇몇 사람들은 R. J. Camerarius와 J. H. Burckhard를 말한다. 1701년 4월 23일 Leibniz가 Gackenholtz에게 보낸 서신(Dutens II, 2, 173쪽) 참조. [옮긴이 주] Rudolf Jacob Camerarius(1665~1721): 독일의 식물학자. 자웅이주 식물에 관한 실험을 통해 식물에 자웅성(雌雄性)이 있음을 발견하고, 1694년 발표한 『식물의 성에 대한 서간(*Epistola de sexu plantarum*)』에서 암술대는 자성(雌性) 생식기관이고, 수술은 웅성(雄性) 생식기관이며,

면, 즉 식물에게 씨앗(graine)이나 동물의 알에 해당하는 것으로 알려진 종자 외에 남성 종자의 이름을 가질 수 있는 다른 종자, 즉 (특정한 식물에게 있는 씨앗 자체처럼 어떤 때는 보이지 않지만 대부분의 경우 보이는) 가루(꽃가루)가 있고 이것이 바람이나 다른 일상적 사건에 의해 흩어져서 때로는 같은 식물에서 나온 씨앗과 결합하고 때로는 (대마처럼) 같은 종의 다른 인접한 식물에서 나온 씨앗과 결합하기도 해서, 암컷이 아마도 결코 전적으로 이 같은 꽃가루를 잃지 않았음에도, 결과적으로 수컷과 유사한 식물이 된다는 추측 말입니다. (제 말은) 만약 이것이 참으로 판명되면, 그리고 식물의 생식 방식이 더 알려진다면, 저는 거기서 주목되는 다양성이 매우 자연적인 분류에 구별근거를 제공한다는 것을 의심하지 않습니다. 그리고 만약 우리가 큰 재능을 가진 몇몇 사람들의 통찰력을 가진다면 그리고 사물을 충분히 인식한다면, 각각의 종에 고정된 속성들, 그 종의 모든 개체들에게 공통적이고 어떤 변질이나 변형이 발생할 수는 있지만 항상 동일한 살아 있는 유기체에서 존속하는 속성들을 발견할 것입니다. 예를 들어 가장 잘 알려진 물리적 종인 인간에게서 이성은 모든 개체에서 인정되고 영원히 불변하는 그러한 고정된 속성입니다. 사람들이 그것을 항상 자각할 수는 없더라도 말입니다. 하지만 이런 지식이 부족하므로 우리는 사물을 구별하고 비교하기에 가장 편해 보이는 속성들을 사용합니다. 한마디로 종 혹은 종류를 식별하기 편한 속성들 말입니다. 그리고 이 속성들은 항상 실재적 구별근거를 가지고 있습니다.

§14 **필라레테스** "현존하는 모든 개체들이 자연적으로 종으로 구별되도록 하는 특정한 본질이나 정확한 형상이 사물에 있다고 하는 통상적 가정에

••
수꽃과 암꽃과의 관계는 동물의 암수 관계와 같다는 점을 기술했다.

따라 실체적 존재들을 구별하기 위해서 다음에 대한 확신이 필요합니다. **첫째**" §15 "자연은 사물들을 생산할 때, 견본처럼 규칙적이고 정립된 특정한 본질에 사물들이 참여하도록 항상 계획한다는 것. 그리고 **둘째**" §16 "자연은 항상 이 목적을 달성한다는 것. 하지만 기형은 이 두 가지를 의심할 이유를 제공합니다." §17 "**셋째** 이 기형이 실재적으로 구별되는 종이고 새로운 종인지 결정해야 합니다. 왜냐하면 우리는 이 기형 중에 어떤 것은 이 종의 본질에서 도출된다고 가정하는 성질들을 아주 조금만 가지고 있거나 전혀 갖지 않는다고 보기 때문입니다. 이 종에서 이 기형의 기원이 유래하고, 자신의 출생 덕분에 그 종에 속하는 것으로 보이는 것입니다."

테오필루스 기형이 특정한 종에 속하는지 결정하는 것이 문제일 때, 사람들은 흔히 추측하게 됩니다. 그래서 사람들은 외면에 만족하지 않는다는 것을 알게 해줍니다. 왜냐하면 그런 특정한 종의 개체들에게 공통적인 (예를 들면 인간에게서 이성 같은) **내적 본성**이 (출생이 추정하게 하는 것처럼) 보통 그 종에게서 발견되는 **외적 표지**의 일부를 결여하고 있는 개체들에게도 맞는지 알아맞히고 싶어 하기 때문입니다. 하지만 우리의 불확실성은 사물의 본성에 아무런 영향도 주지 않습니다. 그리고 만약 그런 내적인 공통 본성이 있다면, 우리가 그것을 알든 모르든, 기형에게서 발견되거나 발견되지 않을 것입니다. 그리고 어떤 종의 내적 본성이 발견되지 않으면, 기형은 자신의 고유한 종에 속할 수 있을 것입니다. 하지만 문제가 되고 있는 종들에게 그런 특정한 내적 본성이 없다면, 그리고 사람들이 더 이상 출생에 주의를 기울이지 않는다면, 오직 외적 표지만으로 종이 결정될 것이고, 사람들이 그것을 약간 불명확한 방식으로 또 어느 정도 넓게 적용하지 않은 한, 기형은 거기서 벗어난 종에 속하지 않을 것입니다. 이런 경우 종을 알아맞히고 싶어 한 우리의 수고는 쓸모없는 일이 될 것입니다. 이것은 아마도 당신이 종을 내적이고 실재적인 본질에서 이끌어내는 것에 반대해서 말하고 싶어서였을 것입니다. 그러니까 필라레테스, 당신은 외면 전체에 공통적인 것이 없을 때, 공통적이고 내적인 종적 표지가 없다는 것을 입증해야 합니다. 그러나 그 반대가 인간종에서 발견됩니다. 인간종에는 가끔씩 기형적인 어떤 것을 가지고 있는 아이가 이성을 알게 되는 나이에 이르기도 합니다. 다른 종들에게서도 이와 유사한 것이 왜 있을 수 없겠습니까? 우리가 내적 본성을 알지 못하면, 종을 정의하는 데 사용할 수 없는 것은 당연합니다. 하지만 외면이 그것을 대신합니다. 그것이 정확하게 **정의**하는 데 충분하지 않다는 것을 우리가 인정하더라도 말입니다. 그리고 이 경우에 **명목적 정의**도 단지 추측일 뿐이며, 저는 이미 앞에서 어떻게 그것이 가끔씩 **잠정적**일 뿐인지 말했습니다. 예를 들어 어떤 사람은 금을 모방하는 방법을 발견할 수 있었습니다. 그래서 그는 지금까지 있었던 모든 시험을 충족시켰습니다. 하지만 그 후 사람들은 자연적 금과 **인공적으로 만든 금**을 구별하는 법을 제공하는 새로운 검사법도 발견할 수 있었습니다. 고문서들은 이 두 가지 방법을 모두 작센 선제후 아우구스투스[49]의 공로라고 합니다. 하지만 저는 이 사실을 보증하는 사람이 아닙니다. 그렇지만 그것이 사실이라면, 우리가 현재 가지고 있는 금에 대한 정의보다 **더 완전한 정의**를 가질 수 있을 것입니다. 그리고 **인공 금**이 다량으로 그리고 싼 값으로 생산될 수 있다면, 연금술사들이 주장하는 것처럼, 이 **새로운 시험**은 중요할 것입니다. 왜냐하면 이 방법으로 우리에게 지속적이고 동형적이며 나누기 쉽고 식별하기 쉬운 물질 그리고 적은 양으로 값진 물질을 제공함으로써 인류는 **자연적 금**이 희소성 때문에 거래되는 장점을 보존할 것이기

49) 1678년 12월 17(27)일 Leibniz가 Christian Philipp에게 보낸 서신: A I, 2, 396 참조.

때문입니다. 저는 한 어려움을 제거하기 위해서 이 기회를 사용하려고 합니다. (『지성론』에서 실체의 이름에 관한 장의 §50을 보시오.) 사람들이 금의 관념을 어떤 성질들의 집합으로 이해할 때, 그리고 그 성질들 중에 불변성이 포함될 때, 사람들은 '금은 불변이다.'라는 말에 이의를 제기합니다. 그들은 '불변은 불변이다.'라고 말할 때처럼, 단지 동일한 명제 그리고 공허한 명제를 만든 것일 뿐입니다. 그러나 사람들은 특정한 내적 본질을 갖추고 있는, 고정불변성이 그 본질에서 나온 하나의 결과인 실체적 존재자를 이해할 때, 이해할 수 없게 이야기합니다. 이 실재적 본질이 완전하게 알려지지 않기 때문입니다. 이 내적 구성을 갖춘 물체는 불변성이 포함되어 있지 않은 다른 외적 표지에 의해서 지칭된다는 것이 저의 대답입니다. 어떤 사람이 모든 물체들 중에 가장 무거운 물체는 또한 가장 불변하는 것 중 하나라고 말할 때처럼 말입니다. 그러나 이 모든 것은 잠정적일 뿐입니다. 왜냐하면 사람들은 어느 날 날개 있는 물체를 발견할 수도 있기 때문입니다. 새로운 수은 같은 것이 그런 물체가 될 수 있을 것입니다. 그것은 금보다 무겁고, 납이 우리의 수은 위에 떠 있는 것처럼 그 위에 금이 떠 있습니다.

§19 **필라레테스** "우리가 금 자체의 본질을 인식하지 못한다면, 사실상 우리는 이런 식으로 금의 실재적 본질에 의존하고 있는 속성의 수를 결코 정확하게 인식할 수 없습니다." §21 그렇지만 우리가 정확하게 특정한 속성들에 만족한다면, 우리가 현재 사용하는 정확한 명목적 정의로 충분할 것입니다. 유용한 어떤 새로운 구별법을 발견한다면, 이름의 의미를 변경할 권리는 우리에게 있습니다. "하지만 적어도 이 정의는 이름의 사용에 상응해야 하고 이름의 자리에 놓일 수 있어야 합니다. 이것은 연장이 물체의 본질을 구성한다는 주장에 반대하기 위해 사용됩니다. 왜냐하면 한 물체가

다른 물체에게 충격을 준다고 말할 때, 물체의 자리에 연장을 대체해서 한 연장이 충격을 통해서 다른 물체를 움직이게 했다고 말한다면, 그것은 명백하게 불합리하기 때문입니다. 왜냐하면 고체성도 필요하기 때문입니다. 같은 방식으로 사람들은 이성 혹은 인간을 이성적으로 만드는 것이 대화를 하게 한다고 말하지 않을 것입니다. 이성은 인간의 전체 본질을 구성하지 않기 때문입니다. 서로 대화를 하는 것이 이성적 동물입니다."

테오필루스 저는 당신이 옳다고 생각합니다. 추상 관념과 불완전한 관념의 대상은 사물들에서 일어나는 모든 활동의 주체를 지정하기에 충분하지 않기 때문입니다. 그렇지만 저는 대화가 자신의 생각을 서로 교환할 수 있는 모든 정신들에게 적합하다고 생각합니다. 스콜라 철학자들은 천사가 어떻게 대화를 할 수 있는지를 설명하는 데 큰 고초를 겪었습니다. 하지만 그들이 천사에게서 미세 물체를 인정한다면, 제가 고대인들을 따라 인정한 것처럼, 더 이상 그런 문제는 없을 것입니다.

§22 **필라레테스** "우리와 똑같은 형태를 가지고 있지만 털이 많고 말과 이성을 사용하지 않는 피조물들이 있습니다. 우리 중에는 우리와 동일한 형태를 가지고 있지만 이성이 결여된 저능한 사람이 있습니다. 그들 중 어떤 사람은 말을 할 줄 모릅니다. 사람들의 말에 따르면, 말과 이성을 사용하고 다른 모든 면에서 우리와 유사한 형태를 가지고 있고 꼬리털을 가진 피조물들이 있습니다. 적어도 그런 피조물들이 존재하는 것이 불가능한 것은 아닙니다. 수컷이 수염이 없는 다른 피조물이 있고 암컷이 수염이 있는 것이 있습니다. 이 모든 피조물들이 인간인지 아닌지 물을 때, 그것들이 인간종에 속하는지 물을 때, 질문이 오로지 명목적 정의에 혹은 그 이름으로 표기하기 위해서 우리가 만든 복합 관념에 관계한다는 것은 명백합니다. 왜냐하면 내적 본질이 우리에게 절대적으로 알려져 있지 않기 때문입니다.

능력이나 외적 형태가 많이 다른 곳에서 내적 구조가 동일한 것이 아니라고 생각할 이유가 있지만 말입니다."

테오필루스 저는 인간의 경우에 우리가 실재적이고 동시에 명목적인 정의를 가지고 있다고 생각합니다. 인간에게 이성보다 더 내적인 것은 있을 수 없기 때문입니다. 그리고 보통 이성은 잘 인식됩니다. 이런 이유에서 수염과 꼬리는 이성에 비해 주목받지 않을 것입니다. 숲에 사는 인간[50]도 털이 많은 인간처럼 인간으로 인정될 것입니다. 원숭이의 털이 인간으로서의 자격을 박탈하는 것은 아닙니다. 저능한 사람들은 이성의 사용을 결여하고 있습니다. 하지만 우리는 이성이 종종 구속되고 드러나 보이지 않는다는 것을 경험을 통해 알기 때문에, 그리고 이런 일은 이성을 드러내 보였던 인간들과 드러내 보이려고 하는 인간들에게도 일어나기 때문에, 다른 징후를 근거로 즉 물체적 형태를 근거로 저능한 사람들에 대해서도 개연적으로 동일한 판단을 합니다. 출생과 연결된 이런 징후를 통해서만 사람들은 어린아이가 인간이고 이성을 드러내 보일 것이라고 추정합니다. 그리고 사람들은 이 점에서 거의 실수를 하지 않습니다. 하지만 외적 형태에서 우리와 약간의 차이가 있는 이성적 동물이 있다면, 우리는 혼란에 빠질 것입니다. 이로써 우리의 정의가 물체의 외면에 의존할 때, 우리의 정의가 불완전하고 잠정적이라는 것을 알게 됩니다. 만약 어떤 사람이 자신이 천사라고 말하고 사물들을 우리보다 더 잘 알고 더 잘 만들 수 있다면, 그는 자신이 천사라는 것을 믿게 할 수 있을 것입니다. 만약 곤잘레스[51] 같은 어떤 다른 사람이 비범한 기계의 도움으로 달에서 와서 우리에게 그가 태어난 곳에

50) 오랑우탄을 가리킨다.
51) F. Godwin(1561~1633)의 판타스틱 소설 *The man in the moon*(1638)에 등장하는 영웅.

있는 믿을 만한 사물에 대해서 이야기를 한다면, 그는 달의 거주자로 간주될 것이고, 그가 우리 천체에서는 완전히 외국인일지라도, 그에게 인간의 지위와 함께 원주민 신분과 시민의 권리를 인정할 수 있을 것입니다. 그러나 만약 그가 세례받기를 원하고 우리 율법에서 새 신도로 인정받기를 원하면, 저는 신학자들 간에 큰 논쟁이 제기될 것이라고 생각합니다. 하위헌스[52] 씨에 따르면 우리와 상당히 유사한 이 행성 인간과의 교류가 열리면, 신앙 전파의 의무를 우리 천체를 넘어서까지 확장해야 하는지의 문제로 공의회 개최가 필요할 것입니다. 많은 사람들은 그 나라의 이성적 동물들은 아담의 혈통이 아니기 때문에, 예수 그리스도의 구원의 일부가 아닐 것이라고 의심 없이 주장할 것입니다. 그러나 다른 이들은 아마도 우리가 아담이 어디에 항상 있었는지, 그리고 그의 모든 후손들이 무엇을 했는지 충분히 알지 못한다고 말할 것입니다. 심지어 파라다이스가 있는 장소가 달이라고 믿는 신학자들도 있기 때문입니다.[53] 그리고 사람들은 아마도 그가 세례를 받을 만한지를 조건으로 이 의심스러운 인간에게 세례를 주는 것이 가장 확실하다고 보고 다수로 결정할 것입니다. 하지만 저는 그를 로마 교회의 사제로 만들려고 하는지 의심스럽습니다. 왜냐하면 그들의 봉헌은 항상 의심스러울 것이고, 이 교회의 가설에 따르면 사람들을 물신숭배의 위험에 노출시킬 것이기 때문입니다. 다행스럽게도 사물의 본성은 우리를 이런 혼란에서 해방시켜줍니다. 그렇지만 이 기묘한 소설은 우리가 지닌 관념의 본성을 정확하게 인식하기 위한 사변에서 유용합니다.

52) Christiaan Huygens(1629~1695), *Cosmotheoros sive de terris coelestibus earumque ornatu conjecturae*(1698, 사후 출판), 32~46쪽 참조.

53) Albertus Magnus(1200~1280), *Summa theologiae*, p. II, tr. 13, qu.79.

§23 필라레테스 신학적 문제에서뿐만 아니라 다른 경우에서도 어떤 사람은 아마도 동족을 근거로 판단하고 다음과 같이 말할 것입니다. "동물에서 수컷과 암컷의 짝짓기에 의한 증식과 식물에서 종자에 의한 증식이 **실재하는 것으로 가정된 종들**을 구별되게 그리고 전체적으로 보존합니다. 하지만 이것은 동물의 종과 식물의 종을 확정하는 데에만 소용이 있을 것입니다. 나머지는 어떻게 합니까? 그리고 이것은 그 나머지들에게도 충분하지 않습니다. 역사를 믿어야 한다면, 여성은 원숭이에 의해서 임신이 되었기 때문입니다. 그리고 여기 새로운 질문이 있습니다. 그런 특정한 생산을 하는 것은 어떤 종들입니까? 사람들은 종종 노새와 암말을 봅니다. (메나즈 씨의 『어원사전』을 보십시오.)[54] 전자는 당나귀와 암말 사이에서 태어나고 후자는 황소와 암말 사이에서 태어납니다. 저는 고양이와 쥐 사이에서 태어난 동물을 본 적이 있습니다. 그것은 이 두 동물의 표지들을 명확하게 가지고 있습니다. 여기에다 기형 생산을 더 추가한 사람들은 생식 방식으로 종을 결정하기 어렵다는 것을 발견할 것입니다. 그리고 만약 이 생식 방식으로만 결정할 수 있다면, 저는 호랑이의 아빠, 엄마와 차식물의 종자를 보기 위해 인도로 가야 합니다. 그리고 인도에서 우리에게로 온 개체들이 그 종에 속하는지 다르게 판단할 수는 없습니까?"

테오필루스 생식 방식 혹은 종족은 적어도 강한 추정을 (즉 잠정적 증거를) 제공합니다. 그리고 우리가 가진 표지들은 대부분 단지 추측일 뿐이라고 저는 이미 말했습니다. 아이가 엄마, 아빠를 닮지 않고, 외형의 혼합이 항상 종족 혼합의 표지가 아닐 때, 가끔씩 외형으로 인해 종족이 부인되는

54) Gilles Menage(1613~1692), *Dictionnaire étymologique ou origines de la langue française*(Paris, 1650).

경우가 있습니다. 암컷은 다른 종에 속할 것 같은 동물을 낳는 일이 일어날 수 있기 때문입니다. 그리고 오로지 엄마의 상상이 이런 이종을 야기합니다. 사람들이 **개복치**[55]라고 부르는 것에 대해서는 말할 것도 없습니다. 하지만 사람들은 잠정적으로 종족에 따라 종을 판단하는 것과 마찬가지로 종족도 종에 따라 판단합니다. 폴란드의 왕, 장 카시미르[56]에게 곰들과 함께 숲에서 사는 한 아이를 소개했을 때, 그 아이는 곰의 생활습관을 많이 가지고 있었지만 결국 이성적 동물로 알려졌습니다. 그때 사람들은 주저하지 않고 그를 아담의 종족으로 믿었고 요셉이라는 이름으로 세례를 주었습니다. 아마도 로마 교회의 관례에 따라 '당신이 아직 세례를 받지 않았다면'이라는 조건에서 했지만 말입니다. 사람들은 동물의 이종교배의 효과에 대해서 충분한 지식을 가지고 있지도 않습니다. 세례 후에 곰이 그 아이를 데려갈 수도 있기 때문입니다. 그래서 기형들이 오래 살지 못하는 것과는 별개로 그들은 기형들을 증식시키지 않고 종종 없애버립니다. 사람들은 혼혈 동물들은 증식하지 않는다고 믿습니다. 하지만 스트라본[57]은 카파도키아의 노새는 증식한다고 주장합니다. 그리고 중국에서 제게 보낸 서신[58]에서는 타타르 인근에 순수 혈통의 노새가 있다고 전합니다. 또한 우리는 식물 교배가 식물의 새로운 종을 보존할 수 있다는 것을 압니다. 우리는 동물에 대해서 주로 종을 결정하는 것이 수컷인지 암컷인지, 아니면 둘 다인지, 아니면 둘 중 어느 것도 아닌지 여전히 잘 알지 못합니다.

55) 이 용어는 다음 작품에서 사용되었다. L. Lemnius, *De occultis naturae miraculis*(1574), I부, VIII장, 34쪽.

56) Jean II Casimir(1648~1668), 폴란드의 왕.

57) Strabon, *Res geographicae*, XII권, §11.

58) 1701년 11월 4일, 베이징, J. Bouvet이 라이프니츠에게 보낸 서신: Dutens VI, 1, 161쪽.

고 케르크링[59]에 의해 유명해진 암컷 계란에 대한 학설은 식물의 경우 종자가 땅을 밀고 올라오게 하는 비를 머금은 공기의 역할 같은 것이 수컷의 역할이라고 하는 것 같습니다. 프리실리아 사람들[60]이 베르길리우스의 시에서 가져와 사용한 다음 구절처럼 말입니다.

> "그때, 풍부한 비와 함께 전능한 아버지 에테르가
> 그의 건강한 배우자의 가슴에 내렸다.
> 그리고 그녀의 위대한 몸과 크게 어우러져 그녀의 모든 자식을 낳는다."[61]

이 가설에 따르면, 수컷은 한마디로 비보다 더 하는 일이 없습니다. 그러나 레이우엔훅 씨는 남성형의 기능을 회복시켰고 다른 성은 마치 땅이 장소와 영양물을 제공하면서 종자에게 하는 기능만 하는 것처럼 강등시켰습니다.[62] 심지어 이것은 저 계란 학설이 고수될 때에도 일어날 수 있었던 일입니다. 하지만 동물이 이미 수컷에서 유래한다고 가정한다 하더라도 암컷의 상상이 태아의 형태에 큰 영향력이 있다는 것을 막지는 못합니다. 왜냐하면 이것은 통상적인 큰 변화가 마련된 상태이고 그만큼 더 비범한 변화도 가능한 상태이기 때문입니다. 사람들은 불구자를 보고 상처를

59) Theodor Kerckring(1638~1693), *Anthropogenia ichnographia, sive conformatio foetus ab ovo usque ad ossificationis principia, in supplementum osteogeniae foetuum* (Amsterdam 1671).

60) Hieronymus, *Epistola*, 133 adversus Pelagium ad Ctesiphontem 참조.

61) Vergilius, *Georgica*, II, v. 325~327. "Cum pater omnipotens foedundis imbribus aether conjugis in laetae gremium descendit et omnes magnus alit magno commistus corpore goetus."

62) Anton van Leeuwenhoek(1632~1723), "De natis e semine genitali animaculis", in: *Philosophical Transactions* Nr. 142(1677. 12~1678. 2).

입은 귀족 계급의 한 부인의 상상이 출산 기일이 임박한 태아의 손을 절단했다고 확신합니다. 이 손은 나중에 후산에서 발견되었습니다. 하지만 이 일은 확인이 필요합니다. 아마도 어떤 이는 영혼이 하나의 성에서 유래한다 하더라도, 양성이 유기적인 어떤 것을 제공하고 따라서 두 신체가 하나의 신체를 만든다고 주장할 것입니다. 마찬가지로 우리는 누에를 이중 동물로, 그래서 애벌레의 형태에서 날아다니는 곤충을 포함하는 것으로 볼 수 있습니다. 이렇게 또 우리는 매우 중요한 항목에서 아직 어둠 속에 있습니다. 식물의 유사성은 아마도 어느 날 우리에게 깨달음을 줄 것입니다. 하지만 현재 우리는 식물 자체의 생식에 대해 거의 정보를 가지고 있지 않습니다. 남성 종자에 상응할 것이라고 언급된 먼지 가루에 대한 의심은 여전히 잘 해명되지 않습니다. 게다가 식물의 새 잎은 대부분 새롭고 완전한 식물을 생산할 능력을 가지고 있습니다. 이런 유사성은 동물들에서는 아직 보지 못한 것입니다. 또한 나무의 각 가지가 개별적으로 열매를 맺을 수 있는 식물인 데 비해, 동물의 발은 하나의 동물이라고 말할 수 없습니다. 또한 식물에서는 종들의 교배가 그리고 하나의 동일한 종 안에서 변화조차도 종종 큰 성공을 거둡니다. 아마도 동물의 종들은 우주의 어떤 때 혹은 어떤 장소에서 현재 우리에게 있는 것보다 더 많이 변화에 종속되거나 종속되었고 또 종속될 것입니다. 사자, 호랑이, 스라소니와 같이 고양이의 어떤 것을 가지고 있는 다수의 동물들은 하나의 동일한 종에 속하게 될 것이고, 이제부터는 마치 이전 고양이 종의 새로운 하위분할 종처럼 될 것입니다. 따라서 저는 계속 제가 이미 여러 차례 말했던 것으로 되돌아옵니다. 즉 물리적 종에 대한 우리의 결정은 잠정적이고 우리의 지식에 비례한다는 것 말입니다.[63)]

§24 **필라레테스** "인간이 종의 분할을 하려고 할 때, 적어도 인간은 실체적

형상에 대해서 생각하지 않습니다. 우리가 있는 세상의 바로 이곳에서 스콜라 철학의 언어를 배운 사람은 제외하고 말입니다."

테오필루스 요즘 **실체적 형상**이라는 이름은 특정한 사람들에게서 불명예스러운 것이 된 것 같습니다. 그 사람들은 이것에 대해서 이야기하는 것을 수치스러워합니다. 하지만 이것은 아마도 이성의 문제라기보다는 유행의 문제일 것입니다. 개별 현상들을 설명하는 것이 문제일 때, 스콜라 철학자들은 일반 개념을 부적절하게 사용합니다. 하지만 이런 오용이 사안 자체를 파괴하지는 않습니다. 인간의 영혼은 우리 근대 철학자들 중 어떤 이의 확신을 다소 깨뜨립니다. 그들 중에는 인간의 영혼이 인간의 형상이라는 것을 인정하는 학자들도 있습니다. 그뿐만 아니라 영혼이 알려진 자연의 유일한 실체적 형상이라고 주장하기도 합니다. 데카르트 씨는 그렇게 말했고, 레기우스 씨가 영혼이 실체적 형상의 자격을 갖는 것을 인정하지 않는 것과 인간이 '자기 자신에 의한 일체(unum per se)', 참된 일체성을 갖춘 존재자라는 것을 부인한 것을 교정해주었습니다.[64] 어떤 사람들은 이 탁월한 사람이 그것을 정치적으로 했다고 믿습니다. 저도 그 점에 대해서 약간 의심을 합니다. 제 생각에, 그가 그렇게 할 만한 이유가 있기 때문입니다. 하지만 마치 자연이 부러진 몽둥이로 만들어진 것처럼, 이런 특권이 인간에게만 주어져서는 안 됩니다. 지각과 욕구(appetit)와 유사한 어떤 것을 가지고 있는, 무한하게 많은 영혼 혹은 더 일반적으로 말해서 무한하게 많은

63) [옮긴이 주] 라이프니츠가 Varignon에게 보낸 서신: GM IV, 89~94쪽 참조.

64) 1641년 12월 중반, 데카르트가 레기우스에게 보낸 서신: AT III, 459~462쪽 참조. [옮긴이 주] Henricus Regius(1598~1679): Henry le Roi라고도 한다. 네덜란드 출신의 철학자, 물리학자, 의사. 위트레흐트 대학 교수로, 대학에서 처음으로 데카르트의 철학을 가르친 데카르트주의자이지만, 신체와 영혼의 합일에 대한 입장에서 데카르트와 논쟁을 벌였다. 레기우스는 영혼과 신체가 '우연에 의한 일체(unum per accidens)'를 구성할 뿐이라는 입장이다.

근원적 엔텔레키(Entelechies primitives)가 있다고 판단할 근거가 있습니다. 그리고 그것은 전체이고 항상 신체의 실체적 형상으로 지속합니다. 제분기와 시계가 그럴 수 있는 것처럼, 외견상 진정으로 '자기 자신에 의한 일체'(즉 참된 일체성을 타고난 물체 혹은 전체 능동적 원리를 구성하는 분할 불가능한 존재)가 아닌 종들이 있다는 것은 사실입니다. 소금, 무기물, 금속들이 이런 본성, 즉 단순한 조직이나 어떤 규칙성이 있는 물질 덩어리에 속할 것입니다. 하지만 이 양자의 물체들, 즉 영혼이 있는 물체들뿐만 아니라 생명 없는 조직들도 내적 구조에 의해서 종이 결정될 것입니다. 왜냐하면 영혼을 가진 물체들에서도 영혼과 기계 각각이 별개로 종을 결정하는 데 충분하기 때문입니다. 그것들은 서로 완전히 일치하고, 그것들이 서로에게 직접적인 영향을 미치지 않더라도, 기계가 다수로 흩어지게 한 모든 것을 영혼이 완전한 일체에게 집중시킴으로써 서로가 서로를 표현하기 때문입니다. 따라서 종의 배열을 다룰 때, 실체적 형상을 논하는 것은 쓸모없는 일입니다. 물론 그런 논쟁이 다른 이유에서 그런 실체적 형상이 있는지 그리고 어떻게 그런 것이 있는지를 아는 데 적절하기는 하지만 말입니다. 그런 지식이 없으면 지성계에서 외부자가 되기 때문입니다. 그 외에도 그리스인들과 아랍인들도 유럽인들과 마찬가지로 이 형상에 대해서 이야기합니다. 평범한 사람들이 이것에 대해서 이야기하지 않는다면, 그는 대수학에 대해서도 공약 불가능한 것들에 대해서도 이야기하지 않을 것입니다.

§25 **필라레테스** "언어는 학문에 앞서 형성되었습니다. 그리고 그것을 무시한 사람들은 문자 없이 사물들을 특정한 종에 몰아넣었습니다."

테오필루스 그것은 사실입니다. 하지만 물질에 대해서 연구한 사람들은 대중적 개념들을 바로잡습니다. 화폐 검사관들은 금속을 정확하게 구분하고 분리하는 방법을 발견했습니다. 식물학자들은 식물 이론을 놀랍도록 풍부하게 했고, 곤충에 관한 축적된 경험들은 동물에 대한 지식에 어떤 새로운 접근법을 제공했습니다. 그렇지만 우리는 우리의 여정에 반에도 이르지 못했습니다.

§26 **필라레테스** "만약 종들이 자연의 작품이라면, 다양한 사람들에 의해서 상이하게 인식될 수 없을 것입니다. 어떤 사람에게는 인간이 깃털이 없고 발톱이 큰 두 발을 가진 동물로 보일 것이고, 다른 사람은 더 심오한 검토를 한 후 거기에 이성을 추가할 것입니다. 하지만 많은 사람들은 동물의 종을 **출생**보다는 **외적 형태**에 따라 결정합니다. 왜냐하면 그들은 특정한 인간 **태아**에게 세례가 허용되어야 하는지 아닌지 수차례 의문을 제기했기 때문입니다. 오로지 태아의 외형이 어린아이의 통상적 형태와 다르다는 이유만으로, 그 태아가 다른 형틀에서 주조된 아이들처럼 이성적 능력이 없는지도 알지 못한 채 말입니다. 그런 아이들 중 몇몇은 형태에서는 인정되지만 평생 동안 원숭이나 코끼리에게서 볼 수 있는 정도로도 이성을 드러내 보이지 않고 이성적 영혼에 의해서 움직였다는 어떠한 표시도 하지 않습니다. 이로부터 분명해 보이는 것은, 때마침 이성적 영혼을 결여한 것인지 누구도 알 수 없는, 이성적으로 추론하는 능력이 아니라 유일하게 할 말이 있었던 외적 형태가 인간종에게 본질적인 것이 되었다는 것입니다. 그리고 이 경우 가장 박식한 신학자들과 법률가들은 이성적 동물이라는 그들의 신성한 정의를 포기해야 하고 그 자리를 인간종의 어떤 다른 본질로 대체해야 합니다. 메나즈 씨는 우리에게 알릴 가치가 있는 성 마르탱의 어떤 수도원장의 예를 제공합니다. (1694년 네덜란드에서 출판된 *Menagiana* 1권, 278쪽) "그가 말하기를, 성 마르탱의 이 수도원장이 세상에 나왔을 때, 거의 인간의 형태가 아니었습니다. 차라리 괴물에 가까웠습니다. 사람들은 그에게 세례를 줄지 고민할 시간이 필요했습니다. 하지만 그는 세례를 받

았고, 사람들은 잠정적으로 즉 그가 자신이 누구인지 알게 될 때까지 인간이라고 선언했습니다. 그는 선천적으로 못생겼기 때문에, 사람들은 그의 전 생애 동안 그를 못생긴 수도원장이라고 불렀습니다. 그는 캉에서 왔습니다." 여기 단순히 형태 때문에 인간종에서 거의 배제될 뻔한 한 아이가 있습니다. 실제로 그는 아주 간신히 그 상황에서 벗어났습니다. 그리고 약간 더 기형적인 형태가 그에게서 인간종의 자격을 영원히 빼앗고 한 인간으로 인정되지 않는 존재처럼 사라지게 했으리라는 것은 확실합니다. 하지만 얼굴의 이목구비가 약간 더 다르면, 왜 이성적 영혼이 그에게 있을 수 없는지에 대해서 어떠한 근거도 제시될 수 없습니다. 그리고 약간 더 긴 얼굴이나 더 납작한 코 혹은 더 큰 입은 다른 변칙적 형태와 더불어 아주 기형이었지만 교회에서 고위성직을 받을 수 있도록 한 그의 영혼과 자질들과 왜 함께 존속할 수 없는지에 대해서도 아무런 근거가 제시될 수 없습니다."

테오필루스 지금까지 우리와 매우 다른 외형을 가진 이성적 동물은 발견된 적이 없습니다. 따라서 아이에게 세례를 주는 문제를 다룰 때, 종족과 형태는 결코 고려되지 않았습니다. 이성적 동물인지 아닌지를 판단하는 문제에서도 징후로 고려되지 않은 것처럼 말입니다. 따라서 신학자들과 법률가들은 그 때문에 성스러운 정의를 포기할 필요가 없습니다.

§27 **필라레테스** "그러나 리케투스가 1권 3장에서 이야기하는 그 괴물은 인간의 머리와 돼지의 몸을 가지고 있고, 또 다른 괴물은 인간의 몸에 개의 머리, 말의 머리 등을 가지고 생명을 유지하고 말을 했습니다. 이 문제는 더 심각할 것 같습니다."[65]

65) Fortunius Licetus(1577~1657): 이탈리아의 의사, 물리학자, 철학자. 여기서 말하는 저작은,

테오필루스 인정합니다. 그리고 그런 일이 일어난다면, 그리고 어떤 사람에게 다음과 같은 일이 일어난다면, 즉 고대 수도사인 **한스 칼브**(Hans Kalb)(장 르 보(Jean le Veau))라는 이름을 가진 어떤 특정한 작가가 자신이 쓴 책에 송아지 머리를 쓰고 깃털을 손에 들고 있는 자신의 모습을 그려서 어떤 사람이 우습게도 이 작가가 실제로 송아지의 머리를 가지고 있다고 믿었던 것처럼, 제가 말하는 것은, 이런 일이 일어나면, 앞으로 사람들은 기형을 없애는 것을 더 자제할 것입니다. 왜냐하면 신학자들에게서 그리고 법률가들에게서 형태보다 심지어 의사들이 제공하는 해부학적 차이보다 이성이 우세할 것 같기 때문입니다. 내장의 위치가 뒤바뀌었다고 해서 인간의 자격이 없는 것이 아닌 것처럼 이런 차이들이 인간의 자격을 훼손하지 않을 것입니다. 제가 아는 사람이 파리에서 해부를 보았는데, 그때 소음이 생기고 자연은

분명 술 취해 분별없는 상태에서
간을 좌측에 놓았고
똑같이 반대로
심장을 우측에 놓았다.

(암을 치료하는 데 능숙한 것으로 유명한 의사인) 고 알리오 씨[66]가 이 경이로운 일에 대해 써서 제게 보여준 시 중 어떤 구절을 제가 제대로 기억한다

De monstrorum caussis, natura et differentiis(Padua, 1616).

66) Pierre Alliot는 부식제로 암을 치료했고 프랑스 왕비 Anne d'Autriche를 치료했다. 라이프니츠는 그를 파리에서 만났다.

면, 그러합니다. 이성적 동물에게서 인체 구조의 다양성이 도를 넘지 않는 한, 그리고 동물들이 말을 하는 시대로 되돌아가지 않는 한, 이것은 통용됩니다. 그렇지 않으면 우리는 우선 이성의 특권을 잃을 것이기 때문이고, 아담의 종족에 속하는지 아니면 아프리카 원숭이 왕국의 왕이나 족장의 후손일지 구분하기 위해서 앞으로는 출생과 외면에 더 주목할 것이기 때문입니다. 그리고 우리의 박식한 저자는 정당하게 지적합니다.(§29) (이것이 예언적 전망이 아니라는 것을 전제로) 발람의 당나귀[67]가 자신의 주인과 대화한 것처럼 평생 동안 이성적으로 대화를 했다면, 여성 아래 지위와 자리를 얻기 위해서 항상 노력했을 것이라고 말입니다.

필라레테스 제가 본 것을 당신은 비웃네요. 아마 우리의 저자도 비웃을 것입니다. 하지만 진지하게 말하자면, 당신은 알고 있습니다. "항상 종의 확고한 경계를 지정할 수 없다."라는 것을 말입니다.

테오필루스 저는 그 점에 대해서 이미 당신에게 동의했습니다. 허구와 사물의 가능성에 대해서 다룰 때, 종에서 종으로 이동은 감각 불가능하고, 그것들을 구분하는 것은 때때로 마치 대머리가 아니기 위해서 한 인간은 얼마만큼의 머리카락을 가져야 하는지 결정할 수 없는 것과 거의 같기 때문입니다. 이 불확정성은 우리가 해당하는 피조물의 내면에 대해서 완전하게 인식할 때에도 유효할 것입니다. 하지만 저는 이 불확정성이 사물들이 지성과 독립적으로 실재적 본질을 갖는 것과 우리가 그것을 인식하는 것을 방해할 수 있다고 보지 않습니다. 사실 종의 이름과 경계는 때로 고정된 경계선을 얻기 위해 선택해야 하는 크기와 무게의 이름과 같을 것입니다. 하지만 매우 유사한 종들은 거의 함께 발견되지 않기 때문에, 그런 것

67) 발람의 당나귀: *Nombres*, XXV, 28~30.

을 두려워할 필요는 없습니다.

§28 **필라레테스** 용어들은 약간 다르지만, 여기서 우리는 근본적으로 의견이 일치하는 것 같습니다. 또한 저는 다음과 같은 당신의 의견에도 동의합니다. "**합성 양태**의 이름보다는 **실체**의 명명에 임의성이 더 적습니다. 사람들은 암양의 울음소리와 말의 형태를 결합하거나 납의 색과 금의 무게와 불변성을 결합하려는 생각을 거의 하지 않기 때문입니다. 그보다는 오히려 자연을 모방하는 것을 더 좋아합니다."

테오필루스 이것은 사람들이 실체에서만 실제로 현존하는 것에 주의하기 때문만이 아니라 (사람들이 근본적으로 이해하지 못하는) 물리적 관념에서 현실적 현존이 보증되지 않을 때, 그런 결합이 가능하고 유용한지 확신하지 못하기 때문이기도 합니다. 하지만 이런 것은 양태에서도 일어납니다. 가끔씩 물리학에서 일어나는 것처럼 그 결합의 모호함이 우리에게 간파될 수 없을 때뿐만 아니라 기하학에 충분한 사례가 있듯이 그 모호함이 쉽게 간파될 수 없을 때에도 말입니다. 왜냐하면 이 두 학문에서 우리의 환상을 조합하는 것은 우리의 능력에 달린 것이 아니기 때문입니다. 만약 그런 권한이 우리에게 있다면, 우리는 **정십면체**에 대해 이야기할 권리도 가질 것이고 **중력**에 중점이 있는 것처럼 반원에서 **크기의 중점**을 찾을 수 있을 것입니다. 그러나 전자가 있을 수 없는데 후자가 있는 것은 사실상 놀라운 일입니다. 그런데 양태에서 조합이 항상 임의적인 것이 아닌 것처럼 반대로 임의적 조합이 가끔씩 실체에서 발견되기도 합니다. 이것은 종종 조합의 가능성을 판단하기 위해서 성질들이 충분히 이해될 때, 실체적 존재자들을 경험하기 전에 실체적 존재자들을 정의하기 위해서 그 성질들을 조합하는 우리에게 의존합니다. 그래서 오렌지 나무 온실에서 숙련된 원예가가 어떤 새로운 종을 만드는 것을 계획하고 그것에 우선적으로 이름을 지을 수 있는 것입니다.

§29 **필라레테스** 당신은 종을 정의하는 문제에서는 항상 저에게 동의할 것입니다. "사람들이 조합하는 관념의 수는 이 조합을 만드는 사람들의 열의, 재치 혹은 환상의 다름에 의존합니다. 대부분 식물종과 동물종을 형태에 따라 결정하는 것처럼 종자에서 생산되지 않는 대부분의 자연적 물체들에 대해서도 마찬가지로 가장 많이 연결하는 것은 색입니다." §30 "실제로 대부분의 개념들은 혼란스럽고, 대략적이고 부정확합니다. 그리고 어떤 특정한 종이나 어떤 특정한 이름에 속하는 성질들 혹은 단순 관념의 정확한 수에 대해서 사람들의 의견이 일치하는 것은 매우 어려운 일입니다. 항상 연결되어 있는 단순 관념을 찾는 것에는 많은 수고와 재주, 시간이 필요하기 때문입니다. 보통의 대화에서는 이 부정확한 정의를 구성하는 소수의 성질들로도 충분하지만, 유와 종에 관한 소음에도 불구하고 스콜라 철학에서 많이 이야기한 형상들은 단지 키메라일 뿐이며, 우리가 종적 본성에 대한 지식으로 들어가는 데 아무런 도움도 주지 않는 것입니다."

테오필루스 가능한 조합을 구성하는 사람이면 누구든 그것을 할 때도 또 이름을 지어줄 때도 실수하지 않습니다. 하지만 그가 생각하는 것이 더 전문적인 다른 사람들이 같은 이름에서 혹은 같은 물체에 대해서 생각하는 모든 것이라고 믿을 때, 그는 실수를 합니다. 아마도 그는 다른 더 종적인 것 대신에 너무 일반적인 유를 생각합니다. 이 모든 것에서 스콜라 철학과 반대되는 것은 없습니다. 그리고 저는 왜 당신이 여기서 유, 종 그리고 형상을 반대하는 부담을 지려고 되돌아오는지 모르겠습니다. 당신도 유, 종 그리고 또 내적 본질이나 형상을 인정해야 하기 때문이고, 사람들은 그것에 대해서 무지하다고 인정할 때에도, 사물의 종적 본성을 인식하는 데 그것들을 사용한다고 주장하지는 않기 때문입니다.

§30 **필라레테스** "우리가 종에 지정한 경계들이 자연에 의해서 정립된 것과 **정확하게 일치**하지 않는다는 것은 적어도 명백합니다. 왜냐하면 우리는 현재 사용하기 위해서 일반 명사를 필요로 할 때, 가장 본질적인 차이와 일치성을 더 잘 알려주는 종의 성질들을 발견하려고 노력하지 않기 때문입니다. 그리고 우리는 다른 사람들과 더 쉽게 소통하기 위해서, 온 세상 사람들의 눈을 자극하는 특정한 외형에 따라 우리 스스로 그 성질들을 종적으로 구별합니다."

테오필루스 우리가 양립 가능한 관념들을 조합하면, 우리가 종에게 지정한 경계들은 항상 자연과 **정확하게 일치**합니다. 그리고 우리가 현실에서 함께 발견되는 관념들을 조합하는 데 조심한다면, 우리의 개념들도 경험과 일치합니다. 그리고 우리가 그 개념들을 실제 물체들에 비해서 오로지 잠정적인 것으로 간주한다면, 이미 겪은 경험이나 앞으로 겪을 경험이 그것에 대해 더 많은 것을 발견한다는 가정을 유지하면서, 사람들이 어떤 사물의 이름으로 공공연하게 이해하고 있는 것에 대해서 정확하게 다룰 때, 우리가 전문가에게 의지한다면, 우리는 실수를 저지르지 않을 것입니다. 따라서 자연은 더 완전하고 더 적합한 관념들을 제공할 수 있습니다. 하지만 자연은 우리가 가진 관념들이 가장 훌륭한 관념이 아니고 가장 자연적인 관념이 아닐지라도, 훌륭하고 자연적인 우리의 관념을 반박하지 않을 것입니다.

§32 **필라레테스** "실체에 대한 **우리의 일반 관념**, 예를 들어 금속에 대한 일반 관념은 자연에 의해서 제시된 견본을 정확하게 따르지 않습니다. 왜냐하면 다른 성질들 없이 단순히 가단성과 용해성을 포함하는 어떤 물체도 발견할 수 없기 때문입니다."

테오필루스 사람들은 그런 견본을 요구하지 않고 그것을 요구할 이유도 없으며, 그것은 가장 잘 구별되는 개념에서 발견되지도 않습니다. 일반적으로 다수성 외에 보이는 것이 없는 곳에서 사람들은 결코 하나의 수를 발견하지 못합니다. 연장된 것만 있는 곳에는 연장이, 고체성만 있는 곳에는 물체가 있을 뿐 다른 성질들은 없습니다. 그리고 종적 차이가 실질적이고 서로 반대될 때, 유가 그 사이에서 편을 듭니다.

필라레테스 "따라서 누군가 한 인간, 한 말, 한 동물, 한 식물 등이 자연에 의해서 형성된 **실재적 본질**에 따라 구별된다고 상상한다면, 그는 자연을 **그런 실재적 본질에서 매우 자유로운** 것으로 생각해야 합니다. 자연은 그렇게 물체를 위해 하나의 실재적 본질을 만들고, 동물을 위해서 다른 것을 만들고 말을 위해서 또 다른 것을 만들고, 이 모든 본질들을 자유롭게 부케파로스에게 전달합니다. 반면 유와 종은 더 확장되거나 덜 확장된 기호에 불과합니다."

테오필루스 당신이 실재적 본질을 실체적 견본으로 간주한다면, 곧 하나의 물체일 뿐 그 이상이 아닌 것, 하나의 동물일 뿐 더 종적인 것이 없는 것, 개체적 성질들 없는 하나의 말로 간주한다면, 당신은 당연히 그것을 키메라로 취급하는 것입니다. 그리고 제 생각에, 어느 누구도, 심지어 이전의 가장 큰 실재론자들도, 유가 존재하는 것만큼 종적으로 제한된 많은 실체들이 존재한다고 주장하지 않았습니다. 하지만 일반적 본질이 그런 실체가 아닐 때, 그것이 단지 **기호**일 뿐이라는 결론이 나오지 않습니다. 제가 당신에게 여러 차례 이것은 **유사성 속에 있는 가능성**이라고 지적했기 때문입니다. 이것은 색이 항상 실체가 아니거나 추출 가능한 염료가 아니라는 것으로부터 색이 상상적인 것이라는 결론이 나오지 않는 것과 같습니다. 더욱이 사람들은 자연을 너무 **자유로운** 것으로 상상할 수 없습니다. 자연은 우리가 발견할 수 있는 모든 것을 넘어 있고, 경쟁에서 상호 양립 가능한 모든 가능성들은 그것들을 재현하는 위대한 극장에서 현실화됩니다. 예전에 철학자들에게 두 개의 공리가 있었습니다. **실재론자들**의 공리는 자연을 아낌없이 주는 것으로 만드는 것 같고, **유명론자들**의 공리는 자연을 인색하게 설명하는 것 같습니다. 전자는 자연이 빈 공간을 견디지 못한다고 말하고, 후자는 자연은 어떤 것도 헛되게 만들지 않는다고 말합니다. 사람들이 이 두 공리를 이해하는 한에서 그것은 좋은 공리입니다. 자연은 적절한 때와 장소에서 칭송받으려고 필요할 때 절약하는 좋은 경영자와 같기 때문입니다. 자연은 효과로 칭송받고 자신이 사용하는 원인들에서 절약합니다.

§34 **필라레테스** 우리가 실재적 본질에 대한 논쟁으로 시간을 허비하지 않아도, 우리는 충분히 우리 생각을 축약해서 표시하는 낱말들의 사용법을 획득하고 언어의 목적을 달성합니다. "제가 어떤 사람에게 3, 4피트의 키에 피부가 깃털과 머리카락 중간 정도 되는 어두운 갈색의 어떤 것으로 덮여 있고, 날개가 없지만 날개 대신에 금작화의 가지와 비슷한 두세 개의 작은 가지를 가지고 있으며, 그 가지들이 꼬리 없이 길고 큰 다리와 발톱이 세 개만 있는 발을 가진 몸의 아래까지 늘어져 있는 일종의 새에 대해서 이야기하려고 할 때, 다른 사람들을 이해시킬 수 있는 방식으로 묘사해야 합니다. 하지만 사람들이 제게 이 동물의 이름이 '화식조'라고 말할 때, 저는 그때부터 이 모든 합성 관념을 지칭하기 위해 대화를 나눌 때 이 이름을 사용할 수 있습니다."

테오필루스 아마 피부를 덮고 있는 것이나 어떤 다른 부분에 대한 관념이 매우 정확하면 그것만으로도 전적으로 이 동물과 다른 알려진 모든 동물들을 충분히 구분할 수 있을 것입니다. 헤라클레스의 발자취를 통해서 그를 알아보고 사자를 라틴어 속담에 따라 발톱으로 알아보는 것처럼 말입니다. 하지만 그런 정황을 더 많이 축적할수록 정의는 덜 잠정적일 것입니다.

§35 **필라레테스** 이 경우 우리는 사물을 손상하지 않고 관념을 생략할 수 있습니다. "하지만 자연이 관념을 생략하면, 종이 유지될지 문제가 됩니다. 예를 들어 가단성 외에 금의 다른 모든 성질들을 가지고 있는 물체가 있다면, 그것은 금입니까? 이 문제는 그것을 결정하는 인간에게 달려 있습니다. 따라서 사물의 종을 결정하는 것은 인간입니다."

테오필루스 절대 아닙니다. 인간은 이름을 결정할 뿐입니다. 하지만 이 경험은 우리에게 가단성은 전체적으로 보아 금의 다른 성질들과 필연적으로 연결되어 있지 않다는 것을 가르쳐줍니다. 따라서 이것은 새로운 가능성, 결론적으로 새로운 종을 우리에게 알려주는 것입니다. 거칠고 깨지기 쉬운 금과 관련해서 이런 성질은 첨가물에 의한 것일 뿐 금의 다른 판단 기준과 정합적이지 않습니다. 골회 도가니와 안티몬은 금에게서 이런 거칢을 제거하기 때문입니다.

[§38] **필라레테스** "우리의 이론에서 매우 기이해 보이는 어떤 것이 도출됩니다. 즉 어떤 특정한 이름을 가진 각각의 추상 관념은 하나의 구별되는 종을 형성합니다. 하지만 [진리][68]가 그렇게 하기를 원한다면, 어떻게 합니까? 저는 **복슬강아지**와 **그레이하운드**가 왜 **스패니얼 개**와 **코끼리** 같은 구별되는 종이 아닌지 정말 알고 싶습니다."

테오필루스 저는 앞에서 '**종**'이라는 말의 다양한 의미를 구별했습니다. 논

68) [옮긴이 주] 다른 판본에서는 '진리'의 자리에 '자연'이라고 쓰여 있기도 하고 복사본에서는 삭제되기도 했다. 아카데미판에서는 이와 같이 괄호로 진리라고 되어 있다. 독일어본은 '자연'으로 영어본은 '진리'로 번역했다.

리적 의미에서 혹은 더욱이 수학적 의미에서 최소한의 상이성은 허용될 수 있습니다. 따라서 각각의 다른 관념은 다른 종을 제공할 것이고, 그것이 이름이 있는지 없는지는 중요하지 않습니다. 그러나 물리적 의미에서 말하자면, 사람들은 모든 다양성에서 멈추지 않고, 사물의 외형을 다룰 때에는 분명하게 말하고, 사물의 내적 진리를 다룰 때에는, 이성이 인간에게 있는 것처럼 그 사물이 어떤 본질적이고 변함없는 본성을 가지고 있는 것으로 추정하면서 추측으로 말합니다. 따라서 우연적 변화로만 구별되는 것, 예를 들어 물과 얼음, 수은 같은 것은 액체 상태에서나 승화된 상태에서나 하나의 동일한 종이라고 추정합니다. 그리고 유기체에서는 동일한 종의 잠정적 표지를 보통 출생이나 종족으로 보고, 가장 유사한 물체에서는 재생산으로 봅니다. 물론 사물의 내부를 알지 못하면 정확하게 판단할 수 없습니다. 하지만 제가 여러 차례 말했듯이, 사람들은 잠정적으로 그리고 종종 추측으로 그것을 판단합니다. 그럼에도 아무것도 확실한 것을 말하지 못한다는 두려움에서 외면에 대해서만 이야기하기를 원할 때, 논쟁의 여지가 생기며, 차이가 종적 차이인지 아닌지에 대한 논쟁은 이름에 대한 논쟁이 됩니다. 이런 의미에서 개들 간에 매우 큰 차이가 있습니다. 그래서 사람들은 영국의 개와 불로뉴의 개가 다른 종에 속한다고 매우 강하게 말할 수 있습니다. 그럼에도 그 개들이 기원을 더 높이 거슬러 올라갈 수 있다면 발견하게 되는, 멀리 떨어져 있는 하나의 동일한 종족 혹은 유사한 종족에 속하는 것 그리고 그들의 조상이 유사하거나 같았지만 큰 변화를 겪고 난 후 후손 중 하나는 매우 커지고 다른 하나는 매우 작아졌다는 것이 불가능한 것은 아닙니다. 또한 사람들은 그것들이 내적이고 항구적인 종적 본성을 공통으로 가진다고 이성과 충돌 없이 믿을 수도 있습니다. 그렇게 그 본성은 더 이상 하위 분할되지 않고, 다수의 다른 자연에서 발견되지 않으며, 따라서 단지 우연적 속성에 의해서만 달라지는 것입니다. 우리가 최하위 종이라고 부르는 모든 것에 이런 본성이 필연적으로 그렇게 존재해야 한다고 판단하도록 만드는 것이 아무것도 없을지라도 말입니다. 스패니얼 개와 코끼리가 동일한 종족에 속할 가망성은 없지만 공통적으로 어떤 특정한 종적 본성을 가집니다. 따라서 외견상으로 말하면, 상이한 종류의 개들에게서 종을 구별할 수 있고, 내적 본질로 말하면 결정을 망설일 수 있습니다. 하지만 개와 코끼리를 비교하면, 외적으로나 내적으로 그것들이 하나의 동일한 종에 속한다고 믿도록 만들 속성은 없습니다. 따라서 추정에 반대해서 결정을 망설이는 상태로 있을 어떠한 이유도 없습니다. 인간에 대해서도 논리적으로 말해서 종을 구별할 수 있습니다. 그리고 사람들이 외면에서 멈춘다면, 물리적으로 말해서 종적 차이로 여길 수 있는 또 다른 차이를 발견할 것입니다. 또한 흑인, 중국인 그리고 미국인까지 그들 서로 간뿐만 아니라 우리와 유사한 민족들도 하나의 동일한 종족에 속하지 않는다고 믿는 여행자가 있습니다. 하지만 사람들은 동일한 인간에게서 지속되고 모든 인간에게서 발견되는 인간의 본질적 내면, 즉 이성을 알기 때문에, 그리고 우리 중에서 하위 분할을 만드는 확고하고 내적인 어떤 것도 지적할 수 없기 때문에, 우리에게는 내면의 진리에 따라 인간들 중에는 본질적인 종적 차이가 있다고 판단할 아무런 이유도 없습니다. 반면 인간과 동물 간에는 그런 종적 차이가 있습니다. 물론 제가 앞에서 한 설명에 따라 동물은 단지 경험적이라는 가정에서 말입니다. 그리고 실제로 경험은 다른 판단을 할 만한 어떤 근거도 우리에게 제공하지 않습니다.

§39 **필라레테스** "내부 구조가 우리에게 알려져 있는 인공물을 예로 들어봅시다. 시간을 표시하는 시계와 소리를 내서 알리는 시계는 그 둘을 지칭하기 위해 하나의 이름을 사용하는 사람에게는 단 하나의 종입니다. 그렇지

만 전자를 지칭하기 위해 '시계'라는 이름을 사용하고 후자를 나타내기 위해 '괘종시계'라는 이름을 사용하는 **그에게 있어서는** 이것들은 상이한 종입니다. 새로운 종을 만드는 것은 이름이지 내부 배열이 아닙니다. 그렇지 않으면 너무 많은 종들이 있을 것입니다. 시계 중에는 네 개의 톱니를 가진 것이 있고 다섯 개의 톱니를 가진 것이 있습니다. 어떤 것은 줄과 방추를 가지고 있고, 그것을 가지고 있지 않은 다른 것도 있습니다. 어떤 것은 자유로운 시계추를 가지고 있고, 다른 것은 나선형으로 만들어진 용수철에 의해 작동합니다. 그리고 또 다른 것은 돼지 털에 의해서 작동됩니다. 이것들 중 어떤 것이 종적 차이를 만들기에 충분합니까? 이 시계들이 이름에서 일치하는 한, 저의 대답은 '없다'입니다."

테오필루스 저의 대답은 '있다'입니다. 저는 이름에서 멈추지 않고 기법의 다양성과 무엇보다 시계추의 차이를 고려할 것이기 때문입니다. 왜냐하면 시계에 자신의 진동에 따라 진동을 통제하는 용수철을 사용하면서 그 진동이 더 동일해진 이후로 회중시계는 모습이 변했고 비교할 수 없을 정도로 더 정확해졌기 때문입니다. 심지어 저는 예전에 시계에 적용할 수 있는 일정함의 다른 원리에 대해서 언급한 적도 있습니다.[69]

필라레테스 "누군가 내부 구조에서 인식한 차이에 근거를 두고 분할하기를 원한다면, 그렇게 할 수 있습니다. 그렇지만 그 구조를 모르는 사람들에게 그것은 구별되는 종이 아닐 것입니다."

테오필루스 저는 당신 쪽 사람들이 왜 덕, 진리 그리고 종을 우리의 의견이나 인식에 의존하도록 만드는지 모르겠습니다. 우리가 그것들을 알든 모

69) Leibniz, "Extrait d'une Lettre …… touchant le principe de justesse des Horloges portatives", in: *Journal des Sçavans*(1675. 3).

르든, 찬성하든 아니든 간에 그것들은 자연에 있습니다. 달리 말하면, 사물의 이름과 관습적 언어는 이유도 없이 변합니다. 지금까지 인간들은 시계가 무엇으로 구성되는지 혹은 어떤 이름으로 부를 수 있는지 몰라도 다양한 종의 회중시계나 시계가 있다고 믿었습니다.

필라레테스 그렇지만 당신은 조금 전에 사람들이 외관에 따라 물리적 종을 구별하려고 할 때, 그들이 적절하다고 생각하는 임의의 방식으로, 즉 그들이 그 차이를 더 고려할 만한 것으로 여기는지, 덜 고려할 만한 것으로 여기는지에 따라 그리고 그들의 목적에 따라 제한된다는 것을 인정했습니다. 그리고 당신 자신도 사람들의 선호에 따라 정하고 이름을 붙이는 무게와 크기의 비교를 사용했습니다.

테오필루스 그때부터 저는 당신을 이해시키기 시작했습니다. 어떠한 우연적 정의일지라도, 지정 가능한 정의의 최소한의 오차로 충분한, 순수하게 **논리적인 종적 차이**와 본질이나 변함없는 것에 근거하는, 순수하게 **물리적인 종적 차이** 사이에 정확하게 결정할 수는 없지만 어떤 중간적인 것을 놓을 수 있습니다. 그때 사람들은 외관을 가장 고려할 만한 기준으로 삼습니다. 이 외관은 어떤 것이 다른 것보다 더 본질에 근접하기 때문에, 전적으로 변화 불가능하지 않지만 쉽게 변하지도 않는 것입니다. 그리고 한 인식자가 다른 인식자보다 더 멀리 나아갈 수도 있기 때문에, 사물은 임의적으로 보이고 인간들과 관계를 가지며, 이 주요한 차이에 따라 이름을 정하기도 편리해 보입니다. 따라서 이것을 **민간 생활의 종적 차이**라고 하고 **명목적 종**이라고 부를 수 있습니다. 하지만 이것을 제가 앞에서 말했던 명목적 정의와 혼동하면 안 됩니다. 이 정의는 논리적 종적 차이뿐만이 아니라 물리적 종적 차이에서도 발생하는 것입니다. 그 밖에 일상적인 언어 사용 외에도 법 자체가 말의 의미를 정당화할 수 있습니다. 그러면 **종**은 '지명된

(nominati)', 즉 특정한 이름으로 지칭된, 계약들같이 **법적인 것**이 됩니다. 말하자면 로마법에서는 성숙기를 만 14세부터로 정한 것처럼 말입니다. 이 모든 고찰이 경시되어서는 안 되지만 저는 이것이 여기서 매우 큰 도움이 되는지 모르겠습니다. 왜냐하면 제가 보기에, 당신이 유용하지 않은 것을 적용할 때도 있다는 것을 제외하더라도, 그것이 적절하다고 판단되는 곳까지 멀리 하위 분할을 진행하고 나머지 차이들을 부정할 필요 없이 그것들에서 추상하는 인간들에게 달려 있다는 것을 고려하면, 사람들이 얻는 결과는 거의 같은 것이기 때문입니다. 그리고 그것은 특정한 개념과 크기에 이름을 붙임으로써 확정하기 위해서 불특정한 것 대신에 특정한 것을 선택하는 사람들에게도 달려 있습니다.

필라레테스 이 부분에서 보기보다 우리의 의견 차이가 크지 않아서 저는 매우 기쁩니다. §41 테오필루스, 제가 보기에, 당신도 제 견해에 동의합니다. "몇몇 철학자들의 견해와 달리 인공물도 자연물과 마찬가지로 종을 가집니다." §42 "하지만 실체의 이름에 관한 논의를 마치기 전에, 더하고 싶은 것이 있습니다. 그것은 우리가 가진 모든 다양한 관념들 중에 실체의 관념만이 고유한 이름 혹은 개체적 이름을 가지고 있다는 것입니다. 그 이유는 인간이 어떤 개체적 성질들이나 어떤 다른 개체의 사건에 대해서 빈번하게 언급하는 것이 필요한 경우가 드물기 때문입니다. 그 외에도 개체적 행동들이 즉시 사라지고, 거기서 만들어지는 정황들의 조합이 실체들에서처럼 존속하지 않기 때문입니다."

테오필루스 "그렇지만 개체적 사건을 기억할 필요가 있는 경우도 있습니다. 그리고 사람들은 그것에 하나의 이름을 붙입니다. 따라서 당신의 규정은 통상적 경우에는 적절하지만 예외를 허용합니다. 종교가 우리에게 그런 예외의 경우를 제공합니다. 우리가 예수 그리스도의 출생을 기억하며 기념

일로 축하하듯이 그리스인들은 이 사건을 신통기라고 부르고 동방박사의 경배를 주현절이라고 부릅니다. 그리고 히브리 사람들은 히브리의 종손은 해치지 않은 채, 이집트의 종손을 죽인 천사의 출현을 특별히 'passah'라고 부릅니다. 이것이 매년 기념 의식을 치러야 하는 사건들입니다. **인공물의 종**과 관련해서 스콜라 철학자들은 이것들을 그들의 **범주**에 편입시키는 데 어려움이 있었습니다. 하지만 여기서 그들의 신중함은 필요하지 않았습니다. 이 범주 목록은 우리의 관념들에 대한 일반적 검토에 사용되어야 하기 때문입니다. 그럼에도 완전한 실체와 실체들의 결합체(집적체) 간의 차이를 인정하는 것이 좋습니다. 이 결합체는 자연에 의해서 혹은 인간의 기교에 의해서 합성된 실체적 존재자입니다. 자연은 물체 같은 이러저러한 집적체도 가지고 있기 때문입니다. 우리 철학자들의 언어로 말하면, 그것의 혼합은 불완전하고(불완전한 혼합물), '자기 자신에 의한 일체'를 형성하지 못하며, 자기 자신 안에 하나의 완전한 일체를 갖지 않는 것입니다. 제 견해에 따르면, 그들이 단순하다고 믿고 원소라고 부르는 네 개의 물체들과 소금, 금속 그리고 그들이 완전하게 섞여 있다고 믿고 기질을 부여한 다른 물체들도 더 이상 '자기 자신에 의한 일체'가 아닙니다. 더군다나 사람들은 그것들을 단지 외관상으로만 동형적이고 유사하다고 판단해야 하고, 심지어 유사한 한 물체도 하나의 축적물이 아닐 수 없다고 판단해야 합니다. 한마디로 말하면, 완전한 일체성은 영혼이 있는 물체 혹은 근원적 엔텔레키를 타고난 물체에 마련되어 있어야 합니다. 왜냐하면 이 엔텔레키는 영혼과 유사하고 영혼처럼 분할 불가능하고 소멸 불가능하기 때문입니다. 그리고 저는 다른 곳[70]에서 영혼의 유기적 신체가 실제로 기계라고 판단했었습니다. 하지만 그러한 기계는 자연 기계의 발명자가 우리를 능가하는 것만큼 우리의 발명품인 인공 기계를 능가하는 것입니다. 왜냐하면 이 자연 기계도 영혼 자신과 마찬가지로 소멸 불가능하고 영혼을 가지고 있는 동물은 영원히 존속하기 때문입니다. (더 잘 설명하기 위해서 많이 우습기는 하지만 제게 떠오르는 어떤 사례를 사용하자면,) 이것은 사람들이 무대에서 옷을 벗기고 싶어 하지만 얼마나 많은 옷을 겹쳐 입었는지 모르기 때문에 끝까지 벗길 수 없는 어릿광대와 같은 것입니다. 자연의 기교는 완전히 다른 미세함에 속하기 때문에, 한 동물에서 진행되는 유기적 신체의 무한한 복제가 그 옷들처럼 서로가 서로에게 유사하지도 않고 덧붙여지지도 않지만 말입니다. 이 모든 것에서 철학자들이 인공물과 참된 일체성을 타고난 자연적 물체 간에 큰 거리를 둔 것이 아주 큰 잘못은 아니라는 것이 나타납니다. 하지만 자연 신학과 사람들이 영물학이라고 부르는 것을 어떤 한 방식으로 잘 정립하기 위해서 이 비밀을 풀고 그것의 중요성과 결과를 이해시키는 것은 우리 시대의 일입니다. 그 방식은 진정으로 자연적이고 우리가 경험할 수 있으며 이해할 수 있는 것과 일치하는 것이고, 제공되어야 하는 중요한 고찰들을 절대 사라지지 않도록 하는, 오히려 그것들을 증대시키는 방식입니다. 바로 예정 조화의 체계처럼 말입니다. 그리고 제 생각에, 우리는 실체의 이름에 관한 이 긴 논의를 이보다 더 잘 끝낼 수 없을 것입니다.

70) Leibniz, "Systeme nouveau de la nature", *Journal de Sçavans*(1695. 6, 7), GP IV, 477~487쪽, 10절 참조.

7장

불변화사에 관하여

§1 **필라레테스** "우리는 관념을 **명명**하는 데 사용하는 말 외에 관념이나 명제의 **연결**을 표시하는 말이 필요합니다. '~이다', '~이 아니다'는 **긍정**이나 **부정**의 일반적 표시입니다. 하지만 정신은 명제의 부분들 외에 전체 문장이나 명제도 연결하는 데," §2 "다양한 긍정과 부정의 연결을 표현하는 말을 사용합니다. 그것이 우리가 **불변화사**라고 부르는 것입니다. 그리고 말을 잘하는 기술이 주로 이 불변화사를 잘 사용하는 것입니다. 이성적 추론이 이어지고 방법적이기 위해서 **연결**, **제한**, **구별**, **반대**, **강조** 등을 나타내는 용어가 필요합니다. 그리고 이것들을 잘못 생각할 때, 듣는 사람들에게 혼란을 줍니다."

테오필루스 저는 불변화사가 매우 유용하다는 것을 인정합니다. 하지만 말을 잘하는 기술이 주로 여기에 있는지는 모르겠습니다. 종종 대학에서 하는 것처럼 혹은 법률가들에게서 **분절된** 답변서라고 부르는 것이나 증거로 내놓은 **조항**에서처럼, 어떤 사람이 경구나 분리된 명제만을 제시할 때, 그때 이 명제들을 잘 배열한다면, 사람들은 그것들을 연결하고 불변화사를 사용했던 때와 이해하는 데 있어서는 거의 같은 효과를 만들 것입니다. 독자가 보충하기 때문입니다. 그러나 불변화사를 잘못 사용하면 독자가 혼란스러워지고 그것을 생략하면 더 당황스럽다는 것을 인정합니다. 제가 보기에도, 불변화사는 단지 명제로 구성된 대화의 부분과 관념으로 구성된 명제의 부분들만을 연결하는 것이 아니라 다른 관념들의 조합을 통해서 다양한 방식으로 합성된 관념의 부분들도 연결합니다. 그리고 이 후자의 연결은 **전치사**에 의해서 표기됩니다. 반면 **부사**는 동사에 있는 긍정이나 부정에 영향을 미치고 **접속사**는 상이한 긍정이나 부정의 연결에 영향을 미칩니다. 하지만 저는 당신도 이 모든 것을 알고 있다는 것을 의심하지 않습니다. 당신의 말이 다른 것을 말하는 것 같기는 하지만 말입니다.

§3 **필라레테스** "불변화사를 다루는 문법 부분은 순차적으로 **격**, **성**, **법**, **시제**, **제롱디프**, **목적분사**를 표현하는 부분보다 덜 발전되었습니다. 사실 어떤 언어들에서는 불변화사를 구별되는 하위분할을 통해서 외관상 매우 정확하게 배열하기도 합니다. 하지만 그 목록을 훑어보는 것으로 충분하지 않습니다. 정신이 생각할 때 사용하는 형태들을 관찰하기 위해 자기 자신의 생각에 대해서 반성할 필요가 있습니다. 왜냐하면 불변화사는 전적으로 정신 활동의 표기이기 때문입니다."

테오필루스 불변화사 이론이 중요한 것은 분명한 사실이고 저는 사람들이 그것에 대해서 더 자세하게 많이 다루기를 바랍니다. 왜냐하면 지성의 다양한 형상들을 인식하게 하는 데 그보다 더 적절한 것은 없을 것이기 때문입니다. 성은 철학 문법에서는 아무런 의미도 없지만 격은 전치사에 상응하고 종종 전치사는 명사에 흡수되는 것처럼 포함되어 있습니다. 그리고 다른 불변화사는 동사의 굴절에 숨겨져 있습니다.

§4 **필라레테스** "불변화사를 잘 설명하려면, 그것을 (보통 사전에서 하는 것처럼) 더 유사한 다른 언어의 말로 번역하는 것으로는 충분하지 않습니다. 어떤 한 언어에서 정확한 의미를 이해하는 것이 다른 언어에서 이해하는 것만큼 어렵기 때문입니다. 두 언어에서 이웃한 말의 의미가 항상 정확하게 같지 않고 하나의 동일한 언어에서도 달라진다는 것은 별개로 하더라도 말입니다. 저는 히브리어에 50개 이상의 의미를 가진 한 글자로 된 불변화사가 있는 것을 기억합니다.[71]"

테오필루스 지식인들은 라틴어, 그리스어, 히브리어의 불변화사에 관한 논고를 쓰려고 몰두했습니다. 그리고 저명한 법률가인 스트라우치[72]는 법학에서 불변화사의 용법에 관한 책을 썼습니다. 거기서 말의 의미는 매우 중요합니다. 그럼에도 사람들이 그것을 설명할 때 찾는 것은 보통 구별되는 개념이라기보다는 사례와 동의어입니다. 또한 사람들은 항상 일반적 의미, 혹은 모든 사례를 만족시킬 수 있는 고 볼리우스[73]가 '형식적'이라고 부른 의미를 찾을 수도 없습니다. 그럼에도 불구하고 한 낱말의 모든 의미를 항상 정해진 수의 의미로 한정할 수 있습니다. 그리고 그것이 우리가 해야 하는 일입니다.

§5[74] **필라레테스** 사실 의미의 수는 불변화사의 수보다 훨씬 많습니다. 영어

71) 이것은 'ל'이다.

72) Johann Strauch(1612~1680), *Lexicon particularum juris sive de usu et efficacia quorundam syncategorematum et particularum indeclinabilium*(1671). 스트라우치는 라이프니츠의 외사촌으로, 법학 교수였다.

73) Samuel Bohlius(1611~1639), *Disputatio prima (-duodecima) pro formali significationis eruendo primum in explicatione Scripturae Sacrae*(Rostock, 1637): *Disputationes* XIII(1638).

에서 불변화사 'but'은 매우 다양한 의미를 갖습니다. (1) 제가 'but to say no more'라고 말할 때, 이 불변화사가 정신이 가고자 했던 곳에 이르기 전에 과정 중에 멈춘 것을 나타낼 때처럼, 이것은 '그러나 더 말할 것도 없이'를 의미합니다. 하지만 (2) 'I saw but two planets.'라고 말할 때, 즉 '나는 두 개의 행성밖에 보지 못했다.'라고 말할 때, 정신은 말하고자 한 것의 의미를 다른 모든 행성을 배제하고 표현했던 것으로 제한합니다. 그리고 (3) 제가 'you pray, but it is not that God would bring you to the true religion, but that he would confirm you in your own.'이라고 말할 때, 이것은 '당신은 기도합니다. 하지만 그것은 신이 당신을 참된 종교를 인식하도록 이끄는 것이 아니라 당신 자신의 것으로 당신을 확인하려는 것입니다.'라고 말하는 것입니다. 첫 번째 'but' 혹은 '하지만'은 당연히 있어야 하는 것과 다른 정신의 가정을 나타냅니다. 그리고 두 번째는 정신이 뒤따르는 것의 방향과 선행하는 것의 방향을 반대로 놓았다는 것을 보여줍니다. (4) 'All animals have sense, but a dog is an animal.' 이것은 '모든 동물은 감각을 가지고 있습니다. 하지만 개도 동물입니다.'를 의미합니다. 여기서 불변화사는 두 번째 명제와 첫 번째 명제의 연결을 표시합니다.

테오필루스 프랑스어 'mais'는 두 번째 예를 제외한 모든 곳에서 대체될 수 있습니다. 하지만 불변화사로 사용할 경우, '그러나(mais)'와 '오직(seulement)'이 섞인 어떤 것을 의미하는 독일어 'allein'은 약간 의심할 수 있는 후자를 제외하고 이 모든 예에서 'but'의 자리를 확실하게 대신할 수

74) 이 문단은 라이프니츠가 코스테의 번역을 피하고 영어 원문을 번역한 것이다. 사실 코스테는 프랑스어 'mais'와 영어 'but'이 서로 일치하지 않기 때문에 이 문단을 바꿔서 원문의 예들을 변형했다고 주에서 밝혔다. 이것을 라이프니츠가 다시 영어 원문의 예로 되돌려 번역한 것이다.

있습니다. 'mais'는 독일어로 어떤 때는 'aber'로 어떤 때는 'sondern'으로 번역되기도 하고 분리 혹은 격리를 나타내며 불변화사 'allein'과 가깝습니다. 불변화사를 잘 설명하려면, 우리가 여기서 방금 한 것처럼 추상적으로 설명하는 것으로 충분하지 않습니다. 불변화사의 자리를 대신할 수 있는 동의어군(périphrase)이 있어야 합니다. 정의가 정의된 용어의 자리에 놓일 수 있는 것처럼 말입니다. 모든 불변화사에서 수용 가능한 만큼 대체 가능한 동의어군을 찾고 결정하는 일에 몰두할 때, 그때가 사람들이 그것의 의미를 규정할 때입니다. 우리의 4가지 사례에서 이와 비슷한 것을 시도해봅시다. 첫 번째에서 말하려고 한 것은 지금까지는 오직 그것에 대해서만 이야기하고 그 이상은 아니라는 것입니다(non piu). 두 번째에서 말하려고 한 것은 '나는 두 개의 행성만 보았고 그 이상은 아니다.'라는 것입니다. 세 번째에서는 '당신은 신에게 기도한다. 그리고 이것은 오로지 당신의 종교에서 확인되기 위한 것일 뿐 그 이상은 아니다.'라는 것을 말하는 것입니다. 네 번째에서 이것은 '모든 동물은 감각을 가지고 있다. 이것을 고려하는 것만으로도 충분하다. 그리고 그 이상이 필요한 것은 아니다. 개는 동물이다. 따라서 개는 감각을 가지고 있다.'라고 말하는 것과 마찬가지입니다. 이렇게 이 모든 예문들은 사물에서든 대화에서든 경계와 '최상'을 표기합니다. 또한 'but'은 '멈추자. 우리는 거기에 있다. 우리는 우리의 **목적지**(but)에 도착했다. 왜 더 멀리 가는가?'라고 말할 때처럼, 목적, 행로의 경계를 의미합니다. 'But', 'Bute'는 고정된 어떤 것, 그대로 유지되는 것을 의미하는 튜턴족의 오래된 말입니다. 'Beuten'은 (교회 찬송가에서 아직 발견되는 고대 말) 머무른다는 의미입니다. 'mais'는 'magis'에서 기원했습니다. 어떤 사람이 '나머지에 관해서, 그것을 남겨두어야 한다.'라고 말할 때처럼 말입니다. 이것은 '더 이상은 필요하지 않다. 이것으로 충분하다. 다른 것으로 넘어가자. 혹은 이것은 다른 것이다.'라고 말하는 것과 같은 것입니다. 하지만 언어의 용법은 기이한 방식으로 달라지기 때문에, 불변화사의 의미를 충분히 규정하기 위해서는 사전에 세밀하게 사례들을 살펴야 합니다. 프랑스어에서는 'cependant'을 이용해서 'mais'의 중복을 피합니다. 사람들은 이렇게 말합니다. '당신은 기도한다. 그렇지만 그것은 진리를 얻기 위해서가 아니라 당신의 견해를 확인하기 위한 것이다.' 라틴어 'sed'는 예전에는 종종 'ains'로 표현되었습니다. 이것은 이탈리아어로 'anzi'이고, 프랑스인들은 이것을 없앰으로써 그들의 언어에서 유용한 표현을 빼버렸습니다. 예를 들면, '**확실한 것은 아무것도 없었습니다. 그렇지만 제가 당신에게 전했던 것에 대해서는 확신합니다. 왜냐하면 사람들은 자신이 바라는 것을 믿고 싶어 하기 때문입니다. 그러나 그것이 그렇지 않았다는 것이 드러납니다. 하지만(ains) 그보다는 더 ……**'

§6 **필라레테스** "저의 의도는 이 문제를 아주 가볍게 다루려는 것이었습니다. 제가 추가하고 싶은 것은, 불변화사는 종종 지속적으로든 어떤 특정한 구성으로든 한 명제 전체의 의미를 포함한다는 것입니다."

테오필루스 그러나 그것이 **완성된 의미일** 때, 저는 그것이 일종의 생략 때문이라고 생각합니다. 그렇지 않으면, 제 견해로는 그 자체로 존속할 수 있고 모든 것을 한마디로 말할 수 있는 것은 오직 **감탄사**뿐일 것입니다. 예를 들면 '아!', '아아!' 같은 것입니다. 왜냐하면 사람들이 다른 것을 추가하지 않고 '하지만'을 말할 때, 이것은 생략이기 때문입니다. '절름발이를 기다려보겠지만'이라고 말하는 것처럼 말입니다. 그리고 헛된 기대를 하지 말자고 말하는 것입니다. 이와 유사한 것이 라틴어 'nisi'에 있습니다. 예를 들면, 'si nisi non esset', '만약 거기에 없다면, 그러나'처럼 말입니다. 더욱이 저는 필라레테스 당신이 앞으로 조금 더 정신의 능숙함을 세밀하게 살펴보는 것에 대해서 전혀 유감스럽게 생각하지 않을 것입니다. 그것은 불변화사의 용법에서 훌륭한 일로 보입니다. 하지만 우리는 말에 대한 연구를 완성하기 위해서 그리고 사안 자체로 되돌아가기 위해서 서둘러야 하기 때문에, 저는 당신을 이 주제에 더 이상 붙잡아두고 싶지 않습니다. 그럼에도 저는 언어가 인간 정신의 최고의 거울이고 말의 의미에 대한 정확한 분석은 다른 어떤 것보다 지성의 작용을 더 잘 인식하게 한다고 믿습니다.

8장

추상적 용어와 구체적 용어에 관하여

§1 **필라레테스** "용어들은 추상적이거나 구체적이라는 것 또한 지적해야 할 것입니다. 각각의 추상 관념은 구별되기 때문에, 둘 중 하나는 결코 다른 것이 될 수 없습니다. 정신은 자신의 직관적 인식을 통해서 그것들 간의 차이를 지각해야 합니다. 따라서 이 두 관념들은 결코 서로 긍정될 수 없습니다. 모든 사람은 '인간성은 동물성 혹은 합리성이다.'라는 명제의 오류를 즉시 봅니다. 이것은 가장 일반적으로 인정되는 공준처럼 매우 명증적입니다."

테오필루스 그럼에도 말할 것이 있습니다. 사람들은 정의가 덕, 습성(habitus), 성질, 우연적 속성 등이라는 것에 동의합니다. 따라서 두 개의 추상적 용어는 서로가 서로에 대해서 진술할 수 있습니다. 저는 또 보통 두 종류의 추상적 용어를 구별합니다. **논리적** 추상적 용어가 있고 **실재적** 추상적 용어도 있습니다. **실재적 추상** 혹은 적어도 실재적인 것으로 생각되는 추상은 본질이거나 본질의 부분들 혹은 우연적 속성, 즉 실체에 부가된 존재들입니다. **논리적 추상적** 용어는 명사로 환원되는 술어적 표현입니다. 제가 '인간이다', '동물이다'라고 말할 때처럼 말입니다. 그리고 이런 의미에서 '인간인 것, 그것은 동물인 것이다.'라고 말함으로써 서로가 서로에 대해서 진술할 수 있습니다. 그러나 이것이 실재에서 일어나지는 않습니다. 왜냐하면 인간 전체의 본질인 인간성 혹은 (당신이 원한다면) 남성성(hommeité)이 단지 이 본질의 일부일 뿐인 동물성이라고 말할 수 없기 때문입니다. 실재적 추상적 용어로 표시되는 이 추상적이고 불완전한 존재들도 자신의 유와 종을 가지고 있고, 이것들도 마찬가지로 실재적 추상적 용어로 표현됩니다. 제가 정의와 덕의 사례로 보여주었던 것처럼, 이렇게 그것들 간에는 술어적 표현이 있습니다.

§2 **필라레테스** "사람들은 여전히 실체가 단지 소수의 추상 명사를 가지고 있다고 말할 수 있습니다. 스콜라 철학에서는 기껏해야 인간성, 동물성, 물체성을 이야기합니다. 하지만 이것은 세상에서 공인되지 않았습니다."

테오필루스 그것은 예를 들고 일반 개념을 해명하는 데 단지 소수의 용어만이 필요했기 때문입니다. 그것들을 전적으로 무시하는 것은 적절하지 않습니다. 고대인들이 '인간성'이라는 말을 스콜라 철학의 의미로 사용하지 않았다면, 그들은 그와 같은 것인 '인간 본성'이라고 말했을 것입니다. 그들이 신성 아니면 신적 본성을 언급했던 것도 확실합니다. 그리고 신학자들이 이 두 본성과 실재하는 우연적 성질에 대해서 이야기할 필요가 있었기 때문에, 스콜라 철학과 신학에서 아마도 적정선을 넘어 이 추상적 본질들에 몰두했던 것입니다.

9장

말의 불완전성에 관하여

§1 **필라레테스** "우리는 이미 말의 이중적 용도에 대해서 이야기했습니다. 하나는 우리가 우리 자신과 대화하도록 해주는 기억을 돕기 위해 우리 자신의 생각을 기록하는 것입니다. 다른 것은 말하는 것을 통해서 다른 사람들에게 우리의 생각을 전달하는 것입니다. 이 두 용도는 우리에게 말의 완전성이나 불완전성을 알려줍니다." §2 "우리가 우리 자신과 이야기할 때, 어떤 말을 사용하는지는 무관합니다. 그 말의 의미를 사람들이 기억하고 그 의미가 변하지 않는다고 가정하면 말입니다. 하지만" §3 "**의사소통의 용도**는 또 다른 두 종류가 있습니다. 시민적(civil) 용도와 철학적 용도입니다. **시민적 용도**는 대화와 시민 생활의 사용으로 구성됩니다. **철학적 용도**는 일반 명제에서 정확한 개념을 제공하고 확실한 진리를 표현하기 위해서 말을 만들어야 하는 것입니다."

테오필루스 아주 좋습니다. 말이 다른 사람들에게는 기호(signes)인 것과 마찬가지로 우리에게는 (수 혹은 대수학의 기호가 될 수 있는 것처럼) **표지**(Notae)입니다. 기호와 같은 말의 용도는 일반 교훈을 생활의 사용이나 개체들에게 적용하는 것을 다룰 때뿐만 아니라 이 교훈을 발견하거나 검증하는 것을 다룰 때에도 발생합니다. 전자에서 **기호**의 용도는 **시민적**이고 후자는 **철학적**입니다.

§5 **필라레테스** "그런데 각각의 낱말이 가리키는 관념을 배우고 유지하는 것이 힘든 경우가 있습니다. 다음의 경우가 주로 그런 경우입니다. (1) 그것이 심한 합성 관념일 때, (2) 새로운 것을 합성하는 관념들이 서로 자연적으로 연결되지 않을 때, 그래서 관념들을 교정하고 규정하기 위한 정해진 기준도 견본도 자연에 없을 때, (3) 견본이 쉽게 인식되지 않을 때, (4) 낱말의 의미와 실재 본질이 정확하게 같지 않을 때. 양태의 명명은 첫째와 둘째 이유로 의심스럽고 불완전하기 쉽고, 실체의 명명은 셋째와 넷째 이유로 그러합니다." §6 "양태의 관념이 매우 복합적일 때, 대부분의 도덕에 관한 용어들처럼, 그것이 다른 두 개인의 정신 속에서 정확하게 동일한 의미를 갖는 경우는 드뭅니다." §7 "견본의 결여 또한 이 낱말들을 애매하게 만듭니다. '서두르다'라는 낱말을 처음 발견한 사람은 그것을 시기에 적절하다고 봤던 것으로 이해했습니다. 그와 같이 사용했던 사람은 그가 정확하게 말하려고 했던 것을 듣지 못했고 또 그에게 어떤 일정한 견본도 보여주지 못했습니다." §8 "공통적 사용은 보통의 대화에서 말의 의미를 충분히 잘 규정합니다. 하지만 정확한 것은 없습니다. 그리고 사람들은 매일 언어의 속성에 가장 적합한 의미에 대해서 논쟁합니다. 많은 사람들이 '영광'에 대해서 이야기합니다. 하지만 서로가 이해하는 것이 같은 경우는 적습니다." §9 "그것은 많은 사람들의 입에서 나온 단순한 소리이거나 기껏해야 그 의미가 매우 불확정적인 것입니다. 그리고 명예, 신앙, 은총, 종교,

교회에 대해서 이야기하는 대화나 토론에서 그리고 무엇보다 논쟁에서 사람들은 우선 인간들이 동일한 용어에 적용하는 개념들이 서로 다르다는 것을 지적할 것입니다. 그리고 우리 시대 사람들이 사용하는 용어들의 의미가 이해하기 어려우면, **고서적들**을 이해하는 것은 훨씬 더 어렵습니다.[75] 그 고서적들을 그냥 넘어갈 수 있다면 좋을 것입니다. 물론 그것들이 우리가 믿어야 하거나 해야 하는 것을 포함하고 있는 경우는 제외하고 말입니다."

테오필루스 이 지적은 적절합니다. 다만 고서적들과 관련해서, 우리는 무엇보다 성경을 이해할 필요가 있고, 로마법 또한 대부분의 유럽에서 아주 많이 사용하기 때문에, 우리는 다른 많은 고서적들을 참고할 필요도 있습니다. 율법학자들의 책, 교부들의 책, 그리고 세속적 역사가들의 책까지도 말입니다. 더욱이 고대 의사들의 책도 이해할 가치가 있습니다. 그리스 의학의 치료경험은 아라비아를 거쳐 우리에게 왔습니다. 우리가 그리스 기원으로 다시 돌아가기 시작했을 때, 원천수는 아라비아의 시냇물에서 탁해지고 많은 것들에서 정화되었습니다. 그렇지만 이 아라비아 책들은 여전히 유용하고, 사람들은 이븐비타의 사례를 통해서 그것을 확신합니다. 단순한 것에 관한 책에서 디오스코리데스[76]를 모방했던 이븐비타[77]는 종종 그것을 해명하는 데 도움이 됩니다. 또한 저는 종교와 역사 다음으로 고대의

75) 로크는 이 고서적들로 특별히 성경과 법전을 언급한다.

76) Pedanius Dioscorides, *Simplicium medicamentorum, reique medicae libri VI*. [옮긴이 주] AD 60년경 활동한 고대 그리스의 약학자로 1,000종의 약물에 대한 연구서인 *De Materia Medica*의 저자이다.

77) Ebenbitar, *Traite des simples*. 1874~1875년에 아라비아어로 출판되고 1877~1883년에 프랑스어로 번역되었다. Antoine Galland(1646~1715)의 요약 번역이고 나머지는 간행되지 않았다.

전통을 문자로 보존한 것이 주로 의학이라고 생각합니다. 그것이 경험적인 한에서 말입니다. 그리고 일반적으로 다른 사람들의 관찰들을 이용할 수 있습니다. 이런 이유에서 저는 고대 문명에 대한 지식에도 정통한 의사들을 항상 높게 평가했습니다. 그리고 저는 이 두 분야에서 탁월한 레이네시우스[78]가 자연에 대한 그의 지식 중 일부를 복원하지 않고 고대의 제사의식과 역사를 해명하는 쪽으로 향했던 것에 대해서 매우 유감스럽게 생각합니다. 그는 자연에 대해서도 경이로운 성과를 올릴 수 있었으리라는 것을 보여주었습니다. 어느 날 라틴어 서적, 그리스어 서적, 히브리어 서적과 아라비아어 서적들이 모두 고갈된다면, 또 다른 고서적들을 가지고 있는 중국인들의 서적이 그 대열에 놓이게 될 것이고, 우리 비평가들의 호기심에 소재를 제공할 것입니다. 이론의 전승을 통해서 그리고 사실의 역사를 통해서 고대 문명을 전할 수 있는 어떠한 빛도 무시하지 않기 위해서, 시간이 지남에 따라 발굴될 페르시아인, 아르메니아인, 콥트인, 브라만인의 어떤 오래된 서적에 대해서는 말할 것도 없습니다. 더 이상 검토할 고서적이 없을 때, 인간종의 가장 오래된 유물인 언어가 책의 자리를 차지할 것입니다. 점차 전 세계의 모든 언어들이 기록될 것이고 사전과 문법책에 포함될 것이며 사람들은 그 언어들을 비교할 것입니다. 이것은 사물에 대한 인식에 매우 유용할 것입니다. 왜냐하면 (상이한 민족들이 식물을 명명하는 것에서 본 것처럼) 이름들이 종종 사물의 속성들에 상응하기 때문입니다. 그뿐만 아니라 우리의 정신과 정신 작용의 경이로운 다양성에 대한 인식에도 매우 유용할 것입니다. 언어의 비교가 가장 잘 제공할 견고한 어원학을

78) [옮긴이 주] Reinesius(1587~1667): 독일 출신의 박식한 의사. 문헌학, 금석학, 사전학 연구를 위해 의사직을 포기한 것으로 알려져 있다.

통해서 알게 될 민족의 기원에 대해서는 말할 것도 없습니다. 그런데 저는 이미 그에 대해서 이야기했습니다. 그리고 이 모든 것은 **비평적 고증**의 유용성과 영향의 범위를 보여줍니다. 하지만 매우 박식한 몇몇 철학자들은 이것을 업신여기고 **율법학자들의 학문**과 **문헌학** 일반을 무시하면서 자유분방하게 이야기합니다. 사람들은 비평가들이 오랫동안 유익하게 훈련할 소재를 찾을 것이고, 더 논하기 좋은 대상들이 많이 있기 때문에, 사소한 것에 너무 시간을 허비하지 않고 잘 할 것이라고 봅니다. 그렇기는 하지만 저는 이 사소한 것들도 많은 경우에 비평가들이 더 중요한 지식들을 발견하는 데 필요하다는 것을 잘 압니다. 그리고 비평적 고증은 대부분 말의 의미와 저자, 특히 고대 저자에 대한 해석으로 전개되기 때문에, 고대에 대해서 당신이 했던 언급과 연결되어 있는, 이 말에 대한 토론은 저로 하여금 이 중대한 지점을 다루도록 했습니다. 하지만 명명에 대해 당신이 지적한 네 가지 결점으로 되돌아와서, 저는 필라레테스 당신에게 모든 결점을 고칠 수 있다고, 특히 문서가 발견되고 난 이후에는, 오로지 우리의 무관심 때문에 그 결점들이 남아 있었다고 말할 것입니다. 왜냐하면 이것은 의미를 고정하는, 적어도 어떤 학문적 언어에서 의미를 확정하는 우리에게 달려 있고, 저 바벨탑을 파괴하기 위해서 명명에 합의해야 하는 문제이기 때문입니다. 그런데 고치기 더 어려운 두 결점이 있습니다. 그중 하나는 경험이 우리에게 관념들을 하나의 동일한 대상과 완전히 결합시켜서 제공하지 않을 때, 사람들은 관념들이 양립 가능한지 의심한다는 것입니다. 다른 결점은 사람들이 감각 가능한 사물에 대해 더 완전하게 정의할 정도로 충분한 경험을 하지 못했을 때, 그것에 대한 잠정적 정의를 필연적으로 해야만 한다는 것입니다. 하지만 저는 이 두 결점에 대해서 여러 차례 이야기했습니다.

필라레테스 저는 당신이 방금 언급한 결점들을 특정한 방식으로 해명하는 데 사용할 수 있는 것들에 대해서 말하려고 합니다. 그리고 제가 제시한 세 번째 결점은 그 정의가 잠정적이라는 것을 함축하는 것처럼 보입니다. 이것은 우리가 우리의 감각 가능한 견본들, 즉 물체적 본성을 가진 실체적 존재를 충분히 인식하지 않을 때입니다. 이 결점은 자연이 결합한 감각 가능한 성질들을 결합하는 것이 허용되는지 우리가 알지 못하게 합니다. 왜냐하면 우리는 그 성질들을 철저하게 이해하지 못하기 때문입니다. [§11] "합성 양태에게 사용되는 낱말들의 의미가 의심스럽고 같은 합성을 보여주는 견본이 없을 때, 실체적 존재에 대한 이름의 의미는 완전히 반대되는 근거에서 나옵니다. 왜냐하면 그 이름은 사물의 실재성과 일치하는 것으로 가정된 것을 지칭해야 하고 자연이 형성한 견본들과 관련이 있어야 하기 때문입니다."

테오필루스 저는 이미 앞선 우리의 대화에서 그것이 실체의 관념에 본질적이지 않다고 여러 차례 지적했습니다. 하지만 자연에 따라 만들어진 관념이 가장 확실하고 가장 유용하다는 것은 인정합니다.

§12 **필라레테스** 따라서 표상 외에 다른 것을 보존할 필요가 없는 상상력과 함께, 완전히 자연이 만든 견본들을 따를 때, "제가 이미 보인 것처럼, 실체적 존재의 이름은 보통의 사용에서 **이중 관계**를 갖습니다. 첫째, 그 이름은 사물들의 실재적이고 내적인 구조를 가리키지만 그 견본을 알릴 수 없거나 또는 그 결과 그 의미를 규정하는 데 사용할 수 없습니다."

테오필루스 그것은 여기서 다루지 않습니다. 왜냐하면 우리는 견본을 가지고 있는 관념에 대해서 이야기하기 때문입니다. 내적 본질은 사물에 있지만 사람들은 그것을 모형으로 사용할 수 없다는 것에 의견이 일치합니다.

§13 **필라레테스** "따라서 두 번째 관계는 실체적 존재의 이름이 직접적으

로 동시에 실체에 현존하는 단순 관념에 대해서 갖는 관계입니다. 그러나 하나의 동일한 대상과 합일된 이 관념의 수가 많기 때문에, 인간들은 이와 같은 대상에 대해서 이야기할 때, 아주 상이한 관념을 만듭니다. 그것은 그들이 만든 단순 관념의 상이한 조합 때문일 뿐만 아니라 물체가 가지고 있는 대부분의 성질들이 다른 물체에서 변화를 만들어내고 수용하기 위해 가지고 있는 힘이기 때문입니다. 가장 낮은 등급의 금속들 중 하나가 불의 작용에 의해서 변화를 겪을 수 있다는 것, 그리고 또 화학자들의 손에서 다른 물체를 사용해서 더 많은 변화를 얻게 된다는 것이 증거입니다. 그 밖에 어떤 사람은 금을 인식하는 데 무게와 색으로 만족하지만 다른 사람은 거기에 가단성과 불변성을 추가합니다. 그리고 세 번째 사람은 그것을 왕수에 녹일 수 있는지 고려하려고 할 것입니다." §14 "사물들도 때로는 서로 유사성을 갖기 때문에, 어떤 경우에는 정확한 차이를 지목하기 어렵습니다."

테오필루스 실제로 물체들은 변화, 변장, 위조, 모방에 종속되어 있기 때문에, 그것들을 구별하고 식별할 수 있는 것이 매우 중요합니다. 금은 용해시켜 가공할 수 있지만 침전시키거나 물을 증발시켜서 되돌릴 수도 있습니다. 모방하거나 위조된 금은 화폐검사관의 기술로 식별하거나 밝힐 수 있습니다. 하지만 그런 기술이 온 세상 사람들에게 알려진 것은 아니기 때문에, 모든 사람들이 금에 대해서 동일한 관념을 갖지 않는 것은 기이한 일이 아닙니다. 그리고 보통 물질에 대해서 충분히 정확한 관념을 갖는 것은 전문가들뿐입니다.

§15 **필라레테스** "그렇지만 이런 다양성은 철학적 연구에서와 마찬가지로 시민의 상거래에도 많은 혼란을 야기합니다."

테오필루스 속지 않는 것이 중요하고 따라서 자기가 사물의 표지를 알거나 아니면 그것을 아는 사람들의 도움을 받는 것이 중요한, 실생활에 그 다양성이 아무런 영향을 주지 않는다면, 더 용인할 만할 것입니다. 그리고 그것은 무엇보다 긴요한 상황에서 필요할 수 있는, 값비싼 약재와 물질들에 있어서 중요합니다. 철학적 혼란은 더 일반적인 용어들의 용도에서 지적할 것입니다.

§18 **필라레테스** "단순 관념의 이름은 애매함에 덜 종속되고, 흰, 쓴 등의 용어들을 잘못 이해하는 일은 거의 없습니다."

테오필루스 그렇지만 사실 이 용어들이 불확실성을 전적으로 면한 것은 아닙니다. 그리고 저는 이미 두 종류 색의 경계에 있고 그것의 유가 의심스러운, 이웃하고 있는 색들의 사례를 언급했습니다.

§19 **필라레테스** "단순 관념의 이름 다음으로 도형과 수 같은 단순 양태의 이름이 가장 덜 의심스럽습니다. 하지만" §20 "합성 양태와 실체는 많은 곤란을 야기합니다." §21 "사람들은 이 불완전성의 책임을 말에 부과하는 대신 우리 지성의 계산을 탓해야 한다고 말할 것입니다. 하지만 제 답변은, 말은 그런 식으로 우리 정신과 사물의 진리 사이에 놓이고, 사람들은 가끔씩 우리 눈에 암운을 드리우는 가시적 대상들의 광선이 관통해 지나가는 그 매개물과 말을 비교할 수 있다는 것입니다. 그리고 저는 사람들이 언어의 불완전함을 더 근본적으로 검토해본다면, 논쟁의 가장 중대한 부분은 그 자체로 사라질 것이고 인식과 평화로 가는 길이 인간에게 더 열릴 것이라고 믿으려고 했습니다."

테오필루스 제 생각에, 사람들이 특정한 규칙에 합의하고 그것을 세심하게 실천했다면, 문서를 통한 논쟁이 현재 이 목적에 이르게 했을 것 같습니다. 그러나 살아 있는 목소리로 그 장소에서 정확하게 논쟁을 진행하기 위해서는 언어에 변화가 필요합니다. 저는 다른 곳에서 이 문제에 몰두했습니다.[79]

§22 **필라레테스** 그리 빨리 올 것 같지 않은 개혁을 기다리는 동안, "말의 이 불확실성은 우리에게 온건해지는 것을 가르쳐야 합니다. 특히 우리가 고대 저자들에게 부여했던 의미를 다른 저자들에게 부과하는 문제를 다룰 때 말입니다. 왜냐하면 거의 모든 저자가 다른 언어로 말하는 것이 그리스 저자들에게서 발견되기 때문입니다."

테오필루스 저는 시대와 장소에 있어서 서로 멀리 떨어져 있는 그리스 저자들이, 예를 들면 호메로스, 헤로도토스, 스트라본, 플루타르코스, 루키아노스, 에우세비오스, 프로코피우스, 포티오스가 많이 유사하다는 것을 알고 더욱더 놀랐습니다. 반면 라틴 저자들은 많이 변화했고, 독일, 영국 그리고 프랑스어권 저자들도 많이 변화했습니다. 하지만 호메로스 시대부터 그리고 도시 아테네가 번영하는 상태에 있을 때부터 그리스인들은 사실상 후대가 적어도 글쓰기에 있어서는 모델로 삼았던 훌륭한 저자들을 가졌습니다. 왜냐하면 분명히 그리스의 일상 언어는 이미 로마의 지배 아래 많이 변해야 했기 때문입니다. 이 같은 이유는 이탈리아어가 프랑스어보다 덜 변하게 만들었습니다. 이탈리아인들은 지속적으로 명성을 얻은 저자들을 더 많이 가지고 있었기 때문에, 단테, 페트라르카, 보카치오와 그 시대의 다른 저자들을 모방하고 높게 평가했는데 그 시대의 프랑스어 저자들은 더 이상 받아들이지 않았기 때문입니다.

79) *De arte combinatoria*(1666), Usus XI: A VI, 1, 201쪽부터. [옮긴이 주] 이 주제는 라이프니츠의 보편 언어학(lingua universalis)과 관련된 분야이다. 보편 언어학은 라이프니츠의 일반학(Scientia generalis) 기획에서 보편 기호학(characteristica universalis)의 일환이며 A VI, 4, Teil A, No. 1~211에 관련된 많은 텍스트가 있다.

10장

말의 남용에 관하여

§1 **필라레테스** "언어의 자연적 불완전함 외에도 자발적 불완전함이 있고 무시에서 나온 것도 있습니다. 그리고 말을 그렇게 잘못 사용하는 것은 말을 남용하는 것입니다. 첫 번째 가장 분명한 남용은" §2 "말을 명확한 관념과 연결하지 않는 것입니다. 이런 말에는 두 부류가 있습니다. 하나는 말의 기원에서든 일상적 사용에서든 결코 정해진 관념이 없는 경우입니다. 철학과 종교의 대부분의 분파들은 어떤 기이한 견해를 지지하기 위해 이런 말들을 도입하고 그들 체계의 약한 부분을 감춥니다. 그러나 그것은 그 분파 사람들의 입에서는 구별되는 기호들입니다." §3 "다른 하나는 처음 공공에서 사용할 때 어떤 명확한 관념을 가지지만 그 후 특정한 관념에 연결하지 않고 매우 중요한 대상들에 적용되는 말들이 있습니다. **지혜**, **영광**, **은총**이라는 말은 이런 식으로 사람들의 입에 종종 나타납니다."

테오필루스 저는 사람들이 생각하는 것만큼 의미 없는 말들이 많지 않고,

약간의 수고와 선한 의지로 그 빈곳을 채우고 불확정성을 확정할 수 있다고 생각합니다. **지혜**는 지복에 대한 지식 외에 다른 것이 아닌 것 같습니다. **은총**은 선을 받을 가치가 없지만 선이 필요한 상태에 있는 사람에게 선을 행하는 것입니다. 그리고 **영광**은 어떤 사람의 탁월함에 대한 명성입니다.

§4 **필라레테스** 저는 말을 남용하는 원인에 대한 지적에 더욱더 집중하기 위해서 이 정의에 언급할 만한 것이 있는지는 지금 검토하지 않을 것입니다. "**첫 번째**, 사람들은 말의 관념보다 말을 먼저 배웁니다. 그리고 요람에서부터 이것에 익숙한 어린아이들은 평생 동안 말을 이와 같이 사용합니다. 더군다나 아이들은 말의 관념을 확정하지 않아도 그들이 말하려고 한 것을 다른 사람들에게 이해시키기 위해서 다양한 표현을 사용함으로써 대화에서 당연히 잘 이해시킵니다. 그렇지만 종종 많은 공허한 소리로 대화를 채웁니다. 특히 도덕적 문제에 관한 대화에서 말입니다. 인간들은 가까운 사람들이 의미하는 것을 모르지 않는 것처럼 보이기 위해서 그들이 사용하는 대로 말을 이해합니다. 그리고 그 말에 특정한 의미를 부여하지 않은 채, 확신을 가지고 사용합니다. 그리고 이런 종류의 대화에서 그 말이 근거를 갖는 일은 드물기 때문에, 그들의 잘못을 확신하는 경우도 드뭅니다. 그들을 오류에서 벗어나게 하려는 것은 방랑자들의 권리를 빼앗으려는 것과 같습니다."

테오필루스 사실상 사람들이 용어들이나 말을 이해하기 위해 필요한 노력을 하는 경우는 거의 드뭅니다. 저는 사람들이 어린아이들에게 모국어를 가르치는 데 들인 노력이 매우 적다는 것과 다른 사람들이 선명한 정의를 얻으려는 생각이 매우 적다는 것에 비하면, 어린아이들이 그렇게 일찍 언어를 배울 수 있는 것과 사람들이 그렇게 정확하게 말하는 것에 여러 번 놀랐습니다. 학교에서 배운 정의들은 일반적으로 사용하는 말과 보통 관계가 없기 때문입니다. 그 외에도 저는 인간들이 진지하게 논쟁하고 확신에 따라 이야기하더라도 오류에 빠지는 일이 충분히 일어난다는 것을 인정합니다. 그럼에도 저는 그들의 정신에 두드러져 보이는 주제에 관한 사변적 논쟁에서 그들 양쪽에 모두 근거가 있는 경우가 자주 있다는 것도 지적했습니다. 그들이 상대방의 의견을 잘못 이해해서 반대되는 경우를 제외하고 말입니다. 이런 경우는 용어의 잘못된 사용에서 나오며 때로는 반항심에서 그리고 우월감의 전용에서 비롯되기도 합니다.

§5 **필라레테스** "**두 번째**, 말은 때때로 불안정적으로 사용됩니다. 이것은 **지식인들** 사이에서 매우 자주 일어납니다. 이것은 명백한 기만이고, 의도적이라면 어리석거나 악의적인 것입니다. 만약 어떤 사람이 계산할 때 그렇게 했다면, 예를 들어 10을 5로 이해했다면, 누가 그와 함께 일하기를 원하겠습니까?"

테오필루스 이런 남용은 지식인들뿐만 아니라 대부분의 사람들에게서도 매우 공통적인 일이기 때문에, 저는 이런 과실을 범하는 것이 악의 때문이라기보다는 잘못된 습관과 부주의 때문이라고 생각합니다. 보통 동일한 낱말의 상이한 의미는 어느 정도 유사성을 가지고 있습니다. 이로 인해 사람들은 한 낱말을 다른 낱말로 간주하고, 사람들이 말한 것을 바라는 만큼 정확하게 고찰할 여유를 갖지 못하는 것입니다. 사람들은 수사적 전유와 말하는 모습에 익숙해집니다. 그리고 어떤 우아함이나 겉치레도 우리에게 강한 인상을 쉽게 줍니다. 왜냐하면 사람들은 대부분 진리보다는 쾌락, 즐거움, 겉치레를 찾고 그 밖에도 허영심이 그 안에 섞여 있기 때문입니다.

§6 **필라레테스** "**세 번째 남용**은 용어에 이례적 의미의 용법을 부여하든지, 설명 없이 새로운 용어를 도입하든지 해서 영향받은 **모호함**입니다." 루키

아노스[80]가 매우 이성적으로 조롱한 고대 소피스트들은 모든 것을 말하는 척하면서 말의 모호성의 베일 뒤로 그들의 무지를 감추었습니다. "철학의 분파들 중에서 아리스토텔레스학파의 철학자들은 이런 결점으로 주목을 받았습니다. 하지만 근대 분파들 중에서 다른 분파들도 이 결점을 전적으로 면하지 못했습니다. 예를 들면 **연장**이라는 용어를 남용하고 그것을 **물체**라는 용어와 혼동하는 것이 필연적이라고 보는 사람들이 있습니다."[81] §7 "사람들이 매우 높게 평가했던 논리학이나 논쟁술이 모호성을 유지하는 데 사용되었습니다." §8 "이것에 몰두하는 사람들은 국가에 무용하거나 심지어 손해를 입힙니다." §9 "반면 지식인들이 경시하는 기술자들은 인간의 삶에 유용했습니다. 그럼에도 무지한 자들은 이 모호한 박사들에게 감탄합니다. 그리고 사람들은 그들이 끼어들기 어려운 가시덤불과 침을 갖추고 있었기 때문에, 반박할 수 없다고 믿습니다. 왜냐하면 오직 모호함만이 불합리함을 방어하는 데 사용될 수 있기 때문입니다." §12 "나쁜 것은 말을 모호하게 만드는 이 기술이 인간 행동에 관한 중대한 두 규칙, 즉 **종교**와 **정의**를 혼란하게 한다는 것입니다."

테오필루스 당신의 불만은 대부분 정당합니다. 그러나 드물지만 용서받을 만한 모호함, 심지어 칭찬할 만한 모호함이 있는 것도 사실입니다. 사람들이 이해할 수 없는 상태에 있는 것을 공언할 때처럼 그리고 **수수께끼**가 통용되는 시기일 때처럼 말입니다. 피타고라스가 이런 식으로 모호함을 이용했고 이것은 또 동방인들의 방식이기도 합니다. **연금술의 대가**라고 불

80) Lukianos, *Dialogues des morts*.

81) 데카르트주의자들을 가리킨다. 데카르트와 말브랑슈에 대한 라이프니츠의 비판은, Leibniz, *Discours de métaphysique*(1686): A VI, 4, 1529~1588, §18, 1558~1559 참조.

리는 연금술사는 자신이 단지 **연금술의 아들**로 이해되기를 원한다고 선언했습니다. 이 자칭 연금술의 아들이 암호의 열쇠를 가진다면 좋을 테지만 말입니다. 어떤 특정한 모호함은 허용될 수 있습니다. 하지만 그것이 감추고 있는 어떤 것이 간파될 수 있어야 하고, 수수께끼도 해독할 수 있는 것이어야 합니다. 하지만 **종교**와 **정의**는 명확한 관념을 요구합니다. 사람들이 이것을 가르칠 때 적용하는 질서의 부재가 그 이론을 혼란스럽게 만든 것으로 보입니다. 그리고 용어의 불확정성이 아마도 모호함보다 더 해를 끼칠 수 있습니다. 그런데 논리학은 생각의 순서와 연결을 가르치는 학문이기 때문에, 저는 그것을 비난할 이유가 없다고 봅니다. 반대로 인간들이 오류에 빠지는 것은 논리학의 부재 때문입니다.

§14 **필라레테스** "네 번째 남용은 말을 사물로 간주하는 것입니다. 즉 사람들은 용어가 실체의 실재적 본질에 부합한다고 믿는다는 것입니다. 아리스토텔레스주의 철학에서 성장한 사람은 **범주**를 의미하는 열 개의 이름이 사물의 본성에 정확하게 일치한다고 생각하지 않습니까? **실체적 형상**, **식물적 영혼**, **빈 공간의 공포**, **지향적 종** 등은 실재적인 어떤 것입니까? 플라톤주의자들은 그들의 **세계영혼**(ame du monde)을 가지고 있고, 에피쿠로스주의자들은 원자가 정지 상태에 있을 때 **운동으로 향하는 성향**을 가지고 있다고 생각합니다. 만약 모어[82] 박사의 **공중의 운반수단**이나 **에테르 운반수단**이 세상 어떤 곳에서 받아들여졌다면, 사람들은 그것을 똑같이 실재하는 것으로 믿었을 것입니다."

테오필루스 정확하게 말하면, 이것은 말을 사물로 간주하는 것이 아니라 참이 아닌 것을 참으로 믿는 것입니다. 오류가 모든 인간들에게 너무나 공

82) Henry More, *The immortality of the soul*(1659), II권 14장, III권 1장.

통적이기는 하지만 그것이 단지 말의 남용에만 의존하는 것이 아니라 완전히 다른 어떤 것으로 구성됩니다. 범주의 목적은 매우 유용하며, 사람들은 그것을 거부하기보다는 수정할 생각을 해야 합니다. 실체, 양, 질, 능동 혹은 수동, 그리고 관계, 즉 존재에 대한 다섯 개의 일반적 자격은 이것들의 합성으로 만들어지는 것과 함께 충분합니다. 그리고 당신은 당신이 분류한 관념들도 범주와 같은 것으로 제시하려는 것 아닙니까? 저는 앞에서 **실체적 형상**에 대해서 이야기했습니다. 그리고 저는 **식물적 영혼**을 거부할 근거가 충분히 있는지 모르겠습니다.[83] 아주 경험이 많고 판단력이 좋은 사람들은 식물과 동물 간에 큰 유사성을 인정하기 때문입니다. 그리고 필라레테스, 당신은 동물의 영혼을 인정하는 것으로 보입니다. 빈 공간의 공포는 올바르게 이해될 수 있습니다. 즉 자연이 한번 공간을 채웠고, 물체는 비투과적이고 응축할 수 없다고 가정하면 자연은 빈 공간을 허용할 수 없습니다. 그리고 저는 이 세 가정이 잘 정초되었다고 생각합니다. 하지만 영혼과 신체의 교류를 만들어야 하는 **지향적 종**은 그렇지 않습니다. 아마도 대상에서 떨어져 있는 기관으로 넘어가는 **감각 가능한 종**을 운동의 전파를 암시하는 것으로 이해함으로써 납득할 수는 있다고 하더라도 말입니다.[84] 저는 플라톤의 **세계영혼**이 존재하지 않는다는 것을 인정합니다. 신은 세계 위에 있고, **세계 밖의 지성**(extramundana intelligentia) 그보다는 **세계를 넘어선**(supramundana) **지성**이기 때문입니다.[85] 당신이 에피쿠로스주의자들의

83) [옮긴이 주] 양육과 번식의 원리로서 식물적 영혼에 대해서는 아리스토텔레스, 『영혼론』, II, 3, 415a23 참조.

84) [옮긴이 주] 스콜라 철학의 용어인 'les espèces intentionelles'에 관해서는 '라이프니츠가 클라크(Clarke)에게 보낸 다섯 번째 서신' 참조.

85) [옮긴이 주] 세계영혼과 관련된 라이프니츠의 신 개념에 대해서 '라이프니츠가 클라크에게 보낸 다섯 번째 서신' 참조.

원자가 가진 **운동 성향**을 그들이 원자에게 부여한 무게로 이해한 것인지 저는 모르겠습니다. 그리고 그것은 의심의 여지없이 근거 없는 것입니다. 왜냐하면 그들은 물체들이 모두 자기 스스로 한 방향으로 움직인다고 주장하기 때문입니다. 매우 유능한 사람이었던, 영국 교회의 신학자, 고 헨리 모어 씨는 이해도 안 되고 명백하지도 않은 가설을 너무 쉽게 만들어냈습니다. 그의 **위계 원리**가 물질의 무게와 탄성의 원인이고 이것들과 만나게 되는 다른 놀라운 것들의 원인이라는 것이 그것을 입증합니다. 그의 에테르 운반수단에 대해서는 제가 그 본성을 검토한 적이 없어서 전혀 할 말이 없습니다.

§15 **필라레테스** "물질이라는 낱말의 사례를 통해서 당신은 저의 생각을 더 잘 이해하게 될 것입니다. 사람들은 물질을 물체와 구별되는, 자연에 실재적으로 현존하는 존재로 간주합니다. (물질이라는 낱말은 물체와 구별되는 관념을 의미하기 때문입니다.) 이것이 사실상 최종 증거입니다. 그렇지 않으면 이 두 관념들은 무구별적으로 한 관념이 다른 관념의 자리에 놓이게 됩니다. 왜냐하면 사람들은 **하나의 유일한 물질이 모든 물체를 구성한다**고 말할 수 있지만 하나의 유일한 물체가 모든 물질을 구성한다고 말할 수는 없기 때문입니다. 제 생각에, 사람들은 또한 한 물질이 다른 물질보다 크다고 말하지 못할 것입니다. 물질은 실체와 물체의 고체성을 표현합니다. 따라서 우리는 상이한 고체성을 파악하지 못하는 것과 마찬가지로 상이한 물질을 파악하지 못합니다. 그렇지만 물질을 저런 정확성에서 현존하는 어떤 것의 이름으로 간주하면서부터 이 생각은 **제1물질**에 관한 이해할 수 없는 논의와 혼란스러운 논쟁을 불러일으켰습니다."

테오필루스 제게는 이 사례가 아리스토텔레스주의 철학을 비난하기보다는 변론하는 것으로 보입니다. 모든 은이 형태가 있을 때, 혹은 차라리 모든 은이 자연에 의해서 혹은 기술에 의해서 형태가 있기 때문에, 은을 (정확하게 봤을 때,) 접시나 화폐와 구별되는, 자연에 실재적으로 현존하는 존재라고 말하는 것이 덜 허용됩니까? 그리고 은이 무게, 소리, 색, 용해성 그리고 화폐의 어떤 다른 성질들을 표현하더라도, 이로 인해서 은이 화폐의 어떤 성질들 이외에 다른 것이 아니라고 말하지 않을 것입니다. 따라서 제1물질에 대해서, 이것이 완전히 벌거벗은 채로 있은 적은 결코 없지만, 항상 동형적인지 비투과성 외에 어떤 다른 속성을 가지고 있는지(저는 실제로 케플러에 따라 그것이 **관성**이라고 부를 수 있는 것도 가지고 있다는 것을 보였습니다[86]) 등을 알기 위해서 일반 물리학에서 추론하고 그 본성을 결정하는 것은 사람들이 생각하는 것처럼 그렇게 무용한 일은 아닙니다. 이것은 순수한 은이 우리에게 없을 때 그리고 우리가 그것을 정화하는 방법을 가지고 있지 않을 때, 순수한 은에 대해서 추론하는 것이 허용되는 것과 마찬가지입니다. 그래서 저는 아리스토텔레스가 제1물질에 관해서 이야기했던 것에 동의하지 않는 것은 아닙니다.[87] 하지만 거기에 너무 오래 멈춰서 있던 사람들과 이 철학자의 잘못 이해된 말을 근거로 키메라를 만들어낸 사람들을 비난하는 것은 막을 수 없습니다. 그 철학자가 아마도 때로는 이 오해와 횡설수설을 할 만한 계기를 제공한 적도 있겠지만 말입니다. 하지만 이 저명한 저자의 결점을 과장해서는 안 됩니다. 그의 많은 작품들이 그 자신에 의해서 완성된 것도 아니고 출판된 것도 아니라는 것을 사람들은 알고 있기 때문입니다.

86) Leibniz, "De ipsa natura, sive de vi insita", in: *Acta Eruditorum*(1698. 9), 432쪽 참조. [옮긴이 주] 라이프니츠의 '관성' 개념에 대해서는『변신론』, I, §30, '라이프니츠가 클라크에게 보낸 다섯 번째 서신' 참조.

87) [옮긴이 주] 아리스토텔레스,『형이상학』, Z, 1029a 참조.

§17 **필라레테스** **"다섯 번째 남용**은 말이 표시하지도 않고 어떤 식으로 표시할 수도 없는 사물을 그 말이 대신하는 것입니다. 이것은 우리가 실체의 이름으로 그 이상의 어떤 것을 말하려고 할 때 발생합니다. 즉 제가 금이라고 부르는 것은 가단성이 있는 것이고 (금은 근본적으로 가단성이 있는 것 외에 다른 것을 표시하지 않을지라도) 그와 더불어 가단성은 금의 실재적 본질에 의존한다는 것을 이해시키기를 바라는 것입니다. 그래서 우리는 인간을 아리스토텔레스[88]처럼 이성적 동물로 정의하는 것은 좋고 플라톤[89]처럼 털 없이 큰 발톱을 가진 두 발 달린 동물로 정의하는 것은 나쁘다고 말합니다." §18 "말이 그 속성이 의존하는 실재적 본질을 가진 것을 표시한다는 것을 가정하지 않는 사람은 거의 없습니다. 그렇지만 그 실재적 본질은 말이 표시하는 복합 관념에 포함되지 않기 때문에, 명백한 남용입니다."

테오필루스 그리고 저는 차라리 사람들이 이런 공통적 사용을 비난하는 것이 잘못이라고 생각할 것입니다. 왜냐하면 금의 복합 관념에 실재적 본질을 가지고 있는 것이 포함되는 것은 정말로 참이기 때문입니다. 그 본질의 구조는 가단성과 같은 이러저러한 성질이 의존하고 있는 것에서 알려지지 않으면 우리에게 자세하게 알려지지 않는 것입니다. 그러나 동일성 없이 그리고 **중복법**[90]이나 반복의 결함 없이 (6장 §18을 보라)[91] 가단성에 대해

88) 아리스토텔레스, 『니코마코스 윤리학』, I, 6, 1098a 12~14.

89) Platon, *Definitions*, 415a.

90) [옮긴이 주] 'coccysme'은 그리스어 'κοκκυσμός'에서 유래한 것으로 용어를 설명하지 못하고 새처럼 같은 말을 반복하는 것을 의미한다. 현재는 'pléonasme'이라고 쓴다.

91) [옮긴이 주] 아카데미판 원문에는 '6장 §18'로 되어 있지만 실제로 6장에는 §18이 존재하지 않는다. 영어본은 '6장 §17'로 표기했지만 내용의 관련성이 전혀 없다. 게르하르트판을 대본으로 삼은 헤어링의 독일어본은 '8장 §18'로 표기했는데, 이 역시 존재하지 않는다. 카시러(Ernst Cassirer)의 독일어 번역본은 게르하르트판을 대본으로 삼아 원문에 '8장 §18'으로 되어 있지만 내용상 '3장 §18'과 관련이 있다고 주에서 밝힌다. 카시러의 주석처럼 '3장 §18'도

서 진술하려면, 우리는 이 사물을 색이나 무게 같은 다른 성질로 식별해야 합니다. 그리고 이것은 가용성이 있고 노란색의 아주 무거운, 사람들이 금이라고 부르는 어떤 특정한 물체가 가지고 있는 본성이 망치에 약하고 극도로 얇게 변할 수 있는 성질도 가지게 한다고 말할 때와 마찬가지입니다. 플라톤이 제공한 **인간에 대한 정의**와 관련해서, 그는 그것을 단지 실행을 통해서 만들어낸 것으로 보입니다. 그리고 저는 당신도 그 정의를 일반적으로 인정되는 것과 진지하게 비교하는 것을 원하지 않을 것이라고 생각합니다. 그것은 약간 너무 외적이고 너무 잠정적임이 분명합니다. 필라레테스, 당신이 지난번에 (6장 §34에서) 말한 그 **화식조**가 만약 큰 발톱을 가지고 있는 것으로 밝혀지면, 그것은 인간이 될 것이기 때문입니다. 사람들이 말하는 것처럼, 디오게네스가 플라톤적 인간으로 만들려고 닭 털을 뽑듯이 그것의 털을 뽑을 필요가 없을 것입니다.[92)]

§19 **필라레테스** "합성 양태에서는 그것에 포함되어 있는 관념이 변화하자마자 사람들은 바로 그것이 다른 사물이라고 인식합니다. 이것은 영어로 미리 계획된 살인을 의미하는 'murther', 독일어로 'mordt'라는 낱말에 의해서 명백하게 나타납니다. (어원적으로 살인에 상응하는 낱말인) 'manslaughter'는 미리 계획된 것은 아니지만 의도적 살인을 의미합니다. 'chancemedly'는 낱말의 의미에 따르면 우연적으로 발생한 접전, 계획 없이 실행된 살인을 의미합니다. 왜냐하면 사람들이 그 이름으로 표현하는 것과 제가 사물에 있다고 믿는 것이 (제가 전에 명목적 본질과 실재적 본질이라고 불렀던 것) 같기 때문입니다. 하지만 실체의 이름에서는 그렇게 되지

관계가 있지만 역자가 보기에 내용상 '4장 §16'이 가장 관계가 깊다.

92) Diogenes Laertios, VI, 2: *Diogène de Sinope*, 40.

않습니다. 한 사람이 금의 관념에 어떤 것을 넣으면 다른 사람이 그것을 지우기 때문입니다. 예를 들어 불변성과 왕수에서 녹는 역량 같은 것 말입니다. 사람들은 이것으로 종이 달라졌다고 생각하지 않습니다. 한 사람이 금이라는 이름이 관계되어 있는 감춰진 실재적 본질을 만드는 것에 대해서 다른 사람보다 더 완전한 관념을 가진다고 생각할 뿐입니다. 이 비밀스러운 관계가 무용하고 또 우리를 혼란하게 할 뿐일지라도 말입니다."

테오필루스 저는 이미 그것에 대해서 말했다고 생각하지만 당신을 위해서 여기서 한 번 더 명확하게 설명하려고 합니다. 필라레테스, 당신이 방금 말한 것은 실체적 존재에서뿐만 아니라 양태에서도 발견됩니다. 그리고 이 내적 본질과의 관계를 비난할 근거는 없습니다. 여기 그에 대한 사례가 있습니다. 기하학자의 관점에서 **포물선**을 하나의 특정한 직선에 평행한 모든 광선이 한 특정한 점이나 초점에서 반사를 통해서 다시 만나는 도형이라고 정의할 수 있습니다. 하지만 이것은 이 도형의 **내적 본질**이나 그 **기원**을 즉시 알게 해주는 것이라기보다는 더 **외적인 것**이고 이 관념이나 정의가 표현하는 **결과**입니다. 처음에는 사람들이 기대하고 이 결과를 만들어야 하는 그러한 도형이 **가능한** 것인지 의심할 수 있습니다. 그리고 제 생각에는, 그것이 정의가 단지 명목적이고 속성에서 도출한 것인지 혹은 정의도 실재적인지 알려주는 것입니다. 그렇지만 포물선이라는 이름을 붙이고 제가 방금 말한 정의를 통해서만 포물선을 인식하는 사람은 틀림없이 포물선에 대해서 이야기할 때, 특정한 구조와 구성을 가지고 있는 한 도형으로 이해합니다. 그 구조와 구성은 그가 알지 못하는 것이지만 포물선을 그리기 위해서 배우기를 바라는 것입니다. 포물선에 대해서 더 잘 알고 있는 사람은 거기에 어떤 다른 속성을 추가할 것이고, 예를 들면, 사람들이 요구하는 도형에서 곡선의 같은 점에서 그은 수직선과 세로 좌표 사이를 가로막는 축의 부분은 항상 일정하고 **꼭짓점**과 초점 사이의 거리가 같다는 것을 발견할 것입니다. 따라서 그는 전 사람보다 더 완전한 관념을 가질 것이고, 아직은 아닐지도 모르지만, 더 쉽게 그 도형을 그릴 것입니다. 하지만 사람들은 단지 그것의 구조가 여전히 감춰져 있을 뿐 그것이 같은 도형이라는 것을 인정할 것입니다. 따라서 필라레테스, 당신은 실체적인 것을 가리키는 말의 사용에서 당신이 발견하고 부분적으로 비난한 모든 것이 합성 양태를 가리키는 말의 사용에서도 발견되고 또 분명히 정당화되어서 발견된다는 것을 봅니다. 하지만 실체와 양태 간에 차이가 있다고 당신을 믿게 만들었던 것은 사람들이 모든 면에서 물체와 유사하다고 생각하는 이해 가능한 양태들에 대해서 어려운 논쟁을 고려하지 않았기 때문입니다. 사실 물체는 더 인식하기 어려운 것인데도 말입니다.

§20 **필라레테스** 그래서 저는 제가 테오필루스 당신에게 말하려고 했던 것을 다시 되돌려야 하는지 두렵습니다. "제가 남용이라고 믿었던 것의 원인에 관해서 말입니다. 왜냐하면 우리는 자연이 항상 규칙적으로 활동한다고, 우리가 가정하고 있고 항상 같은 종적 이름과 연결되는 종적 본질이나 내적 구성에 따라서 각각의 종들의 경계를 확정한다고 잘못 믿고 있기 때문입니다."

테오필루스 따라서 필라레테스, 당신은 기하학적 양태의 예를 통해서, 사람들이 내적이고 종적인 본질에 관련시키는 것이 크게 잘못하는 것은 아니라는 것을 잘 알 것입니다. 실체든 양태든 간에, 감각 가능한 사물들 간에 큰 차이가 있을지라도 말입니다. 이런 사물들에 대해서 우리는 잠정적이고 명목적 정의만을 가지며 실재적 정의를 얻는 것을 쉽게 기대하지 못합니다. 그리고 이해 가능한 양태들 간에도 어려운 논쟁이 있습니다. 왜냐하면 우리는 결국 기하학적 도형의 내적 구조에 이를 수 있기 때문입니다.

§21 **필라레테스** 저는 결국 제가 우리의 말을 무 혹은 미지의 기호로 만들 것이라는 구실로 본질과 내적 구성에 대한 이 관계를 비난하는 잘못을 범했다는 것을 압니다. 왜냐하면 특정한 관점에서 미지의 것은 다른 방식으로 알려질 수 있고, 내부는 내부에서 나타나는 현상을 통해서 부분적으로 알려지기 때문입니다. 그리고 기형의 태아가 인간인지 아닌지라는 문제와 관련해서, 저의 생각은, 사람들이 그것을 즉시 결정할 수 없더라도 종이 자기 스스로 그것을 확정하는 것을 막지 못한다는 것입니다. 우리의 무지는 사물의 본성에서 아무것도 바꾸지 못하기 때문입니다.

테오필루스 사실 매우 유능한 기하학자들에게도, 그들이 대상을 속속들이 파헤친 것으로 보이는 많은 속성들을 알고 있는 도형들이 어떤 도형인지 충분히 알지 못하는 일이 있습니다. 예를 들면 사람들이 **진주**라고 부르는 선이 있습니다.[93] 그것이 특정한 3차 포물선의 합성이었다는 것을 알기 전에도, 사람들은 그것을 적분하기도 하고 표면을 측정하고 회전에 의해 만들어진 입체라고 말합니다. 따라서 이 진주를 하나의 특별한 종으로 생각하기 전에 사람들은 그것에 대해서 단지 잠정적 인식을 가지고 있었습니다. 이런 일이 기하학에서 일어날 수 있다면, 비교할 수 없을 정도로 더 합성되어 있는 물체적 본성을 가진 종들을 결정하는 것이 어렵다는 것이 놀라운 일입니까?

§22 **필라레테스** 저는 몇 가지는 생략할 필요가 있다고 생각하지만, "시작된 열거를 계속하기 위해서 **여섯 번째 남용**으로 넘어갑시다. 덜 주목받지만 일반적인 이 남용은, 사람들이 오랜 사용에 의해서 특정한 관념을 특정한 말에 연결하기 때문에, 이 연결을 명백한 것으로 그리고 모든 사람들이

93) R. F. Slusius, *Correspondance*, ed. Le Paige(1884), 472쪽, B. Pascal 참조.

거기에 동의하는 것으로 상상한다는 것입니다. 그래서 사람들은 말을 사용하는 사람들에게 그 말의 의미를 묻는 것이 절대적으로 필요한 경우에도 그런 물음을 매우 기이하게 여기게 됩니다. 어떤 사람들이 **생명**에 대해서 이야기할 때, 그들이 그 말로 이해하고 있는 것이 무엇인지 물으면, 그것을 모욕적이라고 여기지 않는 사람은 적습니다. 하지만 그들이 가질 수 있는 막연한 관념은 다음과 같은 것에 대해서 아는 것이 문제일 때에는 충분하지 않습니다. 즉 종자에 이미 형성된 식물이 생명을 가지고 있는지, 아직 부화하지 않고 알 속에 있는 병아리나 감각도 움직임도 없이 퇴화된 인간이 생명을 가지고 있는지 같은 문제 말입니다. 인간들은 사람들이 사용하는 용어에 대해 해명을 요구하는 사람처럼 그렇게 덜 **똑똑해** 보이거나 **방해자**처럼 보이는 것을 원하지 않고, 또 말의 사용에 대해서 다른 사람들을 끊임없이 비난하는 매우 불편한 **비평가**처럼 보이는 것을 원하지 않더라도, 정확한 연구가 필요할 때에는 해명을 제공해야 합니다. 서로 다른 편에서 서로에게 대항하여 펼치는 논쟁에서 학자들은 종종 단지 서로 다른 언어로 이야기할 뿐 같은 것을 생각합니다. 그들의 이해가 서로 다를 수도 있겠지만 말입니다."

테오필루스 저는 **생명 개념**에 대해서 충분히 설명했다고 생각합니다. 생명은 영혼에서 지각을 항상 동반해야 합니다. 그렇지 않으면 단지 가상에 불과할 것입니다. 아메리카의 야만인들이 회중시계나 괘종시계에 부여하는 생명이나 행정관들이 꼭두각시 인형에 부여하는 생명처럼 말입니다. 행정관들은 악마가 꼭두각시 인형에 영혼을 불어넣었다고 믿고 마술사처럼 이 공연을 그들의 도시에 처음 들여온 사람들을 처벌하려고 합니다.

§23 **필라레테스** "결론적으로 말의 용도는 (1)우리 생각을 이해시키고, (2)그것을 쉽게 하고, (3)사물에 대한 인식에 입구를 제공하는 것입니다. 말

이 결정되고 일정한 관념을 가지고 있지 않거나 다른 사람들에 의해 인정되거나 이해되지 않을 때, 첫 번째 점에서 실패합니다." §[24] "구별되는 이름 없이 매우 복합적인 관념을 가지고 있을 때 편리함을 상실합니다. 이름이 없는 것은 종종 언어 자체의 결함이기도 하고 이름을 알지 못한 인간의 결함일 때도 있습니다. 그럴 때 동의적 표현들이 많이 필요합니다." §[25] "하지만 말이 가리키는 관념이 실재하는 것과 일치하지 않을 때 세 번째 점에서 실패합니다." §26 "(1) 관념 없이 용어를 가진 사람은 책의 색인만 가진 사람과 같습니다." §27 "(2) 매우 복합적인 관념을 가진 사람은 다량의 책을 제목 없이 떨어진 종잇장 상태로 가지고 있고, 낱장들을 차곡차곡 쌓아서 제공하는 것 외에 책을 제공하는 다른 방법을 알지 못하는 사람과 같을 것입니다." §28 "(3) 기호를 일정하게 사용하지 않는 사람은 같은 이름으로 다른 상품들을 판매하는 상인과 같을 것입니다." §29 "(4) 개별 관념을 관용적 말에 연결하는 사람은 그가 가질 수 있는 혜안으로 다른 것들을 설명할 수 없을 것입니다." §30 "(5) 결코 존재하지 않는 실체의 관념을 머리에 가지고 있는 사람은 실재적 지식에 다가가지 못할 것입니다." §[32] "첫 번째 사람은 공허하게 타란툴라 거미나 자애에 대해서 이야기합니다. 두 번째 사람은 다른 사람들에게 쉽게 이해시킬 수 없는 새로운 동물을 볼 것입니다. 세 번째 사람은 물체를 때로는 고체인 것으로 때로는 단지 연장된 것으로 간주할 것입니다." [§33] "그리고 절제를 때로는 미덕으로 때로는 임박한 악으로 지칭할 것입니다." [§32] "네 번째 사람은 암노새를 말이라고 부를 것이고 모든 사람들이 낭비하는 사람이라고 하는 사람을 후하게 쓰는 사람이라고 할 것입니다." 그리고 다섯 번째 사람은 타타르에서 헤로도토스의 권위로 외눈박이 인간들로 구성된 민족을 연구할 것입니다.[94] "저는 앞의 네 가지 결함은 실체와 양태의 이름에 공통적이지만 마지막 결함은 실체에 고유한 것이라고 지적합니다."

테오필루스 당신의 지적은 매우 교육적입니다. 단지 제가 추가하고 싶은 것은, 제가 보기에, 우연적 속성이나 존재 방식에 대한 사람들의 관념에도 공상적인 것이 있다는 것입니다. 그래서 다섯 번째 결함도 실체와 우연적 속성 모두에 공통적이라는 것입니다. '괴상한 목동'[95]은 단지 그가 나무들 사이에 님프 요정들이 숨어 있다고 믿어서만이 아니라 항상 낭만적 모험을 기대했기 때문에 그렇게 불리는 것입니다.

§34 **필라레테스** 저는 끝마쳐야 한다고 생각했지만 **일곱 번째 마지막 남용**이 또 떠오릅니다. "그것은 비유적 표현이나 암시의 남용입니다. 이것을 남용이라고 믿기 어려울 것입니다. 왜냐하면 사람들이 재기와 상상력이라고 부르는 것이 완전히 메마른 진리보다 더 잘 받아들여지기 때문입니다. 이것은 단순히 즐거움만을 찾는 대화에서 잘 나타납니다. 하지만 근본적으로 순서와 선명함을 제외하고, 수사학의 모든 기술, 이 모든 말의 인공적이고 비유적 적용은 거짓 관념을 암시하고 정념을 뒤흔들고 잘못된 판단으로 이끄는 데에만 사용됩니다. 따라서 이것은 순전히 속임수일 뿐입니다. 그러나 최고의 지위와 보상을 받는 것이 이 기만적 기술입니다. 사실 인간들은 진리에 거의 관심이 없고 속고 속이는 것을 더 좋아합니다. 이것은 정말 진실입니다. 제가 방금 이 기술에 반대해서 말한 것은 의심할 여지없이 극도의 대담함의 결과로 간주될 것입니다. 웅변술은 아름다운 이성과 비슷하게 매우 영향력 있는 매력을 가지고 있어서 반대되는 것도 인정

94) Herodotos(B.C. 484~425?), *ἱστορίαι*, *Historiai*, III, 116; IV, 27. 외눈박이 인간의 예는 로크가 든 것이 아니라 라이프니츠가 추가한 것이다.

95) Th. Corneille, *Le Berger extravagant*. *Pastorale burlesque en 5 actes*(1653).

할 수 있을 정도이기 때문입니다."

테오필루스 저는 진리를 향한 당신의 열정을 비난하는 것과는 거리가 멀고 오히려 그것이 정당하다고 봅니다. 그리고 그 열정이 충격을 줄 수 있기를 바랍니다. 저는 희망을 완전히 버리지 않습니다. 왜냐하면 필라레테스, 당신이 당신 자신의 무기로 웅변술과 싸우고 있고, 당신도 이 기만적 웅변술보다 더 상위인 다른 종류의 웅변술 중 하나를 가지고 있는 것처럼 보이기 때문입니다. 같은 식으로 신적인 사랑의 어머니인 우라니아의 딸, 비너스가 있었고 그전에 눈먼 사랑의 어머니인 다른 혼혈 비너스는 눈을 가린 그의 자식과 함께 나타나지 않았습니다.[96] 하지만 바로 이것이 당신의 주장은 어느 정도 완화될 필요가 있다는 것, 그리고 웅변술의 특정 장식품은 참된 신을 경배하는 데 사용할 수 있는 이집트의 꽃병 같은 것임을 입증합니다. 이것은 마치 사람들이 남용하는 그림과 음악 같은 것입니다. 그중 전자는 기괴한 상상을 표현하고 심지어 해로운 상상도 표현합니다. 후자는 마음을 부드럽게 하고 둘 다 공허한 즐거움을 줍니다. 하지만 그것들은 유용하게 사용될 수 있습니다. 전자는 진리를 선명하게 만들고 후자는 진리를 감동적이게 만드는 데 사용될 수 있습니다. 그리고 이것의 최종 효과는 수사학과 음악 모두에 포함되어 있는 시가 되어야 합니다.

96) Platon, *Symposium*, 180c~181d; Cicero, *De natura Deorum*, III, 59sq, 참조.

11장

방금 말한 불완전성과 남용에 대한 치료책에 관하여

§1 **필라레테스** 여기는 참된 웅변술의 사용에 대한 논쟁을 심화하는 자리가 아니고 당신의 호의적인 인사말에 답하는 자리는 더욱더 아닙니다. 왜냐하면 "우리는 이 말에 관한 주제에서 지적한 불완전성에 대한 치료책을 찾음으로써 이 주제를 끝낼 생각을 해야 하기 때문입니다." §2 "언어의 개혁을 시도하고 인간들에게 그들이 가지고 있는 지식만큼만 이야기하도록 제한하려고 하는 것은 우스운 일일 것입니다." §3 "하지만 진리에 대한 진지한 연구가 필요할 때, 철학자들에게 정확하게 이야기할 것을 요구하는 것은 심하지 않습니다. 그렇지 않으면 모든 것은 오류, 고집 그리고 공허한 논쟁으로 가득 찰 것입니다." §8 "**첫 번째 치료책**은 관념과 연결되지 않은 낱말은 어떤 말도 사용하지 않는 것입니다. 하지만 사람들은 종종 '본능', '공감', '반감' 같은 말을 어떤 의미와도 연결하지 않은 채 사용합니다."

테오필루스 규칙은 좋습니다. 하지만 저는 사례가 적절한지 모르겠습니다.

모든 사람들은 **본능**을 왜 그렇게 하는지 이유를 생각하지 않은 채, 그들에게 알맞은 것으로 향하는 동물의 경향성으로 이해하는 것 같습니다. 그리고 인간은 적어도 자신에게서도 발견되는 이 본능을 무시해서는 안 됩니다. 『자기 자신의 의사』[97]가 잘 지적한 것처럼, 우리의 인위적 생활 방식이 이 본능을 거의 대부분 사라지게 했지만 말입니다. **'공감'** 혹은 **'반감'**은 감각을 결여한 신체에서 동물에게 발견되는, 합일하거나 분리되려는 본능에 해당되는 것을 의미합니다. 그리고 사람들은 이 경향성의 원인이나 어떤 것을 원하는 성향의 원인을 이해하지 못하더라도 그것에 대해서 이해하기 쉽게 논의하는 데에는 충분한 개념을 가지고 있습니다.

§9 **필라레테스** "**두 번째 치료책**은 양태의 이름에 대한 관념은 적어도 정해져 있어야 하고" §10 "실체의 이름에 대한 관념은 그에 더해 현존하는 것과 일치해야 한다는 것입니다. 만약 어떤 사람이 **정의**는 다른 사람의 이익에 대해서 법에 일치하는 행동이라고 말할 때, 사람들이 **법**이라고 부르는 것에 대한 어떤 구별되는 관념을 갖고 있지 않다면, 이 관념은 충분히 정해지지 않은 것입니다."

테오필루스 여기서 법은 지혜의 계율이거나 지복에 대한 학문이라고 말할 수 있습니다.

§11 **필라레테스** "**세 번째 치료책**은 가능한 한 관례적 용법에 맞추어 용어를 사용하는 것입니다." §12 "**네 번째**는 사람들이 새로운 말을 만들든, 오래된 말을 새로운 의미로 사용하든, 아니면 사용하는 의미가 충분히 확정

97) Beckher, D., *Le Médecin de soi-méme ou l'art de conserver par l'instinct*(Amsterdam, 1678). (라틴어 원본: *Spagyria Microcosmi*(Rostock, 1622)); Devaux, J., *Le Médecin de soi-méme ou l'art de conserver la santé par l'instinct*(Leiden, 1682).

되지 않았다고 보든 간에, 사람들이 받아들이는 말이 어떤 의미인지 설명하는 것입니다." §13 "하지만 거기에 차이가 있습니다." §14 "정의될 수 없는 단순 관념에 대한 말은 동의어가 더 잘 알려질 때 동의어로 설명되거나 사물을 내보임으로써 설명됩니다. 이 방법으로 농부들에게 이것이 가을에 나무에서 떨어지는 메마른 나뭇잎이라고 말하면서 죽은 나뭇잎의 색을 그들에게 이해시킬 수 있습니다." §15 "합성 양태의 이름은 정의에 의해서 설명되어야 합니다. 정의가 가능하기 때문입니다." §16 "이를 통해서 도덕은 증명 가능합니다. 도덕에서는 인간을 외적 형태를 걱정하지 않고 물체적이고 이성적인 존재로 간주할 것입니다." §17 "정의를 통해서 도덕적 주제들을 명확하게 논할 수 있기 때문입니다. 그래서 정의(justice)를 정의(definir)할 때, 아리스티데스[98] 같이 우리 밖에서 견본을 찾고 그것에 대해서 관념을 형성하기보다는 우리의 정신 속에 있는 관념에 따라 정의하게 될 것입니다." §18 "대부분의 합성 양태들은 어디에도 함께 현존하지 않기 때문에, 단지 흩어져 있는 것을 열거해서 합성 양태들을 정의함으로써 확정할 수 있습니다." §19 "실체에는 보통 '주도적이거나 특징을 나타내는 성질'이 있습니다. 우리는 그것을 종의 가장 구별되는 관념으로 간주하고, 그것에 종에 대한 복합 관념을 형성하는 다른 관념이 연결되어 있다고 가정합니다. 식물과 동물에서 이것은 형태이고 영혼이 없는 물체에서는 색이며 어떤 것에서는 색과 형태 둘 다입니다." §20 "따라서 플라톤이 제공한 인간의 정의는 아리스토텔레스의 정의보다 더 특징을 나타내는 것입니다. 적어도 사람들은 기형적 산물들을 죽여서는 안 됩니다." §21 "그리고 종종 눈으로 보는 것은 다른 검사만큼 유용합니다. 왜냐하면 금을 검사하는 데 익

98) Plutarchos, *Vie des hommes illustres*, §15, 『플루타르코스 영웅전』의 일부.

숙한 사람들은 종종 눈만으로 진짜 금과 가짜 금을 구별하고, 순금과 위조된 금을 구별하기 때문입니다."

테오필루스 모든 것이 정의로 환원된다는 것은 의심의 여지가 없습니다. 그 정의는 근원적 관념까지 갈 수 있습니다. 하나의 동일한 대상이 다수의 정의를 가질 수 있습니다. 하지만 이것은 그 정의들이 동일한 대상에 맞는지 알기 위해서입니다. 이것은 한 정의를 다른 정의로 증명하거나 경험을 통해서 증명함으로써, 그 정의들이 계속 함께 간다는 것을 입증함으로써 이성을 통해서 습득해야 합니다. 도덕과 관련해서, 도덕의 한 부분은 전적으로 이성에 기초합니다. 하지만 경험에 의존하고 기질과 관련되어 있는 다른 부분도 있습니다. 실체의 인식에 있어서 우리에게 최초의 관념을 제공하는 것은 형태와 색, 즉 가시적인 것입니다. 그것을 통해서 멀리 떨어져 있는 사물들을 인식하기 때문입니다. 하지만 그것은 보통 너무 잠정적입니다. 그리고 우리에게 중요한 사물들의 경우 우리는 더 가까이에서 실체를 인식하려고 애씁니다. 그 외에도 놀라운 것은, 당신 스스로가 (§16)[99]에서 도덕에서는 인간을 외적 형태를 걱정하지 않고 물체적이고 이성적인 존재로 간주해야 한다고 말하고 난 후, 플라톤의 인간에 대한 정의로 다시 되돌아온 것입니다. 그 밖에도 다른 사람들이 어려운 시험을 통해서 힘들게 알 수 있는 것을 눈으로 구분하기 위해서는 오랫동안 많은 연습을 해야 한다는 것은 사실입니다. 그리고 매우 좋은 눈과 기억을 가지고 있는, 경험이 많은 의사들은 다른 의사가 환자에게 묻고 맥박을 짚어서 힘들게 알아

99) [옮긴이 주] 아카데미판에는 괄호를 치고 '(§20)'으로 되어 있지만 내용상 '§16'이 맞다. 영어본과 독일어본에도 '§16'으로 되어 있다. '§20'은 로크가 플라톤의 인간 정의를 말한 부분이다.

내는 병을 종종 한눈에 알아봅니다. 하지만 얻을 수 있는 모든 징후를 함께 연결하는 것이 좋습니다.

§22 **필라레테스** 훌륭한 화폐검사관에게서 금의 모든 성질을 알게 된 사람은 눈이 줄 수 있는 것보다 금에 대해서 더 나은 지식을 가질 것임을 저는 인정합니다. "하지만 우리가 금의 내적 구조를 배울 수 있다면, 금이라는 낱말의 의미도 삼각형이라는 말의 의미처럼 **쉽게** 결정될 것입니다."

테오필루스 그것도 모두 결정될 것입니다. 그리고 그보다 더 **잠정적인** 것은 없을 것입니다. 하지만 그것이 그렇게 쉽게 결정되지는 않을 것입니다. 왜냐하면 저는 금의 조직을 설명하기 위해서 약간 장황한 정의가 필요할 것이라고 생각하기 때문입니다. 기하학에서 도형의 정의가 긴 것과 마찬가지로 말입니다.

§23 **필라레테스** "신체와 분리된 정신이 우리보다 더 완전한 지식을 가지고 있다는 것은 의심의 여지가 없습니다. 그 정신이 지식을 얻을 수 있는 방식에 대해서 우리가 어떠한 개념도 가지고 있지 않더라도 말입니다. 그렇지만 우리가 삼각형에 대해서 명확한 관념을 가지고 있는 것처럼 정신은 신체의 근본적 구조에 대해서 명확한 관념을 가질 수 있습니다."

테오필루스 저는 필라레테스, 당신에게 이미 언급했습니다.[100] 신체와 완전하게 분리된 창조된 정신은 없다는 저의 판단에 근거가 있다고 말입니다. 그럼에도 우리의 신체 기관과 지성보다 비교할 수 없을 정도로 더 완전한 신체 기관과 지성을 가지고 있고 모든 종류의 이해력에서 우리를 능가하는 것이 존재한다는 것은 의심의 여지가 없습니다. 그리고 암산을 하는 데 있어서 인간의 공통적 능력을 능가하는, 제가 이미 당신에게 이야기한

100) [옮긴이 주] 2부, 21장, §73.

스웨덴 소년[101]이나 프레니클 씨[102]도 마찬가지입니다.

§24 **필라레테스** 우리는 이미 지적했습니다. "이름을 설명하는 데 사용될 수 있는 실체의 정의는 사물의 지식과 관련해서는 불완전하다고 말입니다. 왜냐하면 우리는 보통 이름을 사물의 자리에 놓기 때문입니다. 그래서 이름은 정의보다 더 많은 것을 말합니다. 그러므로 실체를 제대로 정의하기 위해서 자연사를 연구할 필요가 있습니다."

테오필루스 그러므로 필라레테스, 당신은 예를 들어 금이라는 이름은 단지 발음하는 사람이 알고 있는 것, 예를 들어 노란색의 매우 무거운 것을 의미할 뿐만 아니라 그가 모르는 것도 의미한다는 것을 압니다. 그리고 다른 사람은 그가 모르는 것을 알 수도 있습니다. 즉 내적 구조를 타고난 물체라는 것, 그리고 거기서 그 색과 무게가 유래하고 또 전문가들이 더 잘 알고 있다고 그가 인정하는 다른 속성들이 생깁니다.

§[25] **필라레테스** "자연학 연구에 능숙한 사람들이 단순 관념들을 제시하려고 한 것은 바람직한 것입니다. 그들의 관찰에 따르면, 모든 종의 개체들이 이 단순 관념에서 항상 일치합니다. 그러나 종에 대한 사전을 만들기 위해서는, 이를테면 자연사를 포함하는 종에 대한 사전을 만들기 위해서는 사람들이 예전에 그런 작품을 기대할 수 있었을 때보다 더 많은 사람, 많은 시간, 많은 노력, 그리고 많은 통찰력이 필요할 것입니다. 그렇지만 외적 형태를 통해서 알게 된 사물에 작은 판각의 말이 동반되는 것은 좋을 것입니다. 그런 사전은 후대에 큰 도움이 될 것이고 미래 비평가들의 수고

101) [옮긴이 주] 1부, 1장, §5.
102) [옮긴이 주] Bernhard Frénicle de Bessy(1602~1675): 프랑스 수학자로, 정수론의 업적으로 유명하다.

를 덜어줄 것입니다. **야생 셀러리**(아편), **야생 염소**(ibex, 일종의 야생 염소) 같이 작은 형태는 이 식물이나 동물에 대한 긴 서술보다 더 가치가 있습니다. 그리고 라틴어로 'strigilles', 'sistrum', 'tunica', 'toga', 'pallium'이라고 부르는 것이 무엇인지 알기 위해서 여백에 그림을 넣는 것이 자칭 동의어라 할 수 있는 '말빗', '심벌즈', '관복', '외투', '망토'보다 비교할 수 없을 정도로 더 가치가 있습니다. 우리는 이 낱말들로 그 사물들을 인식하지 못합니다. 더욱이 저는 말의 남용에 대한 일곱 가지 치료책에서 멈추지 않을 것입니다. 동일한 용어는 계속해서 동일한 의미로 사용해야 하고 그것이 바뀌었을 때는 알려야 합니다. 이것에 대해서 우리는 충분히 이야기했습니다."

테오필루스 베이징에 있는 수학 법정의 의장인 그리말디 신부[103]가 중국인들은 그림이 있는 사전을 가지고 있다고 제게 말했습니다. 뉘른베르크에서 출간된 작은 용어집[104]이 있는데, 거기에는 각 낱말마다 그런 그림이 있고 상당히 좋습니다. 그런 그림이 있는 **백과사전**은 바람직하지만 만들기 매우 어려울 것입니다. **종에 대한 서술**과 관련해서, 이것은 정확하게 자연사이고 사람들은 점점 더 자연사를 연구합니다. (처음 왕립 학회나 왕립 학술원이 설립된 후 유럽에 혼란을 일으켰던) 전쟁이 없었다면, 더 많은 진척이 있

103) [옮긴이 주] Filippo Maria Grimaldi(1639~1712): 프랑스 예수회 신부로, 베이징 궁정에서 천문학자로 일하며 천문의기(天文儀器)를 만들어 흠천감(欽天監)이 된 인물이다. 중국에 대해서 관심이 많았던 라이프니츠는 빈에서 그리말디를 알게 되었고 그리말디가 중국에 간 후 몇 차례 서신을 주고받았다. 이 서신들은 G. W. Leibniz, *Der Briefwechsel mit den Jesuiten in China(1689~1714)*, Rita Widmeier, Malte-Ludolf Babin 편역(Hamburg, 2006)에서 볼 수 있고, 우리말 번역서로 『라이프니츠가 만난 중국』(이동희 역, 2003)에서도 라이프니츠가 그리말디에게 보낸 서신 한 편을 볼 수 있다.

104) *Wörterbüchlein Lateinisch und Teutsch mit 6,000 Figuren*(1700).

었을 것이고 이미 우리의 연구를 이용하는 상태에 있을 것입니다. 하지만 대부분의 사람들은 이 연구의 중요성을 알지 못하고, 견고한 지식의 진보를 무시함으로써 얼마나 많은 이익을 잃고 있는지 알지 못합니다. 그 외에도 그들은 보통 평화를 즐기거나 전쟁을 걱정하느라 당장 강한 인상을 주지 않는 것들에 대해서 숙고하고 평가하는 데 있어서 너무 많은 방해를 받았습니다.

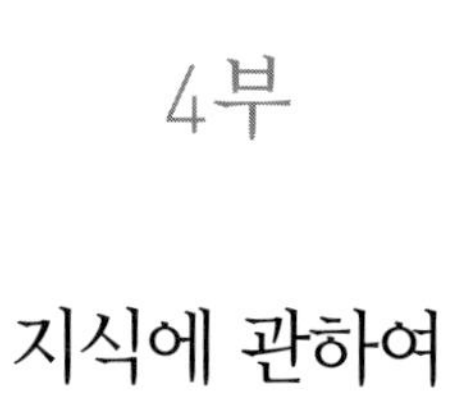

4부

지식에 관하여

1장

지식 일반에 관하여

§1 **필라레테스** 지금까지 우리는 **관념**에 대해 그리고 관념을 나타내는 **말**에 대해 이야기했습니다. "이제는 관념이 제공하는 **지식**으로 넘어갑시다. 왜냐하면 지식은 오직 우리의 관념에 뿌리를 두고 있기 때문입니다." §2 "그리고 **지식**은 **우리의 두 관념** 간의 연결과 일치 혹은 반대와 불일치에 대한 지각 외에 다른 것이 아닙니다. 우리가 상상하든, 추측하든 혹은 믿든, 문제는 항상 이것입니다. 우리는 이를 통해서 예를 들면, 흰색은 검은색이 아니라는 것, 그리고 삼각형의 각들과 두 직각의 같음이 필연적으로 연결되어 있다는 것을 자각합니다."

테오필루스 지식은 또 더 일반적으로 이해되기도 해서, 명제나 진리에 이르기 전에 관념이나 용어에서도 발견됩니다. 그리고 식물과 동물의 사진이나 기계의 형태, 집이나 성채의 기술이나 재현을 주의 깊게 더 많이 봤던 사람, 기발한 소설을 더 많이 읽고 신기한 이야기를 더 많이 들은 사람,

그런 사람은 다른 사람보다 더 많은 지식을 가질 것이라고 말할 수 있습니다. 그가 보고 들은 모든 것 중에 진실의 말이 한마디도 없을지라도 말입니다. 왜냐하면 그는 많은 발상들이나 분명하고 현실적인 관념들을 정신에 표상하는 경험을 이용해서 그에게 제시된 것을 더 잘 이해하게 되기 때문입니다. 그는 분명 아무것도 보지도 읽지도 듣지도 못한 다른 사람보다 더 교양 있고 더 능숙하고 더 유능할 것입니다. 그가 그 이야기들과 작품들에서 참이 아닌 것을 참으로 여기지 않고 그 인상이 다른 점에서 실재와 상상을 구분하거나 현존과 가능을 구분하는 데 방해가 되지 않는다는 가정에서 말입니다. 이런 이유에서, 어떤 면에서 라무스 학파[1]에 가까운 종교 개혁 시대의 특정한 논리학자가 다음과 같이 말한 것은 잘못이 아닙니다. **변증론**(Topique) 혹은 발견의 장소[2](그들의 명명에 따르면, '논증')는 **단순한 주제**, 즉 사물이나 관념에 대한 아주 상세한 설명이나 서술에 사용되기도 하지만 **복합적인 주제**, 즉 주장, 명제 혹은 진리의 증명에 사용되기도 한다는 것 말입니다.[3] 그리고 심지어 어떤 주장은 그것의 진리성이나 증거가 문제가 아니라 그것의 의미와 효력을 잘 알리기 위해서 설명될 수도 있습니다. 이것은 진리성이 전제되어 있는, **성서**의 특정 문단을 설명하는 설

1) [옮긴이 주] Pierre de la Ramée(Petrus Ramus, 1515~1572): 아리스토텔레스의 논리학을 비판한 저명한 프랑스 논리학자, 라이프니츠도 자신의 일반학 기획과 보편기호법 기획에서 라무스의 논리학에 대해서 많이 언급했다.

2) [옮긴이 주] '발견의 장소'라는 표현과 관련해서, 변증론 혹은 수사학에서 사용하는 'topos'는 본래 '장소', '자리'를 의미한다. 그래서 흔히 변증론이라는 학문을 논거를 발견하는 장소라고 이해하고 '변증론'을 '발견의 장소(loca inventionis)'라는 표현과 함께 사용하기도 했다. 그러면 변증술은 '논거를 발견하는 기술' 정도로 이해하면 적절할 것이다.

3) [옮긴이 주] 라이프니츠의 단순 명사(termini incomplexi)와 복합 명사(termini complexi)의 구별에 대해서는 그의 *Generales inquisitiones de analysi notionum et veritatum*(1686), §61 참조.

교나 해설 혹은 시민법이나 교회법의 특정 텍스트에 대한 반복이나 해독에서 볼 수 있습니다. 심지어 관념과 명제 중간에 있는 주장도 있다고 말할 수 있습니다. 그것은 **질문**입니다. 그중에는 단지 '예' 혹은 '아니요'라는 답만 요구하는 것도 있습니다. 그리고 이것이 명제에 가장 근접한 것입니다. 하지만 '어떻게'와 상세한 것 등을 묻는 질문도 있습니다. 이런 질문에는 명제를 만들기 위해서 더 보충할 것이 있습니다. 사실상 서술에는 (순수하게 관념적인 것들에도) 가능성에 대한 무언의 긍정이 있다고 말할 수 있습니다. 하지만 사람들이 거짓을 설명하고 거짓에 대한 증거를 제시하고, 때때로 거짓을 더 잘 거부하는 데 도움이 되는 것을 할 수 있는 것과 마찬가지로 서술의 기법이 불가능한 것을 마주할 수도 있다는 것 또한 사실입니다. 이런 상황은 스칸디아노의 백작[4]에 관한 소설과 그것을 따라서 아리오스트가 쓴 소설[5], 그리고 『골의 아마디스』[6] 혹은 다른 오래된 소설, 그리고 몇 년 전부터 다시 유행하는 요정 이야기들[7]에서 발견됩니다. 그리고 루키아노스의 『진실한 이야기』[8]와 시라노 드베르주라크의 여행기[9]에서도 마찬가지입니다. 화가들의 기괴함은 말할 것도 없습니다. 또한 수사학자들에게 있어서 지어낸 이야기는 '예행연습(progymnasmata)'[10]이나 사전

4) 'Comte de Scandiano': M. Bojardo, *Orlando innamorato*(1495).
5) L. Arioste, *Orlando furioso*(1516).
6) *l'Amadis des Gaules*: 16~17세기 유럽에서 유명했던 스페인 소설, N. de Herberay가 1540~1543에 번역했다.
7) 'Contes des Fées': Tasse, Bojardo, Perrault, Spencer.
8) Lukianos, *Histoire véritable*, Perrot d'Ablancourt 역, I, 433쪽 이하.
9) Cyrano de Bergerac, *Histoire comique des Etats et Empires de la Lune et du Soleil*(1677).
10) [옮긴이 주] 'progymnasmata'는 그리스어 'προγυμνάσματα'에서 기원한 수사학의 용어이고 라틴어로 'praeexercitamina'라고 썼지만 현대어로 대체할 표현이 마땅치 않다. 수사학 수업 전에 하는 '예습'이나 '예행연습'을 뜻하므로 '예행연습'이라고 번역했다.

연습으로 친다는 것은 잘 알려져 있습니다.

하지만 **지식**을 더 좁은 의미로 이해한다면, 즉 필라레테스, 당신이 여기서 말한 대로 진리의 인식으로 본다면, 저는 진리가 항상 관념의 일치나 불일치에 기초한다는 것은 분명한 사실이라고 말합니다. 하지만 진리에 대한 우리의 인식이 이 일치나 불일치에 대한 지각이라는 것은 일반적으로 사실이 아닙니다. 왜냐하면 우리가 사물들의 연결과 우리가 경험했던 것의 근거를 모른 채 경험했기 때문에 단지 경험적으로만 진리를 알 때, 우리에게는 그 일치 혹은 불일치에 대한 지각이 없기 때문입니다. 그때 사람들은 단지 우리가 그것을 자각하지 못한 채 혼란스럽게 감각한다고 이해할 뿐입니다. 그러나 당신의 예들이 가리키는 (것처럼 보이는) 것은, 당신은 언제나 어떤 지식을 찾고, 거기서 사람들은 연결이나 반대를 자각한다는 것입니다. 그리고 이것이 당신에게 동의할 수 없는 것입니다. 더욱이 사람들은 단지 진리의 증거를 찾을 때뿐만 아니라 제가 이미 지적한 것처럼, 변증론의 장소(lieux topiques)에 따라서 그것을 설명하고 다르게 해명할 때에도 복합적 주제에 대해서 논할 수 있습니다. 마지막으로 저는 당신의 정의에 대해서 하나만 더 지적하겠습니다. 그 정의는 단지 정언적(categoriques) 진리에만 적합할 것 같습니다. 거기에는 주어와 술어, **두 관념**이 있습니다. 하지만 가설적(hypothetiques) 진리 혹은 (선언적 진리 그리고 다른 진리들처럼) 가설적 진리로 환원될 수 있는 진리에 대한 지식도 있습니다. 거기에는 전건 명제와 후건 명제 간의 연결이 있고, 따라서 두 개 이상의 관념이 개입됩니다.

§3 **필라레테스** 여기서 우리는 진리에 대한 지식으로 제한하고 또 정언적 진리와 가설적 진리를 모두 함께 이해하기 위해서 관념의 연결에 대해서 말할 수 있는 것을 명제의 연결에 적용합시다. "이제 저는 이 일치 혹은 불

일치를 다음 네 종류로 나눌 수 있다고 생각합니다. 그것은 (1)동일성 혹은 상이성. (2)관계, (3)공존 혹은 필연적 연결, (4)실재적 현존입니다." §4 "왜냐하면 정신은 한 관념이 다른 관념이 아니라는 것, 흰색은 검은색이 아니라는 것을 직접 자각하기 때문입니다." §5 "그 후 그것들을 함께 비교할 때 그것들의 관계를 자각합니다. 예를 들어 밑변이 같고 두 평행선 사이에 있는 두 개의 삼각형은 같다는 것을 자각합니다." §6 "그다음으로, 고정불변성이 항상 금의 다른 관념들을 동반하는 것과 같은 공존이 있습니다.(더 정확히 말해서 연결이 있습니다.)" §7 "끝으로 '신이 있다.'라고 말할 때처럼, 정신 외에도 실재적 현존이 있습니다."

테오필루스 제 생각에, 일반적으로 보아 연결은 **관계** 혹은 관련 외에 다른 것이 아니라고 말할 수 있습니다. 그리고 저는 이미 앞에서 모든 관계는 **비교** 관계이거나 **공조**(concours) 관계라는 것을 지적했습니다. **비교** 관계는 전체적으로든 특정한 것에서든 동일한 것이나 다양한 것, 유사한 것이나 다른 것을 만드는 상이성과 동일성을 제공합니다. **공조**는 당신이 공존이라고 부르는 것, 즉 현존의 연결을 포함합니다. 하지만 '한 사물이 현존한다.'라거나 '그것이 실재적 현존을 가진다.'라고 말할 때, 이 현존 자체는 술어입니다. 즉 그것이 관련되어 있는 관념과 연결된 개념을 가진다는 것입니다. 그리고 이 두 개념들은 연결되어 있습니다. 한 관념의 대상의 **현존**도 그 대상과 저 자신과의 공조로 이해될 수 있습니다. 그래서 지는 비교와 공조만 있을 수 있다고 믿지만 동일성이나 상이성을 나타내는 비교, 그리고 사물과 저 자신과의 공조는 다른 관계들 중에서도 구별될 필요가 있는 관계입니다. 사람들은 아마도 더 정확하고 더 깊게 연구할 수 있을 테지만 저는 여기서 이것을 지적하는 것으로 족합니다.

§8 **필라레테스** "관념들 간의 관계에 대한 지각이 현재적일 때는 **현실적 지식**

이고, 정신이 관념들의 일치나 불일치를 매우 명증하게 자각하고 그것을 특정한 방식으로 자신의 기억에 위치시켰을 때는 **습관적 지식**입니다. 그리고 정신은 명제에 대해서 반성할 때마다 매번 조금도 의심하지 않고 포함된 진리를 즉시 확신합니다. 왜냐하면 인간은 한 번에 한 사물에 대해서만 명확하고 구별되게 생각할 수 있기 때문에, 인간의 사고에 현실적인 대상만 인식할 때에는 모든 것에 대해서 매우 무지할 것이고 가장 많은 지식을 가지고 있는 사람도 단 하나의 진리만을 인식했을 것입니다."

테오필루스 우리의 학문은, 가장 증명적인 학문도, 긴 추론을 통해서 획득해야 하는 경우가 매우 빈번하기 때문에, 결론이 도출되었을 때 더 이상 분명하게 고찰하지 못하는 과거의 증명에 대한 기억을 포함해야 합니다. 그렇지 않으면 이런 증명을 계속해서 반복해야 할 것입니다. 그리고 증명이 계속되는 동안에도 그 모든 전체를 단번에 이해할 수 없을 것입니다. 그 모든 부분들이 동시에 정신에 현전할 수 없기 때문입니다. 그래서 사람들이 지나간 부분을 매번 눈앞에 다시 되돌려 놓으면, 결코 결론을 내리는 마지막 부분에 이르지 못할 것입니다. 또한 이것은 글로 쓰지 않으면 학문을 잘 정립하는 것이 어렵다는 것을 보여줍니다. 기억은 충분히 확실하지 않기 때문입니다. 그러나 아폴로니우스처럼[11] 긴 증명을 글로 써서 남기고 사슬을 고리마다 검사할 때처럼 그 모든 부분들을 다시 돌아보게 된다면, 인간은 자신들의 추론을 확신할 수 있을 것입니다. 여기에는 시험도 도움이 되고, 성공은 결국 모든 것을 정당화합니다. 그렇지만 이로써, 모든 믿음은 증거나 근거에 대한 과거 관점의 기억으로 이루어지기 때문에, 믿고

11) Apollonius, *Concorum libri IV*, ed. Cl. Richard(1655); *Concorum libbri V-VII*, ed. Borelli(1661) 참조.

믿지 않는 것이 우리의 권한에 속하지 않거나 우리의 자유 의지에 달려 있지 않다는 것을 알 수 있습니다. 기억은 우리의 의지에 의존하는 것이 아니기 때문입니다.

§9 필라레테스 "우리의 습관적 지식에 두 종류 혹은 두 등급이 있다는 것은 사실입니다. 어떤 때는 기억에 따로 보관해둔 진리가 이 진리에 포함되어 있는 관념들 간의 관계를 볼 때보다 정신에 더 빨리 나타나지 않는 경우가 있습니다. 하지만 어떤 때 정신은 증거를 저장하지 않은 채 그리고 종종 원할 때 다시 되돌려 놓을 수 없을 때에도 확신을 기억하는 것으로 만족하는 경우가 있습니다. 사람들은 문제가 되는 진리를 실재로 인식하는 것보다 자신의 기억을 믿는 편이 낫다고 생각할 수 있습니다. 그리고 예전에 저에게 이것은 의견과 지식의 중간인 것으로 보였고 다른 사람의 증거에 근거한 단순한 믿음을 넘어서는 확실한 것으로 보였습니다. 그러나 많은 생각을 한 후, 저는 이 지식은 완전한 확실성을 포함한다고 봅니다. 저는 제가 삼각형의 세 각이 두 직각과 같다는 저 명제가 진리라고 한번 확신했다는 것을 기억합니다. 즉 저는 그것을 인식합니다. (기억은 단지 지나간 것을 되살리는 것일 뿐이기 때문입니다.) 이제 불변의 동일한 사물들 간의 동일한 관계들의 불변성은 저 세 각이 한 번 두 직각과 같았다면, 또 계속해서 같을 것이라는 것을 현재 제가 알게 해주는 **매개 관념**입니다. 이런 이유에서 수학의 개별 증명들이 일반적 지식을 제공합니다. 그렇지 않다면 기하학의 지식은 증명할 때 그렸던 그 특수한 도형 이상으로 확장되지 않았을 것입니다."

테오필루스 필라레테스, 당신이 이야기하는 매개 관념은 우리 기억의 충실성을 전제합니다. 하지만 때로는 우리 기억이 우리를 속이는 경우가 있고 우리가 지금 그 기억을 믿고 있으면서도 우리는 필요한 모든 정성을 다하지 않는 경우가 있습니다. 이것은 계산을 재검토할 때 명확하게 나타납니다. 우리의 하르츠 광산 같은 곳에서는 공무원인 검사관이 개별 광산의 수납인들을 더 조심하게 하기 위해서 계산의 실수가 생길 때마다 금전적 벌금을 부과했던 적도 있습니다. 그럼에도 그런 실수는 계속 나옵니다. 사람들은 걱정을 더 많이 할수록 과거의 추론을 더 신뢰할 수 있습니다. 저는 계산을 쓰는 방법을 기획한 적이 있습니다. 그 방법에 따르면 원주의 합을 구하는 사람은 추론 과정의 흔적을 종이에 남겨서 자신이 쓸모없는 과정을 만들지 않았다는 것을 보이는 것입니다. 그는 그 종이를 계속해서 다시 볼 수 있고 앞서 한 것에 영향을 주지 않고 지난 오류를 수정할 수 있습니다. 다른 사람이 그의 계산을 재검토하고 싶을 때에도 이 방식으로 어렵지 않게 할 수 있습니다. 그는 한눈에 같은 흔적을 검사할 수 있기 때문입니다. 이것은 일종의 매우 편리한 증거를 통해서 각 항목의 계산도 확인하는 방법일 뿐만 아니라 이 방법을 준수하면 계산 작업도 현저하게 줄 것입니다. 그리고 이 모든 것은 인간이 엄밀한 증명을 종이 위에 써서 가질 수 있고 그것도 의심의 여지없이 무한하게 많이 가진다는 것을 이해하게 해줍니다. 하지만 완전한 엄밀함을 사용했던 기억이 없으면, 사람들은 정신에 이런 확실성을 가질 수 없습니다. 그리고 이 엄밀함은 규칙으로 구성되며, 각 부분에서 규칙의 준수는 전체에 대한 확신을 제공할 것입니다. 이 방법은 사슬을 고리마다 검사하는 것과 같습니다. 그때 사람들은 그것이 묶여 있는지 확인하기 위해 보러 다니고 어떤 것도 건너뛰지 않기 위해서 손으로 만지며 검사함으로써 사슬이 양호하다는 것을 확신하게 됩니다. 그리고 이 방법을 통해서 사람들은 모든 확실성을 얻을 수 있고 인간의 사안들도 그 확실성을 얻을 수 있습니다. 하지만 저는 수학에서 그려진 도형에 대한 **개별 증명들**이 이런 일반적 확실성을 제공한다는 것에 동의하지 않습니다. 당신은 이것을 가정하는 것 같습니다. 그 이유는 증명 방식(style ecthetique)[12]이 그것을 믿게 만들더라도, 기하학자들에게 증거를 제공하는 것은 도형이 아니라는 것을 알아야 하기 때문입니다. 증명의 힘은 그려진 도형과 독립적이며, 도형은 단지 사람들이 말하고 싶은 것과 주목하고 싶은 것에 대한 이해를 도울 뿐입니다. 추론을 구성하고 도형이 없을 때에도 추론을 떠받치고 있는 것은 보편 명제들, 즉 정의, 공리, 그리고 이미 증명된 정리들입니다. 이런 이유에서 **슈벨리우스**[13][라는 이름의] 박식한 기하학자는 도형에 첨부된 증명과 연결할 수 있는 문자 없이 유클리드의 도형을 제시했습니다. 그리고 **헤어리누스**[14][라는 이름의] 다른 기하학자는 같은 증명을 삼단논법과 전삼단논법으로 환원했습니다.

12) [옮긴이 주] 개별 사례나 개별 도형을 보임으로써 일반적 진리를 드러내는 기하학의 증명 방식으로 이 책 4부, 7장 §3에서 더 설명된다.

13) Johannes Scheubelius(1494~1570), *Euclidis sex libri priores de Geometricis principiis*(1550).

14) CH. Herlinus, *Analyseis geometricae sex librorum Euclidis*(1566).

2장
우리 지식의 등급에 관하여

§1 **필라레테스** "정신이 두 관념 간의 일치[혹은 불일치]를 어떤 다른 관념의 중재 없이 그 관념들 자체로 직접적으로 지각할 때, **지식**은 **직관적**(intuitive)입니다. 이 경우 정신은 그 진리를 입증하거나 검사하는 데 아무런 어려움도 겪지 않습니다. 눈이 빛을 보는 것처럼, 정신은 흰색이 검은색이 아니라는 것, 원은 삼각형이 아니라는 것, 1 더하기 2는 3이라는 것을 봅니다. 이 지식은 허약한 인간이 가질 수 있는 가장 명확하고 가장 확실한 지식입니다. 그것은 정신이 주저하는 것을 허용하지 않은 채 저항할 수 없는 방식으로 작용합니다. 인식한다는 것은 관념이 지각되는 대로 정신에 있는 것입니다. 더 큰 확실성을 요구하는 사람은 자신이 무엇을 요구하는지 알지 못합니다."

테오필루스 **직관**을 통해서 알게 되는 **근원적**(primitives) 진리는 **파생적**(derivatives) 진리와 마찬가지로 두 종류가 있습니다. 그것은 **이성**의 진리이거나 **사실**의 진리입니다. 이성의 진리는 필연적이고 사실의 진리는 우연적입니다. 근원적 이성의 진리는 제가 **동일 명제**(identiques)라는 일반적 이름으로 부르는 것입니다. 이 동일 명제는 우리에게 아무것도 알려주지 않고 단지 같은 것을 반복하는 것처럼 보이기 때문입니다. 이 명제는 **긍정 명제**이거나 부정 명제입니다. 긍정 명제는 다음과 같은 것입니다. [**'있는 것은 있는 것이다.'**] **'모든 것은 모든 것이다.'** 그리고 당신이 원하는 만큼 예는 많이 있습니다. **'A는 A이다.'** **'B는 B이다.'** '나는 내가 존재할 것을 존재할 것이다.' '나는 내가 썼던 것을 썼다.' 그리고 '운문이든 산문이든 무는 무이거나 사물의 결여이다.' [**'등변 직사각형은 등변 직사각형이다.'** 그리고 줄여서] **'등변 직사각형은 직사각형이다.'** **'이성적 동물은 언제나 동물이다.'** 그리고 가설 명제에는 **'네 면을 가진 일정한 도형이 등변 직사각형이라면, 이 도형은 직사각형이다.'**가 있습니다. 연언(copulatives) 명제, 선언 명제, 그리고 다른 명제들에도 이 동일성이 적용될 수 있습니다. 그리고 저는 '비(非)-A는 비-A이다.'를 긍정 명제로 간주하기도 합니다. 그리고 이런 가설 명제에는 'A가 비-B라면, A가 비-B라는 것이 따라 나온다.' 마찬가지로 '비-A가 BC라면, 비-A는 B라는 것이 따라 나온다.' **'둔각을 갖지 않은 도형이 정삼각형일 수 있다면, 둔각을 갖지 않은 도형은 정형일 수 있다.'**가 있습니다. 저는 이제 **부정** 동일명제로 넘어갑니다. 이 부정 명제는 **모순의 원리**나 **상반**(disparates)**의 원리**에서 나옵니다. 모순의 원리란 일반적으로 **'한 명제는 참이나 거짓 둘 중 하나이다.'**입니다. 이것은 두 개의 진술을 포함합니다. 하나는 '참과 거짓은 하나의 동일한 명제에서 양립 불가능하다.' 혹은 **'한 명제가 동시에 참이고 거짓일 수 없다.'**이고, 다른 것은 '참과 거짓의 반대 혹은 부정은 양립 불가능하다.' 혹은 '참과 거짓의 중간은 없다.' 더 정확하게 말하면 **'참도 거짓도 아닌 명제는 있을 수 없다.'**입니다. 이제 이 모든 것은 또 상상 가능한 모든 명제에서 개별적으로 참입니다. **'A인 것은 비-A일 수 없다.'** 같은 명제가 그것입니다. **'AB는 비-A일 수 없다.'** **'등변 직사각형은 비-직사각형일 수 없다.'**도 마찬가지이고, **'모든 인간이 동물이라는 것은 참이다. 따라서 동물이 아닌 어떤 인간이 발견된다는 것은 거짓이다.'**도 마찬가지입니다. 이 진술들은 다양한 방식으로 달라질 수 있고 [가설 명제,] 연언 명제, 선언 명제, 그리고 다른 명제들에도 적용할 수 있습니다. 상반의 원리에 대해서 말하면, 이것은 다음과 같은 명제입니다. '한 관념의 대상은 다른 관념의 대상이 아니다.' 이것은 **'열은 색과 같은 것이 아니다.'** 같은 것이고 **'모든 인간이 동물이지만 인간과 동물은 같지 않다.'**와 마찬가지입니다. 이 관념들이 여기서 분석이 필요하지 않을 정도로 충분하게 이해되었을 때, 이 모든 것은 모든 증거 혹은 반대 혹은 모순율로의 환원과 독립적으로 확실하게 정립될 수 있습니다. 그렇지 않으면 사람들은 쉽게 오류에 빠지게 됩니다. **'삼각형과 삼변형은 같은 것이 아니다.'**라고 말하면서 잘못 생각하게 될 것이기 때문입니다. 왜냐하면 이것을 잘 고찰해보면, 세 변과 세 각은 항상 함께 나타난다는 것을 알기 때문입니다. 또한 **'네 변의 직사각형과 직사각형은 같은 것이 아니다.'**라고 말하면서 또 잘못 생각할 것입니다. 왜냐하면 네 변을 가지고 있는 도형만이 모두 직각을 가질 수 있다는 것을 알게 될 것이기 때문입니다. 그럼에도 사람들은 철학자들처럼 여전히 추상적으로 [**삼각형성**(triangularité)**은 삼변형성**(trilaterité)**이 아니라고**] 혹은 삼각형의 형상적 원인은 삼변형의 형상적 원인과 같은 것이 아니라고 말할 수 있습니다. 이것은 하나의 동일한 사물의 다양한 관계들과 관련이 있습니다.

누군가 방금 우리가 지금까지 말한 것을 인내심을 가지고 듣고 나서, 결국 인내심을 잃고 우리가 시시한 진술들로 시간을 낭비하고 있다며 모든 동일한 진리는 무용하다고 말할 것입니다. 하지만 사람들은 이 주제에 대해서 충분히 성찰하지 않았기 때문에 그렇게 판단하는 것입니다. 논리적 추론은 (예를 들어) 동일률에 의해서 증명됩니다. 그리고 불가능한 것으로 환원하는 기하학자들의 증명에는 모순율이 필요합니다. 여기서는 추론의 결론을 증명할 때 동일률이 어떻게 사용되는지 보여주는 것으로 만족합시다. 따라서 말하건대, 삼단논법의 1격으로 2격과 3격을 증명하는 것은 모순율만으로 충분합니다. 예를 들어, 1격(figure)의 **바바라**(Barbara)에서 다음과 같이 추론할 수 있습니다.

모든 B는 C이다.
모든 A는 B이다.
그러므로 모든 A는 C이다.

결론이 거짓이라고 (혹은 어떤 A는 C가 아니라는 것이 참이라고) 가정해봅시다. 그러면 전제 중 첫 번째나 두 번째도 거짓이 될 것입니다. 두 번째 전제가 참이라고 가정하면, 모든 B는 C라고 주장하는 첫 번째가 거짓이 되어야 합니다. 따라서 그것의 반대가 참일 것입니다. 즉 어떤 B는 C가 아닐 것입니다. 그리고 이것은 결론의 거짓에서 그리고 앞에 있는 전제 중 하나의 참에서 이끌어낸 새로운 논증의 결론이 될 것입니다. 여기 이 새로운 논증이 있습니다.

어떤 A는 C가 아니다.
이것은 거짓으로 가정된, 앞선 결론의 반대입니다.
모든 A는 B이다.

이것은 참으로 가정된 앞의 전제입니다.

그러므로 어떤 B는 C가 아니다.

이것은 앞의 거짓인 전제에 반대되는, 현재는 참인 결론입니다.

이 논증은 3격의 **디사미스**(Disamis)**식**(mode)[15]에 속합니다. 그래서 오로지 모순율만 사용해서 명백하게 그리고 한눈에 1격의 **바바라식**으로 증명됩니다. 제가 청년 시절에 이 문제를 면밀히 검토했을 때,[16] 저는 2격과 3격의 모든 식들이 오직 이 방법으로 1격에서 도출될 수 있다는 것을 지적했습니다. 1격의 식들이 건전하고 따라서 결론이 거짓이거나 그것의 반대가 참으로 간주될 때 그리고 전제들 중 하나가 마찬가지로 참으로 간주될 때, 다른 전제의 반대가 참이어야 한다는 전제하에서 말입니다. 사실 논리학 수업에서는 **근본적인**(principale) 1격에서 **덜 근본적인 격들**을 도출하기 위해서 환위를 더 많이 사용합니다. 학생들에게는 그것이 더 편리해 보이기 때문입니다. 하지만 증명 근거를 찾고, 그때 가정을 가능한 한 적게 해야 하는 사람들은 유일한 근원적 원리, 즉 아무것도 가정하지 않는 모순율로 증명할 수 있는 것을 환위를 가정해서 증명하지 않을 것입니다. 또한 저는 주목할 만한 것을 고찰했습니다. 그것은 **직접적**(directes)인 격이라고 불리는 덜 근본적인 격들, 즉 2격과 3격만이 오로지 모순율만으로 증명될 수 있다는 것입니다. 반면 **덜 근본적인 간접적 격**, 즉 **4격**은 오로지 이 방법만으로 근본적인 1격에서 도출될 수 없고 다른 가정, 즉 환위를 또 사용해야 한다는 단점을 가지고 있습니다. —아라비아인들에 따르면, 이 4격은 **갈레**

15) 이 식은 디사미스식보다는 보카르도(Bocardo)식에 속한다.

16) Leibniz, *De arte combinatoria*(1666): A VI, I, 184쪽 참조.

노스가 발견했다고 하는데, 그들이 우리에게 남긴 작품들에서도 또 다른 그리스 작가들의 작품들에서도 우리는 그것에 대한 어떤 정보도 발견하지 못합니다. 그래서 4격은 2격과 3격보다 한 단계 더 멀리 떨어져 있고, 2격과 3격은 같은 수준에 있으며 1격으로부터 똑같이 떨어져 있습니다. 반면 4격은 증명되려면 2격과 3격이 더 필요합니다. 4격이 필요로 하는 환위 자체가 환위와 별개로 증명 가능한 2격과 3격에 의해서 증명된다는 것은 매우 정확하다고 생각되기 때문입니다. 환위가 이 2격과 3격에 의해서 증명 가능하다는 것을 앞서 지적했던 사람은 피에르 드 라 라메[17]이고, 제가 틀리지 않다면, 그는 이 2격과 3격을 증명하기 위해 환위를 사용한 논리학자들에게 그것은 순환논증이라고 반박했습니다. (그 논리학들이 그들의 차례에 환위를 정당화하기 위해 이 2격과 3격을 사용한 것은 아니기 때문에,) 그것이 **부당가정의 오류**(hysteron proteron)나 **역**(rebours)처럼 반박할 정도로 순환논증은 아니었지만, 그 격들이 환위에 의해서 증명되는 것보다 환위가 더 당연하게 그 격들에 의해서 증명될 만한 자격이 있었기 때문입니다. 하지만 이 환위의 증명이 또 많은 사람들이 완전히 시시한 것으로 간주하는 **긍정 동일 명제**의 유용함을 보여주기 때문에, 그만큼 여기에서 보여주는 것이 더 적절할 것 같습니다. 저는 환질환위 없이 환위에 대해서만 이야기하려고 합니다. 여기서는 그것만으로도 충분합니다. 사람들은 환위를 단순 환위 혹은 우연적 환위(conversion par accident)라고 부릅니다. 단순 환위에는 두 종류가 있습니다. '**모든 정사각형은 둔각 도형이 아니다.**' 따라서 '**모든 둔각 도형은 정사각형이 아니다.**' 같은 **전칭 부정** 명제가 있고 '**어떤 삼각형**

17) Pierre de La Ramée(Petrus Ramus, 1515~1572), *Scholae dialecticae*(1569), VII권, 4장, col. 211; Leibniz, *De arte combinatoria*: A VI, I, 186쪽 및 이하 참조.

은 둔각 삼각형이다.' 따라서 '**어떤 둔각 도형은 삼각형이다.**' 같은 **특칭 긍정** 명제가 있습니다. 하지만 사람들이 **우연적 환위**라고 부르는 것은, '**모든 정사각형은 직사각형이다.**' 따라서 '**어떤 직사각형은 정사각형이다.**' 같은 전칭 긍정 명제에 대한 것입니다. 여기서 사람들은 항상 직사각형을 모든 각이 직각인 도형으로 이해하고 정사각형을 네 변이 일정한 도형으로 이해합니다. 이제 이 세 종류의 환위를 증명해보겠습니다.

(1) 모든 A는 B가 아니다. 따라서 모든 B는 A가 아니다.

(2) 어떤 A는 B이다. 따라서 어떤 B는 A이다.

(3) 모든 A는 B이다. 따라서 어떤 B는 A이다.

[여기 이것은 형식화한 증명입니다.][18)]

2격의 **체사레**(Cesare)식으로 첫 번째 환위 증명

모든 A는 B가 아니다.

모든 B는 B이다.

그러므로 모든 B는 A가 아니다.

3격의 **다티시**(Datisi)식으로 두 번째 환위 증명

모든 A는 A이다.

어떤 A는 B이다.

18) [옮긴이 주] 사본에는 생략되어서 게르하르트 편집본(GP. V)에는 없는 문장이다.

그러므로 어떤 B는 A이다.

3격의 **다랍티**(Darapti)식으로 세 번째 환위 증명

모든 A는 A이다.

모든 A는 B이다.

그러므로 어떤 B는 A이다.

이것은 가장 순수하고 가장 무용해 보이는 동일 명제가 추상적 사고와 일반적 문제에서 중대하게 사용된다는 것을 보여줍니다. 그리고 이것은 우리에게 어떤 진리도 무시해서는 안 된다는 것을 가르쳐줍니다.

필라레테스, 당신이 또 (직관적 지식의) 예로 내세운 '**3은 2 더하기 1과 같다.**'는 명제와 관련해서 말하자면, 이것은 단지 3이라는 명사의 정의일 뿐입니다. 왜냐하면 수에 대한 가장 단순한 정의는 다음과 같이 구성되기 때문입니다. '**2는 1 더하기 1이다.**' '**3은 2 더하기 1이다.**' '**4는 3 더하기 1이다.**' 이런 식으로 계속됩니다. 사실 여기에는 제가 이미 지적했던, 감춰진 진술이 있습니다. 그것은 이 관념들이 가능하다는 것이고 이것이 여기서 **직관적으로** 알려진다는 것입니다. 따라서 직관적 지식은 정의의 가능성이 즉시 나타날 때, 정의에 포함되어 있다고 말할 수 있습니다. 그리고 이런 식으로 모든 **적합한** 정의는 이성의 근원적 진리를 포함하고 따라서 직관적 지식도 포함합니다. 결국 일반적으로 모든 이성의 근원적 진리는 **관념의 직접성**(immediation)으로 인해서 직접적이라고 말할 수 있습니다.

사실의 근원적 진리와 관련해서 말하자면, 이것은 **감각의 직접성**으로 인한 직접적이고 내적인 경험입니다. 그리고 '나는 생각한다. 그러므로 나는

존재한다. 말하자면 나는 생각하는 것이다.'라는 데카르트[19]와 성 아우구스티누스[20]의 제일 진리는 여기에 속합니다. 하지만 동일 명제가 일반 명제이거나 특칭 명제이고 ('A는 A이다.'라고 말하는 것이 '어떤 것은 어떤 것이다.'라고 말하는 것과 마찬가지로 명확하기 때문에,) 일반 명제도 특칭 명제와 마찬가지로 명확한 것처럼 동일 명제도 사실의 제일 진리에 적용된다는 것을 알아야 합니다. 왜냐하면 '나는 생각한다.'라는 것은 저에게 직접적으로 명확할 뿐만 아니라 '내가 상이한 생각들을 가지고 있다.'라는 것은 어떤 때는 '내가 A에 대해서 생각하고' 어떤 때는 'B에 대해서 생각하는' 것만큼 명확하기 때문입니다. 따라서 데카르트의 원리는 건전합니다. 하지만 그런 종류 중에서 그것이 유일한 것은 아닙니다. 이로부터 모든 이성의 **근원적 진리**와 사실의 **근원적 진리**는 더 확실한 어떤 것에 의해서 입증될 수 없다는 공통점을 갖는다는 것을 알게 됩니다.

§2 **필라레테스** 제가 단지 건드리기만 한 **직관적** 지식을 테오필루스, 당신이 더 많이 진척시키니 저는 매우 기쁩니다. "그런데 **증명적 지식**은 단지 매개 관념들의 모든 연결에서 직관적 지식들을 연결한 묶음(enchainement)일 뿐입니다. 왜냐하면 정신은 흔히 관념들을 직접 서로 연결할 수 없고, 비교할 수 없거나 적용할 수 없고, 찾고 있는 일치 혹은 불일치를 발견하기 위해서 (하나 혹은 다수의) 다른 중간 관념을 사용해야 하기 때문입니다. 그리고 이것이 우리가 '**추론한다**'라고 부르는 것입니다. 예를 들면 삼각형의 세 각이 두 직각과 같다는 것을 증명할 때, 사람들은 삼각형의 세 각뿐만 아

19) René Descartes(1596~1650), *Meditationes de prima philosophia*, II, 3; *Principia philosophiae*, I, 7.

20) Augustinus(354~430), *De libero arbitrio*, II, 7; *Soliloquia*, II, 1; *De vera religione*, XXXIX, 73; *De Trinitate*, X, 10, 13; XV, 12, 21.

니라 두 직각과도 같은 것으로 보는 어떤 다른 각들을 찾습니다." §3 "이 중재하는 관념을 증거라고 부르고 증거를 찾는 정신의 경향성을 **통찰력**이라고 부릅니다." §4 "그리고 그것이 발견되더라도, 아무런 수고도 관심도 없이 지나가는 눈으로 이런 지식을 얻을 수 있는 것은 아닙니다. 왜냐하면 점진적으로, 단계에 따라 만들어지는 관념의 진행 과정으로 들어가야 하기 때문입니다." §5 "그리고 증명 이전에 의심이 있습니다." §6 "증명적 지식은 직관적 지식보다 덜 명확합니다. 다수의 거울로 서로가 서로를 비추는 상이 매번 비출 때마다 점점 더 약해지고 특히 눈이 나쁘면 더 빨리 식별하지 못하는 것처럼 말입니다. 이것은 길게 잇따른 증거들로 만들어지는 지식에도 마찬가지입니다." §7 "그리고 이성이 증명하면서 만든 각 단계가 직관적 지식이거나 단순한 관조에서 나온 지식이더라도, 인간은 종종 오류를 증명으로 간주합니다. 기억은 이 길게 잇따른 증거들에서 그 관념의 연결을 그렇게 정확하게 보존하지 못하기 때문입니다."

테오필루스 자연적 **통찰력**이나 연습을 통해서 획득한 통찰력 외에도 중간 관념(매개념)을 찾는 기술이 있습니다. 그 기술이 **분석**입니다. 여기서 주목해야 할 것은, 그것이 어떤 때는 주어진 명제의 참 혹은 거짓을 찾는 일이라는 것입니다. 이것은 '~인지' 의문문, 즉 '이것인지 아닌지'에 답하는 것 외에 다른 것이 아니고, 어떤 때는 (다른 사정들이 같을 경우) 더 어려운 질문에 답하는 일이라는 것입니다. 그때 사람들은 예를 들어 '**누구를 통해서와 어떻게**'를 묻고 보충할 것이 더 있습니다. 그리고 수학자들이 '**문제**'라고 부르는 것은 단지 명제의 일부를 비워놓는 이 질문일 뿐입니다. 예를 들어, 사람들이 태양의 모든 빛을 한 점에 모으는 거울을 찾고자 물을 때, 사람들은 그것의 형태를 묻거나 그것을 어떻게 만드는지 묻는 것입니다. 오로지 참과 거짓만이 문제가 되고 주어나 술어에 더 보충할 것이 없는 첫 번째 질문과 관련해서, 그 질문에는 **발견**이 부족하기는 하지만 있기는 있으며, 단지 **판단**만으로는 충분하지 않습니다. 판단력이 좋은 사람은 주의력이 있고 신중하며 여유, 인내심 그리고 자유로운 정신을 필수적으로 갖춘 사람이고, 그런 사람이 가장 어려운 증명이 제대로 제시될 때, 그것을 이해할 수 있다는 것은 사실입니다. 하지만 세상에서 가장 판단력이 좋은 사람이라고 해서 다른 도움 없이 항상 그런 증명을 발견할 수 있는 것은 아닐 것입니다. 그러니 이 질문에도 발견이 있습니다. 그리고 지금보다는 예전 기하학자들이 그런 발견을 더 많이 했습니다. 분석이 덜 발전했을 때 그런 발견에 이르려면 통찰력이 더 필요했기 때문입니다. 그리고 이로 인해서 어떤 명문 기하학자들이나 아직 새로운 방법에 접근하는 법을 충분히 얻지 못한 다른 기하학자들은 다른 이들이 발견한 어떤 정리의 증명을 발견할 때, 아직도 자신들이 대단한 일을 했다고 믿습니다. 하지만 발견술에 정통한 사람들은 그것이 평가될 만한 때나 그렇지 않은 때를 압니다. 예를 들어 어떤 사람이 한 곡선과 한 직선으로 이루어진 한 공간의 **적분**을 공개할 때, 이것은 모든 절단면에서 성공적이어서 제가 **일반** 적분이라고 부르는 것인데, 사람들이 수고하기를 원한다는 전제하에서, 우리의 방법에 따라 그것에 대한 증명을 찾는 것은 언제나 우리의 능력에 달려 있는 것입니다. 하지만 특정 부분에 대한 특수한 적분이 있습니다. 이 경우 사물이 너무 접혀 있을 수 있어서 지금까지 그것을 펼칠 수 있는 **능력**이 항상 우리에게 있지 않았을 것입니다. 이런 일도 있습니다. 수와 도형에서 우리에게 진리를 제공하는 귀납에 있어서 사람들은 아직도 일반 근거를 발견하지 못했습니다. 기하학과 산술학에서 완전한 분석에 이르기 위해서는 많은 것들이 필요하기 때문입니다. 많은 이들이 이것을 다른 점에서는 탁월하지만 좀 너무 성급하거나 너무 야심에 찬 어떤 사람들[21]의 허장성세로 생각하는 것과 마찬가지입니다.

그러나 다른 사람이 발견한 진리의 증명을 찾는 것보다 중요한 진리를 발견하는 것이 훨씬 더 어렵고, 찾는 때에 정확하게 맞춰 찾도록 하는 방법을 찾는 것은 한층 더 어렵습니다. 사람들은 단순한 것에서 합성된 것으로 가는 **종합**을 통해서 좋은 진리들에 도달하고는 합니다. 하지만 제안된 것을 하는 방법을 정확하게 찾는 것이 문제일 때, 종합은 보통 충분하지 않습니다. 그리고 필요한 모든 조합을 만들려는 것은 바닷물을 마시는 일과 같을 것입니다. 그래도 무용한 조합의 상당 부분을 삭제하는 **배제법**으로 종종 도움을 받을 수 있습니다. 그리고 때로는 자연이 다른 방법을 허락하지 않기도 합니다. 하지만 사람들은 항상 이것을 잘 따르는 수단을 가지고 있지 않습니다. 그러므로 가능할 때, 이 미로에서 우리에게 실을 제공하는 것은 분석입니다. 왜냐하면 축약이 언제나 가능한 것은 아니기 때문에, 질문의 성격 자체가 모든 곳을 찾아보도록 요구하는 경우가 있기 때문입니다.

§8 **필라레테스** 증명 과정에서 사람들은 항상 직관적 지식을 가정하기 때문에, 제 생각에, 그것이 '**모든 추론은 이전에 알려진 것과 이전에 동의한 것에서**(ex praecognitis et praeconcessis) **나온다.**'라는 공리에 계기를 마련해주었습니다. 하지만 우리는 우리 추론의 토대로 잘못 간주한 **공준**(maximes)에 대해서 이야기할 때, 그 공리에 포함되어 있는 거짓에 대해서 이야기할 기회를 가질 것입니다.

21) 데카르트주의자들, 예를 들면 Malebranche, *Recherche de la vérite*, II(1674), 데카르트를 모방하는 II장, III장. 이에 대한 라이프니츠의 비판은 A. Robinet, *Malebranche et Leibniz, Relations personnelles*, 178쪽 및 이하 참조.

테오필루스 매우 합리적으로 보이는 공리에서 어떤 잘못을 찾을 수 있는지 아는 것은 흥미로울 것입니다. 모든 것이 항상 직관적 지식으로 환원되어야 했다면, 증명은 때에 따라 견딜 수 없을 만큼 장황했을 것입니다. 그래서 수학자들은 영리하게 어려움들을 나누고 중재하는 명제들을 따로 증명했습니다. 그리고 여기에도 기술이 있습니다. (적용 대상 밖에 있는 것으로 보일 때, 사람들이 **보조 정리**라고 부르는) 중간 진리들이 다양한 방식으로 지정될 수 있기 때문에, 이해와 기억을 돕기 위해 많이 축약할 것과 기억할 만하게 보이는 것, 그 자체로 증명될 필요가 있는 것을 선택하는 것이 좋습니다. 하지만 다른 장애물이 있습니다. 그것은 모든 공리를 증명하는 것과 증명들을 전체적으로 직관적 지식으로 환원하는 것이 쉽지 않다는 것입니다. 그리고 사람들이 이것을 기다리려고 했다면, 아마도 우리는 아직도 기하에 관한 학문을 갖지 못했을 것입니다. 이것은 우리의 첫 번째 대화에서 이미 논의했던 것이고 앞으로도 말할 기회가 더 있을 것입니다.

§9 **필라레테스** 우리는 곧 그렇게 할 것입니다. 지금은 제가 여러 차례 다루었던 것에 대해서 또 언급하려고 합니다. "수학만이 증명적 확실성을 가질 수 있는 학문이라는 것은 공통된 의견입니다. 하지만 직관적으로 알 수 있는 일치와 불일치가 단지 수와 도형의 관념들 하고만 연결되어 있는 특권이 아니기 때문에, [오직 수학만] 증명에 도달한 것은 아마도 우리가 적용하지 않았기 때문일 것입니다." §10 "수학은 매우 일반적인 유용성이 있다는 견해에 다수의 근거들이 동시에 나타납니다. 수학에서는 가장 작은 차이도 매우 쉽게 식별된다는 것입니다." §11 "우리에게 산출되는 현상이나 [감각]인 다른 단순 관념들은 그것들의 상이한 등급을 측정할 정확한 척도를 가지고 있지 않습니다." §12 "이런 가시적인 성질들의 차이가 정신에서 명확하게 구별되는 관념들, 예를 들어 파랑의 관념과 빨강의 관념을 충분

히 자극할 수 있을 정도로 클 때, 이 관념들도 수와 연장의 관념들처럼 증명될 수 있습니다."

테오필루스 수학 밖에서도 충분히 주목할 만한 증명의 사례가 있습니다. 그리고 아리스토텔레스는 그런 사례를 그의 『분석론 전서』에서 이미 제공했다고 할 수 있습니다. 실제로 논리학도 기하학만큼 증명 가능합니다. 그리고 기하학자들의 논리학 혹은 논증하는 방식은 유클리드가 비율에 대해서 논할 때, 설명하고 정립했던 것이며 일반 논리학의 확장이거나 특수한 개발이라고 할 수 있습니다. 아르키메데스는 자연학과 관련된 경우에 증명술을 사용한 첫 번째 인물입니다. 우리는 그의 작품들을 가지고 있는데, 그는 『평면의 균형에 관하여』라는 책에서 증명술을 사용했습니다.[22] 더욱이 법률가들도 다수의 좋은 증명을 만들었습니다. 특히 고대 로마 법률가들의 단편은 『유스티니아누스 법전』에 보존되어 있습니다. 저는 다른 작가들보다 이 작가들에 대한 감탄이 충분하지 않다는 라우렌티우스 발라[23]의 견해에 전적으로 동의합니다. 이 저자들은 모두 매우 정확하고 매우 상세하게 이야기하고, 실제로 증명에 매우 가까운 방식으로 추론하고 때로는 완전히 증명의 방식으로 추론하기 때문입니다. 또한 저는 로마인들이 그리스인들로부터 받은 것에 추가한 어떤 중요한 것 중에 법과 무기에 대한 지식 외에 무엇이 있는지 모르겠습니다.

22) Archimedes(B.C. 287~212), *Planorum aequiponderantia seu centra gravitatum planorum, vel de aequiponderantibus*, ed. D. Rivaltus(1615).

23) Laurentius Valla(1407~1457): 이탈리아 인문주의자, 언어학자, 교육자, 이탈리아어 이름인 Lorenzo Valla로도 알려져 있다. 관련된 책은: *De linguae latinae elegantia* libri VI(1526), 3권, 서문.

"로마인이여, 너는 명심하라. 권위로써 여러 민족들을 다스리라.
이것이 너의 기술이 될 것이다. 평화를 관습화하고,
패배한 자들에게 관대하고, 교만한 자들은 전쟁으로 분쇄하도록 하라."[24)]

자신을 설명하는 이 정확한 방식은 『유스티니아누스 법전』의 이 모든 법률가들이, 경우에 따라 시간상으로 서로 상당히 멀리 떨어져 있음에도, 모두를 단 하나의 작가처럼 보이게 합니다. 그리고 글쓴이들의 이름이 발췌본의 머리에 없었다면, 그 법률가들을 구분하기 매우 어려웠을 것입니다. 이것은 유클리드, 아르키메데스 그리고 아폴로니우스, 그들 모두가 다루었던 주제와 관련해서 그들의 증명들을 읽을 때 그들을 구별하기 어려운 것과 마찬가지입니다. 그리스인들은 수학에서 가능한 모든 정확성으로 추론했다는 것과 그들이 인류에게 증명술의 모델을 남겼다는 것을 인정해야 합니다. 바빌로니아인들과 이집트인들이 경험적 기하학보다 조금 더 나은 기하학을 가졌었다면, 적어도 아무것도 남지 않았을 것이기 때문입니다. 하지만 같은 그리스인들이 철학으로 넘어가기 위해 수와 도형에서 단지 조금 멀어지자마자 바로 그토록 쇠퇴한 것은 놀라운 일입니다. 플라톤과 아리스토텔레스에서 (『분석론 전서』를 제외하고) 그리고 다른 모든 고대 철학자들에게서 증명의 그림자를 보지 못하는 것은 기이한 일이기 때문입니다. 프로클로스는 좋은 기하학자입니다. 하지만 그가 철학을 이야기할 때는 다른 사람처럼 보입니다. 수학에서 증명적으로 추론하기가 더 쉬워진

24) Vergilius, *Aeneis*, VI, v. 851~853. 『아이네이스』, 천병희 옮김(2007). "Tu regere imperio populos Romane memento hae tibi erunt artes pacique imponere morem, parcere subjectis, et debellare superbos."

것은 삼단논법의 격에서도 그렇듯이, 대부분의 경험이 매 순간마다 추론을 보장할 수 있기 때문입니다. 하지만 형이상학과 도덕학에서 이 이성과 경험의 평행론은 더 이상 발견되지 않습니다. 그리고 자연학에서 경험은 수고와 비용을 요구합니다. 이제 인간들은 경험의 충실한 안내를 결여할 때, 즉시 그들의 주의력이 느슨해져서 길을 헤매게 됩니다. 이 경험은 그들을 도왔고, 어린아이들이 보행할 때 넘어지는 것을 막아주는, 바퀴로 굴러가는 작은 기계처럼 그들의 발걸음을 지탱했던 것인데 말입니다. 여기에 어떤 '대용물'이 있었습니다. 하지만 그것은 충분히 알려지지 않았고 아직도 알려지지 않은 것입니다. 저는 적당한 때에 그것에 대해서 이야기할 것입니다. 그 밖에 파랑과 빨강은 우리가 그것에 대해서 가진 관념을 통해서 증명에 재료를 제공할 수 없습니다. 그 관념이 혼란스럽기 때문입니다. 그리고 이 색들은 우리가 경험을 통해서 그것들이 어떤 구별되는 관념을 동반하는 것을 발견하는 한에서만 추론에 재료를 제공합니다. 하지만 그때 이 색들의 고유한 관념들과의 연결은 나타나지 않습니다.

§14 **필라레테스** "우리 지식의 두 등급인 **직관**과 **증명** 외에 나머지 모든 것은 **신앙**(foi) 혹은 **의견**(opinion)이고 적어도 모든 **일반 진리**의 관점에서 보면 그것들은 지식이 아닙니다. 그러나 정신은 우리 외부에 유한한 존재의 개별적 현존에 관계하는 다른 지각도 가지고 있습니다. 그것이 **감각적 지식**(connaissance sensitive)입니다."

테오필루스 진실인 듯한 것(le vraisemblable)에 근거를 두는 **의견**도 어쩌면 지식의 이름을 가질 자격이 있습니다. 그렇지 않으면 거의 모든 역사적 지식과 다른 많은 지식들이 없어집니다. 하지만 저는 이름에 대해서는 논쟁하지 않고, **개연성의 등급에 관한 연구**가 매우 중요하고 또 우리에게 아직 결여된 것이라고 주장합니다. 그리고 그것은 우리 논리학의 큰 결점입니다.

사람들이 한 문제를 절대적으로 결정할 수 없을 때에도 항상 '주어진 것에서' 진실인 듯함의 등급을 결정할 수 있었고, 그에 따라서 어떤 쪽이 더 그럴듯한지 합리적으로 판단할 수 있기 때문입니다. 그리고 우리의 도덕론자들이 (제가 생각하는 것은 현재 예수회장[25]같이 가장 지혜로운 자입니다) 가장 확실한 것과 가장 개연적인 것을 맞붙이고 개연적인 것보다 확실한 것을 더 선호할 때, 그들이 실제로 가장 개연적인 것에서 멀어진 것은 아닙니다. 왜냐하면 여기서 **확실성**의 문제는 두려운 악의 부족한 개연성의 문제이기 때문입니다. 이 점에서 소홀했던 도덕론자들의 결함은 대부분 **개연적인** 것에 대해서 너무 제한되고 너무 불충분한 개념을 가졌다는 것입니다. 그들은 이것을 아리스토텔레스의 '**통념**(Endoxe)'[26] 혹은 '**의견이 될 수 있는 것**(opinable)'과 혼동했습니다. 아리스토텔레스는 자신의 『변증론』에서 연설가들이나 소피스트들이 했던 것처럼 다른 사람들의 의견에 맞추려고 했을 뿐입니다. 아리스토텔레스에서 '통념'은 가장 많은 사람들 혹은 가장 권위 있는 사람들이 받아들이는 것입니다. 그가 그의 『변증론』을 이것에 제한한 것은 잘못입니다. 그리고 이런 관점이 그가 거기서 인정된, 대부분 모호한 원칙들에만 집착하도록 만들었습니다. 사람들이 비웃음과 속담으로만 추론하려고 했던 것처럼 말입니다. 하지만 개연적인 것 혹은 진실인 듯한 것은 더 확장되어 있습니다. 그것은 사안의 본성에서 도출해야 합니다. 그리고 권위 있는 사람들의 의견은 한 의견을 진실인 듯한 의견으로 만드는 데 기여할 수 있는 것들 중 하나입니다. 하지만 이것이 진실유사성

25) Thyrso Gonzales, *Theologiae moralis fundamentum*(1694); l'abregé *Synopsis tractatus theologici de recto usu opinionum probabilium, cui accessit logistica probabilitatum*, 3판(1696) 참조.

26) Aristoteles, *Topica*, I, 1, 100b21~23 참조. 『변증론』, 김재홍 옮김(2008).

(verisimilitude)[27]을 모두 완성한 것은 아닙니다. 코페르니쿠스가 거의 자신만의 의견을 가지고 있었을 때, 그 의견은 어쨌든 나머지 모든 인류의 의견보다 비교할 수 없을 정도로 더 **진실인 듯**했습니다. 그런데 저는 **진실유사성을 평가하는 기술**의 정립이 우리의 증명적 학문 대부분보다 더 유용할지에 대해서는 알지 못합니다. 그리고 저는 이 문제에 대해서 여러 차례 생각했습니다.[28]

필라레테스 "**감각적 지식**은 우리 밖에 있는 개별적 존재의 현존을 정립하고 단순한 개연성을 넘어서지만, 우리가 방금 논의한 두 등급의 지식이 갖는 확실성을 갖는 것은 아닙니다. 우리가 외부 대상에게서 받은, 우리의 정신에 있는 관념보다 더 확실한 것은 없습니다. 그리고 이것이 직관적 지식입니다. 하지만 우리가 그것을 넘어 저 관념에 상응하는, 우리 밖에 있는 어떤 사물의 현존을 확실하게 추론할 수 있는지에 대해서, 특정한 사람들은 문제를 제기할 수 있다고 믿습니다. 왜냐하면 그러한 것이 현실적으로 현존하지 않을 때에도 인간들은 그들의 정신에 그러한 관념을 가질 수 있기 때문입니다. 그렇지만 제 입장에서, 저는 우리를 이 의심 이상으로 올리는 명증성의 등급이 있다고 생각합니다. 사람들은 낮에 태양을 바라볼 때 갖는 지각과 밤에 이 별에 대해서 생각할 때 갖는 지각 간에 큰 차이

27) [옮긴이 주] 라이프니츠는 개연성과 관련해서 'vraisemblance', 'probabilité', 'verisimilitude' 세 가지 용어를 사용하고 있는데, 이 용어들이 특별히 개연성의 정도의 차이를 나타내는 것은 아니다. 본문에서 라이프니츠도 이름에 대해서 논쟁하지 않겠다고 한 것이 이렇게 여러 표현을 사용하는 것이 문제는 아니라는 관점에서 나온 것으로 보인다. 그래서 사실상 모두 개연성을 나타내는 말이지만 본래의 의미를 살려 각각 '진실인 듯함', '개연성', '진실유사성'으로 번역했다.

28) [옮긴이 주] 라이프니츠의 개연성에 관한 논리학에 대해서는 다음을 참조. GP VII, 167, 188; III, 259. L. Couturat, *La Logique de Leibniz*, 6장, 32항.

가 있다는 것을 저항할 수 없을 정도로 확신합니다. 그리고 기억의 도움으로 재생된 관념은 현실적으로 감각을 통해서 우리에게 생긴 관념과 상당한 차이가 있습니다. 어떤 이는 꿈이 같은 효과를 만들어낼 수 있다고 말할 것입니다. 저의 첫 번째 대답은 '제가 이 의심을 제거하는 것은 전혀 중요하지 않다.'라는 것입니다. 왜냐하면 모든 것이 꿈이라면, 진리와 지식은 완전히 아무것도 아니기 때문에, 이성적 추론은 소용이 없기 때문입니다. 두 번째로, 제 생각에, 그는 불 속에 있는 꿈을 꾸는 것과 실제로 불 속에 있는 것 간의 차이를 식별할 것입니다. 그리고 그가 계속해서 회의적으로 보인다면, 저는 그에게 말할 것입니다. 즐거움 혹은 고통은 우리에게 사용되는 특정한 대상이 실제인지 꿈 같은 것인지에 따라 달라진다는 것을 확실하게 아는 것으로 충분하다고 말입니다. 그리고 이 확실성은 우리의 행복이나 불행만큼 중대합니다. 우리는 이 둘을 넘어선 것에 대해서는 아무런 관심도 없습니다. 따라서 저는 우리가 지식을 세 종류로 헤아릴 수 있다고 생각합니다. **직관적 지식, 증명적 지식, 감각적 지식.**"

테오필루스 저는 필라레테스 당신이 옳다고 생각합니다. 그리고 저도 이 종류의 **확실성** 혹은 **확실한 지식**에 **진실인 듯한 지식**(connaissance du vraisemblable)을 추가할 수 있다고 생각합니다. 또한 두 종류의 **증거**가 있는 것처럼 두 종류의 **지식**이 있을 것입니다. 하나는 확실성을 생산하고 다른 것은 **개연성**만으로 제한됩니다. 이제 우리 밖에 있는 사물의 현존에 관한 교조주의자들과 회의론자들 간의 논쟁으로 넘어갑시다. 우리는 이것에 대해서 이미 다루었지만 여기서 다시 살펴볼 필요가 있습니다. 저는 예전에 이것에 대해서 디종의 참사원이자 박식하고 섬세한 사람인 고 푸셰 신부[29]와 말과 글로 논쟁했습니다. 그런데 가상디가 에피쿠로스를 다시 무대에 올린 것처럼, 그는 그의 분파를 부활시키고 싶어 해서 그의 학술회원들에 너무 빠져 있었습니다. 그의 『진리 탐구 비판』과 이후 발간된 다른 작은 논고들[30]은 그 저자를 상당히 유명하게 만들었습니다. 제가 수년간의 숙고 끝에 저의 예정 조화의 체계를 대중에게 알렸을 때, 그도 『지식인 저널』에 저의 체계에 반박 글[31]을 실었습니다. 하지만 그의 죽음이 저의 답변에 그가 답하지 못하게 했습니다. 그는 항상 예단을 경계해야 하고 정확성에 주의를 기울여야 한다고 설교했습니다. 하지만 자신이 다른 사람들에게 권고한 것을 자신이 행할 의무로 놓지는 않았는데, 이 점은 충분히 용서할 만하므로 제외하더라도, 그는 사람들이 그것을 결코 행하지 않을 것이라고 의심 없이 확신하고 다른 사람이 그것을 행했을 때 그것에 주목하지 않은 것 같습니다. 그런데 저는 그에게 감각 가능한 사물의 진리는 단지 현상의 연결로 구성된다는 것, 그리고 현상은 근거를 가지고 있어야 하고 그것으로 꿈과 구별된다는 것을 알려주었습니다. 하지만 우리의 현존에 대한 진리와 현상의 원인에 대한 진리는 본성상 다른 것입니다. 그것이

29) [옮긴이 주] Simon Foucher(1644~1696): 프랑스 철학자, 라이프니츠와 많은 서신 교환을 했다. 라이프니츠의 파리 체류 시기(1672-1676)에 토론을 시작했고 그 후 서신을 통해서 토론을 이어갔다.

30) 라이프니츠는 푸셰의 다섯 작품을 읽었다. 그중 넷은 현재 하노버 주립도서관에 모여 있다. Foucher, S. — 1. *Critique de la Recherche de la vérité, où l'on examine en même temps une partie des principes de M. Descartes. Lettre par un académicien*(Paris, 1675). — 2. *Réponse pour la Critique, à la préface du second volume de la Recherche de la vérité*(Paris, 1676). — 3. *Nouvelle Dissertation sur Recherche de la vérité*(Paris, 1679). — 4. *Réponse à la Critique de la Critique de la Recherche de la vérité*, Tl. 1-2(Paris, 1686~1687). — 5. *Dissertation sur Recherche de la vérité ou sur la Philosophie des Académiciens*, Buch I, II(Paris, 1690).; A. Robinet, *Malebranche et Leibniz, Relations personnelles*, 32~34쪽, 71~75쪽 참조.

31) [옮긴이 주] "Objections de M. Foucher, Chanoine de Dijon, contre le nouveau système de la communication des substances, dans une lettre à l'auteur de ce système" 그리고 이에 대한 라이프니츠의 답변: GP IV, 487~493.

실체를 정립하기 때문입니다. 그리고 회의론자들은 너무 멀리 나감으로써, 그리고 직접적인 경험들까지도 그리고 기하학적 진리들까지도 의심하려고 함으로써 그들이 진심으로 말한 것을 변질시켰습니다. 이것은 푸셰 씨도 하지 않은 것입니다. 그리고 다른 이성의 진리까지도 의심을 확장하려고 했는데, 그것은 약간 너무했던 것입니다. 당신에게 다시 돌아가서, 필라레테스, 당신이 보통 감각과 상상 간에 차이가 있다고 말한 것은 합당합니다. 그러나 회의론자들은 더하고 덜하는 것이 종을 변화시키지 않는다고 말할 것입니다. 더욱이 감각이 보통 상상보다 더 생생할지라도, 우리는 다른 사람들이 사물의 진리에 자극받는 것만큼 상상력이 풍부한 사람들이 그들의 상상에 사로잡히거나 아마도 더 사로잡히는 경우가 있다는 것을 압니다. 따라서 저는 감각의 대상에 관한 주제에서 참된 **기준**은 현상들의 연결, 즉 상이한 때와 장소에서 그리고 상이한 인간들의 경험에서 발생하는 것 간의 연결이라고 믿습니다. 그리고 이 사항과 관련해서 인간들은 그들 자신이 서로 매우 중요한 현상들입니다. 그리고 우리 밖에 있는 감각 가능한 사물들에 관해서 **사실의 진리**를 보증하는 현상들의 연결은 **이성의 진리**를 통해서 확증됩니다. 광학 현상들이 기하학에 의해서 해명되는 것처럼 말입니다. 그렇지만 당신도 잘 알다시피, 이 모든 확실성이 최고 등급이 아니라는 것을 인정해야 합니다. 왜냐하면 형이상학적으로 말해서, 인간의 삶처럼 연속적이고 지속적인 꿈이 있다는 것은 불가능하기 때문입니다. 하지만 이 또한 이성에 반하는, 인쇄용 활자가 무질서하게 던져져서 우연하게 만들어진 한 권의 소설일 수 있습니다. 더욱이 현상들이 연결되어 있다면 사람들이 그것을 꿈이라고 부르든 아니든 중요하지 않다는 것도 사실입니다. 왜냐하면 경험은 사람들이 현상들을 이성의 진리에 따라 받아들일 때, 현상에 대해 측정한 기준으로 속지 않는다는 것을 보여주기

때문입니다.[32)]

§15 **필라레테스** "더욱이 관념이 명확하다고 지식이 항상 명확한 것은 아닙니다. 한 사람이 삼각형의 각들과 두 직각의 같음에 대해서 이 세상에 있는 어떤 수학자만큼 명확한 관념을 가지고 있다 하더라도 그 두 관념의 일치에 대해서는 매우 모호한 지각을 가질 수 있습니다."

테오필루스 보통 관념들이 끝까지 철저하게 이해될 때, 그 관념들의 일치와 불일치는 나타납니다. 그럼에도 저는 가끔씩 관념들이 너무 많이 합성되어 있어서 감춰진 것을 펼치는 데 많은 수고가 필요한 경우가 있다는 것을 인정합니다. 이런 관점에서 보면 특정한 일치 혹은 불일치는 더 모호하게 남아 있을 수 있습니다. 당신의 예와 관련해서 제가 지적하는 것은 삼각형의 각들을 상상 속에 넣기 위해서 그것들에 대한 명확한 관념을 가질 필요는 없다는 것입니다. 상상은 예각 삼각형과 둔각 삼각형에 공통적인 상을 우리에게 제공할 수 있습니다. 그래서 이 관념은 상들로 구성됩니다. 그리고 삼각형의 각들을 끝까지 철저하게 이해하는 것이 사람들이 생각하는 것처럼 그렇게 쉽지 않습니다.

32) [옮긴이 주] 실재와 가상의 구별과 관련해서 라이프니츠의 저작 중에 매우 중요하고 훌륭한 저작이 있다. *De methodo distinguendi phaenomena realia ab imaginariis*: GP VII, 319~322쪽.

3장
인간 지식의 범위에 관하여

§1 **필라레테스** "우리의 지식은 우리의 관념을 넘어서지 못합니다." §2 "그 관념들의 일치 혹은 불일치에 대한 지각도 넘지 못합니다." §3 "우리가 항상 사물들을 직접 비교할 수 없기 때문에, 지각은 항상 직관적일 수 없습니다. 예를 들면 하나의 동일한 밑변 위에 있지만 너무나 다른 두 삼각형의 크기 같은 것입니다." §4 "우리가 항상 매개 관념을 발견할 수 있는 것은 아니기 때문에, 우리의 지식도 항상 증명적일 수는 없습니다." §5 "결국 우리의 감각적 지식은 현실적으로 우리의 감관을 자극하는 사물들의 현존과 관계가 있을 뿐입니다." §6 "따라서 우리의 관념만 제한되는 것이 아니라 우리의 지식도 우리의 관념보다 더 제한됩니다. 하지만 만약 인간들이 자신들이 찬성의 의사를 표명한 체계나 자신들이 관여되어 있다고 생각하는 특정한 당파와 이해관계를 방어하기 위해서 거짓을 치장하거나 지지하는 데 사용하는 모든 노력과 근면을 정신의 온전한 자유를 누리면서 진심

으로 진리를 발견하는 수단을 개선하는 데[33] 열중하려고 한다면, 저는 인간의 지식이 더 멀리까지 나아갈 수 있다는 것을 의심하지 않습니다. 그러나 결국 우리의 지식은 우리가 가진 관념과 관련하여 우리가 알고 싶어 하는 것 모두를 결코 포괄할 수 없을 것입니다. 예를 들어 우리는 아마도 사각형과 같은 원을 결코 발견할 수 없을 것이고 그런 것이 있는지 확실하게 알 수 없을 것입니다."

테오필루스 어떤 감각 가능한 성질의 관념같이 우리가 온전한 지식을 약속할 수 없는 혼란한 관념이 있습니다. 그러나 구별된 관념인 경우에는 당연히 모든 것을 기대할 수 있습니다. 원과 같은 사각형과 관련해서, 아르키메데스는 그런 것이 있다는 것을 이미 보여주었습니다.[34] 그 사각형은 면이 반지름과 반원주 간의 기하 평균인 것입니다. 심지어 그는 나선에 접하는 직선을 이용해서 원주와 같은 직선을 정했습니다. 다른 사람들은 이것을 클라비우스가 완전히 만족했던 적분의 일종인, 원적분의 접점으로 정한 것입니다.[35] 원주를 감싸고 나서 확장되는 선이나 사이클로이드 곡선을 그리기 위해 구르고 나서 직선이 되는 원주를 말하는 것이 아닙니다. 어떤 이는 자와 컴퍼스를 이용해서 작도를 해야 한다고 요구합니다. 하지만 기

33) [옮긴이 주] 이 부분에서 라이프니츠의 텍스트에 실수가 있다. 로크의 텍스트뿐 아니라 코스테의 번역도 'perfectionner les moyens de découvrir la vérite'라고 되어 있는데, 라이프니츠는 'trouver les moyens perfectionner la vérite'라고 썼다. 라이프니츠의 실수인 것으로 보여 '진리를 발견하는 수단을 개선하는'이라고 바로잡아 번역했다. 비교한 영어본은 로크의 텍스트대로 수정해서 번역했고, 독일어본은 라이프니츠의 원문대로 번역되어 있다. 그럴 경우는 '진리를 완전하게 하는 수단을 발견하는'이 된다.

34) Archimedes, *Circuli dimensio*, ed. Rivaltus(1615), 128~129쪽.

35) Christoph Clavius(1537~1612), *Euclidis elementorum libri XV*(1574), I권부터 끝까지: *De mirabili natura lineae cujusdam*, §V, *Dato circulo quadratum aequale constituere*; 아르키메데스에 관해서, 660~662쪽.

하학의 문제 대부분은 그 방법으로 작도되지 않습니다. 그보다 이것은 사각형과 원의 비율에 관한 문제입니다. 하지만 이 비율은 유한한 유리수로 표현될 수 없기 때문에, 유리수만 사용하려면 이 같은 비율은 이 수들의 무한급수로 표현되어야 합니다.[36] 저는 이것에 대해서 매우 단순한 방법을 지정했습니다. 이제 사람들은 그 양이 단지 비합리적이거나 더 크게 비합리적인 것일지라도, 이 무한급수를 표현할 수 있는 어떤 유한한 양이 없는지 알고 싶을 것입니다. 즉 이 무한급수의 정확한 축약을 발견할 수 있는지 알고 싶은 것입니다. 하지만 사람들이 비합리적인 양을 넘어간다면, 유한한 표현, 특히 무리수는 그 수를 셀 수 없을 정도로 그리고 가능한 모든 것을 쉽게 결정할 수 없을 정도로 너무나 많은 방식으로 달라질 수 있습니다. 이 비합리성이 보통의 방정식으로 혹은 특별한 방정식으로라도 설명될 수 있었다면, 그렇게 할 수 있는 방법이 될 수 있었을 것입니다. 이 특별한 방정식은 무리수와 미지수 자체를 지수로 놓기 때문에, 큰 계산이 필요하고 그래서 어느 날 이 비합리성에서 빠져나오기 위한 축약을 발견한 것인지 쉽게 결정하지 못합니다. 모든 무한한 표현들을 배제하는 것은 불가능합니다.[37] 제가 그중 몇몇을 알고 있기 때문입니다. 그리고 그중 가장 최상의 것을 정확하게 결정하는 것은 아주 큰일입니다. 그리고 이 모든 것이

36) 무한 수열과 관련하여 라이프니츠는 1673년 다음의 유명한 수열을 발견했다. $\pi/4=1/1-1/3+1/5-1/7$ ……; 1674년 11월 7일, 하위헌스가 라이프니츠에게 보낸 서신(Ch. Huygens, *Oeuvres compl*. VII, 393~395) 참조. [옮긴이 주] 이 주제와 관련하여 라이프니츠의 대표적 저작은 다음을 참조할 수 있다. *De quadratura arithmetica circuli, ellipseos et hyperbolae*, GM V, 93쪽 이후; *De vera proportione circuli ad quadratum circumscriptum in numeris rationalibus*, GM V, 118쪽 이후.

37) [옮긴이 주] 원문은 '유한한 표현'이다. 카시러는 이 부분에서 GM V, 120쪽을 참고하여 '무한한 표현'으로 수정했는데, 역자도 무한한 표현이 더 적합하다고 보아 독일어 번역에 따라 '무한한 표현'으로 고쳐 번역했다. 카시러의 독일어 번역본 주 275 참조.

보여주는 것은, 특히 무한이 개입되어 있을 때, 인간 정신은 매우 기이한 문제를 제기하고 그것을 해결하는 것이 얼마나 어려운 일인지에 대해서는 놀라지 않는다는 것입니다. 이런 기하학적 문제에서 모든 것은 종종 사람들이 매번 약속할 수 없는 축약에 의존하는데, 이것은 분수를 매번 더 적은 항으로 환원할 수 없거나 수의 약수를 찾을 수 없는 것과 완전히 같은 것입니다. 사실 가능할 때에는 이 약수를 항상 찾을 수 있습니다. 그 수들을 세는 것이 유한하기 때문입니다. 하지만 조사해야 하는 것이 무한하게 변경 가능하고 점점 더 올라갈 때, 사람들은 원할 때 그것의 주인이 될 수 없습니다. 그리고 축약이나 더 이상 진전시킬 필요가 없는 수열의 규칙에 이르는 방법을 실험하기 위해서 필요한 모든 것을 하는 것은 매우 어렵습니다. 그리고 효용이 수고에 상응하지 않기 때문에, 시간이 지나면 개선될 수 있는 준비와 접근 방법으로 수고와 지루함이 줄어들 때 성공을 누릴 수 있도록 후대를 위해 남겨두었습니다. 기회가 있을 때마다 이 연구에 몰두한 사람들이 앞으로 더 나아가기 위해서 필요한 것을 정확하게 하려고 했을 때도 짧은 시간에 큰 진전을 기대할 수 없는 것은 아닙니다. 그리고 모든 것이 다 될 것으로 상상해서는 안 됩니다. 보통의 기하학에서조차 문제가 조금만 복합적이면 **최적의 구성**을 결정할 방법이 없기 때문입니다. 더 나은 성공을 위해서 종합의 특정한 진전은 우리의 분석과 함께 혼합되어야 합니다. 그리고 저는 얀 더빗이 이 주제에 관해 어떤 성찰을 했다고 들은 기억이 있습니다.[38)]

필라레테스 “또 다른 문제는 **어떤 순수하게 물질적인 존재자가 생각하는지 생각하지 않는지** 아는 것입니다. 우리가 **물질**의 관념과 **생각**의 관념을 가

38) Jan de Witt(1625~1672), *Elementa linearum curvarum*(1659).

지고 있어도, 어쩌면 우리는 결코 그것을 알 수 없을 것입니다. 그 이유는 우리 자신의 관념을 숙고함으로써 신이 적절하다고 본 대로 배열된 특정한 물질의 축적에 지각하고 생각하는 **힘**을 **부여**하지 않았는지, 아니면 그렇게 배열된 물질에 생각하는 비물질적 실체를 결합하고 연결하지 않았는지에 대해서는 계시가 없으면 발견할 수 없기 때문입니다. 우리 개념의 관점에서 보았을 때, 신은 자신이 원하면, 물질에 대한 우리의 관념에 생각하는 능력을 추가할 수 있다는 것을 파악하는 일이 신이 그 관념에 생각하는 능력을 가지고 있는 다른 실체를 연결한다는 것을 이해하는 일보다 더 어려운 것은 아니기 때문입니다. 왜냐하면 우리는 **생각이 무엇으로 이루어져 있는지** 모르고, 이 전능한 존재가 창조자의 **선의**(bon plaisir)와 호의에 의해서만 피조물에 주어질 수 있는 이 **능력**을 어떤 종류의 실체에 **허락하는** 것이 적절하다고 보았는지 모르기 때문입니다."

테오필루스 이 문제는 의심의 여지없이 앞의 문제보다 비교할 수 없을 정도로 더 중요합니다. 하지만 저는 필라레테스 당신에게 감히 저의 바람을 말합니다. 제가 이 문제를 해결하는 것이 우리의 능력에 있다고 믿는 것처럼, 영혼을 올바르게 이끌도록 자극하고 신체의 병을 치료하는 것도 쉬웠으면 하는 바람 말입니다. 저는 당신이 적어도 제가 **겸손함을 유지한 채** 그리고 적절한 근거도 없이 **거만하게 말하지 않고** 그것을 더 진전시킬 수 있다는 것을 인정하기를 기대합니다. 왜냐하면 저는 인정되고 공통적인 견해에 따라 이야기할 뿐만 아니라 제 생각에, 저는 이 문제에 비범한 주의를 기울이기도 했기 때문입니다. 먼저 저는 사람들이 **생각**과 **물질**에 대해서 보통 때처럼 혼란한 관념만을 가지고 있을 때, 그런 문제를 해결할 방법을 알지 못하는 것이 놀라운 일은 아니라는 것에 대해서 필라레테스, 당신에게 동의합니다. 제가 잠시 전 지적했던 것처럼, 삼각형의 각들에 대한 관념을 일반적으로 사람들이 갖는 방식으로만 가지고 있는 사람은 그 것이 항상 두 직각과 같다는 것을 결코 발견하지 못할 것입니다. **완전한 존재자**로 간주되는 **물질**은 (즉 순수하게 수동적인 어떤 것이고 따라서 불완전한 **제1물질**에 반대되는 **제2물질**은) 단지 하나의 축적이거나 축적에서 유래한 것이라는 것, 그리고 모든 **실재적 축적**은 **단순 실체들** 혹은 **실재적 일체들**을 가정한다는 것을 고찰해야 합니다. 그리고 또 이 실재적 일체들, 즉 지각과 그것의 잇따른 연결의 본성이 무엇인지 고찰할 때, 말하자면 다른 세계로 이동합니다. 즉 이전에는 **감관의 현상들**(phenomenes des sens) 속에만 있었던 것에 반해 **실체들을 이해할 수 있는 세계**(monde intelligible des substances)로 이동합니다. 그리고 이 물질의 내부에 대한 지식은 물질이 자연적으로 어떤 능력을 가지고 있는지 충분히 알려줍니다. 그리고 신이 매번 물질에 이성적 추론을 표현하는 데 적합한 기관을 부여할 때마다 이성적으로 추론하는 비물질적 실체가 물질에 부여되는 것도 잊지 않을 것입니다. 이것은 실체들이 자연적으로 잇따라 연결되어 있는 조화 덕분입니다. 물질은 비물질적 실체들 없이, 즉 일체들 없이 존속할 수 없습니다. 따라서 이 일체들을 물질에 부여하거나 부여하지 않는 것이 신의 자유인가라는 질문을 더 이상 해서는 안 됩니다. 그리고 그 실체들이 제가 방금 말한 그들 간의 일치나 조화를 갖지 않는다면, 신은 자연적 질서에 따라 행하지 않는 것입니다. 사람들이 능력을 **부여한다**거나 **허락한다**고 완전히 단순하게 말할 때, 그것은 스콜라 철학의 **벌거벗은 능력**으로 되돌아가는 것이고 비둘기 집에 들어갔다 나왔다 할 수 있는 비둘기같이 존속하는 작은 존재자를 상상하는 것입니다. 이것은 생각 없이 실체를 만드는 것입니다. **근원적 힘**(puissances primitives)은 실체 자체를 구성하고 **파생적 힘**(puissances derivatives), 당신이 원한다면, 능력은 단지 **존재 방식**(façon d'etre)일 뿐입니다. 이 존재 방식은 실체에서 나와야 하며 물질에서 나오지 않습니다. 이 물질이 단지 기계인 한에서, 즉 사람들이 추상을 통해서 제1물질 혹은 완전히 순수한 수동의 **불완전한 존재**만을 고찰하는 한에서는 말입니다. 제 생각에, 필라레테스 당신은 지각, 감각, 이성이 생겨나게 하는 것이 완전히 벌거벗은 기계의 힘이 아니라는 것에 동의합니다. 따라서 이것들은 어떤 다른 실체적인 것에서 생겨야 합니다. 신이 다르게 활동하고 사물들에게 실체에서 나온 **존재 방식**이나 변용이 아닌 우연적 속성을 부여하기를 원하는 것은 기적에 호소하는 것이고, 스콜라 철학에서 **복종의 힘**이라고 부르는 것에 호소하는 것입니다. 이런 것은 특정 신학자들이 지옥불이 분리된 영혼을 불태운다고 주장할 때처럼 일종의 초자연적 증진에 의해서 가능합니다. 이 경우 사람들은 심지어 활동하는 것이 불인지 그리고 신이 불을 대신해 활동하면서 같은 결과를 만들었는지 의심할 수 있습니다.

필라레테스 당신의 해명에 저는 약간 놀랐습니다. 저는 우리 지식의 경계에 대해서 말하려고 했는데 당신은 상당히 많이 앞서 나갔습니다. 제가 당신에게 말하려고 한 것은, "신학자들이 이야기하는 것처럼, 우리는 **환상을 보는 상태**에 있는 것이 아니라는 것입니다. 우리는 많은 사물들에 대해서 그리고 특히 **영혼의 비물질성**과 관련해서 신앙과 개연성에 만족해야 합니다. 도덕과 종교의 모든 위대한 목적은 철학에서 이끌어낸 이 비물질성의 증거의 도움을 받지 않아도 충분히 견고한 토대 위에 정립되어 있습니다. 그리고 이생에서 우리를 감각능력을 가진 지성적 존재자로서의 삶을 시작하게 하고 여러 해 동안 이 상태를 유지하게 한 이는 다음 생에서도 이와 같은 감각능력을 향유하게 해서 인간들이 이생에서 행했던 바에 따라 그가 인간들에게 마련해놓은 응보를 받을 수 있게 할 수 있고 또 그렇게 하려고 할 것임이 명백합니다. 결국 이를 통해서 영혼의 비물질성에 대한 찬성과 반대를 결정할 필요가, 자신의 견해에 과도한 열정을 가진 사람들이 그것을 설득하려고 했던 것처럼 중대한 것은 아니라고 판단할 수 있을 것입니다." 저는 이 모든 것을 당신에게 말하고 또 이런 의미에서 조금 더 말하려고 했습니다. 하지만 지금 저는 우리가 자연적으로 감각할 수 있고 생각하고 불멸한다고 말하는 것과 우리가 기적에 의해서 그렇다고 말하는 것에 어떤 차이가 있는지 압니다. 제가 알기로, 영혼이 비물질적이지 않을 때, 실제로 기적을 인정해야 합니다. 그러나 이 기적에 대한 견해는 근거가 없을 뿐만 아니라 많은 사람들의 정신에 충분히 좋은 영향을 미치지도 않을 것입니다. 또한 당신이 사물을 받아들이는 방식으로 환상을 보는 상태를 향유할 필요도 없이 그리고 더 탁월한 사람들의 모임에 소속될 필요도 없이 현재의 문제에 대해서 이성적으로 해결할 수 있다는 것도 저는 잘 압니다. 더 탁월한 사람들은 사물의 내부 구성으로 더 깊이 들어가고, 그들의 생생하고 날카로운 시각과 넓은 지식의 장은 우리를 추측에 따라 그들이 향유해야 하는 어떤 행복을 상상하도록 만들 수 있습니다. 저는 "**감각을 연장된 물질과 연결하고 현존을 연장을 절대 갖지 않는 사물과 연결하는 것**이 우리의 지식을 전적으로 넘어선 것"이라고 믿었습니다. "그래서 저는, 이 문제에서 특정 사람들의 비이성적 방법에 따라 한쪽 편을 드는 사람들이 한쪽 면에서만 고찰된 사물을 이해할 수 없다는 것을 알기 때문에, 전혀 이해 불가능함에도 황급히 반대편으로 자신을 던지게 된다는 것을 확신했습니다. 제 생각에 이것은, 말하자면 정신이 물질에 너무 깊이 빠져 있는 어떤 사람은 물질적이지 않은 것에 어떤 현존도 허락할 수 없고, 생각이 물질의 자연적 능력에 포함되어 있다고 보지 않는 다른 사람은 이로 인해 신조차도 고체인 실체에 어떤 비물질적 실체를 넣지 않으면 생명과 지각을 부여할 수 없다는 결론을 내리기 때문입니다." 반면에 저는 지금 신이 그렇게 했다면 그것은 기적을 통해서 했으리라는 것을 압니다. 그리고 영혼과 신체의 합일 혹은 **감각과 물질의 연결**에 대한 이 이해 불가능성은 당신의 상이한 실체들 간의 **예정된 일치의 가설**에 의해서 중단될 수 있을 것 같습니다.

테오필루스 이 새로운 가설에 실제로 이해 불가능한 것은 없습니다. 왜냐하면 이 가설은 영혼과 신체에게 단지 우리가 우리 자신에서 그리고 이 영혼과 신체에서 경험하는 변용만을 부여하고, 이 영혼과 신체를 지금까지 사람들이 믿던 것보다 더 규칙적이고 더 연결된 것으로 정립하기 때문입니다. 남아 있는 문제는 소리를 보려고 하고 색을 들으려고 하는 것처럼 단지 **이해할 수 있는** 것을 **상상**하려고 하는 사람들과 관계가 있습니다. 그리고 이들은 **연장되지 않은 모든 것에 대해서 현존을 거부하는** 사람들입니다. 그러면 이들은 신 자신에 대해서도 현존을 거부해야 할 것이고, 이것은 곧 원인과 변화의 근거 그리고 이 특정한 변화의 근거를 포기하는 것입니다. 이 근거는 연장에서 그리고 순수하게 수동적인 본성에서 나올 수 없고, 또한 전적으로 최고 실체의 순수하고 보편적인 현실태(l'acte) 없는 특수한 하위의 능동적 본성에서 나올 수도 없기 때문입니다.

필라레테스 저는 사물과 관련해서 그것의 물질이 자연적으로 갖는 수용능력에 대해서 이의가 있습니다. "우리가 물체를 한 물체에 부딪치고 영향을 줄 수 있는 것으로만 이해하고 운동은 운동 외에 다른 것을 산출할 수 없다고 이해하는 한, 그래서 물체가 쾌락이나 고통을 산출한다거나 색이나 소리의 관념을 산출한다는 것을 인정할 때, 우리가 우리의 이성을 포기하고 우리 자신의 관념들을 넘어서는 것처럼 보이고 이 산출이 단지 우리 창조자의 선의 덕분이라고 여길 수밖에 없는 것처럼 보입니다. 그러니 우리는 무슨 근거로 지각이 물질에서 그와 같은 방식으로 산출되지 않는다는 결론을 내릴 수 있겠습니까?" 저는 사람들이 이 질문에 어떻게 답할지 대략적으로 압니다. 그리고 당신이 이미 여러 차례 이 문제에 대해서 말했지만, 저는 예전보다 지금 테오필루스 당신을 더 잘 이해합니다. 그렇지만 저는 당신이 이 중요한 기회에 그 문제에 대해서 답하는 것을 다시 한 번 더 듣는다면 매우 기쁠 것입니다.

테오필루스 필라레테스, 당신이 잘 판단한 것처럼 저는 물질이 우리에게 쾌락, 고통 혹은 감각을 산출할 수 없다고 말할 것입니다. 물질에서 일어나는 일에 맞춰서 이것들을 산출하는 것은 영혼 자신입니다. 근대 철학자들 중 몇몇 유능한 사람들[39]은 기회 원인을 제가 이해하는 것처럼 이해한다고 선언하기 시작합니다. 이제 이렇게 가정하고 보면, 우리가 우리의 혼란한 지각에 들어 있는 모든 것을 분간할 수 없다는 것을 제외하고 이해할 수 없는 것은 없습니다. 이 혼란한 지각은 그 자체로 무한하게 많고 신체에서 일어나는 세부적 일들에 대한 표현입니다. 그리고 창조자의 선의에 관해서는, 그것이 사물의 본성에 따라 규정된다고 말해야 합니다. 그래서 그는 사물의 본성에 일치하는 것 그리고 사물의 본성으로 설명될 수 있는 것, 적어도 일반적으로 설명될 수 있는 것만 산출하고 보존합니다. 왜냐하면 그 수가 많다는 것 외에 이해하기 어려운 것이 전혀 없더라도 모래 더미같이 많은 곡식들을 형태에 따라 분류하는 수고와 역량처럼 세부적인 것은 종종 우리의 능력을 넘어서기 때문입니다. 다른 관점에서, 만약 이 지식이 그 자체로 우리의 인식능력을 넘어선다면, 그리고 우리가 영혼과 신체의 관계에 대한 근거를 일반적으로 이해할 수조차 없다면, 끝으로 신이 사물들에 그

39) 여기서 몇몇 유능한 사람들이란 벨(P. Bayle)과 라미(F. Lamy)를 가리킨다. A. Robinet, *Malebranche et Leibniz, Relations personnelles*, 362~378쪽 참조.

들의 본성에서 떨어진, 따라서 이성 일반에서 떨어진 우연적 힘을 부여했다면, 이것은 어떤 정신도 이해할 수 없는 **너무나 불가사의한 성질**로 되돌아가기 위한 뒷문일 것이고 이성적으로 설명할 수 없는 능력을 가진 작은 도깨비일 것입니다.

"그리고 모든 게으른 학파가 마음속으로 그리는 것이"[40)]

극장의 신처럼, 아마디스의 요정처럼 나타나서 철학자들이 원하는 모든 것을 방식도 도구도 없이 필요할 때마다 행하는 구원의 도깨비입니다. 그러나 기원(起源)을 신의 선의로 여기는 것은 최고의 이성을 가진 이에게 너무나 부적절해 보입니다. 그에게 모든 것은 규칙적이고 연결되어 있습니다. 신의 능력과 지혜 간에 항구적인 평행성이 없다면, 그 선의는 **선하지도 뜻에 맞지도 않을** 것입니다.

§8 **필라레테스** "**동일성**과 **상이성**에 관한 우리의 지식은 우리의 관념과 범위가 같습니다. 하지만 우리 관념의 연결에 대한 지식은" §9, 10 "하나의 동일한 대상에서 그 관념의 **공존**과 관련해서는 매우 불완전하고 거의 무의미합니다." §11 "특히 색, 소리, 맛 같은 제2성질과 관련해서." §12 "왜냐하면 우리는 제2성질과 제1성질의 연결에 대해서 알지 못하기 때문입니다." §13 "즉 그것들이 어떻게 크기, 형태, 운동에 의존하는지 알지 못하기 때문입니다." §15 "우리는 이 제2성질들의 양립 불가능성에 대해서는 조금 더 압니다. 예를 들어 한 대상은 동시에 두 색을 가질 수 없기 때문입니다. 오팔에서 그리고 **신장 나무**(lignum nephriticum)[41)] 용액에서 이 두 색이 보이는

40) "Et quicquid Schola finxit otiosa": 출처 미확인.

것 같을 때, 그것은 대상의 다른 쪽 편에서 본 것입니다." §16 "그것은 물체의 능동적 힘과 수동적 힘에도 마찬가지로 적용됩니다. 이 경우 우리의 연구는 경험에 의존해야 합니다."

테오필루스 감각 가능한 성질에 대한 관념은 혼란하고, 그 관념을 산출하는 힘도 결과적으로 혼란함이 포함되어 있는 관념만을 제공합니다. 따라서 이 혼란한 관념이 동반하는 구별된 관념으로 환원하는 한에서, 이 관념들의 연결을 경험을 통하지 않고 다르게 인식할 수 없습니다. (예를 들어,) 사람들이 무지개와 프리즘의 색에 대해서 했던 것처럼 말입니다. 그리고 이 방법은 물리학에서 매우 유용한 분석의 어떤 시초를 제공하며, 그것을 계속해서 수행하다 보면, 저는 의학도 시간이 지남에 따라 주목할 만한 진보를 이룰 것이라고 확신합니다. 특히 대중이 지금보다 조금 더 관심을 가질 때 말입니다.

§18 **필라레테스** "관계에 대한 지식과 관련해서, 이것은 우리 지식 중에서 가장 넓은 영역이고 그것이 어디까지 확장될 수 있을지 결정하기 어렵습니다. 진보는 매개 관념을 발견하는 통찰력에 달려 있습니다. **대수학**을 모르는 사람은 이 학문에 의해 이 종류로 만들어질 수 있는 놀라운 것들을 상상할 수 없습니다. 그리고 저는 통찰력 있는 정신에 의해서 발견될 수 있는 우리 지식의 다른 부분들을 완전하게 할 어떤 새로운 방법을 결정하는 것이 쉬울지 모르겠습니다. 적어도 양에 대한 관념이 증명할 수 있는 유일한 관념은 아닐 것입니다. 아마도 **우리 숙고의 가장 중대한 부분**을 구성하는 다른 관념들이 있을 것입니다. 악덕, 정념, 지배적 이해관계가 그런 계획을 수행하는 데 직접적으로 반대되지 않는다면, 사람들은 그 부분에서

41) [옮긴이 주] 두 종의 나무에서 추출한 전통적 이뇨제.

확실한 지식을 도출할 수 있습니다."

테오필루스 필라레테스, 당신이 여기서 말한 것보다 더 참된 것은 없습니다. 저는 우리가 다음 주제에 관해서 규명했다고 생각합니다. 즉 실체의 본성, 단일성과 다수성, 동일성과 상이성, 개체의 구성, 빈 공간과 원자의 불가능성, 응집력의 기원, 연속성의 법칙, 그리고 다른 자연의 법칙 말입니다. 하지만 주요한 것은 사물의 조화, 영혼의 비물질성, 영혼과 신체의 합일, 영혼의 보존, 그리고 죽음을 넘어서는 동물의 보존에 관한 것입니다. 이것이 참일 경우, 이것보다 더 중요한 것이 어디 있겠습니까? 그리고 저는 이 모든 것에 증명되지 않는 것과 증명될 수 없는 것은 없다고 생각합니다.

필라레테스 **당신의 가설**이 매우 잘 연결되어 있고 대단히 단순해 보이는 것은 사실입니다. 프랑스에서 이 가설을 거부하려 했던 한 박식한 사람이[42] 많은 영향을 받았다는 것을 공공연하게 인정합니다. 그리고 그 단순성은 대단히 풍부해 보입니다. 이 학설을 더 널리 알리는 것이 좋겠습니다. 하지만 제가 **우리에게 가장 중요한 것**에 대해서 이야기할 때, 저는 도덕에 대해서 생각했습니다. 저는 당신의 형이상학이 도덕에 훌륭한 토대를 제공한다는 것을 인정합니다. 하지만 당신의 자연 신학 같은 것이 기준이 아닐 때, (제 기억에 따르면, 당신이 지적한 것처럼) 도덕의 토대가 그렇게 멀리까지 확장되지 않겠지만 그렇게 깊이 파고들지 않아도 도덕의 토대는 충분히 견고합니다. 하지만 이 생의 이익에 대해서 고찰하는 것만이 이미 인간 사회를 통제하기 위한 중요한 결론을 정립하는 데 사용됩니다. "사람들은 수학에서처럼 이론의 여지없이 정당과 부당에 대해서 판단할 수 있습니다. 예를

42) Fr. Lamy, *De la connaissance de soi-même*(1694~1698), 2부.

들어 '**소유권이 없는 곳에 부당이 있을 수 없다.**'라는 명제는 유클리드의 어떤 증명처럼 확실합니다. **소유권**이 특정 사물에 대한 권리이고 **부당**은 권리의 침해이기 때문입니다. 이것은 '**어떤 정부도 절대적 자유를 허용하지 않는다.**'라는 명제에도 똑같이 적용됩니다. **통치**는 특정한 법의 제정이고 그 법의 실행을 요구하기 때문입니다. 그리고 **절대적 자유**는 각 사람들이 원하는 것을 모두 할 수 있는 힘입니다."

테오필루스 사람들은 **소유권**이라는 말을 보통 때와 약간 다르게 사용합니다.[43] 왜냐하면 그들은 사물에 대한 한 사람의 권리를 다른 사람의 권리 배제와 함께 이해하기 때문입니다. 따라서 모든 것이 공동의 것일 때처럼 소유권이 없다면 부당도 절대 없을 것입니다. 소유권의 정의에서 당신은 사물을 행위가 포함된 것으로 이해해야 합니다. 그렇지 않으면 사물에 대한 권리가 없을 경우, 인간들이 필요할 때 행동하는 것을 방해하는 것은 항상 부당한 것이 되기 때문입니다. 하지만 이 설명에 따르면 소유권이 없다는 것은 불가능합니다. 정부와 절대적 자유의 양립 불가능성과 관련해서, 그것은 파생 명제에 속합니다. 즉 그것은 주목을 받는 것으로 충분합니다. 법률학에는 더 복잡한 것이 있습니다. 예를 들어 조건들과 다른 많은 문제들에 관한, **생존자의 권리**[44]라고 부르는 것에 관한 것입니다. 그리

43) [옮긴이 주] 라이프니츠의 보편정의론(justitia universalis)에서 소유권은 '엄격한 권리(jus strictum)'에서 유효할 수 있는 가장 하위 단계의 정의이다. 이와 관련하여 *Méditiation sur la notion commune de la justice*, in: *Mittheilungen aus Leibnizens ungedruckten Schriften*, hrsg. Georg Mollat(Leipzig, 1893), 41~70.("*Rechtsphilosophisches aus Leibnizens ungedruckten Schriften*(Leipzig, 1885), 56~81."의 개정판).

44) [옮긴이 주] 'Jus accrescendi'는 로마법에서 유산 상속 시 공동상속자의 제거로 유산이 한 상속자에게 귀속되어 그 상속자의 유산이 증가해서 생기는 권리를 가리킨다. 영어본도 독일어본도 이 말을 번역하지 않고 라틴어로 표기했다. 말 그대로 보면 '증대권'이나 '추가취득권' 정도로 번역할 수 있지만 현대적 관점에서 보면 유산의 공동소유 상황에서 생존자의 권리

고 저는 청년 시절에 **조건들에 관한 논문**[45]을 출판할 때, 몇몇 파생 명제들을 증명해 보였습니다. 그리고 제가 여유가 있다면 그것을 다시 한 번 다뤄볼 것입니다.

필라레테스 그것은 호기심 많은 사람을 기쁘게 할 것이고, 수정하지 않고 재발간할 수 있는 사람이 선점하도록 제공될 것입니다.

테오필루스 제가 이미 불평했던 것처럼, 그런 일이 저의 『조합법』[46] 출간에 일어났습니다. 그것은 저의 첫 번째 청년기 성과물이었습니다. 하지만 사람들은 몇 년 후 저에게 문의하지도 않고 두 번째 판이라는 것조차 표기하지 않고 그것을 재발간했습니다. 제가 나이가 들었을 때, 그 작품을 출판할 수 있을 것이라고 몇몇 사람들을 믿게 만든 것이 저에게 피해였습니다. 왜냐하면 거기에는 제가 아직도 인정하는 몇몇 중요한 생각들이 있지만 단지 젊은 학생에게나 어울릴 만한 생각들도 있기 때문입니다.

§19 **필라레테스** "저는 도형이 말의 불확실성에 대한 중대한 대책이라고 봅니다. 그리고 이것은 도덕관념에서는 일어날 수 없는 것입니다. 더욱이 도덕의 관념은 보통 수학에서 고찰되는 도형보다 더 복합적입니다. 따라서 정신은 도덕관념에 포함되어 있는 것의 정확한 조합들을 긴 연역이 필요할 때, 필요한 만큼 완전하게 보존하기 어렵습니다. 그리고 산술학에서 상이한 항목들을 그 의미가 정확하게 알려지고 계속해서 시각에 남아 있는 표지를 통해서 지칭하지 않으면, 긴 계산을 하는 것은 거의 불가능할 것입

를 가리켜 생존자권으로 번역했다.

45) 조건들에 관한 논문은 *Disp. jur. de conditionibus*(1665); *Disp. jur. posterior de conditionibus*(1665). 이 논문들은 1672년 *Specimina juris*로 발간되었다.

46) *Dissertation de arte combinatoria*(1666). 1690년 H. C. Cröker에 의해서 프랑크푸르트에서 재발간.

니다.” §20 “정의는 사람들이 그것을 도덕에서 계속적으로 사용한다는 전제하에서 어떤 대책이 될 수 있습니다. 그리고 그 밖에 다른 어려움들을 벗어나기 위해서 **대수학**이나 이런 종류의 다른 어떤 수단이 제안할 수 있는 방법에 어떤 것이 있는지 예견하는 것은 쉽지 않습니다.”

테오필루스 예나의 수학자인 고 에르하르트 바이겔[47]은 튀링겐에서 재주 좋게 도덕적 대상들을 표현하는 도형을 발명했습니다. 그리고 그의 제자인 고 사무엘 푸펜도르프[48]가 자신의 『보편 법학의 원리』를 바이겔의 생각에 정확하게 맞춰서 출판했을 때, 예나 판본에 이 수학자의 『도덕적 구에 관하여』가 첨부되었습니다. 하지만 이 도형은 대중에 덜 알려져 있음에도, 거의 ‘케베스의 그림판’[49] 같은 일종의 비유이고, 증명적 지식을 획득하기 위한 판단보다는 관념들을 보존하고 분류하기 위한 기억에 더 도움이 됩니다. 이 도형은 정신을 깨우는 데에도 쓸모가 있습니다. 기하학적 도형은 도덕적 대상보다 더 단순해 보입니다. 그러나 기하학적 도형이 단순하지는 않습니다. 연속은 무한을 포함하고 무한에서 선택해야 하기 때문입니다. 예를 들어 삼각형을 서로 교차하는 두 직선으로 4개의 동일한 부분으로 자르는 것은 단순해 보이지만 상당히 어려운 문제입니다. 도덕의 문제들이 오직 이성에 의해서만 결정될 때, 거기에는 이와 같은 문제는 없습니다. 게다가 여기는 ‘증명적 학문의 경계를 확장하는’ 문제에 대해서 논의하는 자

47) [옮긴이 주] Erhard Weigel(1625~1699): 독일 수학자, 천문학자, 철학자, 예나 대학의 수학 교수, 라이프니츠가 예나에 체류하던 시기(1663) 그의 수학 교수였다. 여기서 언급되는 책은 *De sphaera morali*이다.

48) Samuel Pufendorf(1632~1694): 독일의 자연권 철학자, 근대 이성법 이론의 창시자, *Elementa jurisprudentiae universalis*(La Haye, 1660; Jena, 1669).

49) ‘Table de Cebes’: Epictetos, *Enchiridium una cum Cebetis Thebani Tabula*(1670). 케베스는 플라톤의 대화 『파이돈』에 등장하는 소크라테스의 제자이다.

리가 아니고 지금까지 그 경계가 수학의 영역과 거의 같았던 이전의 경계를 넘어 증명술을 확장하는 참된 방법을 제안하는 자리가 아닙니다. 만약 제가 어느 날 이 방법을 위한 어떤 시도를 보여줄 수 있을 만큼의 시간을 신이 저에게 준다면, 규정에 저를 제한하지 않고 그 방법을 실제로 활용할 것입니다.

필라레테스 테오필루스, 당신이 만약 그 계획을 필요한 만큼 실행한다면, 저와 같은 필라레테스들에게, 즉 진심으로 진리를 인식하고 싶어 하는 사람들에게 무한한 은혜를 베푸는 것입니다. "진리는 자연적으로 정신을 기쁘게 하는 것입니다. 그리고 진리에는 비정상적인 것이 없고 거짓말처럼 지성과 양립 불가능한 것도 없습니다. 부와 권력에 대한 욕망이나 존중이 사람들을 유행으로 인정받은 견해들을 신봉하게 하고 뒤이어 그 견해를 좋은 것으로 만들거나 분칠하고 그것의 결함을 가리기 위한 논증을 찾도록 이끄는 한, 사람들이 이 발견에 매우 전념하는 것을 기대해서는 안 됩니다. 그리고 다양한 당파들이 그들의 힘이 작용할 수 있는 모든 이들에게 그 견해가 참인지 거짓인지 검토하지도 않고 그들의 견해를 받아들이게 하는데, 도덕에 속하는 학문들에서 사람들이 어떤 새로운 빛을 기대할 수 있겠습니까? 주의 등불이, 모든 인간의 힘으로도 완전하게 꺼버릴 수 없는 성스러운 빛이 인간의 정신에 그 자체로 현재하지 않았다면, 속박하에 있는 인류의 이 일부는 세상 대부분의 장소에서 빛 대신에 이집트의 암흑같이 짙은 암흑을 기다려야 했을 것입니다."

테오필루스 저는 더 평온한 어느 때 혹은 어떤 나라에서 인간이 이전보다 더 이성적이 될 것이라는 희망을 버리지 않습니다. 왜냐하면 실제로 어떤 희망도 버려서는 안 되기 때문입니다. 그리고 인류에게는 좋은 쪽으로의 큰 변화와 나쁜 쪽으로의 큰 변화가 예정되어 있지만 저는 결국 나쁜 쪽보다는 좋은 쪽으로 더 많이 변화할 것이라고 믿습니다. 어느 날 사람들이 고대 아시리아의 왕이나 이집트의 왕처럼 혹은 또 다른 솔로몬 왕처럼 오랫동안 평화롭게 통치한 어떤 위대한 군주를 본다고 가정해봅시다. 그리고 덕과 진리를 사랑하고 포용력 있고 건실한 정신을 가진 이 군주는 인간을 더 행복하게 하고 그들이 더 화합하도록 하고 자연에 대해서는 더 많은 힘을 사용하도록 만들려는 생각을 가지고 있다고 가정해봅시다. 몇 년 후에 어떤 경이로운 일이 일어나지 않을까요? 이 경우 일들이 보통의 속도로 진행된다면, 백 년이나 천 년 동안 이루어질 일보다 십 년 동안 이루어질 일이 확실하게 더 많을 것이기 때문입니다. 하지만 이런 일이 없어도 한번 길이 열리면 많은 사람들이 그 길로 들어설 것입니다. 기하학자들에게 그 길이 단지 즐거움을 위한 길이고 영광을 얻기 위한 길인 것처럼 말입니다. 더 문명화된 대중은 어느 날 지금까지 했던 것보다 더 의학의 진보 쪽으로 바뀔 것입니다. 모든 나라에서 역서나 메르쿠르 갈랑[50] 같은 자연사를 발간할 것입니다. 사람들은 좋은 관찰을 모두 기록할 것이고, 좋은 관찰에 전념하는 사람들을 지원할 것이고, 그런 관찰을 하는 기술을 개선하고 경구를 정립하는 데 그 관찰을 사용할 것입니다. 좋은 의사의 수가 늘어나는 때가 있을 것이고 수요가 감소할 특정 직업을 가진 사람의 수가 그에 따라 감소할 때가 있을 것입니다. 그래서 대중은 자연의 탐구와 특히 의학의 발전을 더 성원할 것이고 그러면 이 중요한 학문은 오래지 않아 현재 상태를 훌쩍 넘어설 것이고 눈에 띄게 성장할 것입니다. 저는 사실 이 부분의 정책이 정부의 가장 큰 관심의 대상이 될 것이라고 믿습니다. 그리고 그다음은 덕에 관심을 가지는 것입니다. 그리고 인간들이 지금보다 더 지혜로워지기

50) [옮긴이 주] Mercure galant: 1669년 설립된 당시 프랑스의 유명한 신문.

시작할 때, 그리고 성인들이 그들 자신의 행복을 위해서 그들의 부와 권력을 더 잘 사용하는 것을 배웠을 때, 훌륭한 도덕 혹은 정치의 가장 중대한 열매 중 하나는 우리에게 더 나은 의학을 가져다주는 것이라고 믿습니다.

§21 **필라레테스** "(지식들 중 네 번째 종류의 지식인) **실재적 현존의 지식**과 관련해서, 우리는 **우리의 현존에 대해서는 직관적 지식**을 가지고 있고 **신의 현존에 대해서는 증명적 지식**을 가지고 있으며 **다른 사물의 현존에 대해서는 감각적 지식**을 가지고 있다고 말해야 합니다. 그리고 우리는 이것에 대해서 다음에 상세하게 논의할 것입니다."

테오필루스 그보다 더 정확하게 말할 수 없을 것입니다.

§22 **필라레테스** "우리가 지식에 대해서 논의하고 나니 이제 우리 정신의 현 상태를 더 잘 드러내기 위해서 어두운 측면을 조금이나마 고찰하고 우리의 무지에 대해서 알아보는 것이 적절할 것 같습니다. 왜냐하면 우리의 무지가 우리의 지식보다 무한하게 더 크기 때문입니다. 여기 이 무지의 원인이 있습니다. 그것은 (1)우리가 관념을 결여하고 있는 경우, (2)우리가 가지고 있는 관념 간의 연결을 발견할 수 없는 경우, (3)우리가 관념을 추적하고 정확하게 검토하는 것을 무시한 경우입니다." §23 "**관념의 결여**와 관련해서, 우리는 내적이거나 외적인[51] 감관에서 나온 것 외에는 단순 관념을 가지고 있지 않습니다. 따라서 무한하게 많은 우주의 피조물과 그들의 성질에 대해서 우리는 그것을 인식하는 데 필요한 능력조차 가지지 못함으로써 맹인이 색에 대해서 갖는 관계와 같은 관계를 갖습니다. 그리고 모든 면에서 보아 인간은 모든 지적 존재자들 중에서 최하위의 존재입니다."

테오필루스 우리보다도 못한 지적 존재자가 없는지 저는 모르겠습니다. 왜

51) [옮긴이 주] '내적이거나 외적인'은 라이프니츠가 추가한 것이다.

우리가 우리의 지위를 불필요하게 강등해야 합니까? 우리는 아마 이성적 동물들 중에서 충분히 명예로운 지위를 차지할 것입니다. 상위의 정신이 다른 모양의 신체를 가지고 있어서 동물이라는 이름이 그 정신에게 적합하지 않을 수 있기 때문입니다. 수많은 다른 태양들 중에서 우리의 태양이 자기 아래보다 자기 위에 더 많은 태양을 갖는지 그리고 우리가 그 태양계에서 적절한 자리에 있는지는 말할 수 없습니다. 왜냐하면 지구는 행성들 사이에 있고, 그 거리는 지구에 거주해야 하는 관조적 동물에게 적절하게 선택된 것으로 보이기 때문입니다. 더욱이 우리는 우리의 운명에 대해서 불평하기보다는 만족할 이유를 비교할 수 없을 정도로 더 많이 가지고 있습니다. 우리의 불행은 대부분 우리의 잘못에서 비롯되기 때문입니다. 그리고 특히 우리 지식의 결여에 대해 불평하는 것은 큰 잘못일 것입니다. 왜냐하면 우리는 자비로운 자연이 우리에게 제공한 지식들을 아주 조금밖에 사용하지 못하기 때문입니다.

§24 **필라레테스** "하지만 우리 눈에 노출되는 세계의 거의 모든 부분들이 너무 멀리 떨어져 있어서 사실상 우리의 인식에서 벗어나 있고, 가시적 세계가 단지 이 광대한 우주의 작은 부분에 지나지 않는다는 것은 분명합니다. 우리는 우주공간의 작은 구석에, 즉 우리 태양계에 포함되어 있으면서도 우리의 지구처럼 태양 주위를 도는 다른 행성에서 무슨 일이 일어나는지 알지도 못합니다." §25 "그런 지식은 크기와 거리 때문에 우리가 알지 못하지만 다른 물체는 미세함으로 인해서 우리에게 감춰져 있습니다. 그리고 이것을 아는 것이 우리에게는 가장 중요합니다. 왜냐하면 우리는 그것의 구성조직에서 가시적 물체들의 용도와 작용을 추론할 수 있고, 왜 대황이 불순물을 제거하고 독당근이 죽게 하며 아편이 잠들게 하는지 알 수 있기 때문입니다." §26 "따라서 인간의 근면을 통해 물리적인 것들에 대한 실험

철학을 아무리 멀리까지 진전시켜도 우리는 결코 이 주제들에 있어서 **학문적 지식**에 도달할 수 없다는 것을 믿어보려고 합니다."

테오필루스 저도 우리가 결코 원하는 만큼 멀리 나아가지 못할 것이라고 생각합니다. 그러나 몇몇 현상을 설명하는 데 있어서 시간이 지남에 따라 어떤 주목할 만한 진보가 이루어질 것으로 보입니다. 우리가 할 수 있는 수많은 경험들이 충분한 양 그 이상의 **자료**를 우리에게 제공할 수 있기 때문에, 부족한 것은 단지 그 자료를 사용하는 기술뿐이기 때문입니다. **무한소 분석**이 우리에게 기하학과 물리학을 연결하는 방법을 제공하고, **동역학**이 우리에게 자연의 일반 법칙을 제공하고 나서부터 저는 사람들이 그 작은 시작들을 계속 진전시킬 것이라는 희망을 버리지 않습니다.

§27 **필라레테스** "정신은 우리의 지식에서 더 멀리 떨어져 있습니다. 우리는 정신의 다양한 질서에 대해서 어떠한 관념도 형성할 수 없습니다. 하지만 **지적 세계**는 물질적 세계보다 확실히 더 위대하고 더 아름답습니다."

테오필루스 이 두 세계는 작용인의 관점에서 항상 완벽하게 평행합니다. 목적인의 관점에서는 아닙니다. 정신이 물질을 지배하는 정도에 따라 정신이 물질에 경이로운 질서를 산출하기 때문입니다. 이것은 우주의 위대한 건축가를 모방하는 작은 신들처럼, 지구의 표면을 더욱 아름답게 하기 위해서 인간들이 만든 변화를 통해서 분명하게 나타납니다. 단지 물체와 물체의 법칙을 사용하는 것에 불과하지만 말입니다. 우리를 능가하는 이 광대한 수의 정신들로부터 추측할 수 없는 것이 무엇입니까? 그리고 정신들이 모두 함께 완전한 통치가 이루어지는 신국 아래에 있는 일종의 국가를 형성하기 때문에, 우리는 이 지적 세계의 체계를 이해하는 것, 그리고 가장 엄밀한 이성에 따라 받아 마땅한 사람들에게 준비된 보상과 처벌을 파악하는 것, 그리고 어떤 눈도 보지 못한 것과 어떤 귀도 듣지 못한 것, 그리고 결코 인간의 마음속으로 들어가지 않았던 것을 상상하는 것과는 거리가 멉니다. 그럼에도 이 모든 것은 우리가 신체와 정신을 인식하는 데 필요한 모든 구별되는 관념을 가지고 있다는 것을 알려줍니다. 하지만 우리에게는 충분히 세부적인 사실들도 없고 혼란한 관념들을 분간하기에 충분히 날카롭거나 모든 것을 지각하기에 충분히 넓은 감관도 없습니다.

§28 **필라레테스** "우리에게 결여되어 있는, 우리의 관념들 간의 연결에 대한 지식과 관련해서, 제가 말하려고 했던 것은, 물체들의 기계론적 성질들은 색, 소리, 냄새, 맛 그리고 쾌락과 고통의 관념과 연결되어 있지 않으며, 그 연결은 신의 선의와 자의적 의지에 의존한다는 것입니다." 하지만 제 기억으로, 당신은 그것이 항상 전적으로 **유사**한 것은 아니지만 완벽하게 상응한다고 판단합니다. 그럼에도 당신은 거기에 포함된 미세한 사물들의 세세한 것이 너무나 많기 때문에 우리가 감춰진 것을 분간하지 못한다는 것을 인정합니다. 물론 당신은 우리가 감춰진 것에 더 가까이 가기를 바라겠지만 말입니다. 따라서 당신은 사람들이 저의 저명한 저자와 함께 다음과 같이 말하는 것을 원하지 않을 것입니다. §29 "이런 믿음이 학문의 증진에 해를 입힐까 하는 걱정 때문에, **그런 연구에 가담하는 것은 헛수고**라고 말하는 것 말입니다. 저는 영혼과 신체의 연결을 설명할 때 사람들이 지금까지 가지고 있었던 어려움에 대해서 당신에게 이야기했습니다. 왜냐하면 사람들은 생각이 신체에서 운동을 산출한다는 것, 그리고 또 운동이 정신에서 생각을 산출한다는 것을 이해할 수 없었기 때문입니다." 그러나 제가 당신의 예정 조화의 가설을 이해하고 난 후, 사람들이 절망했던 그 난점이 갑자기 그리고 마법과 같이 사라진 것처럼 보입니다. §30 "이제 우리 무지의 세 번째 원인이 남았습니다. 그것은 우리가 가지고 있거나 가질 수 있는 관념을 추적하지 않고, 매개 관념을 찾는 데 열중하지 않는 것

입니다. 그래서 우리의 능력이 불완전해서도 아니고 사물 자체에 불확실성이 있어서도 아닌데, 사람들은 수학적 진리에 대해 무지합니다. 말의 잘못된 사용은 우리가 관념의 일치와 불일치를 발견하는 것을 방해하는 데 가장 크게 기여했습니다. 이름과 별개로 그들의 생각을 형성하고 소리 대신에 **관념 자체**를 그들의 정신에 떠올리는 데 익숙한 수학자들은 그럼으로써 대부분의 혼란을 피했습니다. 인간들이 지성적 세계와 관련된 발견에서 행했던 것처럼 물질 세계의 발견에서도 행했다면, 그리고 그들이 모두 불확실한 의미를 가진 용어들의 혼동 속에서 혼란에 빠져 있다면, 우리는 지역, 조류, 선박의 건설, 그리고 항로에 대해서 끝없이 논쟁했을 것이고, 결코 적도를 넘어가지 못했을 것입니다. 그리고 대척지의 존재를 주장하는 것이 이단이라고 선언되었을 때와 마찬가지로 대척지에 대해서는 여전히 알려지지도 않았을 것입니다."

테오필루스 우리 무지의 이 세 가지 원인은 비난받을 만합니다. 그리고 필라레테스, 당신도 알다시피, 더 멀리 나아가는 것에 대한 절망이 이 원인들에 포함되어 있습니다. 이런 낙담은 해를 많이 끼치고, 학식이 있고 주목할 만한 사람들이 그런 일을 하는 것은 헛수고라는 잘못된 확신으로 의학의 발전을 방해했습니다. 지난 시기의 아리스토텔레스주의 철학자들이, 예를 들어 무지개 같은 대기 현상에 대해서 논의한 것을 들었을 때, 당신은 그들이 이 현상을 분명하게 설명하기 위해서 단지 생각만 해서는 안 된다고 생각했다는 것을 발견할 것입니다. 그리고 마우롤리쿠스[52]의 계획과 그 다음 마르쿠스 안토니우스 드 도미니스[53]의 계획은 그들에게 이카로스의

52) Fr. Maurolycus(1494~1575), *Problemata ad perspectivam et iridem pertinentia, Photismi de lumine et umbra*의 부록(1611).

비상처럼 보였습니다. 하지만 결과는 세상 사람들이 미몽에서 깨어난 것입니다. 용어의 잘못된 사용이 우리의 지식에서 발견되는 대부분의 혼동을 야기했던 것은 사실입니다. 그런 혼동은 도덕학과 형이상학에서 혹은 당신이 지성적 세계라고 부르는 곳에서뿐만 아니라 의학에서도 발생하며, 의학에서는 이런 용어의 남용이 점점 더 증가하고 있습니다. 우리가 항상 기하학에서처럼 도형을 사용할 수는 없습니다. 대수학은 우리가 항상 사물의 관념 자체의 도움을 청하지 않아도 큰 발견을 할 수 있다는 것을 보여줍니다. 이른바 대척지의 이단과 관련해서는 말이 나왔으니 말하겠습니다. 마인츠의 대주교, 보니파시오는 교황에게 보내는 한 서신에서[54] 이 주제에 대해서 잘츠부르크의 비르길리우스에 반대해 그를 비난했고, 교황은 답신에서 보니파시오의 생각에 상당히 동의하는 것처럼 썼습니다. 하지만 사람들은 그 비방이 영향을 초래했다고 보지 않습니다. 비르길리우스는 계속해서 주장했습니다. 두 반대자는 성자에 해당하고 비르길리우스를 카린시아와 인근 지역의 사도로 간주하는 바이에른의 지식인은 그 기억을 정당화했습니다.

53) Marcus Antonius de Dominis, *De radiis visus et lucis*(1611), 3장.

54) Boniface, *Epistolae S. Bonifacii*, ed. N. Serarius(1665), ep. 134, 140 참조.

4장
우리 지식의 실재성에 관하여

§1 **필라레테스** "정확한 관념을 갖는 것과 그것의 일치와 불일치를 이해하는 것의 중요성을 파악하지 못하는 사람은, 우리가 이에 관해서 그렇게 세심하게 추론할 때, 우리가 공중누각을 짓는 것이고 우리의 모든 체계에 관념적이고 상상적인 것만 있을 것이라고 믿을 것입니다. 열렬한 상상력을 가진 괴짜는 더 생생하고 더 많은 수의 관념을 갖는 이점이 있을 것입니다. 따라서 그는 지식도 더 많이 가질 것입니다. 광신자의 환영에도 양식 있는 사람의 추론에 있는 것만큼 확실성이 있을 것입니다. 그 광신자가 일관적으로 이야기하는 한에서 말입니다. 그리고 사각형이 원이 아니라고 말하는 것이 참인 것처럼 하르피아이는 켄타우로스가 아니라고 말하는 것도 참일 것입니다." §2 "저의 답변은 우리의 관념이 사물과 일치한다는 것입니다." §3 "하지만 거기에는 **기준**이 필요할 것입니다." §4 "저는 다시 한 번 더 답변합니다. **첫째**, 우리 정신의 단순 관념이 사물과 일치한다는 것

은 명백합니다. 단순 관념은 자기 스스로 만들어질 수 없기 때문에 정신에 작용하는 사물에 의해서 산출되어야 합니다." §5 "그리고 **둘째**, (실체의 복합 관념을 제외하고) 우리의 모든 복합 관념은 정신 자신이 형성한 원형이고, 어떤 사물의 모사로 정해지지 않으며, 그것의 기원에 있어서 어떤 사물의 현존과도 관계하지 않기 때문에, 실재적 지식에 필요한, 사물과의 완전한 일치를 결여할 수 없습니다."

테오필루스 우리의 확실성이 감관에서 기원하는 단순 관념이 아닌 다른 것에 근거를 두었더라면, 그 확실성은 미세하거나 거의 없었을 것입니다. 제가 보인 것처럼, 관념은 우리의 정신에서 기원하고, 또한 우리의 생각은 우리 자신의 토대에서 나오며, 다른 피조물들은 영혼에 직접적으로 영향을 미칠 수 없다는 것을 필라레테스 당신은 잊으셨나요? 더욱이 보편적이고 영원한 진리에 관한 우리 확실성의 근거는 감관과 독립적으로 관념 그 자체에 있습니다. 예를 들어 존재, 일자, 동일자 등과 같이 순수하고 지성적인 관념이 감관에 의존하지 않는 것처럼 말입니다. 하지만 색, 맛 등과 같은 (사실상 환영일 뿐인) 감각 가능한 성질의 관념은 감관에서, 즉 우리의 혼란한 지각에서 기원합니다. 그리고 우연적이고 개별적인 사물에 대한 진리는, 지성적 진리들이 요구하는 것처럼 감관의 현상들이 정확하게 연결되도록 만드는 성과에 근거를 둡니다. 이것이 여기서 구별해야 하는 차이입니다. 반면 당신이 만든 단순 관념과 합성 관념의 차이, 그리고 실체에 속하는 합성 관념과 우연적 속성에 속하는 합성 관념 간의 차이는 제가 보기에 근거가 없는 것 같습니다. 왜냐하면 모든 지성적 관념은 사물의 영원한 가능성에 그것의 원형을 갖기 때문입니다.

§[6] **필라레테스** "우리의 합성 관념을 구성하고 있는 이 복합 관념과 단순 관념을 우리 밖에서 실제로 결합해야 하는 현존하는 실체를 다룰 때만 우

리의 합성 관념은 정신 밖에 있는 원형을 필요로 한다는 것은 사실입니다. 수학적 진리에 대한 지식은 실재적입니다. 수학적 진리가 단지 우리의 관념에만 근거하고 어디에서도 정확한 원이 발견되지 않더라도, 우리가 가정한 것이 현존하는 것으로 발견되는 한, 사람들은 현존하는 사물이 우리의 원형과 일치한다고 확신합니다." §7 "이것은 도덕적인 것의 실재성을 정당화하는 데에도 사용됩니다." §8 "그리고 키케로가 묘사한 그런 선한 인간을 정확하게 자기 삶의 모델로 정하는 사람이 세상에 없다고 해서, 키케로의 『의무론』이 진리에 부합하지 않는 것은 아닙니다." §9 "하지만 (사람들은 말합니다) 도덕적 관념들이 우리가 발명한 것이라면, 정의와 절제에 대해서 얼마나 기이한 개념을 가지겠습니까?" §10 "저는 불확실성은 단지 언어에 있을 것이라고 답합니다. 사람들은 사람들이 말하는 것을 항상 이해하지 못하거나 항상 동일한 것으로 이해하지 못하기 때문입니다."

테오필루스 필라레테스, 당신은 또 다르게 답변할 수도 있었습니다. 그리고 제 생각에, 정의와 절제의 관념은 원과 사각형의 관념과 마찬가지로 우리가 발명한 것이 아니라고 답하는 것이 훨씬 더 낫습니다. 저는 이것이 충분히 입증되었다고 생각합니다.

§11 **필라레테스** "우리 밖에 현존하는 실체의 관념과 관련해서, 우리의 지식이 저 원형과 일치하는 한, 우리의 지식은 실재적입니다. 그리고 이런 관점에서 단순 관념이 감각 가능한 관찰을 통해서 나타나는 것 이상으로 자연에 함께 현존할 수 있다거나 현존할 수 없다고 우리가 확신할 수 있는 단순 관념이 매우 적을 때에는 더욱더 정신이 관념과 임의적으로 결합해서는 안 됩니다."

테오필루스 제가 여러 차례 말했던 것처럼, 이성이 관념의 양립 가능성이나 연결에 대해서 판단을 내릴 수 없을 때, 그 관념은 감관의 개별적 성질들에 대한 관념처럼 혼란하기 때문입니다.

§13 **필라레테스** "또한 현존하는 실체와 관련해서는 이름이나 이름에 의해서 정립된다고 가정되는 종에 한정하지 않는 것이 좋습니다. 이로 인해 저는 우리가 인간의 정의에 대해서 충분히 자주 논쟁했던 것으로 되돌아가게 됩니다. 40년 동안 어떠한 이성의 표시도 없이 살아온 백치에 대해서 이야기할 때, 그가 인간과 동물의 중간에 위치한다 말할 수 없을까요? 이것은 아마도 매우 대담한 역설로 간주되거나 매우 위험한 추론에서 나온 오류로 여겨질 것입니다." 하지만 예전에 저는 그렇게 생각했고, 저의 몇몇 친구들도 그렇게 생각했지만, 제가 잘못을 깨닫게 해줄 수 없었습니다. "모든 사물들이 일정한 수의 본질에 따라 틀에 넣어지는 것처럼, 그런 생각이 단지 **인간**과 **짐승**이라는 두 이름이, 그 둘 사이를 중재할 수 있는 어떠한 다른 종이 없을 정도로 실재적 본질에 의해서 자연에서 적절하게 표시된 구별된 종을 의미한다는 잘못된 가정에 근거한 편견 때문이라는 것"을 깨닫게 해줄 수 없었습니다. **§14** 사람들이 "그가 인간도 동물도 아니라면 이 백치는 어떤 종류의 동물이냐고 제 친구에게 물을 때, 그는 그것은 백치라고 답하는 것으로 충분합니다. 또 사람들이 그가 내세에서는 어떻게 되느냐고 물을 때, 제 친구는 그것을 아는 것이나 탐구하는 것이 그에게는 중요하지 않다고 답합니다. '그가 넘어지든 서 있든 그것은 그의 주인이 상관할 일이다.'(「로마서」, 14장 4절) 그는 선하고 신실하며, 그는 우리의 좁은 생각이나 우리의 특정한 소견에 따라 자신의 피조물을 처리하지 않으며, 우리가 고안한 이름과 종에 따라 피조물을 구별하지도 않습니다. 가르침을 줄 수 있는 사람이 그들의 행위에 대해서 해명을 요구하고 '그들의 몸으로 행한 바에 따라'(「고린도후서」, 5장 10절) 보답을 받는 것으로 우리는 충분합니다." **§15** 저는 당신에게 그들의 나머지 추론도 제시할 것입니다.

"(그들이 말하기를) '백치에게 미래의 상태를 박탈해야 하는가?'라는 질문은 똑같이 거짓된 두 **가정**에 근거합니다. **첫째**는 인간의 외형과 외관을 가지고 있는 모든 존재자에게는 이 삶 이후 불멸의 상태가 마련되어 있다는 것이고, **둘째**는 인간으로 태어난 모든 것은 그 특권을 향유해야 한다는 것입니다. 이런 상상을 제거하면 당신은 이런 종류의 질문은 터무니없고 근거 없는 것이라고 볼 것입니다. 그리고 실제로 저는 첫 번째 가정이 철회될 것이라고 믿습니다. 그리고 정신이 물질에 너무 깊이 빠져 있어서 특정한 형태를 가진 물질 덩어리에 영생이 응당 주어져 있다고 믿고 그래서 물질이 어떤 특정한 형태로 주조되었기 때문에 영원히 감각을 가지고 있어야 한다고 믿는 그런 정신을 가진 사람은 없다고 믿습니다." §16 "그러나 **두 번째 가정**이 도움을 줍니다. 사람들은 이 **백치**가 이성이 있는 부모에서 나왔으니 그는 이성적 영혼을 가지고 있어야 한다고 말할 것입니다. 저는 사람들이 어떤 논리학의 규칙으로 그런 결론을 내릴 수 있을지 모르겠고 또한 사람들이 못생긴 모습을 갖춘 기형의 자식을 감히 어떻게 제거할지 모르겠습니다. 사람들은 '아, 이것은 **괴물**이다! 그래 맞다.'라고 말할 것입니다. 그런데 이 백치는 영원히 변하지 않을까요? 신체의 결함이 괴물을 만듭니다. 그러면 정신의 결함은 괴물을 만들지 않습니까? 이것은 외형으로 충분하다는, 이미 거부된 **첫 번째 가정**으로 되돌아온 것입니다. 사람들의 믿음에 따르면, 잘생긴 모습을 갖춘 백치는 인간이고 그렇게 보이지 않더라도 이성적 영혼을 가지고 있습니다. 하지만 귀가 조금 더 길고 더 뾰족하고 코가 보통보다 조금 더 납작하고 그러면 당신은 주저하기 시작합니다. 얼굴이 더 갸름하고 더 납작하고 더 길고 그러면 당신은 여기서 완전히 결정합니다. 그리고 머리가 완전히 어떤 동물의 머리이면, 의심의 여지없이 괴물이고, 그것은 당신에게 하나의 증명이 됩니다. 즉 그것이 이성적 영혼을 가지고 있지 않다는 것과 제거되어야 한다는 것에 대한 증명 말입니다. 이제 저는 당신에게 어디에 정당한 척도가 있냐고, 이성적 영혼을 포함한다는 것의 최후의 경계는 어디냐고 묻습니다. 반은 짐승이고 반은 인간인 인간의 **태아**가 있습니다. 그 외에도 4분의 3이 짐승인 것이 있고 4분의 1이 짐승인 것도 있습니다. 이성을 표시하는 정확한 경계선을 어떻게 결정합니까? 더욱이 이 **괴물**이 인간과 짐승 사이의 중간 종은 아닐까요? 그리고 **백치**에서 문제가 되는 것은 바로 그런 것입니다."

테오필루스 당신이 우리가 충분히, 그것도 여러 차례 검토했던 문제로 되돌아오고, 당신의 친구를 더 가르치지 않은 것을 보니 놀랍습니다. 우리가 인간과 짐승을 이성적 사고 능력으로 구별한다면, 중간은 없습니다. 문제가 되는 동물은 이 능력을 가지고 있거나 가지고 있지 않습니다. 하지만 이 능력은 가끔씩 나타나지 않기 때문에, 사람들은 정황 증거로 그것을 판단합니다. 그런데 그 정황 증거는 근거가 드러나기 전까지는 진리로 증명된 것이 아닙니다. 왜냐하면 사람들은 그 능력을 잃어버린 사람이나 결국에는 그 기능이 정지되었다는 것을 실행으로 얻은 사람의 경험을 통해서 알기 때문입니다. 태생과 외형은 감춰진 것에 대한 추정을 제공합니다. 하지만 태생에 대한 추정은 인간과 극명하게 다른 외형으로 인해 무색해집니다.(깨집니다.) 예를 들면 제일란트(Zeeland)의 여인에게서 태어난 동물의 외형 같은 것입니다. 레비누스 렘니우스에 따르면,(1권 8장)[55] 그것은 갈고리 모양의 입에 길고 둥근 목, 그리고 번득이는 눈과 뾰족한 꼬리를 하고 매우 날렵하게 방을 가로질러 뛰어다닌다고 합니다. 하지만 사람들은 그것이 인간의 외형에 더 가까운 괴물 혹은 롬바르디아의 형제들이라고

55) Levinus Lemnius, *De miraculis occultis naturae*(1574), 1권 8장, 38쪽.

(롬바르디아의 여인이 이런 종류의 출산을 잘 했다는 소문 때문에 의사들이 예전에 그들을 이렇게 불렀다) 말할 것입니다. 그래도 그것은 괴물입니다. (당신은 말할 것입니다.) 그러면 인간으로 간주되어야 하는 외형의 정확한 경계를 어떻게 결정할 수 있습니까? 저의 답변은 추측의 문제에 절대 정확한 것이 있을 수 없다는 것입니다. 그리고 여기서 문제는 끝입니다. 사람들은 백치가 이성을 내보이지 않는데도 인간으로 간주하는 것에 반대합니다. 하지만 그가 기형적 외형을 가지고 있다면, 그는 인간으로 간주되지 않을 것이고 따라서 사람들은 그를 이성이 아니라 외형을 기준으로 판단한 것입니다. 하지만 이 괴물이 이성을 내보이나요? 분명히 아닙니다. 그러므로 당신은 그에게 백치 이상의 결함이 있다고 본 것입니다. 이성 실행의 결여는 종종 일시적으로 나타납니다. 하지만 개의 머리를 하고 있는 사람들의 모습은 중단 없이 계속 나타납니다. 더욱이 인간의 외형을 한 이 동물이 인간이 아니라면, 그의 운명이 불확실한 동안, 그를 돌보는 것은 큰 해가 되지 않을 것입니다. 그리고 그것이 이성적 영혼을 갖든 이성적이지 않은 영혼을 갖든, 신은 무용하게 그런 영혼을 창조하지 않았을 것입니다. 그리고 인간의 영혼은 처음 어린 시기의 상태와 유사한 상태를 계속해서 유지합니다. 사람들은 이 영혼의 운명이 요람에서 죽은 저 어린아이들 영혼의 운명과 같을 수 있다고 말할 것입니다.

5장
진리 일반에 관하여

§1 **필라레테스** "여러 세기 동안 사람들은 진리가 무엇인지 물었습니다." §2 "우리의 친구는 진리가 사물들 상호 간의 일치 혹은 불일치에 따른 기호의 연결 혹은 분리라고 생각합니다. 기호의 연결 혹은 분리는 사람들이 달리 **명제**라고 부르는 것을 의미해야 합니다."

테오필루스 그러나 예를 들어 '지혜로운 인간' 같은 **형용어구**는 명제를 만들지 못합니다. 그럼에도 두 명사들 간의 연결은 있습니다. **부정** 역시 분리와는 다른 것입니다. '**인간**'을 말하고 약간의 간격을 두고 '**지혜로운**'을 발언할 때, 이것이 부정하는 것은 아니기 때문입니다. 또한 **일치** 혹은 **불일치**는 본래 명제를 통해서 표현되는 것이 아닙니다. 두 개의 계란은 서로 간에 일치하고 두 적대자는 서로 불일치합니다. 여기서 문제가 되는 것은 일치하고 불일치하는 매우 특별한 방식입니다. 따라서 저는 저 정의가 문제가 되는 지점을 설명하지 못한다고 생각합니다. 하지만 당신의 진리에 대한 정의에서 적어도 제 마음에 드는 것은 사람들은 말에서 진리를 찾는다고 한 것입니다. 따라서 동일한 의미를 라틴어, 독일어, 영어, 프랑스어로 표현할 때, 그것이 동일한 진리는 아닐 것입니다. 그리고 우리는 홉스의 견해에 따라 진리는 사람들이 마음먹기에 달려 있다고 말해야 할 것입니다.[56] 이렇게 말하는 것은 매우 기이한 방식입니다. 사람들은 심지어 진리를 신의 책임으로 전가합니다. (제 생각에,) 신은 기호를 필요로 하지 않는다는 것을 당신도 인정할 것입니다. 결국 저는 이미 본질, 종, 진리를 **명목적인 것**으로 만드는 것을 좋아하는 당신 친구의 기질에 여러 차례 놀랐습니다.

필라레테스 너무 빨리 나가지 마세요! 그들은 기호를 관념으로 이해합니다. 따라서 "진리는 기호의 종류에 따라 심적이거나 명목적입니다."

테오필루스 진리를 기호에 따라 구별해야 한다면, 우리는 또 문자적 진리를 가지고 그것으로 종이의 진리 혹은 양피지의 진리로 구별할 수 있고, 또 보통의 검정 잉크의 진리 혹은 인쇄용 검정 잉크의 진리로 구별할 수 있을 것입니다. 그러니까 진리를 관념의 대상들 간의 관계에 위치시키는 것이 더 나을 것입니다. 그 관계에 따라 한 관념이 다른 관념에 포함되거나 포함되지 않거나 합니다. 이 관계는 언어에 의존하지 않고, 신과 천사들과 함께 우리에게 공통적입니다. 그리고 신이 우리에게 진리를 드러내주면, 우리는 신의 지성에 있는 진리를 획득합니다. 왜냐하면 완전성과 폭의 측면에서 신의 관념과 우리의 관념 간에 무한한 차이가 있지만, 관계에 있어서 이 둘은 동일하게 일치하는 것이 어쨌든 사실이기 때문입니다. 따라서 사람들은 진리를 이 관계에 위치시켜야 하고, 우리는 우리의 의향과 독립

56) Thomas Hobbes, *De corpore*(1655), 3장, §8.

적인 **진리들**을 구별할 수 있고 우리에게 좋아 보이는 것으로 우리가 발명한 **표현들**을 구별할 수 있습니다.

§[4] **필라레테스** "인간이 자신의 정신에서도 사물 대신 말을 사용한다는 것은 너무나 분명한 사실입니다. 특히 관념이 복합적이고 불확정적일 때 말입니다." 하지만 당신도 관찰했듯이, 사실 정신은 진리를 현재 이해하지 못해도 그것을 표시하는 것만으로도 만족합니다. 정신은 자신이 원할 때, 그것을 이해하는 것은 자신에게 달려 있다고 확신하기 때문입니다. 게다가 §[5] "긍정하고 부정할 때 실행되는 활동은 우리에게 일어나는 일에 대해서 반성하면서 파악하는 것이 더 쉽습니다. 말로 그것을 설명하는 것은 쉽지 않습니다." §[6] "따라서 더 좋은 표현이 없으면 '같이 연결하다 혹은 분리하다'라고 말하는 것도 나쁘지는 않습니다." §8 "당신도 명제가 적어도 언어로 표현될 수 있다는 것, 그리고 그것이 참일 때, 언어로 표현될 수 있고 또한 실재적이라는 것에 동의할 것입니다. 왜냐하면" §9 "거짓은 관념들 간의 일치와 다르게 혹은 불일치와 다르게 이름을 연결하는 것으로 이루어지기 때문입니다. 적어도" §10 "말은 진리의 중대한 **매개수단**입니다." §11 "**도덕적 진리**란 우리 정신의 확신에 따라 사물에 대해서 이야기하는 것으로 이루어집니다. 끝으로 **형이상학적 진리**는 우리가 가지고 있는 관념과 일치하는 사물의 실재적 현존입니다."

테오필루스 어떤 사람은 도덕적 진리를 **진실성**이라고 부릅니다. 그리고 형이상학자들은 **형이상학적 진리**를 보통 존재자의 속성으로 간주합니다. 하지만 이 속성은 매우 무용하고 거의 무의미합니다. 우리는 정신에 있는 명제와 문제가 되는 사물의 일치에서 진리를 찾는 것에 만족합니다. 물론 제가 관념이 참이거나 거짓이라고 말함으로써 관념이 진릿값을 가진 것으로 여기기도 했습니다. 하지만 제가 그때 실제로 이해한 것은 관념의 대상의 가능성을 긍정하는 명제의 진릿값이었습니다. 그리고 이와 같은 의미에서 '존재자가 참이다.'라고 말할 수도 있습니다. 즉 존재자의 현실적 현존 혹은 적어도 가능성을 긍정하는 명제 말입니다.

6장

보편 명제의 진리성과 확실성에 관하여

§2 **필라레테스** "우리의 모든 지식은 일반적 진리이거나 개별적 진리입니다. 가장 주목할 만한 이 일반적 진리가 말을 통해서 이해되고 표현되지 않는 한, 우리는 그것을 결코 제대로 이해시킬 수 없고 우리 자신도 매우 드물게 이해합니다."

테오필루스 저는 다른 표지들도 이런 효과를 만들 수 있다고 생각합니다. 중국어 문자가 그것을 보여줍니다. 그리고 가시적 사물을 그것의 특징에 따라 나타내고 비가시적인 것을 그것이 동반하는 가시적인 것을 통해서 나타내는 말의 자리에 작은 도형을 사용하고 거기에 굴절과 불변화사를 이해시키는 데 적합한 특정한 표지들을 추가했다면, 사람들은 중국어의 문자보다 더 대중적이고 더 좋은 **보편 기호법**(Caractere Universal)을 도입할 수 있었을 것입니다. 이것은 우선 멀리 떨어져 있는 민족들과 쉽게 소통하는 데 도움을 줍니다. 하지만 우리끼리라도 통상적인 문자를 포기하지 않고 이것을 도입했더라면, 이 표기법은 상상력을 풍부하게 하고, 지금보다 생각이 덜 감춰지며, 말로 덜 표현하게 하는 데 큰 도움이 되었을 것입니다. 사실 그리는 기술은 모든 사람들에게 알려져 있지 않습니다. 따라서 (세상 모든 사람들이 읽는 것을 빨리 배우는) 이 방식으로 인쇄된 책들 이외에, 세상 모든 사람들은 단지 일종의 인쇄 과정을 통해서, 즉 종이 위에 인쇄하기 위해 조각된 도형들을 완벽하게 준비하고, 그다음 거기에 굴절이나 불변화사를 펜으로 표기해 추가하는 방식으로 이 기호법을 사용할 수 있습니다. 그러나 실제로 **눈으로 이야기하는** 이 **그림 기호법**의 편리함을 놓치지 않기 위해서, 시간이 지나면 세상 모든 사람들이 어릴 때부터 이 표기법을 배울 것입니다. 그리고 실제로 농부들이 말로 표현하지 않아도 그들이 필요로 하는 대부분을 말해주는 특정한 역서를 이미 가지고 있는 것처럼, 사람들은 이 기호법을 매우 마음에 들어할 것입니다. 그리고 저는 약간의 수수께끼를 담고 있는 사티로스의 동판 인쇄를 본 기억이 납니다. 그 동판에는 **그 자체로 의미를 가진 그림들**이 단어들과 함께 섞여 있었습니다. 반면 우리의 글자와 중국어 문자는 단지 (관습적으로) 인간의 의지에 따른 의미만을 나타냅니다.

§3 **필라레테스** 저는 당신의 생각이 어느 날 실행될 것이라고 믿습니다. 저는 이 문자가 매우 마음에 들고 자연스러워 보입니다. 그리고 이것은 우리 정신의 완전성을 증대하고 우리의 개념을 더 실재적으로 만드는 데 적잖이 중요할 것으로 보입니다. 하지만 일반적 지식과 그것의 확실성으로 되돌아가서, "**진리의 확실성**이 있고 또 **지식의 확실성**이 있다는 것을 지적하는 것이 적절할 것입니다. 낱말들이 일치 혹은 불일치를 실재 존재하는 대로 정확하게 표현하는 그런 방식으로 명제에서 결합될 때가 **진리의 확실성**이고, **지식의 확실성**은 명제에서 표현되는 대로 관념들의 일치 혹은 불일

치를 지각하는 것으로 이루어집니다. 이것은 우리가 보통 한 명제가 **확실**하다고 말하는 것입니다."

테오필루스 실제로 이 후자의 **확실성**은 말을 사용하지 않아도 충분할 것이고 진리에 대한 완전한 인식 외에 다른 것이 아닙니다. 반면 전자의 확실성은 진리 자체와는 다른 것으로 보입니다.

§4 **필라레테스** "그런데 우리는 일반 명제를 구성하는 명사들의 의미에 대한 정확한 경계를 알지 못하는 한, 일반 명제의 진릿값을 확신할 수 없기 때문에, 모든 종의 본질을 알아야 할 필요가 있습니다. **단순 관념**과 **양태**에 대해서 이것은 어렵지 않습니다. 하지만 명목적 본질과 구별되는 실재적 본질이 그 종을 결정한다고 가정되는 실체에서 일반 명사의 범위는 매우 불확실합니다. 우리가 이 실재적 본질을 인식하지 못하기 때문입니다. 따라서 **이런 의미에서 우리는** 이 실체와 관련되어 있는 **어떤 일반 명제도 확신할 수 없습니다.** 하지만 실체의 종들은 실체적 개체들이 다양한 일반 이름으로 분류된 특정한 종류로 환원된 것이고, 그에 따라 우리가 저 이름으로 표기하는 상이한 추상 관념들과 일치한다고 가정할 때, 제대로 잘 알고 있는 명제가 참인지 아닌지 의심할 수 없습니다."

테오필루스 필라레테스, 저는 당신이 왜 우리가 충분히 논쟁한 지점으로 다시 돌아가는지 모르겠습니다. 저는 그것이 해결되었다고 생각합니다. 하지만 어쨌든 당신이 제게 당신을 다시 깨우칠 수 있는 (제가 보기에는) 적절한 기회를 준 것에 매우 만족합니다. 그래서 제가 말하려는 것은, 우리가 수천 개의 진리를 확신할 수 있다는 것입니다. 예를 들어 금 혹은 이 세상에서 가장 무겁다는 것을 통해서 혹은 연성이 가장 크다는 것을 통해서 혹은 다른 표지들을 통해서 그것의 내적 본질이 알려지는 금이나 그런 물체에 대해서 말입니다. 왜냐하면 연성이 가장 큰 것으로 알려진 물체는 알려진 모든 물체 중에서 가장 무거운 것이기도 하다고 말할 수 있기 때문입니다. 사실 사람들이 지금까지 금에서 알게 된 모든 것이 다른 새로운 성질에 의해서 구분된 두 물체에서 어느 날 발견되는 것이 불가능한 것은 아닐 것입니다. 그리고 그럴 경우 금은 지금까지 일시적으로 최하위의 종으로 간주했던 것과 달리 더 이상 최하위의 종이 아닐 것입니다. 한 종류가 희귀한 것으로 남고 다른 종류가 일반적인 것이 되면, 사람들이 진짜 금이라는 이름을 오직 희귀한 종에만 한정하는 것이 적절하다고 판단하는 것도 가능합니다. 진짜 금에 적합한 새로운 시금석을 이용해서 화폐로 사용하는 것을 유지하기 위해서 말입니다. 그러고 나면 사람들은 이 두 종의 내적 본질이 다르다는 것도 의심하지 않을 것입니다. 그리고 (실제로 인간에 대한 정의가 외형과 관련되지 않은 것처럼) 현실적으로 현존하는 실체에 대한 정의가 모든 관점에서 제대로 결정되지 않더라도, 사람들은 이성과 이 실체에서 인정되는 다른 성질들에서 나오는 이 대상에 관한 일반 명제를 여전히 무한하게 많이 가질 것입니다. 이 일반 명제에 관해서 말할 수 있는 모든 것은, 인간을 최하위의 종으로 간주하고 인간을 아담의 종족으로 제한할 경우, '4격'으로 부를 수 있는 속성들 혹은 역명제나 단순한 환위 명제를 통해서 진술할 수 있는 인간의 어떤 속성도 얻지 못하리라는 것입니다. 이것이 **'인간은 유일한 이성적 동물이다.'**라고 말할 때처럼 일시적으로 일어난 일이 아니라면 말입니다. 그리고 인간을 우리의 종족에 속한 것으로 간주하면, 인간은 우리에게 알려진 동물 중 유일한 이성적 동물이라는 주장은 일시적인 것이 됩니다. 왜냐하면 지금까지 우리가 인간에게서 관찰한 모든 것을 지금부터 인간의 후손과 함께 공유하는 다른 동물, 하지만 인간과는 다른 기원을 가진 다른 동물이 어느 날 나타날 수 있기 때문입니다. 이것은 예를 들어 상상 속의 오스트레일리아인들이 우리 지역에 쏟

아져 들어오면, 그때 사람들은 우리와 그들을 구별할 방법을 외관에서 찾는 것과 같습니다. 하지만 그렇지 않고 신이 이 종족들이 섞이는 것을 금하고 예수 그리스도가 단지 우리 종족을 대속했다고 가정하면, 그들 서로를 구별하기 위한 인위적 표지를 만들려고 했어야 합니다. 분명히 내적 차이가 있을 것입니다. 하지만 그것이 식별 가능하지 않기 때문에, 오직 태생의 **외래적 명명**에만 한정할 것이고, **내재적 명명**과 우리 종족과 다른 종족을 구분하는 항구적 방법을 제공하는 지속 가능한 인위적 표지와 연결하려고 할 것입니다. 이 모든 것은 허구입니다. 우리는 이 지구에서 유일한 이성적 동물이기 때문에, 이런 구별을 할 필요가 없습니다. 그럼에도 이 허구는 관념과 실체의 본성, 그리고 그와 관련된 일반 진리의 본성을 인식하는 데 도움이 됩니다. 그러나 만약 인간이 **최하위의 종**으로 간주되지 않고 또 아담의 혈통에 속하는 이성적 동물의 종으로 간주되지도 않는다면, 그리고 그 대신 지금은 하나의 유일한 알려진 종족에 속하지만 [오로지] 출생을 통해서 혹은 그보다는 다른 자연적 표지를 통해서 구별될 수 있는 다른 종족에 속할 수도 있는, 다수의 종에 공통적인 하나의 유를 가리킨다면, 예를 들어, 가공의 오스트레일리아인들처럼 말입니다. 그렇다면 제 말은, 그 유는 **역명제**를 가질 것이고, **인간**에 대한 현재 정의는 일시적이지 않을 것입니다. 이것은 **금**의 경우에도 마찬가지입니다. 왜냐하면 사람들이 어느 날 구분 가능한 두 종류의 금, 즉 하나는 지금까지 알려져 있는 희귀한 것이고, 다른 것은 시간이 지남에 따라 발견되는 일반적이고 아마도 인공적인 것이라고 가정할 때, 게다가 금이라는 이름이 이 물질의 희소성에 기초한 금화의 편리함을 보존하기 위해서 현재의 종, 즉 자연적이고 희귀한 금으로 유지되어야 한다고 가정할 때, 내재적 명명에 의해서 지금까지 알려진 금의 정의는 단지 일시적인 것일 뿐이고, 희귀한 금 혹은 오래된 종과 새로운 인공적 금을 구별하기 위해서 발견될 새로운 표지에 의해서 금의 정의는 늘어나게 될 것입니다. 그러나 금의 이름이 두 종에 공통적으로 유지되어야 할 때, 즉 사람들이 금을, 지금까지 우리가 그것의 하위 분할에 대해서 알지 못하고, 지금 우리가 (하위 분할이 알려지기 전까지만 단지 일시적으로) 최하위의 종으로 간주하는 하나의 유로 이해할 때, 그리고 사람들이 어느 날 거기서 새로운 종을 발견할 때, 즉 인공적 금이 생산하기 쉬워지고 일반적으로 알려질 수 있을 때, 제 말은, 이런 의미에서 이 유의 정의는 일시적인 것이 아니라 영구적인 것으로 판단되어야 한다는 것입니다. 그리고 인간이나 금의 이름을 걱정할 필요 없이, 유 혹은 알려진 최하위의 종에 어떤 이름을 붙이더라도 그리고 심지어 그것에 아무런 이름을 붙이지 않더라도, 방금 말한 것은 관념, 유 혹은 종에 대해서 여전히 참일 것입니다. 그리고 종은 유의 정의를 통해서 단지 일시적으로 정의되는 경우가 있을 것입니다. 그렇지만 유든 종이든 역명제를 통해서 주어지고 보통 외적 표지에 의해서 알려지는 내적이고 실재적인 본질이 있다고 이해하는 것은 항상 허용되고 또 합리적일 것입니다. 저는 지금까지 종족은 퇴화되지 않고 변화하지 않는다고 가정했습니다. 하지만 동일한 종족이 다른 종으로 넘어갈 때, 사람들은 그 종족과 결합되지 않으면, 다른 표지와 내적이거나 외적인 명명의 도움을 받지 않을 수 없을 것입니다.

§7 **필라레테스** "우리가 실체의 종에 붙인 이름이 나타내는 복합 관념은 우리가 실체라고 부르는 알려지지 않은 **기체**에 **공존한다**고 관찰했던 특정한 성질들에 대한 관념의 집합입니다. 하지만 우리가 제1성질에 대한 의존성을 발견할 수 없는 한, 어떤 다른 성질들이 그런 조합과 필연적으로 공존하는지 확실하게 알 수 없습니다."

테오필루스 저는 이미 그와 같은 것이 그 본성이 약간 혼란한 **우연적 속성**

의 관념에도 있다는 것을 앞에서 지적했습니다. 예를 들면 기하학의 도형들이 그런 것입니다. 예를 들어 초점처럼 모든 평행하는 광선을 한 점에 모으는 거울의 모양이 문제일 때, 사람들은 이 거울의 구성을 알기 전에 다수의 속성들을 발견할 수 있지만 실체의 내적 구성에 상응하는 것, 즉 나중에 얻을 지식의 열쇠 같은 것이 될 이 거울 모양의 구성을 거울에서 발견하기 전에는 거울이 가질 수 있는 다른 많은 성질들에 대해서 불확실한 상태에 있을 것입니다.

필라레테스 하지만 우리가 이 물체의 내적 구성을 알았다면, 제1성질 혹은 당신이 명백하다고 하는 성질이 어떤 식으로 그 내적 구성에 의존하는지 발견했을 것입니다. 즉 어떤 크기, 어떤 형태, 어떤 운동력이 그것에 의존하는지 알았을 것입니다. 그러나 "**제2성질** 혹은 **혼란한 성질**, 즉 색, 맛 등과 같이 감각 가능한 성질들과 연결될 수 있다는 것에 대해서는 결코 알지 못할 것입니다."

테오필루스 당신은 또 이 감각 가능한 성질들 혹은 그보다는 우리가 그 성질들에 대해서 갖는 관념이 형태와 운동에 자연적으로 의존하지 않고 우리에게 이 관념을 주는 신의 선의에만 의존한다고 가정합니다. 그러니까 필라레테스, 당신은 제가 그 견해에 반대해서 여러 차례 당신에게 지적했던 것을 잊어버린 것 같습니다. 그것은 그 **감각적 관념**(idées sensitives)이 형태와 운동의 세부에 의존하고 이것을 정확하게 표현한다고 당신이 판단하도록 만들기 위한 것이었습니다. 물론 우리는 그 수가 너무 많고 우리의 감관을 자극하는 기계적 작용이 너무 미세해서 혼란함으로 인해 그 세부를 분간하지 못할 수 있습니다. 그렇지만 우리가 어떤 물체의 내적 구성에 도달한다면, 그 자체로 그것의 지성적 원인으로 환원될 이 성질을 언제 가져야 하는지도 보게 될 것입니다. 우리에 대한 물체의 작용에서 기인한 혼란한 결과물인 이 감각적 관념에서 감각을 통해서 그 원인을 식별하는 것이 결코 우리의 권한이 아닐지라도 말입니다. 예를 들어 우리가 지금 **녹색**을 파란색과 노란색으로 완전하게 분해하고, 그것과 관련해서 그 **성분**이 무엇인지 묻는 것 외에는 거의 더 물을 것이 없는데도, 바로 그 관념이 혼란한 관념이기 때문에, 녹색에 대한 우리의 감각적 관념에서 파란색의 관념과 노란색의 관념을 분간해낼 능력이 없는 것처럼 말입니다. 또한 이것은 시계공이 톱니바퀴를 빠르게 회전시켜서 만든 **인위적 투명**을 관찰했을 때, 그 인위적 투명의 지각에서 톱니바퀴의 관념, 즉 원인의 관념을 분간할 수 없는 것과 거의 같습니다. 톱니바퀴를 빠르게 회전시키면 톱니는 사라지고 그 자리에 톱니와 그 사이의 간격이 연속해서 이어진 현상으로 구성된 상상적이고 연속적인 투명이 나타나게 됩니다. 그러나 그때 연속적 잇달음(succession)이 너무나 빨라서 우리의 환영은 그것을 구별할 수 없습니다. 따라서 사람들은 그 본성이 혼란하고 또 혼란한 상태를 유지하는 이 혼란한 감각적 지각이 아니라 이 투명에 대한 구별된 개념에서 그 톱니를 발견합니다. 왜냐하면 (운동이 느려져서 그 부분들과 연속적 잇달음을 관찰할 수 있을 때처럼,) 혼란이 멈추었을 때, 그것은 더 이상 혼란한 지각이 아닐 것이기 때문입니다. 즉 그것은 더 이상 저 투명의 환영이 아닐 것이기 때문입니다. 그리고 사람들은 신이 선의로 이 환영을 우리에게 제공하고, 그 환영은 톱니바퀴와 그 사이 간격의 운동과 독립적이라고 꾸며낼 필요가 없기 때문에, 또한 그와 반대로 그 투명이 이 운동에서 발생한 것에 대한 혼란한 표현, 말하자면 잇따르는 사물들이 외관상 동시에 뒤섞여 나타난 것으로 이루어진 표현일 뿐이라고 이해하기 때문에, 그것이 다른 **감각적 환영**에 대해서도 똑같이 적용될 것이라고 쉽게 판단합니다. 그리고 색과 맛 같은 감각적 환영에 대해서는 우리도 그렇게 완전한 분석을 가지고 있지 않습니다. 진실을 말하자면, 그것은 **성질**이라는 이름이나 **관념**이라는 이름보다는 환영이라는 이름이 더 어울리기 때문입니다. 그리고 우리에게는 그 감각적 환영을 저 인위적 투명과 모든 면에서 같은 것으로 이해하는 것으로 충분합니다. 그것에 대해서 더 많이 알기를 바라는 것은 합리적이지도 않고 가능하지도 않습니다. 왜냐하면 이 혼란한 환영이 계속해서 유지되기를 원하면서 환영 그 자체를 통해서 성분을 식별하려고 하는 것은 스스로 모순되는 말을 하는 것이기 때문입니다. 이것은 기만당하는 것을 유쾌한 시각으로 즐기려는 것이고, 눈이 동시에 기만과 그 기만을 그르치게 할 것을 보기를 원하는 것이기 때문입니다. 이것은 결국 다음과 같은 경우입니다.

> "당신이 이성적으로 헛소리를 하려고 애쓸 때처럼 당신은 거기에 도달하지 못할 것입니다."[57]

하지만 인간들은 불가능한 것을 요구하고 그다음에 자신들의 무능과 지식의 한계를 한탄하면서 종종 '사초에서 마디를 찾고'[58], 어려움이 없는 곳에서 어려움을 만들어냅니다.

§8 **필라레테스** "'**모든 금은 고정불변이다**'. 이것은 우리가 그 진리성을 확실하게 알 수 없는 명제입니다. 금이 자연이 준 실재적 본질로 구별되는 사물 중 한 종을 의미할 때, 사람들은 어떤 개별적 실체가 이 종에 속하는지

57) Publius Terentius, *Eunuchus*, vers. 17~18. "nihilo plus agas quam si des operam, ut cum ratione insanias."

58) Plaute, *Les ménechmes*, vers. 247. [옮긴이 주] "nodum in scirpo" 직역하면 '사초에서 마디를 찾는다.'인데 '쉬운 일을 어렵게 한다.'라는 의미의 라틴어 격언이다.

몰라서 어떤 것이 금일지라도 그것을 확실하게 긍정할 수 없기 때문입니다. 그리고 사람들이 금을 특정한 노란색을 띠고 연성과 용해성을 갖춘 물체로 그리고 알려진 어떤 다른 물체보다 더 무거운 물체로 간주할 때, 어떤 것이 금인지 혹은 어떤 것이 금이 아닌지 아는 것은 어렵지 않습니다. 하지만 이 모든 것에서 사람들이 이 관념과의 연결 혹은 이 관념과의 양립 불가능성을 발견할 수 있는 성질들 외에 **다른 어떤 성질도** 금의 성질이라고 확실하게 긍정하거나 부정할 수 없습니다. 고정불변성은 색, 무게 그리고 우리가 가진 금에 대한 복합 관념을 구성하는 것으로 제가 가정하는 다른 단순 관념들과 [필연적으로] 연결되어 있지 않기 때문에, 우리가 '모든 금은 고정불변이다.'라는 명제의 진리성을 확실하게 인식할 수 있는 것은 불가능합니다.

테오필루스 우리는 내일 해가 뜰 것이라는 것을 확실하게 아는 만큼 이 세상에 알려진 모든 물체 중 가장 무거운 물체는 고정불변이라는 것도 거의 확실하게 압니다. 이것은 사람들이 그것을 수십만 번 실험했기 때문입니다. 우리가 고정불변성과 이 물체가 가진 다른 성질들이 어떻게 연결되는지 알지 못하더라도, 이것은 실험적으로 확실하고 사실에 있어서 확실합니다. 더욱이 서로 일치하고 결국은 같은 것이 되는 두 사물을 대립시키지 말아야 합니다. 제가 노란색이고 동시에 용해성이 있고 골회 도가니에 저항하는 한 물체에 대해서 생각할 때, 그 물체의 특수한 본질이 무엇인지는 [제게] 알려지지 않더라도, 그 물체 내부에 있는 특수한 본질이 그것의 토대로부터 이러한 성질을 발산하게 했고 그 자체로는 혼란스럽게 인식되게 했다고 생각합니다. 저는 이 견해에 어떤 잘못된 점이 있는지, 이 견해에 공격을 그렇게 자주 시도할 만한 것이 있는지 모르겠습니다.

§10 **필라레테스** "지금 저에게는 가장 무거운 물체의 고정불변성에 대한 지

식이 우리에게는 관념의 일치나 불일치로 인식되는 것이 아니라는 것으로 충분합니다. 그리고 저는 물체의 제2성질들과 그와 관련된 힘 중에서 서로 간의 필연적 공존이나 양립 불가능성이 확실하게 알려질 수 있는 성질을 두 가지로 명명할 수 없다고 생각합니다. 그런데 흰색인 것은 검은색이 아니라고 말할 수 있을 때처럼 동일한 감관에 속하고 서로가 서로를 배제하는 성질들은 제외됩니다."

테오필루스 그렇지만 저는 사람들이 거기에서 예를 들어 다음과 같은 것을 발견할 것이라고 생각합니다. 손으로 만질 수 있는 (혹은 접촉에 의해서 감각할 수 있는) 모든 물체는 가시적이다. 모든 단단한 물체는 공중에서 두드리면, 소음을 낸다. 현과 줄의 소리는 그것의 팽팽함을 야기하는 무게에 제곱 비례한다. 사실상 당신이 요구하는 것은 구별된 관념을 혼란한 감각적 관념과 연결되어 있는 것으로 이해할 때에만 성공할 수 있습니다.

§11 **필라레테스** "물체가 자기의 성질들을 다른 사물과 그 자체로 독립적으로 갖는다고 생각해서는 절대 안 됩니다. 다른 모든 물체의 압력과 영향에서 분리된 금 한 조각은 즉시 자기의 노란색과 무게를 잃을 것이고, 아마도 또 쉽게 부서지게 될 것이고, 자기의 연성을 잃을 것입니다. 우리는 식물과 동물이 얼마나 흙과 공기, 태양에 의존하는지 압니다. 심지어 매우 멀리 떨어져 있는 항성도 우리에게 영향을 준다는 것을 사람들은 알지 않을까요?"

테오필루스 그것은 매우 좋은 지적입니다. 그리고 특정한 물체의 조직이 우리에게 알려질 때에도 우리는 그 물체와 접촉하고 그것을 관통하는 다른 물체의 내부를 알지 못하면, 그 물체의 결과를 충분히 판단할 수 없습니다.

§13 **필라레테스** "그럼에도 우리의 판단은 우리의 지식보다 더 멀리 나아갈

수 있습니다. 관찰에 열중하는 사람들은 더 깊이 통찰할 수 있고, 정확한 관찰로부터 얻은 그리고 때마침 결합된 어떤 현상들에서 얻은 어떤 개연성을 이용해서 경험이 아직 발견하지 못한 것에 대해서 종종 정확한 추측을 할 수 있습니다. 하지만 그것은 언제나 단지 추측에 불과합니다."

테오필루스 그러나 경험이 이 결과를 지속적으로 정당화해준다면, 이 방법으로 확실한 명제를 획득할 수 있다고 생각하지 않습니까? 제가 말하는 확실성은, 예를 들어 우리가 아는 물체 중 가장 무거운 물체는 고정불변이라는 명제와 그에 따라 가장 무거운 물체는 날 수 있다는 명제가 주는 정도의 확실성입니다. 왜냐하면 제가 보기에, 사람들이 알게 된 것은 이 명제의 **필연성**이 (혹은 **형이상학적** 확실성이) 아니라 (**도덕적** 혹은 **물리적**이라고 이해되는) **확실성**이기 때문입니다. 이 확실성은 우리 사이에서 근거를 가지고 정립된 관념의 분석과 연결을 통해서가 아니라 단지 경험을 통해서 알게 되는 것입니다.

7장

공준 혹은 공리라 불리는 명제에 관하여

§1 **필라레테스** "**공준**(maximes) 혹은 **공리**(axiomes)라는 이름으로 학문의 **원리**로 통용되어온 종류의 명제들이 있습니다. 그리고 그 명제들은 그 자체로 명증적이기 때문에 사람들은 그것을 본유적이라고 부르는 것에 만족해 합니다. 제가 알기로, 그 극단의 명확성에 대한 이유와 근거, 말하자면 우리가 동의하도록 강요하는 이유와 근거를 보이려고 했던 사람은 없었습니다. 그렇지만 이런 연구를 하는 것과 이 중대한 명증성이 오직 저 명제들에게만 특별한 것인지 보는 것은 유용합니다. 그 명제들이 우리의 다른 지식에 얼마만큼 기여하는지 검토하는 것도 마찬가지입니다."

테오필루스 그 연구는 매우 유용할 뿐만 아니라 중요합니다. 하지만 필라레테스, 그것이 전적으로 무시되었다고 생각할 필요는 없습니다. 당신은 스콜라 철학자들이 이 명제들은 그 명사들(termes)을 이해하자마자 '명사들로부터(ex terminis)' 명증적이라고 말했던 것을 수백 곳에서 발견할 것입니다. 따라서 그들은 설득력이 명사들에 대한 이해, 즉 명사들이 나타내는 관념들의 연결에 근거를 둔다고 확신합니다. 하지만 기하학자들은 더 많은 것을 했습니다. 즉 그들은 매우 빈번하게 그 명제들의 증명을 시도했습니다. 프로클루스(Proclus)의 전언에 따르면, 가장 오래된 기하학자들 중 한 사람인 밀레토스의 탈레스는 유클리드가 나중에 명증적인 것으로 가정했던 명제들을 증명하려고 했습니다.[59] 아폴로니우스(Apollonius)는 다른 공리를 증명했고 프로클루스도 그것을 했다고 합니다.[60] 고 로베르발 씨는 80세 혹은 그즈음에 새로운 『기하학 원론』을 출판할 계획을 가지고 있었는데,[61] 이에 대해서는 제가 이미 당신에게 이야기했습니다.[62] 아마도 그 당시 풍문이 있었던 아르노 씨의 『새로운 원론』은 그 계획에 기여했을 것입니다.[63] 그는 왕립 학술원에 그 책의 몇몇 부분을 보여주었고, 어떤 사람은 '같은 것에 같은 크기를 더하면 같은 것이 나온다.'라는 공리를 가정함으로써 다른 공리, 즉 '같은 것에서 같은 크기를 빼면 같은 것이 남는다.'라는 것을 똑같은 명증성을 갖는 것으로 판단된다고 증명한 것을 비난했습

59) 프로클루스는 탈레스가 원을 두 부분으로 나누었을 때, 지름이 같다는 것을 증명했다고 전한다. Proclus, *In primum Euclidis elementorum*. ed. Friedlein(1873), 157쪽. 이 정리는 유클리드의 『원론』, 1권, 정리 17에도 나온다.

60) 아폴로니우스가 증명한 것은 예를 들어, 유클리드의 제일 공리, '동일한 것과 같은 것은 서로 같다.'이다. 아폴로니우스는 삼단논법으로 명증성을 보여줄 수 있는 형식을 제공하려고 했다. 예를 들어 A : B, 혹은 B : C, 따라서 A : C. 프로클루스는 이런 시도를 전하면서 아폴로니우스가 그의 증명에 두 가설을 교묘하게 집어넣었다는 것을 관찰했다. Proclus, *In primum Euclidis elementorum*, ed. Friedlein(1873), 174쪽 참조.

61) G. Personne de Roberval의 *Élémens de Géométrie*는 편집되지 않은 채 남아 있다. 1675년 12월 28일에 라이프니츠가 올덴부르크(Oldenburg)에게 보낸 서신(GM: Briefwechsel, I, 144쪽) 참조.

62) 1부, 3장, §24.

63) Antoine Arnauld(1612~1694), *Nouveaux élémens de géometrie*(Paris, 1667).

니다. 사람들은 그가 그 둘 모두 가정하거나 증명했어야 한다고 말했습니다. 하지만 저의 생각은 달랐습니다. 저는 공리의 수를 줄인 것은 항상 그만큼 어떤 것을 얻은 것이라고 생각했습니다. 그리고 덧셈은 분명 뺄셈에 앞서고 더 단순합니다. 두 항은 덧셈에서 서로 유사하게 사용되지만 뺄셈에서는 그렇지 않기 때문입니다. 아르노 씨는 로베르발 씨와 반대로 했습니다. 그는 유클리드보다 더 많은 것을 가정했습니다. 이것은 엄밀함에 가로막힌 초심자들에게는 좋을 것입니다. 하지만 학문을 정립하는 것이 문제일 때, 이것은 다른 문제입니다. 따라서 아르노 씨에게도 로베르발 씨에게도 모두 근거가 있습니다. **공준**의 경우, 사람들은 그것이 명증적이든 아니든, 때에 따라 그것을 정립된 명제로 간주합니다. 그런 식으로 사람들은 가끔은 그것을 도덕학에서 사용하고 또 논리학자들은 변증론에서도 사용합니다. 변증론은 그런 공준을 상당히 비축하고 있지만 그 일부는 막연하고 모호한 것을 포함하고 있습니다. 그 밖에도 저는 통상적으로 사용되는 우리의 모든 제2공리를 제가 최근에 그리고 다른 곳에서 **동일** 명제라고 부르는 **제1공리** 혹은 직접적이고 증명 불가능한 공리로 환원해서 증명하는 것이 중요하다고 오래전에 공개적으로[64] 또 개별적으로 말했습니다.

§2 **필라레테스** "지식은 관념들의 일치 혹은 불일치가 직접적으로 지각될 때, 그 자체로 명증적입니다." **§3** "하지만 그 자체로 명증적인데도 공리로 인정되지 않는 진리가 있습니다. 우리가 조금 전 (1장, §3과 3장, §7) 이야기했던 네 종류의 일치, 즉 동일성, 연결, 관계 그리고 실재 현존이 우리에게

64) Leibniz, 「인식, 진리 그리고 관념에 대한 성찰(Meditationes de Cognitione, Veritate, et Ideis)」: A VI, 4, 585~592, (*Acta Eruditorum*, 1684, 11. 537~542.); A. Arnauld, P. Nicole, *Le Logique ou l'art de penser*(Paris, 1662) 참조.

공리를 제공하는지 봅시다." §4 "**동일성**과 **상이성**에 관해서 우리는 구별되는 관념을 가진 만큼 명증적 명제를 가집니다. 우리는 후자를 통해서 전자를 부정할 수 있기 때문입니다. 예를 들어, '인간은 말이 아니다.', '빨간색은 파란색이 아니다.'라고 말할 때처럼 말입니다. 더욱이 '인간은 인간이다.'라고 말하는 것처럼 '있는 것은 있다.'라고 말하는 것도 명증적입니다."

테오필루스 그것은 사실입니다. 그리고 저는 '사람들이 있는 것은 사람들이 있는 것이다.'라고 일반적으로 말하는 것과 마찬가지로 'A는 A이다.'라고 개별적으로, **개별 사례를 들어**(ecthetiquement)[65] 말하는 것도 명증적이라고 이미 지적했습니다. 제가 또 이미 지적했던 것처럼, 서로 다른 관념들의 대상을 서로 부정하는 것이 항상 확실한 것은 아닙니다. 실제로 삼변형은 삼각형이 아니라는 이유로 어떤 사람이 '**삼변형은** (혹은 세 변을 갖고 있는 것은) **삼각형이 아니다**.'라고 말할 때처럼 말입니다. 마찬가지로 어떤 사람이 '**슬루시우스의 진주는** (이것에 대해서 저는 조금 전 당신에게 이야기했습니다)[66] **3차 포물선의 선이 아니다**.'라고 말할 때처럼 말입니다. 이것이 많은 사람들에게 명증적으로 보였을 테지만, 그 사람이 혼동한 것입니다. 파리에 있는 작은 성의 고문이자 탁월한 기하학자이고 동양학자이며 고대 기하학자들에 대해 정통하고 유클리드의 『자료』에 대한 마리누스의 논평을 발간했던 고 하디 씨는[67] 타원이라고 불리는 원추의 절단면이 원기둥의

65) [옮긴이 주] 'ecthetiquement'은 기하학의 증명 과정에 사용되는 일종의 설명 방법인데, 일반적인 기하학의 명제를 개별적 사례로 표현하는 것으로 증명의 실마리 같은 역할을 할 뿐이지 논리적 근거를 제공하는 것은 아니다. 현대 언어에 상응하는 단어가 없어 의미 맥락을 고려해 '개별 사례를 들어'로 번역했다.

66) 앞의 3부, 10장, §21. René françois Walter de Sluse(1623~1685): 플랑드르 출신의 기하학자.

67) Claude Hardy, *Data Euclidis*(1625).

비스듬한 절단면과 다르다는 예단을 가져서 세레누스의 증명[68]을 거짓추리로 보았습니다. 그리고 저는 저의 건의로 그를 이길 수 없었습니다. 제가 그를 보았을 때, 그는 거의 로베르발 씨의 나이였고 저는 아주 젊을 때여서, 다른 것에서는 그와 매우 잘 지냈지만, 그 차이 때문에 저는 그를 설득시킬 수 없었습니다. 어쨌든 이 사례는 박식한 사람들도 선입견이 있을 수 있다는 것을 보여줍니다. 왜냐하면 그는 진정으로 박식한 사람이었고, 데카르트도 편지에서 하디 씨에 대해 이야기하면서 그를 높이 평가했기 때문입니다. 하지만 저는 단지 사람들이 필요한 곳에서 충분히 깊이 연구하지 않았을 때, 다른 사람의 관념을 거부함으로써 어떻게 속을 수 있는지를 보이기 위해서 이 사례를 들었습니다.

§5 **필라레테스** "**연결** 혹은 **공존**과 관련해서 우리는 그 자체로 명증적인 명제들을 매우 적게 가지고 있습니다. 하지만 명증적인 명제는 있으며, '**두 물체는 같은 장소에 있을 수 없다**.'라는 명제는 그 자체로 명증적인 명제인 것 같습니다."

테오필루스 제가 이미 지적한 것처럼, 많은 그리스도인들이 그 명제에 대해서 당신과 논쟁할 것입니다. 그리고 심지어 아리스토텔레스와 그를 따르는 사람들은 하나의 동일한 물체가 전에 그것이 채웠던 장소보다 훨씬 더 적은 장소에 맞게 전체적으로 줄어드는 실재적이고 엄밀한 응축을 인정합니다. 그리고 고 코메니우스[69] 씨가 작은 책에서 분명하게 주장했던 것처럼, 공기총을 이용한 실험으로 근대 철학을 뒤집으려는 사람은 그 명제에

68) Serenus d'Antinoé, *De sectione cylindri et coni libri duo*(1566).

69) Jean Amos Comenius(1592~1671), *Physicae ad lumen divinum reformatae synopsis* (1633), 8장.

동의하지 않습니다. 만약 당신이 물체를 비투과적인 물질 덩어리로 간주한다면, 당신의 진술은 참일 것입니다. 그것은 동일한 진술이거나 거의 동일한 진술일 것이기 때문입니다. 하지만 사람들은 실재 물체가 그런 것이라는 당신의 견해를 거부할 것입니다. 적어도 그들은 신이 물체를 다르게 만들 수 있었다고 말할 것입니다. 그래서 사람들은 신이 정립한 사물의 자연적 질서와 일치하는 것으로 오직 이 비투과성만을 인정할 것입니다. 그리고 이 비투과성이 이성에도 매우 부합한다는 것을 인정해야 하지만 그 자연적 질서에 대한 경험이 우리를 확신시킵니다.

§6 **필라레테스** "양태의 **관계**와 관련해서 수학자들은 단지 같음의 관계에 대해서만 다수의 공리를 만들었습니다. 같은 것에서 같은 것을 빼면 나머지는 같다고 당신이 방금 이야기한 것처럼 말입니다. 하지만 제 생각에 이것은 '하나 더하기 하나는 둘이다.'라는 것에 비해 명증성이 부족하지 않고, 한 손의 다섯 손가락에서 둘을 빼고 다른 손의 다섯 손가락에서 또 둘을 빼면, 남은 손가락의 수는 같을 것이라는 것도 그와 마찬가지로 명증적입니다."

테오필루스 하나 더하기 하나가 둘이라는 것은 본래 진리가 아니라 둘의 정의입니다. 물론 거기서 그것이 가능한 사물에 대한 정의라는 것은 사실이고 명증적입니다. 손가락에 적용된 유클리드의 공리와 관련해서, 저는 당신이 손가락에 대해서 말한 것을 A와 B를 보는 것처럼 이해하는 것도 마찬가지로 쉽다는 것에 동의할 것입니다. 하지만 사람들은 같은 것을 반복하지 않으려고 일반적으로 표기하고 나중에 그것을 포괄하는 것으로 충분합니다. 그렇지 않고 사람들이 보편적 법칙보다 특정한 수로 계산하는 것을 선호하는 것은 얻을 수 있는 것보다 더 적게 얻으려는 것과 마찬가지입니다. 왜냐하면 두 수의 합이 주어진 수이고 두 수의 차가 또한 주어진 수인 이 일반적인 문제를 푸는 것이 그 합이 10이고 그 차가 6인 두 수를 찾는 것보다 더 좋기 때문입니다. 제가 두 번째 문제를 숫자와 문자를 사용하는 대수학의 방식으로 해결하면, 다음과 같은 계산이 나옵니다. $a+b=10$ 그리고 $a-b=6$. 그러므로 오른쪽은 오른쪽끼리 더하고 왼쪽은 왼쪽끼리 더하면, 다음이 만들어집니다. $a+b+a-b=10+6$. ($+b$와 $-b$는 상쇄되기 때문에) 이것은 곧 $2a=16$, 혹은 $a=8$이 됩니다. 그리고 오른쪽에서 오른쪽을 빼고 왼쪽에서 왼쪽을 빼면 ($a-b$를 빼는 것은 $-a+b$를 더하는 것이기 때문에) 다음이 만들어집니다. $a+b-a+b=10-6$. 이것은 곧 $2b=4$ 혹은 $b=2$가 됩니다. 이런 식으로 저는 제가 구하는 [수] a와 b, 즉 8과 2를 실제로 얻을 것이고, 이것은 합이 10이고 차가 6인 두 수가 무엇인가라는 문제를 만족시킵니다. 하지만 이를 통해 제가 사람들이 구할 어떤 다른 수들 혹은 10이나 6의 자리를 대신할 수 있는 어떤 다른 수들을 구할 수 있는 일반적 방법을 갖는 것은 아닙니다. 그렇지만 저는 숫자 10과 6의 자리에 x와 v를 놓음으로써 8과 2라는 이 두 수처럼 쉽게 그 방법을 발견할 수 있습니다. 앞에 한 것과 같이 진행해 나아가면, $a+b+a-b=x+v$가 주어집니다. 이것은 곧 $2a=x+v$ 혹은 $a=1/2(x+v)$입니다. 그리고 또 $a+b-a+b=x-v$가 주어집니다. 이것은 곧 $2b=x-v$ 혹은 $b=1/2(x-v)$입니다. 그리고 이 계산은 정리 혹은 일반 규칙을 제공합니다. 그래서 우리가 그 합과 차가 주어져 있는 두 수를 구할 때, 주어진 합과 차로 만들어진 합의 반을 구하는 수 중 더 큰 수로 간주하고, 주어진 합과 차 중에서 차의 반을 구하는 수 중 작은 수로 간주하게 됩니다. 또한 사람들은 제가 숫자를 문자처럼 다루었을 때, 즉 제가 $2a=16$과 $2b=4$를 놓는 자리에 $2a=10+6$과 $2b=10-6$이라고 썼을 때, 문자 없이도 계산할 수 있다는 것을 봅니다. 이것은 제게 $a=1/2(10+6)$과 $b=1/2(10-6)$을 주었습니다. 이렇게 저는 더 일반적인 진리 혹은 방법을 얻기 위해서 숫자 10과 6을 문자 x와 v처럼 일반적 수로 간주함으로써 개별적 계산에서도 일반적 계산을 얻었습니다. 그리고 또한 이 같은 표지 10과 6을 그것이 보통 가리키는 수로 간주함으로써 저는 시험으로도 사용할 수 있는, 감각 가능한 예를 가질 것입니다. 그리고 비에트[70]가 더 큰 일반성을 얻기 위해서 숫자 대신 문자를 사용했던 것처럼, 저도 수 기호를 다시 도입하려고 했습니다. 일반 대수학에서는 이 수 기호가 문자보다 더 적합하기 때문입니다. 저는 긴 계산에서 실수를 피하기 위해서, 그리고 또 문자의 자리에 숫자만 있을 때, 결과를 기다리지 않고 계산 중간에 구제법과 같은 방법을 활용하기 위해서, 이 수 기호가 매우 유용하다고 생각했습니다.[71] 이 방법은 사람들이 수 기호의 위치를 능숙하게 사용할 때, 종종 가능합니다. 따라서 그 가정은 개별 계산에서 참으로 나타납니다. 그 밖에 어쨌든 오직 문자만으로는 정신에 그렇게 쉽게 드러날 수 없는 연결과 순서를 보는 유용성도 있습니다. 제가 다른 곳에서 보인 것처럼,[72] 저는 좋은 **기호법**(caracteristique)은 인간 정신에 가장 중대한 조력자 중 하나라고 생각하기 때문입니다.

§7 필라레테스 "사람들이 관념들에서 알아차릴 수 있는 네 번째 종류의 일치라고 생각했던 **실재적 현존**과 관련해서, 그것은 우리에게 어떤 공리도

70) François Viète(1540~1603): 프랑스의 저명한 수학자이자 대수학의 기초자. 여기서 언급된 책은: *Opera mathematics*, ed. F. Schooten(1646), *De recognitione aequationum*, 84~161.

71) [옮긴이 주] 문자가 아니라 숫자로 특정한 방정식의 계수를 표현하는 표기법이지만 그 숫자는 순수하게 기호적 의미를 갖는다. 이 생각은 라이프니츠의 '결정 이론'의 출발점이 된다. 이와 관련해서, Cantor, *Vorlesung über die Geschichte der Mathematik*, 3권; Couturat, *La logique de Leibniz*, 부록 III, 참조.

72) "Responsio ad Dn. Nic. Fatii Duillierii imputationes", *Acta Eruditorum*(1700. 5), 208쪽 참조.

제공할 수 없습니다. 왜냐하면 우리도 신을 제외하면 우리 외부에 있는 존재에 대한 증명적 지식을 갖지 못하기 때문입니다."

테오필루스 한 명제가 다른 어떤 명제에 의해서도 증명될 수 없을 때, 사람들은 항상 **'나는 현존한다.'**와 같은 명제가 최후의 명증성을 갖는다고 혹은 **직접적 진리**라고 말할 수 있습니다. 그리고 **'나는 생각한다. 그러므로 나는 존재한다.'**라는 말은 본래 생각을 통해서 현존을 입증하는 것이 아닙니다. '생각하다'와 '생각하는 존재'는 같은 것이고 **'나는 생각하는 존재이다.'**라고 말하는 것은 이미 **'나는 존재한다.'**라고 말하는 것이기 때문입니다. 그럼에도 당신은 어떤 근거를 가지고 이 명제를 공리에서 배제할 수 있습니다. 사실의 명제는 직접적 경험에 기초하지만 관념들의 직접적 일치에서 필연성을 확인하는 필연적 명제는 그렇지 않기 때문입니다. 반면 오직 신만은 **나**와 **현존**이라는 두 명사가 어떻게 연결되는지, 즉 왜 내가 현존하는지 이해합니다. 하지만 공리가 더 일반적으로 직접적 진리 혹은 **증명될 수 없는** 진리로 간주될 때, '나는 존재한다.'라는 명제를 공리라고 말할 수 있고 어떤 경우든 그것이 **근원적 진리** 혹은 그보다는 **'최초로 알려진 명제들 중 하나'**[73], 즉 우리 지식의 자연적 순서에서 이해되는 최초로 알려진 진술 중 하나라고 확신할 수 있습니다. 자신에게 본유적인 명제이지만 한 번도 분명하게 그 명제를 만드는 것에 대해서 생각해보지 않았던 사람이 있을 수

73) [옮긴이 주] "unum ex primis cognitis inter terminos complexos" 여기서 'terminus complexus'는 명제를 의미한다. 'terminus'는 개념을 언어로 표시한 것으로 명제를 구성하는 요소이다. 흔히 개념과 같은 것으로 이해되지만 그렇지 않고 명제를 구성하는 주어, 술어, 계사 등을 가리킨다. 그래서 'terminus complexus'는 복합 개념이 아니라 명사의 연결을 의미하고 그것은 곧 명제를 의미한다고 봐야 한다. 이런 맥락에서 'terminus incomplexus'가 'concept', 즉 개념을 가리키는 것이다. 이와 관련하여 Beson Mates, *The Philosophy of Leibniz Metaphysics & Language*, OUP(1986), 55쪽 각주 24 참조.

있기 때문입니다.

§8 **필라레테스** 저는 항상 공리가 우리 지식의 다른 부분들에 거의 영향을 미치지 않는다고 생각했습니다. 하지만 당신이 제게 동일 명제의 중요한 용도를 보여줌으로써 저를 깨닫게 했습니다. 하지만 테오필루스, 이 주제에 관해서 제가 생각했던 것을 한 번 더 이야기하게 해주십시오. 당신의 해명이 당신의 다른 실수를 다시 검토하는 데 도움을 줄 수도 있기 때문입니다. §8 "모든 추론은 이미 알려진 것과 이미 인정된 것에서 'ex praecognitis et praeconcessis'[74] 나온다는 것은 스콜라 철학에서 유명한 규칙입니다. 이 규칙에 따르면 공준들은 다른 진리들보다 먼저 우리 정신에 알려진 진리들로 간주되는 것 같고, 우리 지식의 다른 부분들은 그 공리들에 의존하는 진리들로 간주되는 것 같습니다." §9 저는 아이가 임의의 어떤 공리를 인식하는 것보다 제가 그에게 보여준 막대가 그가 맛보았던 사탕이 아니라는 것을 더 잘 인식한다는 것을 근거로, 저 공리들이 최초로 알려진 진리가 아니라는 것을 보였다고 생각했습니다.(1부 1장) 하지만 당신은 개별적 지식들 혹은 사실의 경험들과 보편적이고 필연적인 지식의 원리들을 구별했습니다. (그리고 저는 후자가 공리의 도움을 받아야 한다는 것을 인정합니다.) 그리고 또 우연적 순서와 자연적 순서를 구별했습니다.

테오필루스 저는 자연적 순서에서 '한 사물은 다른 사물이 아니다.'라고 말하는 것보다 '한 사물은 한 사물인 것이다.'라고 말하는 것이 앞선다는 것도 덧붙였습니다. 왜냐하면 여기는 사람마다 다른 우리의 발견을 이야기

74) [옮긴이 주] Aristoteles, *Analytica posteriora*, I, 1, 71 a 1, 참조. 이 라틴어 문구는 스콜라 철학의 표현으로 앞의 말, "이미 알려진 것과 이미 인정된 것에서"와 같은 의미이기 때문에 번역할 경우 같은 말을 반복하는 것이 되어 원어를 그대로 두었다.

하는 것이 아니라 항상 동일한 진리의 자연적 순서와 연결을 다루기 때문입니다. 그러나 당신의 지적, 즉 아이가 보는 것은 단지 하나의 사실일 뿐이라는 것을 더 반성적으로 고찰할 필요가 있습니다. 왜냐하면 (필라레테스, 당신 자신이 조금 전 관찰했던 것처럼) 감각의 경험은 절대적으로 확실한 진리를 주지 않고 모든 환상의 위험에서 벗어나지 못하기 때문입니다. 형이상학적으로 가능한 허구를 만드는 것이 허용된다면, 아이가 잘못된 행동을 했을 때, 아이를 벌하기 위해 사탕이 지각할 수 없는 방식으로 막대로 바뀔 수 있을 것입니다. 마치 아이를 잘 가르쳤을 때, [그것을 보상하기 위해서] 성탄절 전날 우리에게 물이 포도주로 바뀌는 것처럼 말입니다. 하지만 막대로 맞는 고통은 결코 사탕이 주는 쾌락이 될 수 없을 것이라고 (당신은 말할 것입니다.) 제 답변은, 아이가 고통과 쾌락의 차이뿐만 아니라 지각하는 것과 지각하지 못하는 것의 차이도 아주 잘 자각할 수 있을지라도, 아이가 그에 관한 분명한 명제를 만드는 것을 생각해내는 것은 사람들이 그것이 무엇인지 실제로 말할 수 없는, 동시에 존재하지도 않는 이 공리를 주목하는 것만큼 늦을 것입니다.

§10 **필라레테스** "그럼에도 여기 이 공준만큼 그 자체로 명증적인 다른 진리들이 많이 있습니다. 예를 들면, '**1에 2를 더하면 3과 같다.**' 이것은 '**전체는 모든 부분들의 합과 같다.**'라는 공리처럼 명증적인 명제입니다."

테오필루스 필라레테스, 당신은 제가 당신에게 여러 번 말했던 것을 잊은 것 같습니다. 즉 '**1 더하기 2는 3이다.**'는 3의 정의일 뿐이라는 것 말입니다. 그래서 1 더하기 2는 3이라고 말하는 것은 한 사물이 그 자신과 같다고 말하는 것과 같습니다. '**전체는 모든 부분들의 합과 같다.**'라는 공리와 관련해서, 유클리드는 분명히 이런 공리를 사용하지 않았습니다. 또한 이 공리는 제한이 필요합니다. 그 부분들은 자기 자신이 공통된 부분을 가져서는 안 된다는 것이 추가되어야 하기 때문입니다. 7과 8은 12의 부분이지만 합하면 12보다 크기 때문입니다. 상반신과 몸통을 합하면 인간보다 크고 흉부는 이 둘에 공통적입니다. 반면 유클리드는 '전체는 그것의 부분보다 크다.'라고 말했고[75] 이것은 보증이 필요 없는 것입니다. 그리고 신체는 몸통보다 크다고 말하는 것은 단지 유클리드의 공리가 필요한 것에 정확하게 제한된다는 점에 있어서만 그의 공리와 차이가 있습니다. 하지만 예를 들어 설명하고 신체를 입힘으로써 사람들은 지성적인 것을 감각 가능한 것으로 만듭니다. 어떤 특정한 전체가 그것의 어떤 특정한 부분보다 크다고 말하는 것은 사실상 전체는 그것의 부분보다 크다는 명제이고, 그 명제의 특징은 어떤 채색이나 추가로 채워지기 때문입니다. 이것은 AB를 말하는 사람이 A를 말한다는 것과 같은 것입니다. 따라서 이런 관점에서 공리와 사례를 서로 다른 진리처럼 반대되는 것으로 볼 필요는 없지만 그 사례가 사실일 때, 그 사례에 공리가 내장된 것으로 볼 수는 있습니다. 명증성이 사례 자체에서 드러나지 않을 때, 그리고 사례에 대한 긍정이 결과이고 보편 명제의 단순한 **포괄**(subsomption)이 아닐 때는 다른 문제입니다. 공리에 대해서도 이런 일이 일어날 수 있는 것처럼 말입니다.

필라레테스 여기서 우리의 박식한 저자는 말합니다. "저는 (사실에 관한 것이 아닌) 다른 모든 지식은 본유적이고 그 자체로 명증적인 일반 원리에 의존한다고 주장하는 그분에게 묻고 싶습니다. '**2 더하기 2는 4이다.**'라는 것을 증명하기 위해서 어떤 원리가 필요합니까? (그에 따르면,) 사람들은 어떠한 증거의 도움 없이도 이런 종류의 명제가 참이라는 것을 알기 때문입니다." 테오필루스, 이에 대해서는 어떻게 말씀하시겠어요?

75) 유클리드, 『원론』, 1권, 공리 9.

테오필루스 저는 그 문제에 대해 잘 준비되어 있고 당신을 기다렸다고 말씀드립니다. '2 더하기 2는 4이다.'라는 것은 전적으로 직접적인 진리가 아닙니다. 4가 3 더하기 1을 가리킨다고 가정하면 말입니다. 따라서 사람들은 그것을 증명할 수 있습니다. 그리고 여기 그 방법이 있습니다.

정의: (1) 2는 1 더하기 1이다.
(2) 3은 2 더하기 1이다.
(3) 4는 3 더하기 1이다.

공리: 같은 것을 그 자리에 대체하면, 같음이 유지된다.

증명: 2 더하기 2는 2 더하기 1 더하기 1이다.(정의 1에 의해서)
2 더하기 1 더하기 1은 3 더하기 1이다.(정의 2에 의해서)
3 더하기 1은 4이다.(정의 3에 의해서)

$$2 + 2$$
$$2 + 1 + 1$$
$$3 + 1$$
$$4$$

그러므로 (공리에 의해서)
2 더하기 2는 4이다. 이것이 증명되어야 하는 것이다.

저는 '2 더하기 2는 2 더하기 1 더하기 1이다.'라고 말하는 대신 '2 더하기 2는 2 더하기 1 더하기 1과 같다.'라고 말할 수 있습니다. 그리고 다른 것들도 그렇게 할 수 있습니다. '한 사물은 자기 자신과 같다.' 혹은 '동일한 것은 동일하다.'라는 다른 공리를 근거로 이것이 어디에서든 이미 더 잘 행해지고 있으므로 생략할 수 있습니다.

필라레테스 이 증명이 그것의 너무나 잘 알려져 있는 결론과 관련해서 어느 정도 필연성이 부족하든 간에, 그 증명은 어떻게 진리가 정의와 공리에 의존하는지를 보여주는 데에는 도움이 됩니다. 그래서 저는 사람들이 공리의 용도에 반대해서 제기했던 다수의 반박에 당신이 답할 것이라고 예상합니다. 사람들은 셀 수 없을 정도로 많은 원리들이 있으리라는 것에 반대합니다. 하지만 그것은 어떤 공리의 도움으로 정의에서 이끌어낸 따름정리들을 원리로 볼 때 그럴 수 있습니다. 그리고 정의 혹은 관념이 셀 수 없을 정도로 많기 때문에, 원리들 또한 이런 의미에서 그럴 것입니다. 사람들이 당신과 마찬가지로 증명 불가능한 원리들이 동일성의 공리들이라고 가정하더라도 말입니다. 그것들은 예화를 통해서도 셀 수 없을 정도로 많아질 것입니다. 하지만 근본적으로 사람들은 'A는 A이다.'와 'B는 B이다.'를 다양한 방식으로 포장된 하나의 동일한 원리로 여길 수 있습니다.

테오필루스 더욱이 명증성에 있는 정도의 차이 때문에 저는 당신의 저명한 저자의 견해에 동의하지 않습니다. 그는 사람들이 **원리**라고 부르는 모든 진리들과 그 자체로 명증적인 것으로 통용되는 모든 진리들이 증명 불가능한 최초의 공리와 매우 유사하기 때문에, 서로 완전히 독립적이고, 서로 어떠한 빛이나 증거도 받을 수 없다고 합니다. 왜냐하면 사람들은 항상 공리 자체나 공리와 매우 유사한 다른 진리, 예를 들면 당신이 보여준, '2 더하기 2는 4이다.'와 같은 진리로 되돌아갈 수 있기 때문입니다. 그리고 저는 방금 당신에게 로베르발 씨가 어떻게 유클리드의 공리의 수를 줄였는지 이야기했습니다.[76] 그것은 경우에 따라 그중 어떤 것을 다른 것으로 환원하는 방식이었습니다.

§11 **필라레테스** 우리에게 대화의 기회를 제공한, 판단력이 좋은 저 작가는

76) 4부, 7장, §1.

"공준이 유용하다는 것에는 동의하지만 그 유용성이 학문을 정립하기보다는 고집 센 사람들의 입을 막는 데 있다고 믿습니다. 그가 말하기를, 이 일반 공리 위에 구축된 학문 중에 어떤 학문이 공리 없이도 잘 유지될 수 있다는 것을 제게 보여줄 수 없다면, 그는 매우 기쁠 것이라고 말입니다."

테오필루스 의심의 여지없이 기하학이 그런 학문 중 하나입니다. 유클리드는 증명에서 분명히 공리를 사용합니다.[77] 그리고 '**어떤 것이 다른 것보다 더 크지도 더 작지도 않을 때, 두 동질적 크기는 같다.**'라는 공리는 곡선 도형의 크기에 대해서 유클리드와 아르키메데스가 한 증명의 토대입니다. 아르키메데스는 유클리드가 필요로 하지 않았던 공리를 사용했습니다.[78] 예를 들면 '주어진 두 선 중에 각각이 항상 동일한 면에 오목한 면을 가지고 있을 때, 다른 선을 포괄하는 선이 더 크다.' 같은 것입니다. 기하학은 **동일성**의 공리, 예를 들어 모순율이나 불가능성으로 이끄는 증명 없이 가능할 수 없습니다. 그리고 이것으로 증명될 수 있는 다른 공리와 관련해서, 절대적으로 말하면, 그런 공리 없이 가능할 수 없으며 동일성과 정의에서 직접 결론을 도출할 수 있습니다. 하지만 사람들이 처음부터 계속 다시 시작해야 할 때, 빠져들게 되는 장황한 증명과 끝없는 반복은 극심한 혼란을 야기합니다. 반면 이미 증명된 매개 명제를 가정하면, 쉽게 더 멀리까지 진행할 수 있습니다. 이미 알려진 진리를 가정하는 것은 특히 공리의 관점에서 유용합니다. 왜냐하면 기하학자들에게는 매번 공리를 인용하지 않고 사용해야만 하는 일이 비일비재하기 때문입니다. 그래서 아마도 여백에 인용된 것을 항상 보지 못한다고 해서 그들이 공리를 사용하지 않았다고 믿

77) 유클리드, 『원론』, 1권, 공리 5.

78) Archimedes, *De sphaera et cylindro*, Hypothese III, ed. D. Rivaltus(1615), 7쪽.

는 것은 실수를 저지르는 것입니다.

필라레테스 그러나 그는 "신학의 사례를 반대합니다. (우리의 저자가 말하기를) 신성한 종교에 대한 지식은 계시에서 나옵니다. 그리고 이 도움 없이 공준은 결코 우리가 그것을 인식하도록 할 수 없었을 것입니다. 따라서 빛은 우리에게 사물 자체에서 오거나 신의 무오류적 **진실성**에서 직접 나옵니다."

테오필루스 이것은 마치 제가 의학이 경험에 근거하기 때문에 이성은 아무런 쓰임새가 없다고 말한 것과 같습니다. 영혼에 대한 참된 의학인 그리스도교 신학은 경험에 상응하는 계시에 근거합니다. 하지만 완성된 신체를 만들기 위해서 영원한 이성의 공리에서 이끌어낸 자연 신학을 추가할 필요가 있습니다. 당신은 계시의 확실성이 신의 진실성에 근거한다는 것을 인정합니다. **진실성은 신의 속성**이라는 원리 자체가 자연 신학에서 받아들인 공준 아닙니까?

필라레테스 우리의 저자는 "지식을 획득하는 방법과 그것을 가르치는 방법을 구별하려고 합니다. 혹은 그보다는 가르치는 것과 전달하는 것을 구별하려고 합니다. 다른 사람들이 발견한 학문을 가르치기 위해 학교를 건립하고 교수를 임명하고 나면, 이 교수들은 자기 학생들의 머릿속에 그 학문을 각인시키기 위해 그리고 특정한 개별적 진리에 대한 공리를 이용해서 그 학문을 확신시키기 위해 이 공준들을 사용했습니다. 반면 개별적 진리들은 최초의 발견자들이 일반적 공준 없이 진리를 발견하는 데 도움을 주었습니다."

테오필루스 저는 사람들이 우리에게 어떤 특정한 개별적 진리의 사례를 통해서 자칭 절차라고 하는 이것을 정당화해주기를 원했습니다. 하지만 사태를 잘 고찰해보면, 학문을 정립하는 데 이 절차를 실천하지 않는 것을 발견할 것입니다. 그리고 발견자가 단지 개별적 진리를 발견할 때, 그는 반만 발견한 사람일 뿐입니다. 만약 피타고라스가 단지 세 변의 길이가 3, 4, 5인 삼각형이 빗변의 제곱이 다른 두 변의 제곱의 합과 같다는 속성을 갖는다는 것만 관찰했다면(즉 9+16=25), 그가 그로 인해 모든 직각삼각형을 포괄하고 기하학자들에게 공준이 될 만한 중대한 진리의 발견자가 되었을까요? 사실 우연히 고찰한 사례가 영리한 사람에게 일반적 진리를 찾도록 알려주는 기회가 되는 경우가 있지만, 실제로 일반적 진리를 발견하는 것은 몹시 힘든 일입니다. 게다가 이런 발견법은 최고의 방법도 아니거니와 순서와 방법에 따라 발견을 진행하는 사람이 가장 많이 사용하는 방법도 아니고, 또 그들은 더 좋은 방법이 없을 경우에만 그 방법을 사용합니다. 이처럼 몇몇 사람들은 아르키메데스가 포물선 모양으로 생긴 나무 조각의 무게를 측정하면서 포물선의 제곱을 발견했고, 이 개별적 경험을 통해서 그가 일반적 진리를 발견하게 되었다고 믿었습니다. 하지만 이 위대한 인물의 통찰력을 알았던 사람들은 그에게 그런 도움이 필요하지 않았다는 것을 잘 압니다. 개별적 진리를 경험하는 이 방법이 모든 발견의 기회였더라도, 그 방법만으로 모든 것을 발견하는 데 충분하지 않았을 것입니다. 그리고 발견자가 공준과 일반 진리에 도달할 수 있었을 때, 그들 자신도 그것을 알아보는 것이 매우 기뻤을 것입니다. 그렇지 않으면 그들의 발견은 매우 불완전한 것이 됩니다. 그러므로 스콜라 철학자들과 교수들이 한 것은 단지 공준들 그리고 다른 일반 진리들을 모으고 분류했다는 것뿐이라고 볼 수 있습니다. 사람들이 그런 일을 더 많이 그리고 더 세심하게 하고 더 선별했다면, 학문들이 그렇게 흩어져 있고 그렇게 혼란스럽게 얽혀 있지 않았을 것입니다. 더욱이 저는 학문을 가르치기 위해 사용하는 방법과 발견하기 위해 사용하는 방법이 때때로 다르다는 것을 인정합니다. 하지만 그것이 여기서 다룰 문제는 아닙니다. 제가 이미 관찰했던 것처럼, 우연하게 발견의 기회가 주어지는 경우가 있습니다. 사람들이 그 기회를 알아차렸고 후대를 위해 그 기억을 보존했다면(이것은 매우 유용했을 것입니다), 그 세부적 사항은 학문의 역사에서 매우 주목할 만한 부분이었겠지만 학문의 체계를 구축하기에 적합하지는 않았을 것입니다. 또한 발견자들이 이성을 통해서 진리로 나아가는 경우도 있지만 큰 우회로를 통해서 가는 경우도 있습니다. 저는 작가들이 자신의 글에 습작 과정을 진지하게 썼다면, 대중들에게 도움을 주는 중요한 기회가 되었을 것이라고 생각합니다. 하지만 학문의 체계가 그런 발자취 위에 건축되어야 한다면, 그것은 완성된 집에 건축가가 그 집을 짓는 데 필요한 모든 도구를 보관하려고 하는 것과 같을 것입니다. 좋은 교육 방법은 모두 학문이 학문의 길에서 확실하게 발견될 수 있는 그런 방법입니다. 그리고 그때 그 방법이 경험적인 방법이 아니면, 즉 진리가 관념에서 도출한 근거를 통해서 혹은 증거를 통해서 가르쳐야 하는 것이라면, 그것은 항상 공리, 정리, 원칙 그리고 다른 그런 일반 명제들을 통해서일 것입니다. 진리가 히포크라테스의 **경구**와 같은 것일 때,[79] 즉 사실의 진리 혹은 일반적인, 적어도 대부분의 경우 참인 진리일 때, 관찰을 통해서 배우거나 경험에 근거한다는 것이 다른 점입니다. 그리고 그 경우 사람들은 전적으로 확신하는 근거를 갖지 못합니다. 하지만 여기서 그것을 다루지는 않을 것입니다. 그런 진리들은 관념의 연결을 통해서 알려지지 않기 때문입니다.

필라레테스 우리의 영리한 저자는 공준의 필요성이 다음의 방식으로 도입되어야 한다고 생각했습니다. "스콜라 철학자들은 사람들의 박식함의 척도로 **논쟁**을 정립했기 때문에, 그들은 전쟁터에 머물러 최후에 발언하는

79) Hippocrates, *Les aphorismes*.

사람에게 승리를 부여했습니다. 하지만 고집 센 사람들을 설득하는 방법을 제공하기 위해서 공준을 확립할 필요가 있었습니다."

테오필루스 철학의 학파들은 분명히 의학과 화학 그리고 수학의 학파들과 마찬가지로 실천과 이론을 연결하는 데 더 많은 노력을 했습니다. 그리고 그들은 특히 도덕에서 말을 최고로 잘한 사람보다 행동을 최고로 잘한 사람에게 상을 주려고 했습니다. 그렇지만 형이상학적 주제와 같이 대화 자체가 영향이 있고, 경우에 따라서는 오직 영향만 있고, 인물의 박식함을 알려줄 수 있는 주요 작품만 있는 주제가 있기 때문에, 사람들이 논쟁에서 거둔 성과를 통해서 그들의 박식함을 판단하는 것이 합당한 경우가 있습니다. 심지어 **종교개혁** 초기에 개신교도들은 그들의 적대자들에게 토론과 논쟁에 나오라고 부추겼고, 그런 논쟁에서 승리했기 때문에, 대중들이 개혁에 찬성하기로 결론을 내렸던 경우도 있다고 알려져 있습니다. 또한 말하는 기술과 근거를 밝히고 근거에 힘을 실어주는 기술, 이것을 이렇게 부를 수 있다면, 논쟁술이 국무회의와 군사회의에서, 법원과 의료 상담에서 그리고 심지어 대화에서도 얼마나 많은 영향을 미칠 수 있는지도 알려져 있습니다. 그리고 사람들은 이 방법에 호소할 수밖에 없고 그 경우에는 사실 대신 말에 만족할 수밖에 없습니다. 왜냐하면 그때 그것은 결과를 보고 진리인지 알게 되기에는 너무 늦을 미래의 사건이나 사실을 다루기 때문입니다. 따라서 근거를 이용한 논쟁술 혹은 싸움의 기술은 (여기에 저는 권위와 사례를 인용하는 것을 포함시킵니다) 매우 중대하고 중요합니다. 하지만 불행하게도 이것은 매우 잘못 규정되어 있고, 또 이로 인해 사람들은 종종 아무런 결론도 얻지 못하거나 잘못된 결론을 내리기도 합니다. 그래서 저는 우리와 관계하는 신학자들의 토론회에 눈에 띄는 결점을 지적하고 거기에 적용할 수 있는 치료책을 보여주기 위해서 여러 차례 주의를 주려고 했습니다. 문제가 되는 일을 협의할 때, 가장 큰 권력을 가진 사람이 매우 건실한 정신을 가지고 있지 않으면, 진실과 반대로 협의되더라도 보통은 권위와 말재간에 휘둘리게 됩니다. 한마디로 말해서 협의하고 논쟁하는 기술을 완전히 재정립할 필요가 있습니다. 마지막으로 말하는 사람의 이점은 거의 자유로운 대화에서만 유효합니다. 왜냐하면 회의에서는 처음에 하든 마지막에 하든 순서대로 투표하거나 표결하기 때문입니다. 보통 회의를 시작하고 끝내는 것, 즉 제안하고 결정하는 것은 의장의 일이지만 그는 표결의 다수에 따라 결론짓습니다. 그리고 학문적 논쟁에서 **논문 제출자**나 학위 신청자는 마지막에 말하고 정해진 관례에 따라 거의 항상 싸움의 장소에 남아 있습니다. 문제는 그를 좌절시키는 것이 아니라 그를 시험하는 것입니다. 그렇지 않으면 그를 적으로 대하는 것입니다. 사실대로 말하자면, 이런 경우 진리는 거의 문제가 되지 않고, 교수들은 같은 자리에서 다른 시간에 반대되는 주장을 하기도 합니다. 사람들은 카조봉에게 소르본의 강당을 보여주고 그에게 말합니다. '여기가 사람들이 수 세기 동안 논쟁했던 곳입니다.' 그는 말합니다. '그래서 결론이 뭐였습니까?'

필라레테스 "사람들은 삼단논법의 **무한하게 잇따르는 연결**에 사로잡히지 않기 위해서 논쟁이 무한하게 진행되지 않도록 막으려고 했고 똑같이 정통한 두 논쟁자들 사이에서 결정하는 방법을 제공하려고 했습니다. 그리고 그 방법은 대부분 그 자체로 명증적인 특정한 일반 명제를 도입하는 것이었습니다. 그리고 이것은 본성상 모든 사람들로부터 전적으로 동의를 받은 것이었기 때문에, 진리의 일반적 기준으로 간주되어야 하고 (논쟁자들이 다른 것을 제안하지 않을 때) **원리**를 대신해야 합니다. 사람들은 그 이상 갈 수 없고 이것은 양쪽이 충실히 이행해야만 하는 것입니다. 이 공준들이 이렇게 논쟁에서 거부될 수 없는 원리의 이름과 문제를 종결하는 원리의 이름을 받고 나서, 사람들은 그것들을 지식의 원천으로 그리고 학문의 토대로 간주하는 (저의 저자에 따르면) **잘못을** 범합니다."

테오필루스 사람들이 논쟁에서 공준을 오로지 그렇게 사용할 때에만 아무런 반박이 없을 것입니다. 왜냐하면 그들은 그때 무엇인가를 결정했을 것이기 때문입니다. 논쟁, 즉 이론의 여지가 있는 진리를 명증적이고 이론의 여지가 없는 진리로 만드는 것보다 더 잘할 수 있는 것이 무엇입니까? 증명적 방식으로 정립하는 것 아닐까요? 그리고 진리를 확립함으로써 논쟁을 끝내는 이 원리들이 동시에 지식의 원천이라는 것을 누가 의심할 수 있습니까? 추론이 건전하다면, 사람들이 그것을 그들의 연구실에서 암묵적으로 만들든 강단에서 공개적으로 늘어놓든 중요하지 않습니다. 그리고 심지어 그 원리들이 공리라기보다 요청이더라도, 유클리드의 요청 같은 것이 아니라 아리스토텔레스의 요청 같은 것이기 때문에, 즉 그것이 증명되는 기회가 주어지기를 기다리는 동안 사람들이 동의하기를 원하는 가정과 같은 것이기 때문에, 그 원리들은 여전히 유용할 것이고 이 방법을 통해서 다른 모든 문제들이 적은 수의 명제들로 환원될 것입니다. 그래서 저는 칭송받을 만한 것을 제가 알지 못하는 선입견으로 비난하는 세상에 매우 놀랐습니다. 그 선입견은 당신의 저자가 제시한 예, 즉 가장 박식한 사람들에게도 가능한 것, 즉 부주의함에서 잘 나타납니다. 불행하게도 학문적 논쟁에서는 완전히 다른 일이 일어납니다. 사람들은 일반 공리를 정립하지는 않고 [모호하고] 이해가 부족한 구별을 이용해서 공리를 약화시키는 데 할 수 있는 모든 일을 합니다. 그리고 사람들은 두꺼운 책을 가득 채우고 있는 특정한 철학적 규칙들을 사용하는 것을 좋아합니다. 그러나 그런 규칙들은 확실성이 부족하고 결정된 것도 아니며 그것들을 구별하는 동안 피하고 싶어 하는 것들입니다. 이것은 논쟁을 제한하는 방법이 아니라 논쟁이 무한하도록 만드는 방법이며 결국에는 적대자를 못 견디게 하는 것입니다. 그리고 이것은 마치 사람들이 적대자를 어두운 장소로 데리고 가서 닥치는 대로 때리고 누구도 그 폭행에 대해서 판단할 수 없도록 하는 것과 같습니다. 이것은 특정한 주장을 고수해야 할 의무가 있는 학위 신청자(논문 제출자)에게는 놀랄 만한 발견입니다. 그 주장을 굳게 지키는 것은 불카누스의 방패이며, 그 주장을 보이지 않게 만드는 것은 '오르쿠스의 투구', 플루톤의 투구입니다. 만약 사람들이 여기에 걸려들려면, 매우 미숙하고 매우 불행해야 합니다. 특히 법학에서처럼 많은 정황과 관련이 있는 문제들에서 **예외** 없는 **규칙**은 없다는 것이 사실입니다. 하지만 여기서 규칙의 용도를 확실하게 하기 위해서는 예외의 수와 의미가 가능한 만큼 결정되어야 합니다. 그리고 그때 예외가 그 자체로 **하위 예외**를 가질 수 있고, 즉 **자기 복제**될 수 있고 자기 복제는 계속해서 **중복**될 수 있습니다. 하지만 결국에는 모든 예외와 하위 예외가 적절하게 결정되어서 규칙과 연결되어서 보편성이 완성되어야 합니다. 법학은 이에 대한 매우 주목할 만한 사례를 제공합니다. 하지만 예외와 하위 예외로 가득 채워져 있는 이런 종류의 규칙이 학문적 논쟁에 포함되어야 한다면, 항상 손에 펜을 들고 논쟁하면서 양측이 서로에게 말한 것을 **상세하게 기록**해야 할 것입니다. 그리고 이것은 또한 때에 따라 구별이 헝클어진 [전(前)삼단논법과 전전삼단논법,] 다양한 삼단논법을 이용해서 계속해서 형식적으로 논쟁할 때에도 필요합니다. 이때 세상에 관한 최대한의 기억은 혼동될 수밖에 없습니다. 하지만 사람들은 아무런 보상도 없는 진리를 발견하는 데 **삼단논법을 형식적으로** 추진하고 그것들을 기록하는 수고가 주어진다는 것을 경계하지 않았습니다. 그리고 구별이 배제되거나 규칙이 더 잘 정립되지 않는 한, 그들이 원할 때 끝에 도달하지도 못할 것입니다.

필라레테스 우리의 저자가 견지하는 것처럼, "스콜라 학파의 방법이 트집쟁이들의 입을 막기 위해서 학교 밖의 논쟁에서도 도입되면서 나쁜 영향을 미쳤다는 것도 사실입니다. 사람들이 매개 관념들을 가지고 있기만 하면, 그들은 공준의 도움 없이 그리고 공준이 만들어지기 전에 그 관념들의 연결을 볼 수 있고, 진지하고 온건한 사람들에게는 이것으로 충분하기 때문입니다. 하지만 스콜라 학파의 방법은 사람들이 명증적 진리가 자기모순이 될 때까지 혹은 정립된 원리에 반할 때까지 그 진리에 반대하고 저항하도록 허용하고 북돋웠기 때문에, 그들이 스콜라 학파에서 영광에 속하고 미덕으로 통용되는 것을 보통의 대화에서 행하는 것을 수치스럽게 생각하지 않았던 것은 놀라운 일이 아닙니다. 저자가 추가로 말한 것은, 세상의 나머지 부분에 널리 퍼져 있는, 교육으로 오염되지 않은 이성적인 사람들은 진리에 대한 사랑을 직업으로 갖는 사람들과 자신의 삶을 종교나 자연에 대한 공부에 바친 사람들이 언젠가는 그런 방법을 추구할 것이라는 것을 믿기 매우 힘들었으리라는 것입니다. (그가 말하기를,) 여기서 저는 그러한 교육 방식이 젊은이들의 정신이 진리에 대한 진지한 탐구와 사랑에서 멀어지게 하거나 더욱이 세상에 어떤 진리가 실제로 있는지 혹은 적어도 사람들이 전념할 가치가 있는 것이 있는지 의심하게 하는 데 얼마나 적절한지는 검토하지 않을 것입니다. (그가 추가로 말하기를,) 제가 강하게 믿는 것은, 논쟁술 외에는 세상에 다른 어떤 것도 가르치지 않고 수 세기 동안 지배했던 스콜라 철학에서 소요학파의 철학을 인정했던 곳을 제외하고, 어느 누구도 이 공준을 사물에 대한 인식을 진일보시키기 위한 학문의 토대로 그리고 중요한 도움으로 간주하지 않았다는 것입니다."

테오필루스 당신의 박식한 저자는 오직 스콜라 철학만이 공준을 만들려고 했다고 주장합니다. 하지만 그것은 인류의 매우 이성적이고 일반적인 본능입니다. 당신은 이것을 모든 나라에서 사용되고 있고 보통 대중이 인정하는 공준일 뿐인 격언을 통해서 판단할 수 있습니다. 그렇지만 판단력이 뛰어난 사람들이 우리에게 진리에 반대되는 것처럼 보이는 어떤 것에 대해서 언급할 때, 그들의 견해보다 그들의 표현에 결함이 더 많은 것은 아닌지 의심하는 것은 공정하게 해야 합니다. 이것은 여기 우리의 저자에게서 확인됩니다. 그에게서 저는 그가 공준을 반대하도록 움직이게 한 동기를 예감하기 시작합니다. 학교에서처럼 연습하는 것과는 관련이 없는 보통의 대화에서 실제로 궤변을 늘어놓는 것은 굴복하기를 바라는 것입니다. 더욱이 더 빈번하게 사람들은 서로 이해하고 있는 대전제를 삭제하고, 생략삼단논법에 만족해 합니다. 심지어 그들은 전제를 만들지도 않고, 사람들이 매개념의 연결을 표현하지 않아도 정신이 그 연결을 충분히 파악할 때, 종종 단순히 '매개념(medius terminus)' 혹은 매개 관념을 놓는 것에 만족합니다. 그리고 그 연결이 이론의 여지가 없을 때, 이것은 잘 작동합니다. 하지만 필라레테스, 당신은 인정하실 것입니다. 사람들이 그 연결을 너무 성급하게 가정하는 일이 종종 일어나고, 그것이 거짓추리를 만들어내며, 따라서 간결함과 우아함을 선호하기보다 그것을 표현할 때 확실성을 고려하는 것이 대부분 더 좋다는 것 말입니다. 그럼에도 공준에 반대하는 당신의 저자는 자신의 선입견으로 인해 진리를 확립하는 데 있어서 공준이 가진 유용성을 전적으로 거부하게 되었고 대화의 무질서를 방조하는 데까지 이르렀습니다. 사실 학술적 훈련에 익숙해진 젊은이들은 훈련에는 꽤 많은 시간을 할애하면서, 얻어야 하는 가장 큰 결실인 지식을 훈련에서 이끌어내는 것에는 충분히 전념하지 않습니다. 그래서 그들은 일상생활에서는 그런 훈련에서 벗어나려고 노력합니다. 그리고 그들의 궤변 중 하나는 진리가 완전히 그들의 손에 잡히지 않으면, 진리에 굴복하지 않으려 한다는 것입니다. **진실성**도 심지어 **예절**도 그들을 불편하게 만들고 잘못된 견해를 제공하는 그런 극단적 태도를 취하는 것을 강제로 막을 수 없습니다. 그리고 문인들이 종종 이런 악덕에 오염된다는 것을 인정해야 합니다. 그러나 진리를 공준으로 만들려고 하는 것이 잘못이 아니라 불필요하게 또 부적절한 때에 하려고 하는 것이 잘못입니다. 왜냐하면 인간의 정신은 많은 것을 한 번에 생각하기 때문이고, 정신이 만든 매 단계마다 멈추고, 생각한 것을 모두 표현하도록 강제하려고 하는 것은 정신에게 고통을 주는 것이기 때문입니다. 이것은 바로 어떤 사람이 상인이나 주인과 계산을 할 때, 더 확실하게 하기 위해서 모든 계산을 손가락으로 하라고 강제하는 것과 마찬가지입니다. 그리고 이것을 요구하기 위해서는 사람들이 우둔하거나 변덕스럽거나 해야 합니다. 실제로 사람들은 때때로 페트로니우스가 '학교는 아이들을 완전히 멍청이로 만든다.'[80]라고 말한 것이 옳았다고 생각합니다. 그래서 젊은 사람들이 지혜의 학교가 되어야 하는 곳에서 우둔해지고 심지어 정신이 나가는 경우도 있습니다. 즉 '최선의 타락은 최악입니다.'[81] 하지만 더 빈번한 경우는 그들이 공허하고 혼란스러운 사람이 되고 불분명하고 변덕스러우며 불편한 사람이 되는 것입니다. 그리고 이것이 때때로 그들의 선생님이 소유한 성질에 의존할 때도 있습니다. 그 밖에 저는 대화할 때, 과도하게 명확성을 요구하는 것보다 훨씬 더 큰 결함이 있다고 생각합니다. 왜냐하면 사람들은 보통 반대 결함에 빠지고 충분한 명확성을 제공하지도 요구하지도 않기 때문입니다. 전자가 불편하다면, 후자는 피해를

80) Petronius, *Saitricon*, 1장, "Et ideo ego adulescentulos existimo in scholis stultissimos fieri." 라이프니츠는 이것을 위 본문에서 약간 바꿔서 "adolescentes in scholis stultissimos fieri"라고 썼다.

81) "corruptio optimi pessima": 속담 ; Aristoteles, *Politica*, IV, 2, 1289a39 참조.

입히고 위험합니다.

§12 **필라레테스** "사람들이 공준을 거짓 개념, 모호한 개념, 그리고 불확실한 개념에 연결시킬 때에도 공준은 쓰임새가 있습니다. 그때 공준은 우리의 오류를 확정하는 데 사용되고 또한 모순을 증명하는 데에도 사용되기 때문입니다. 예를 들어, 데카르트와 같이, **물체**라고 부르는 것의 관념을 단지 연장된 것으로 형성하는 사람은 '존재하는 것은 존재한다.'라는 공준을 이용해서 쉽게 빈 공간, 즉 물체 없는 공간이 존재하지 않는다는 것을 증명할 수 있습니다. 왜냐하면 그는 자기 자신의 관념을 인식하고 그 관념이 그 관념인 것이지 다른 관념이 아니라는 것을 인식하기 때문입니다. 따라서 연장, 물체 그리고 공간은 그에게 하나의 동일한 것을 가리키는 세 개의 낱말이기 때문에, 그에게서 공간은 물체라고 말하는 것도 물체는 물체라고 말하는 것과 마찬가지로 참입니다." §13 "하지만 물체가 연장된 고체를 가리킨다고 보는 다른 사람은 같은 방식으로 다음과 같은 결론을 내릴 것입니다. 공간은 물체가 아니라고 말하는 것은 사람들이 '**한 사물이 동시에 존재하고 존재하지 않는 것은 불가능하다**.'라는 공준을 이용해서 증명할 수 있는 어떤 명제와 마찬가지로 확실하다고 말입니다."

테오필루스 공준의 잘못된 사용으로 인해서 공준의 용도가 일반적으로 비난받아서는 안 됩니다. 모든 진리는 거짓과 연결되어 거짓된 결론을 내리거나 심지어 모순을 도출할 수 있는 위험에 처해 있습니다. 그리고 이 사례에서는 사람들이 오류와 모순의 원인이라고 보는 동일성 공리가 거의 필요 없습니다. 이것은 자신의 정의에서 공간이 물체라거나 공간이 물체가 아니라는 결론을 도출하는 사람의 논증이 형식화되면 나타날 것입니다. 심지어 '물체는 연장되고 고체이다. 그러므로 연장, 즉 연장된 것은 물체가 아니며 연장된 것은 물체적인 것이 아니다.'라는 추론에는 좀 과도한 것이 있습니다. 저는 이미 사물을 증대시키지 않는, 관념에 대한 **불필요한 표현**이 있다는 것을 지적했기 때문입니다. 이것은 마치 어떤 사람이, 제가 삼각(Triquetrum)으로 삼변삼각형을 의미하고, 이것으로부터 모든 삼변형은 삼각형이 아니라는 결론을 도출한다고 말하는 것과 같습니다. 따라서 데카르트주의자들은 연장된 고체의 관념이 이와 같은 본성이라고 말할 수 있을 것입니다. 즉 그것에 불필요한 것이 있다고 말입니다. 왜냐하면 실제로 연장된 것을 실체적인 어떤 것으로 간주하면, 모든 연장된 것은 고체이거나 아니면 물체적일 것이기 때문입니다. 빈 공간과 관련하여, 어떤 데카르트주의자는 자신의 관념 혹은 **관념의 양식**으로부터 그의 관념이 건전하다는 전제에서 빈 공간 같은 것은 없다는 결론을 도출해야 했습니다. 하지만 다른 사람은 즉시 그의 관념으로부터 빈 공간이 있을 수 있다는 결론을 도출하는 것이 합당할 것입니다. 실제로 저는 데카르트의 견해에 찬성하지 않지만, 빈 공간이 존재하지 않는다고 믿기 때문입니다. 그리고 저는 이 사례에서 사람들은 공준보다는 관념을 더 잘못 사용했다고 생각합니다.

§15 **필라레테스** 적어도 다음은 가능해 보입니다. "사람들이 언어로 표현된 명제에서 공준을 어떻게 사용하고 싶든, 공준은 우리 밖에 현존하는 실체에 대한 최소한의 지식을 우리에게 제공할 수 없을 것입니다."

테오필루스 저의 견해는 완전히 다릅니다. 예를 들어 자연은 가장 짧은 길로 혹은 적어도 가장 잘 정해진 길로 작용한다는 공준은 거의 모든 광학, 반사광학과 굴절광학을 설명하는 것만으로 충분합니다. 즉 빛의 작용으로 우리 외부에서 일어나는 것 말입니다. 제가 다른 곳에서[82] 보인 것처럼 그

82) Leibniz, "Unicum Opticae, Catoptricae et Dioptricae Principium", *Acta Eruditorum*(1682. 6), 185~190쪽.

리고 몰리뉴 씨가 매우 훌륭한 책인 그의 굴절광학에서[83] 힘주어 찬성했던 것처럼 말입니다.

필라레테스 그렇지만 사람들의 주장은, "**인간**이나 **덕** 같은 합성 관념을 나타내는 말이 포함되어 있는 명제를 증명하기 위해서 동일률을 사용하는 것은 극히 위험하고, 또 사람들이 거짓을 분명한 진리로 간주하거나 수용하게 합니다. 그리고 그것은 사람들이 동일한 명사들을 보유하고 있을 때, 그 명사들이 가리키는 관념들이 다른데도, 인간은 명제가 동일한 사물에 관계한다고 믿기 때문입니다. 따라서 인간이 통상 하는 것처럼, 말을 사물로 간주하면, 이 공준은 보통 모순 명제를 증명하는 데 사용됩니다."

테오필루스 명사의 잘못된 사용과 명사의 애매함을 탓해야 하는 것을 가련한 공준을 비난하는 것이 얼마나 불공정한가! 명사가 애매할 때, 사람들은 잘못된 결론을 도출하기 때문에, 같은 이유로 삼단논법을 비난할 것입니다. 하지만 그때 삼단논법의 규칙에 반하는 네 개의 명사들이 실제로 있기 때문에, 그것은 삼단논법의 잘못이 아닙니다. 사람들은 그와 같은 이유로 산술이나 대수학의 계산도 비난했습니다. 부주의로 V 대신 X를 놓거나 a를 b로 간주함으로써 거짓된 결론과 모순된 결론을 도출할 수 있기 때문입니다.

§19 **필라레테스** "저는 적어도 명확하고 구별되는 관념을 가지고 있을 때, 공준의 쓰임새가 거의 없다고 믿었습니다. 그리고 다른 사람들은 심지어 그것이 절대적으로 아무런 쓰임새도 없다는 것을 인정합니다. 그리고 이 경우에 이런 종류의 공준 없이 진리와 거짓을 구분하지 못하는 사람은 공준의 도움을 받아도 그것들을 구별하지 못할 것이라고 주장합니다. 그리고

83) G. Molyneux, *Dioptrica nova*(London, 1692), II부, 1장.

우리의 저자는 (§16, 17.) 이러저러한 것이 인간인지 아닌지를 결정하는 데 공준이 쓸모가 없다는 것을 보이기도 했습니다."

테오필루스 진리가 매우 단순하고 명증적이고 동일 명제와 정의에 매우 가까울 때, 이 진리를 도출하기 위해 분명히 공준을 사용할 필요가 전혀 없습니다. 정신은 공준을 잠재적으로 사용하고 어떤 중재도 없이 단 한 번에 결론을 도출하기 때문입니다. 하지만 수학자들은 이미 알려진 공리나 정리 없이 앞으로 나가기 매우 어렵습니다. 긴 추론에서는 때에 따라 멈춰서 길 중간에 다른 사람들이 알아볼 수 있는 이정표를 세우는 것이 적절하기 때문입니다. 그것이 없으면, 이 긴 길은 매우 불편하고 심지어 혼란스럽고 어두워 보일 것입니다. 그 상태에서 사람들은 지금 있는 자리 외에 아무것도 구분할 수 없을 것이고 어떤 것도 밝힐 수 없을 것입니다. 이것은 어두운 밤에 나침반도 없이 해안이나 별을 보지도 못하고 바다를 항해하는 것이고 나무도 언덕도 개울도 없는 광활한 광야를 걷는 것입니다. 또한 이것은 길이를 측정하는 용도로 마련된, 묵주 혹은 더 큰 입자 혹은 더 큰 사슬 혹은 피에, 트와제, 페르슈[84] 등을 나타낼 수 있는 다른 눈금과 구별되지 않은 채, 수백 개의 완전히 유사한 고리들로 서로 연결되어 있는 사슬과도 같습니다. 따라서 다수성에서 단일성을 좋아하는 정신은 몇몇 추론들을 함께 연결해서 중간 결론을 형성합니다. 그리고 이것이 공준과 정리의 용도입니다. 이 방법을 통해서 즐거움과 앎, 기억과 열의는 증대되고 반복은 줄어듭니다. 어떤 분석자가 '빗변의 제곱은 직각 삼각형의 다른 두 변의 제곱의 합과 같다.'와 '유사한 삼각형들의 상응하는 변들은 서로 비례한다.'라는 이 두 정리가 포함하고 있는 관념들의 연결을 통해서 이 두 정리

84) [옮긴이 주] 옛날 길이의 단위.

를 증명할 수 있기 때문에, 관념들 자체를 그 두 정리의 자리에 놓음으로써 그 두 정리가 필요하지 않을 수 있다고 쉽게 생각해서, 그 두 정리를 기하학적 공준으로 가정하지 않으려고 한다면, 그는 자신의 예상에서 매우 멀리 떨어져 있는 것을 발견할 것입니다. 하지만 필라레테스, 당신이 이 공준의 유용성이 단지 수학에만 제한된다고 생각하지 않는다면, 그것이 법학에서도 적지 않게 유용하고 법학을 쉽게 만들며, 지도에서 광활한 대양을 보는 것처럼 법학을 고찰하게 해주는 주요한 수단 중 하나라는 것을 알게 될 것입니다. 그것은 많은 양의 개별 판결들을 더 일반적인 원리로 환원하는 것입니다. 예를 들어, 사람들은 많은 『학설휘찬(*Digestes*)』의 법률과 **사건**(in factum)[85]이라고 부르는 것, 소송 혹은 이의제기가 'ne quis alterius damno fiat locupletior'[86], 즉 '다른 사람에게 손해가 발생하는 일에서 이익을 얻어서는 안 된다.'는 공준에 의존하고 있다는 것을 발견할 것입니다. 하지만 이것은 좀 더 정확하게 표현될 필요가 있습니다. 사실 법의 규정들 간에 큰 차이가 있습니다. 저는 올바른 것에 대해서 이야기하는 것이지 법학자들이 도입한, 막연하고 불명확한, 법에 관한 특정한 잡언[87]에 대해서 이야기하는 것이 아닙니다. 이 규정들도 그것의 무한하게 많은 구별점들로(그들이 잘못한 것들로) 혼란하게 만드는 데만 사용되지 않고 개선된다면,

85) *Digesta*, 44, 7, I. 25, 참조. [옮긴이 주] *Digesta*는 동로마 제국의 유스티니아누스 대제(1세)의 명령으로 만들어진 『로마법대전(*Corpus Iuris Civilis*)』을 구성하는 일부이며 그리스어로 'Pandectas'라고도 한다. 그 외에 『법학제요(*Institutiones*)』, 『유스티니아누스 황제 법전(*Codex Iustinianus*)』, 『신칙법(*Novellae*)』 등으로 구성된다.

86) *Digesta*, 50, 17, I. 206, 참조.

87) Leibniz, *Nova methodus*, II, § 24, A. VI, 1, 308~310쪽. [옮긴이 주] 'brocadia'는 일반적인 법문장을 의미한다. 기원후 약 1000년 보름스(Worms)의 주교 'Burkard(Brocard)'가 이런 문장들을 모범으로 삼아 교회법을 만든 것에서 기원했다. 여기서는 법에서 사용하는 막연한 상투어를 의미한다.

올바르고 유용하게 될 때가 있을 수 있습니다. 그런데 올바른 규정들은 격언이거나 공준입니다. 그리고 저는 공리뿐만 아니라 정리도 공준에 포함시킵니다. 만약 그것이 선험적으로 이성에 의해서 형성되지 않고 귀납과 관찰에 의해서 형성된 격언들일 때, 그리고 그것이 학자들이 현행법을 검토하고 나서 만들어낸 것일 때, 판례집의 제목에 있는 이 법률가, [파울]이 법의 규정에 대해서 말하는 텍스트는 유효합니다. 그것은 'non ex regula jus sumi, sed ex jure quod est, regulam fieri'[88], 즉 '사람들은 더 잘 기억하기 위해서 이미 알려진 법에서 규정을 도출하지만 그 규정 위에 법을 정립하지 않는다.'라는 것입니다. 하지만 **근본적 공준**은 법 자체를 설립하고 소송, 이의제기, 재항변 등을 구성합니다. 그것이 순수 이성에 의해서 가르쳐지고 국가의 임의적 권력에서 나오지 않을 때, 자연법(droit naturel)을 구성합니다. 그리고 제가 방금 언급한 그런 종류의 규정은 타인에게 손해를 입히는 이익을 금지합니다. 또한 이의 제기가 드문, 그래서 보편적인 것으로 통용되는 규정들도 있습니다. 유스티니아누스 황제의 『법학제요(*Institutiones*)』 §2 '소송'이라는 제목에 있는 규정들이 그런 규정입니다.[89] 거기서 이르기를, 물체적 사물에 대한 문제를 다룰 때, 『학설휘찬』에 기록된 황제가 말한 경우 외에는 당사자는 소유자가 아닙니다. 하지만 사람들은 계속해서 그런 경우를 찾습니다. 사실 어떤 사람은 '한 경우를 제외하고(sane uno casu)'를 '하나의 유일한 경우가 아니라면(sane non uno)'으로 읽습니다. 그리고 사람들은 한 경우를 때때로 다수의 경우로 만들 수 있습니다. 의학에서 고 배르너 씨[90]는 우리에게 '선구자'를 제공함으로써 **새로**

88) *Digesta*, 50, 17, I. 1. [옮긴이 주] 게르하르트판에는 'Paul'이라는 이름이 빠져 있다.
89) Justinianus I, *Institutiones*, 4, 6, §2.

운 제네르트[91] 혹은 새로운 발견들과 견해들을 받아들인 의학 체계를 기대하게 했습니다. 그의 주장은 의사들이 보통 그들의 실행 체계에서 고찰하는 방식이 인간 신체 부위의 순서에 따라서 혹은 다른 순서에 따라서 다수의 병과 증상들에 공통적으로 적용될 수 있는 보편적 실행 원칙도 없이 한 병을 치료하고 다음 병을 치료하면서 치료술을 설명한다는 것입니다. 그리고 이것은 무한 반복에 얽매이는 것입니다. 따라서 그의 견해에 따르면, 제네르트의 의학 중 4분의 3은 삭제할 수 있고 의학을 일반 명제를 이용해서, 특히 아리스토텔레스의 '근원적 보편(καθόλου πρῶτον)'[92]과 일치하는 것, 즉 서로 같은 것이나 서로 유사한 것을 이용해서 무한하게 축약할 수 있다는 것입니다. 저는 그가 무엇보다 원칙과 관련해서 이 방법을 권고하는 이유가 있다고 생각합니다. 원칙적으로 **의학은 이성에 근거합니다**. 하지만 의학이 **경험적**이면 그만큼 그것에 비례해 보편 명제를 형성하기 쉽지 않고 또 확실하지 않습니다. 게다가 특정한 병들에는 보통 합병증이 있습니다. 이런 병들은 마치 병이 식물이나 동물인 것처럼 실체에 대한 모방 같습니다. 즉 식물이나 동물 같은 어떤 병이 별개의 자연사, 즉 우리가 물체나 실체적인 것에 대해서 말했던 것처럼 병이 **양태**이거나 **존재** 양식이라는 것을 요구한다는 말입니다. 그래서 4일마다 열이 나는 것은 금 혹은 수은만큼이나 깊이 연구하기 어렵습니다. 따라서 보편 원칙에도 불구하고 병의 종류에서 다수의 증상과 동반되는 여러 원인에 적용할 수 있는 치료 방

---

90) Jakob Barner(1641~1686), *Prodromus Sennrti novi et delineatio novi medicinae systematis*(Augsburg, 1674).

91) [옮긴이 주] Daniel Sennert(1572~1637): 독일의 저명한 의사이자 자연연구가, 고대 아리스토텔레스와 골 민족의 학설과 연금술사들의 학설을 통합하려는 연구를 했다. 주요 저서로 *Epitome scientiae naturalis*(Wittenberg, 1618)가 있다.

92) [옮긴이 주] Aristoteles, *Analytica posteria*, II, 99a34~5.

법과 치료책을 찾는 것이 좋습니다. 그리고 특히 경험이 보증하는 치료법을 모으는 것이 좋습니다. 이것은 제네르트가 충분히 하지 않았던 것입니다. 지식인들에 따르면, 그가 제공한 처방전들은 경험에 의해서 보증된 것이라기보다는 추측에 의한 '재간으로(ex ingenio)' 만들어진 경우가 더 많았기 때문입니다. 이것은 자신이 한 것에 더 확신을 갖는 것과 마찬가지입니다. 그래서 저는 두 길을 연결하고 의학같이 매우 까다롭고 중요한 일에서는 반복하는 것을 불평하지 않는 것이 최선이라고 생각합니다. 제 생각에, 법학에서 우리가 너무 많이 가지고 있는 것이 의학에서는 부족한 것 같습니다. 즉 개별적 사례를 모은 책과 이미 관찰된 것의 목록 말입니다. 저는 법률가들의 수천 부의 책들이 우리에게 충분한 데 비해 의학적 주제에서 상황에 맞는 관찰 자료는 수천 배를 더 가지고 있어도 자료가 그리 많지 않다고 생각하기 때문입니다. 문제는 법에 따라 혹은 관습에 따라 분명하게 표명되지 않은 것에 대해서 법학은 전적으로 이성에 근거를 둔다는 것입니다. 왜냐하면 사람들은 이성을 이용해서 법에서 혹은 법이 없을 경우 자연법에서 항상 그것을 도출할 수 있기 때문입니다. 그리고 각 나라의 법은 유한하고 정해져 있거나 정해질 수 있습니다. 반면 의학에서는 자연이 우리에게 반만 인식하게 한 것을 해독할 기회를 이성에게 더 많이 줄 정도로 경험의 원리들, 즉 관찰들이 그렇게 다양하지 않습니다. 더욱이 저는 당신이 이야기하는 박식한 저자가 사용하는 방식으로 공리를 사용하는 사람이 누구인지 모르겠습니다. (§16, 17.) 그것은 마치 어린아이에게 흑인이 인간이라는 것을 증명하기 위해서 '존재하는 것은 존재한다.'라는 원리를 사용하는 사람과 같습니다. 그는 다음과 같이 말합니다. 흑인은 이성적 영혼을 가지고 있다. 혹은 이성적 영혼과 인간은 같은 것이다. 따라서 만약 그가 이성적 영혼을 가지고 있는데도 인간이 아니라면, 존재하는 것은 존재한다는 것이 거짓이거나 또는 하나의 동일한 사물이 존재하거나 동시에 존재하지 않는 것이다. 이 공준이 여기서는 적절하지 않고, 추론에서 아무것도 진전시키지 못하는 것처럼 직접적으로 관련되지 않아서 이 공준을 사용하지 않으면, 세상 모든 사람들은 다음과 같이 추론하는 것에 만족할 것입니다. 흑인은 이성적 영혼을 가지고 있다. 누구든 이성적 영혼을 가지고 있으면 인간이다. 따라서 흑인은 인간이다. 그리고 어떤 사람이 이성적 영혼이 우리에게 드러나지 않을 때, 그것은 존재하지 않는다는 선입견을 가지고 있다면, 그는 방금 태어난 어린아이와 저능아들은 인류에 속하지 않는다는 결론을 도출할 것입니다. (실제로 저자는 이것을 부정하는 매우 이성적인 사람들과 대화했다고 전합니다.) 저는 하나의 [동일한] 사물이 존재하고 동시에 존재하지 않는 것이 불가능하다는 공준의 잘못된 사용이 그 사람들을 농락했다고 믿지 않습니다. 또는 그들은 이것을 추론할 때, 이 공준에 대해서 생각하지도 않았습니다. 그들의 오류는 우리 저자의 원리를 확장한 것에서 기원합니다. 그 저자는 영혼에 자각되지 않는 어떤 것이 있다는 것을 부정합니다. 반면 그 사람들은 다른 사람들이 영혼을 지각하지 않을 때, 영혼 자체를 부정하는 데까지 나아갑니다.

8장

공허한 명제에 관하여

필라레테스 저는 정말 이성적인 사람들은 우리가 방금 이야기한 방식으로 **동일성** 공리를 사용하지 않을 것이라고 생각합니다. §2 또한 스콜라 철학에서도 그렇게 명명하는 것처럼, 이 순수한 동일성 공준은 단지 **공허한 명제**이거나 '쓸데없는' 명제일 뿐인 것 같습니다. 동일성 명제를 통해서 **환위를 증명**하는 당신들의 놀라운 사례가 제가 앞으로 신중하게 처신하도록 만들지 못했다면, 그 사례가 어떤 것을 무시하는 것과 관련이 있을 때, 저는 그것이 그럴듯해 보인다고 말하는 것에 만족하지 않습니다. 그렇지만 저는 사람들이 그것을 전적으로 공허한 명제라고 선언하기 위해서 주장한 것을 당신에게 전할 것입니다. §3 "그것은 때때로 어떤 사람에게 그가 불합리함에 빠져 있다는 것을 보여주기 위한 경우가 아니라면, 사람들은 그 공허한 명제가 어떤 교훈도 포함하지 않는다는 것을 첫눈에 알아차린다는 것입니다."

테오필루스 필라레테스, 당신은 이것이 아무것도 아니라고 생각하나요? 그리고 한 명제가 불합리한 명제가 되는 것이 그것의 모순을 증명하리라는 것을 인정하지 않으시나요? 저도 사람들이 어떤 사람에게 같은 것을 동시에 부정하고 긍정해서는 안 된다고 말할 때, 그에게 아무것도 가르치지 않는다고 생각합니다. 하지만 사람들이 그에게 추론의 힘을 통해서 보여줄 때는 그가 그것에 대해서 생각하지 않아도 행하고 있다는 것을 가르칩니다. 제 견해에 따르면, 어쨌든 **간접 귀류법의 증명**, 즉 불합리함으로 회귀하는 것을 포기하고 사람들이 **명시적**이라고 부르는 증명을 통해서 모든 것을 입증하는 것은 어렵습니다. 그리고 이런 것에 큰 호기심을 가지고 있는 기하학자들은 그것을 충분히 경험합니다. 유클리드 이후에 등장한 특정한 고대 기하학자들이 유클리드의 증명보다 더 직접적인 (사람들이 그렇게 믿는 것처럼) 증명을 발견했던 것을 볼 때, 프로클로스[93]는 때때로 그것을 언급합니다. 하지만 이 고대 주석가의 침묵은 사람들이 항상 그런 증명을 발견하는 것은 아니라는 것을 충분히 보여줍니다.

§3 **필라레테스** 테오필루스, 사람들이 적은 비용으로 하지만 유용함도 매우 적은 백만 개의 명제를 만들 수 있다는 것을 당신은 적어도 인정할 것입니다. 예를 들어 굴은 굴이라고 지적하는 것, 그리고 그것을 부정하거나 굴은 굴이 아니라고 말하는 것은 거짓이라고 지적하는 것은 공허한 일 아닙니까? 우리의 저자는 그것에 대해서 기꺼이 말합니다. 이 굴을 어떤 때는 주어로 어떤 때는 속성이나 술어로 만들었던 사람은 "굴을 한 손에서 다른 손으로 던지는 놀이를 하는 원숭이와 정확하게 같은 행동을 하는 것이라고 말입니다. 이 명제가 인간의 지성을 만족시킬 수 있는 것처럼, 그 굴도

93) Proclos, *In primum Euclidis elementorum*.

원숭이의 허기를 채울 수 있었을 것입니다."

테오필루스 저는 기지가 넘칠 뿐만 아니라 판단력도 갖추고 있는 이 저자가 그 명제를 그런 식으로 사용하는 사람들에 반대해서 말하는 것이 전적으로 정당하다고 생각합니다. 하지만 당신은 그것을 유용하게 만들기 위해서 동일 명제를 어떻게 사용해야 하는지 잘 압니다. 즉 그것은 사람들이 정립하려고 하는 다른 진리들이 그 동일 명제로 환원된다는 것을 추론과 정의의 힘으로 보여주는 것입니다.

§4 **필라레테스** 저는 그것을 인정합니다. 그리고 또 저는 사람들이 훨씬 더 많은 근거를 가지고 그것을 "공허해 보이는 명제에" 적용할 수 있다는 것도 잘 압니다. "그리고 그 명제는 복합 관념의 일부가 이 관념의 대상으로부터 긍정되는 경우가 많은 명제입니다. '납은 금속이다.'라고 말할 때처럼 말입니다. 이 명사의 의미를 인식하고 납이 매우 무겁고 가용성과 가연성을 지닌 물체를 표시한다는 것을 알고 있는 인간의 정신에서, 사람들이 금속을 말함으로써 이 명제의 용도는 정신이 단순 관념들을 한 번에 하나씩 헤아리는 것이 아니라 다수의 단순 관념들을 단 한 번에 가리킨다는 것입니다." §5 "이것은 정의의 일부가 정의된 명사에서 긍정될 때와 같습니다. 즉 사람들이 금을 노란색이고 무겁고 가용성과 가연성을 지닌 물체로 정의했다는 것을 전제하고, '모든 금은 용해될 수 있다.'라고 말할 때처럼 말입니다. '삼각형은 세 변을 가진다.', '인간은 동물이다.', '의장마(고대 프랑스어)는 우는 동물이다.'라고 말하는 것도 이와 같은 것입니다. 이것은 말을 정의하는 데 사용되지만 정의 외에 어떤 것을 가르치기 위한 것은 아닙니다. 하지만 '인간은 신의 개념을 가진다.' 그리고 '아편은 잠들게 한다.'라고 말할 때, 사람들은 우리에게 어떤 것을 가르칩니다."

테오필루스 제가 완전히 동일한 명제에 대해서 말했던 것 외에도 반동일 명제 또한 특정한 쓰임새가 있다는 것을 발견할 것입니다. 예를 들어 '**지혜로운 인간은 언제나 인간이다.**' 이것은 그가 죽음을 면할 수 없다는 것 등이 틀림없는 것은 아니라는 것을 알려줍니다. 어떤 사람은 위험한 상황에서 총알이 필요하고, 그것을 만들 수 있는 틀을 가지고 있지만 납이 없습니다. 한 친구는 그에게 말합니다. 너의 주머니 속에 있는 은이 녹는다는 것을 기억하라고 말입니다. 이 친구는 그에게 은의 성질을 가르쳐준 것이 아니라 긴박하게 필요한 상황에서 총알을 얻기 위해서 그가 할 수 있는 방법을 생각하도록 한 것입니다. 대부분의 **도덕적 진리들**과 저자의 가장 좋은 **문장들**은 이런 성질의 것입니다. 대부분의 경우 이것들은 아무것도 가르치지 않지만 사람들이 알고 있는 것을 적절한 때에 생각하도록 만들어줍니다. 이것은 라틴 비극의 6보격 단장입니다.

"모든 사람에게 일어날 수 있는 일은 어떤 사람에게도 일어날 수 있다."[94]

이것을 덜 멋있더라도 다음과 같이 표현할 수 있습니다. "한 사람에게 일어날 수 있는 일은 모든 사람에게 일어날 수 있다." 이것은 단지 우리에게 "우리는 어떤 인간도 아무 관계도 없는 남으로 여기지 않아야 한다."[95]라는 인간의 조건을 기억하게 할 뿐입니다. "자신의 권리를 행사하는 사람은 타인에게 피해를 주어서는 안 된다."[96]라는 법률가들의 규정은 공허해 보입

94) Publilius Syrus, *Sententiae*, ed. G. Meyer(1880), Sent. C 34, Seneque, *Dialogues*, VI 9, 5 & IX 11, 8에서 인용. "Cuivis potest accidere, quod cuiquam potest."

95) Terence, *Heaulontimorumenos*, v. 77. "quod nihil humani a nobis alienum putare debemus."

96) *Digesta*, 50, 17 l. 55; l. 155, §1 & 39, 2 l. 26. "qui jure suo utitur, nemini facit injuriam."

니다. 하지만 그 규정은 특정한 경우에 매우 큰 쓰임새가 있고 필요한 것을 정확하게 생각하도록 만듭니다. 예를 들어 어떤 사람이 자신의 집을 법령과 관례가 허용하는 한도 내에서 높이 올리려고 할 때, 그래서 이웃의 특정한 시야를 방해하게 될 때, 그는 즉시 그 이웃에게 법 규정을 제시해 달랠 것입니다. 게다가 아편은 잠이 오게 한다고 말하는 것과 같은 사실 명제 혹은 경험 명제는, 우리가 우리의 구별된 관념에 있는 것 이상으로 결코 나아가게 할 수 없는 순수한 이성의 진리보다 우리를 더 멀리까지 이끕니다. 모든 인간은 신의 개념을 가진다는 명제는 개념이 관념을 표시할 때, 이성의 명제에 속합니다. 제 견해에 따르면, 신의 관념은 모든 인간들에게 내재되어 있기 때문입니다. 하지만 그 관념이 사람들이 현실적으로 생각하는 관념을 의미하면, 그것은 인류의 역사에 의존하는 사실의 명제입니다. §7 끝으로 삼각형은 세 변을 가진다고 말하는 것은 보이는 것처럼 그런 동일 명제는 아닙니다. 다각형은 변의 수만큼 많은 각을 가져야 한다는 것을 알기 위해서는 약간의 주의가 필요하기 때문입니다. 다각형이 닫혔다고 가정되지 않으면, 한 변이 더 많을 수도 있습니다.

§[9] **필라레테스** "실체에 관해 만들어진 일반 명제는 설사 확실하더라도 대부분 공허한 명제 같습니다. 그리고 실체, 인간, 동물, 형상, 영혼, 식물적, 감각적, 이성적이라는 낱말의 의미를 아는 사람은 의심할 수 없지만 무용한 다수의 명제들을 만들어낼 것입니다. 특히 사람들이 종종 영혼이 실제로 무엇인지 알지 못하면서도 이야기하는 영혼에 관해서 그러한 명제들을 만들어낼 것입니다. 누구나 형이상학과 스콜라 신학 그리고 특정한 종류의 자연학 저작들에서 이런 종류의 명제와 추론, 결론을 무수히 많이 볼 수 있습니다. 그들은 그 저작들을 읽어도 신, 정신 그리고 물체에 대해서, 그 책들을 읽기 전에 알았던 것보다 더 많은 것을 배우지는 못할 것입니다."

테오필루스 보통 읽는 형이상학 개요와 그런 성격의 다른 책들이 단지 낱말들만 가르친다는 것은 사실입니다. 예를 들어, 형이상학은 원리와 그것에서 유래하는 변용(affection)에 대해서 설명하는, 존재 일반에 관한 **학문**이고, 존재의 원리는 본질과 현존이며, 변용은 근원적이거나 파생적인데, 근원적 변용은 곧 하나인 것, 참인 것, 선한 것이고, 파생적 변용은 곧 동일한 것, 다양한 것, 단순한 것, 그리고 합성된 것 등이라고 말하는 것은, 이 각각의 용어들에 대해서 이야기할 때, 모호한 개념과 말의 구별만 제공할 뿐입니다. 바로 이것이 **학문**의 이름을 남용하는 것입니다. 하지만 (그로티우스가 매우 중대한 사례로 만들었던) 수아레즈[97] 같은 더 심오한 스콜라 철학자들이 때때로 다음과 같은 주제에 대해서 주목할 만한 논의를 했다는 것은 정당하게 인정해야 합니다. 즉 **연속**, 무한성, 우연성, 추상적인 것의 실재성, 개체화의 원리, 형상의 기원과 형상의 부재, 영혼과 그것의 능력, 신과 피조물의 공조 등, 그리고 또 도덕학에서 의지의 본성과 정의의 원리 같은 것 말입니다. 한마디로 말하면, 이 광석 찌꺼기에도 금이 있다는 것을 인정해야 한다는 것입니다. 다만 양식 있는 사람들만이 그것을 이용할 수 있습니다. 그리고 여기저기에 어떤 좋은 것이 있다는 이유로 젊은이에게 무용한 잡동사니들을 부담시키는 것은 모든 것 중에 가장 소중한 것, 즉 시간을 잘못 관리하는 것입니다. 더욱이 우리는 확실하고 알아야 할 필요가 있는 실체에 관한 일반 명제를 완전히 결여하고 있지 않습니다. 우리의 박식한 저자가 독자적으로 가르쳤거나 아니면 일부는 다른 사람의 견해에 따라 가르쳐주었던 신과 영혼에 관한 중대하고 아름다운 진리가 있

97) [옮긴이 주] Francisco Suárez(1548~1617), *Disputationes metaphysicae*(Salamanca, 1597) 참조.

습니다. 또한 우리는 거기에 아마도 어떤 것을 추가했습니다. 그리고 물체에 관한 일반 지식과 관련해서 아리스토텔레스가 남겼던 것에 충분히 주목할 만한 것이 추가되었고, 자연학, 그러니까 일반적인 자연학도 이전보다 훨씬 더 실재적이 되었다고 말해야 합니다. 그리고 실재적 형이상학과 관련해서, 우리는 그것이 거의 정립된 것처럼 시작하고 이성에 근거를 두고 경험을 통해서 확인된, 실체 일반과 관련되어 있는 중요한 진리들을 발견합니다. 또한 저는 영혼과 정신에 대한 일반 지식도 어느 정도 진전이 있기를 희망합니다. 그런 형이상학이 바로 아리스토텔레스가 요구한 것, 즉 그가 'Ζητουμένη', 그가 찾았던, **고대하던 것**이라고 불렀던 학문입니다.[98] 다른 이론적 학문에 비해서, 행복에 대한 학문이 필요로 하는 기술의 관계는 건축가가 필요로 하는 장인의 기술의 관계와 유사합니다. 그래서 아리스토텔레스는 다른 학문들이 가장 일반적인 학문인 형이상학에 의존하며 형이상학에서 증명된 다른 학문들의 원리들을 차용해야 한다고 말합니다. 또한 참된 도덕과 형이상학의 관계는 실천과 이론의 관계와 같다는 것도 알아야 합니다. 왜냐하면 정의와 덕의 영역으로 정당하게 확장되는, 정신에 대한 지식, 특히 신과 영혼에 대한 지식은 실체 일반에 대한 이론에 의존하기 때문입니다. 이것은 제가 다른 곳[99]에서 언급했던 것처럼, 만약 섭리나 미래의 삶이 없다면, 지혜로운 자가 덕을 실천하는 데 더 제한을 받을 것이기 때문입니다. 왜냐하면 그는 모든 것을 현재의 만족에만 관련시키고, 소크라테스, 마르쿠스 아우렐리우스 황제, 에픽테토스 그리고 다른

98) Aristoteles, *Metaphysica*, I, 2, 982a4-b10, VII, 1, 1028b2-7.

99) Leibniz, Codex juris gentium diplomaticus(1693), 서문 I, §13 (Dutens, IV, 3, 296쪽) 참조. [옮긴이 주] Praefatio Codicis Juris Gentium Diplomatici: A IV, 5, 48~79.

고대인들에게서 이미 보이는 이 만족도 우주의 질서와 조화가 우리에게 제한 없이 미래에까지 열어준 아름답고 위대한 관점이 없으면 항상 적절한 근거를 갖추지 못할 것이기 때문입니다. 그렇지 않으면 영혼의 평온은 단지 사람들이 강제 인내라고 부르는 것에 불과할 것입니다. 따라서 이론과 실천 두 부분을 포괄하는 **자연 신학**은 실재적 형이상학과 가장 완전한 도덕 철학을 동시에 포함한다고 말할 수 있습니다.

§12 **필라레테스** "거기에는 의심의 여지없이 공허한 지식과는 거리가 매우 먼 지식이 있거나 순전히 말뿐인 지식이 있습니다. 그러나 이 말뿐인 지식은 예를 들면, '**절약은 검소함이다.**', '**감사의 마음은 정의이다.**'와 같이 두 추상 명사가 서로 긍정되는 명제 같습니다. 이런 명제들이나 다른 명제들이 때때로 첫눈에 매우 그럴싸해 보일 수 있지만 우리가 그 효력을 짜내보면, 이 모든 것이 명사의 의미 외에 다른 것을 가져다주지 않는다는 것을 알게 될 것입니다."

테오필루스 그러나 명사의 의미, 즉 동일성 공리와 연결된 정의는 모든 증명의 원리를 표현합니다. 그리고 이 정의가 그것의 관념과 가능성을 동시에 알려주기 때문에, 정의에 의존하는 것이 항상 순전히 말뿐인 것은 아니라는 것이 분명합니다. '**감사의 마음은 정의이다.**' 혹은 그보다는 '정의의 일부이다.'라는 사례에 관계된 것이 무시되어서는 안 됩니다. 왜냐하면 그것은 '배은망덕에 대한 소송(actio ingrati)'이라고 불리는 것, 혹은 배은망덕한 사람들에 반대해 제기되는 고소가 법정에서 덜 무시되어야 한다는 것을 알려주기 때문입니다. 로마인들은 자유인들과 해방된 노예들에 반대하는 이런 소송을 수용했습니다. 그리고 이것은 오늘날에도 증여의 철회와 관련해서 유효합니다. 끝으로 저는 추상 관념도 유와 종처럼 서로가 서로에게 속할 수 있다고 이미 다른 곳[100]에서 말했습니다. 예를 들어 '**지속은**

연속이다.', '**덕은 습관이다.**'라고 말할 때처럼 말입니다. 그러나 **보편 정의**(justice universelle)는 단지 하나의 덕일 뿐만 아니라 온전히 도덕적인 덕이기도 합니다.

∴

100) 3부 8장 §1 참조.

9장

우리의 현존에 대한 우리의 지식에 관하여

§1 **필라레테스** "지금까지 우리는 단지 사물의 본질에 대해서만 고찰했습니다. 우리의 정신은 그 본질을 단지 **추상**을 통해서, 우리의 지성에 있는 것과 다른 모든 개별적 현존에서 분리해서 인식하기 때문에, 그 본질은 우리에게 절대적으로 어떠한 실재 현존에 대한 지식을 제공하지 않습니다. 그리고 우리가 확실한 지식을 얻을 수 있는 보편 명제들은 현존과 관계가 없습니다. 게다가 확실하지 않은 명제를 이용해서 한 유의 개체나 한 종의 개체에 어떤 것을 부여할 때마다 동일한 것이 유 일반이나 종 일반에 부여될 때, 명제는 매번 단지 **현존**에만 관계하고, 개별적으로 현존하는 사물들에 있는 우연적 연결만을 알려줍니다. 사람들이 이러저러한 인간이 박식하다고 말할 때처럼 말입니다."

테오필루스 아주 좋습니다. 이런 의미에서 철학자들도 대부분의 경우 **본질**에 속하는 것과 **현존**에 속하는 것을 구별하면서 **우발적**(accidentel)이거나

우연적(contingent)인 모든 것을 현존과 관련시킵니다. 우리가 경험을 통해서만 아는 보편 명제들이 우연적이 아니라는 것조차 모르는 경우가 매우 빈번합니다. 왜냐하면 우리의 경험이 제한되어 있기 때문입니다. 예를 들어, 물이 얼지 않는 나라에서 사람들이 만들어낸, 물은 항상 액체 상태로 있다는 명제는 본질적이 아닙니다. 그리고 사람들은 그것을 더 추운 나라에 왔을 때 압니다. 하지만 사람들은 **우연적인 것**을 더 좁은 의미로 받아들일 수 있고 그래서 우연적인 것과 **본질적인 것** 사이에 중간이 있다고 할 수 있습니다. 그리고 이 중간은 **자연적인 것**, 즉 사물에 필연적으로 속하지는 않지만 그럼에도 방해하는 것이 없다면, 그 자체로 사물에 적합한 것입니다. 따라서 어떤 사람은 진실로 그것이 물에 본질적이지는 않지만 적어도 액체 상태가 물에 자연적이라고 주장할 수 있습니다. 제 말은, 사람들이 그렇게 주장할 수 있지만 그것이 증명된 것은 아니라는 것이고, 아마도 달의 거주자가 있다면, 그들은 물이 어는 것이 자연적이라고 말하는 것이 근거가 부족하다고 생각하지 않을 것입니다. 그렇지만 자연적인 것이 덜 의심되는 다른 경우가 있습니다. 예를 들어 광선이 우연히 그것을 반사하는 어떤 표면과 만나지 않은 한, 항상 직선으로 같은 중앙을 향해 가는 경우입니다. 더욱이 아리스토텔레스는 흔히 **우연적인** 것의 원천을 물질과 관련시켰습니다. 하지만 그때 그것은 제2물질, 즉 물체 더미 혹은 물체 덩어리로 이해되어야 합니다.

§2 **필라레테스** 저는『인간지성론』을 쓴 영국의 탁월한 저자를 따라 이미 언급했습니다. "우리는 우리의 현존을 직관을 통해서 인식하고 신의 현존을 증명을 통해서 그리고 다른 것들의 현존을 감각을 통해서 인식한다."라고 말입니다. [그리고 당신이 그것에 찬성했던 것으로 기억합니다.] §3 "우리의 현존을 우리 자신에게 인식시켜주는 이 직관은 우리가 그것을 온전히

명증적으로 인식하게 해줍니다. 그것은 증명될 수도 없고 증명될 필요도 없습니다. 제가 모든 것을 의심하기 시작하더라도 저의 현존을 의심하는 그런 의심은 저에게 허락되지 않습니다. 결국 우리는 그것에 대해서 상상할 수 있는 가장 높은 등급의 확실성을 가지고 있습니다."

테오필루스 저는 이 모든 것에 전적으로 동의합니다. 그리고 저는 우리의 현존과 우리의 생각에 대한 직접적 자각은 우리에게 '경험적' 제일 진리 혹은 사실의 진리, 즉 **최초의 경험**을 제공한다는 것을 추가합니다. 마찬가지로 동일 명제는 '선험적' 제일 진리 혹은 이성의 진리, 즉 **최초의 빛**을 포함합니다. 전자와 후자는 증명될 수 없고 **직접적**이라고 불릴 수 있습니다. 후자는 이성과 그것의 대상 간에 직접성이 있기 때문이고, 전자는 주어와 술어 간에 직접성이 있기 때문입니다.

10장

신의 현존에 대한 우리의 지식에 관하여

§1 **필라레테스** "우리의 영혼에게 영혼을 장식할 능력을 주었던 신은 영혼을 아무런 증거도 없이 놔두지 않았습니다. 감각, 지성 그리고 이성은 우리에게 신의 현존에 대한 명백한 증거를 제공하기 때문입니다."

테오필루스 신은 영혼에게 신을 인식하는 데 적합한 능력을 주었을 뿐만 아니라 신을 표시하는 기호를 영혼에 각인시키기도 했습니다. 영혼에게 이 기호를 자각하기 위한 능력이 필요하지만 말입니다. 저는 신의 관념과 신의 현존에 대한 진리를 본유 관념과 본유 진리로 여기지만 우리가 그 본유 관념과 본유 진리에 관해서 논쟁했던 것을 반복하고 싶지 않습니다. 그보다는 본론으로 들어갑시다.

필라레테스 "이제 신의 현존이 이성을 통해서 증명하는 가장 쉬운 진리일지라도 그리고 제가 잘못 알고 있는 것이 아니라면, 그것의 명증성이 수학적 증명의 명증성과 같을지라도 그것은 주의를 요합니다. 먼저 우리 자신에 대해서 그리고 의심할 수 없는 우리 자신의 현존에 대해서 반성적으로 고찰할 필요가 있습니다." §2 "따라서 저는 **신이 현실적으로 현존하는 어떤 것임을 누구나 인식한다고** 가정하고, 따라서 실재적 존재자가 존재한다고 가정합니다. 만약 자기 자신의 현존을 의심할 수 있는 사람이 있다면, 저는 그에게 이야기하는 것이 아님을 밝힙니다." §3 "또한 우리는 단순한 시각에 의한 지식을 통해서 **순수한 무가 실재적 존재자를 산출할 수 없다**는 것을 압니다. 이로부터 수학적 명증성을 가지고 **어떤 것이 예전부터 영원히 현존했다**는 것이 따라 나옵니다. 왜냐하면 시작이 있는 모든 것은 다른 어떤 것에서 산출되었어야 하기 때문입니다." §4 "그런데 자신의 현존을 다른 것에서 끌어내는 모든 존재자는 자신이 가진 모든 것과 자신의 모든 능력도 다른 그것에서 이끌어냅니다. 그러므로 모든 존재자의 영원한 원천은 그것이 가진 모든 힘의 원리이기도 합니다. 따라서 **이 영원한 존재자 또한 전능해야 합니다**." §5 "더욱이 인간은 자기 자신한테서 지식을 발견합니다. **따라서 지성적 존재자는 존재합니다**. 그런데 지식과 지각을 절대적으로 결여한 것이 지성적 존재자를 산출하는 것은 불가능합니다. 그리고 물질이 자기 스스로 지성적 존재자를 산출하는 것은 감각을 결여하는 물질의 관념에 반합니다. 그러므로 사물의 원천은 지성이며 **지성적 존재자는 예전부터 영원히 존재합니다**." §6 "사람들은 매우 힘 있고 매우 지성적인, 영원한 존재자를 신이라고 부릅니다. 만약 어떤 사람이 인간이 지식과 지혜를 소유하는 유일한 존재자이지만 그럼에도 그것은 우연의 소산일 뿐이고 이 같은 맹목적인 원리와 지식의 부재가 우주의 나머지 모든 부분을 조종한다고 가정할 정도로 매우 비이성적이라면, 저는 그에게 한가할 때 **키케로**(『법률론』 2권)의 견고하고 충분한 강조를 온전하게 검토해보라고 권고할 것입니다. 그는 분명하게 말합니다. 자신 안에 지성과 이성이 있다고 생각하면서도 천국과 이 광활한 전 우주를 통제하는 지적인 존재는 없다고 생각할 정도로 어리석고 오만한 사람은 있을 수 없다고 말입니다.[101] 제가 방금 말한 것에서 다음이 명확하게 따라 나옵니다. 우리는 우리 밖에 있는 어떤 다른 것보다 신[의 현존]에 대해서 더 확실한 지식을 가지고 있다는 것 말입니다."

테오필루스 저는 필라레테스, 당신에게 전적으로 솔직하게 확언합니다. 제가 이 증명에 반대되는 어떤 것을 말해야 한다는 것이 너무나 유감스럽지만 저는 그것을 단지 비어 있는 부분을 채울 기회를 당신에게 주기 위한 목적으로만 할 것이라는 것 말입니다. 그것은 주로 당신이 어떤 것은 아주 옛날부터 영원히 현존했다는 결론을 도출한 부분(§3)입니다. 그 부분에서 저는 애매함을 발견합니다. 만약 당신이 **아무것도 현존하지 않았던 때는 결코 없었다**는 것을 말하려고 한 것이라면, 저는 그것에 동의합니다. 그리고 이것은 실제로 완전한 수학적 추론에 의해서 앞의 명제에서 도출됩니다. 일찍이 무가 존재했다면, 무는 존재자를 산출할 수 없기 때문에, 무가 계속해서 존재했을 것이고, 그러면 우리 자신도 있을 수 없을 것인데, 이것은 최초의 경험적 진리에 반하는 것이기 때문입니다. 그러나 당신이 어떤 것이 예전부터 영원히 현존했다고 말할 때, 그것으로 영원한 것을 의미한다는 결과가 즉시 나타납니다. 그렇지만 당신이 여기까지 제시했던 것으로 인해서, 어떤 것이 항상 존재했을 때, 항상 어떤 특정한 것이 존재한다는 것, 즉 영원한 존재자가 존재한다는 것이 따라 나오지는 않습니다. 왜냐하면 몇몇 반대자들은 자신이 다른 것에 의해서 산출되었고 그것 또한 다른 것에 의해서 산출되었다고 말할 것이기 때문입니다. 더욱이 (에피쿠

101) 키케로, 『법률론』 2권, 7장 §16.

로스가 원자를 인정하는 것처럼.) 어떤 사람들이 영원한 존재자를 인정할 때, 그들은 그로 인해 자신들이 다른 모든 존재자의 유일한 원천인 영원한 존재자를 인정해야 한다고 생각하지 않습니다. 그들이 현존하는 것에는 사물의 다른 성질들과 힘도 제공된다는 것을 인정할 때, 그들은 하나의 유일한 사물이 다른 사물들에게 현존을 제공한다는 것을 부정할 것이고, 심지어 다수의 다른 사물들이 각각의 사물과 공조해야 한다고 말할 것이기 때문입니다. 따라서 우리는 이를 통해서 전능함의 원천에 결코 이르지 못할 것입니다. 그렇지만 우주를 지혜롭게 다스리는 하나의 동일한 원천이 있다고 생각하는 것은 매우 합리적입니다. 그러나 사람들이 물질이 감각할 수 있다고 믿을 때, 그들은 물질이 감각을 산출할 수 있는 것이 불가능하지 않다고 믿는 경향이 있을 수 있습니다. 적어도 동시에 물질에게 전적으로 그런 능력이 있다는 것을 보여주는 증거를 제시하기도 어려울 것입니다. 그리고 우리의 생각이 생각하는 존재자에게서 유래한다고 가정할 때, 선입견 없이 그것이 신이어야 한다는 증명이 인정된 것으로 간주할 수 있을까요?

§7 **필라레테스** 저는 이 증명을 탁월한 사람에게서 얻었는데, 저는 그가 그 증명을 보완할 수 있다는 것을 의심하지 않습니다. 그리고 저는 그를 거기까지 이끌려고 합니다. 왜냐하면 그는 대중들에게 더 좋은 도움을 줄 기회가 거의 없었기 때문입니다. 당신도 그것을 원합니다. [그리고] 그것이 다음을 제가 믿도록 만듭니다. 즉 "당신은 무신론자들이 침묵하도록 하기 위해서는 모든 것이 우리 안에 있는 신 관념의 현존에 기초하도록 해야 한다는 것을 믿지 않습니다. 이것은 인기 있는 발견에 매우 강하게 집착하는 사람들이 하는 것과 유사합니다. 그들은 지금까지 신의 현존에 대한 다른 모든 증명을 거부하거나 적어도 그 증명들이 마치 약하거나 거짓이기라도

한 듯이 약화시키려고 하고 적용을 금지했습니다. 그럼에도 불구하고 이것은 근본적으로 우리 자신의 현존에 대한 고찰과 우주의 감각 가능한 부분들에 대한 고찰을 통해서 최고의 존재자에 대한 현존을 매우 명확하게 그리고 매우 납득할 만한 방식으로 우리에게 보여주는 증거입니다. 저는 지혜로운 사람은 이것을 거부하지 않을 것이라고 생각합니다."

테오필루스 물론 저는 본유 관념을 지지하고 특히 신의 관념을 지지하지만 신의 관념에서 도출한 데카르트주의자들의 증명들이 완전하다고 생각하지 않습니다. 저는 다른 곳에서(라이프치히의 저널[102]과 트레보 학술지[103]에서) 데카르트[104]가 캔터베리의 대주교, 안셀무스로부터 가져왔던 증명이 실제로 매우 아름답고 매우 기발하지만 더 보완해야 할 부분이 있다는 것을 보였습니다. 의심의 여지없이 당시 가장 유능한 사람들 중 하나였던 그 저명한 대주교는 근거 없이 기뻐하지 않는 사람으로, 자기 자신의 개념을 통해서 그것의 영향에 의지하지 않고 '선험적으로' 신의 현존을 입증할 방법을 찾았습니다.[105] 그의 논증은 대략 다음과 같습니다. 신은 가장 큰 존재이거나 (데카르트가 말하는 것처럼) 가장 완전한 존재입니다. 혹은 신은 모든 단계를 포함하는 가장 위대한 존재이거나 최고로 완전한 존재입니다. 이것이 신의 개념입니다. 이제 어떻게 이 개념에서 현존이 따라 나오는지는 여기에 있습니다. 현존하는 것은 현존하지 않는 것보다는 더 좋은 것입니다. 혹은 현존은 크기나 완전성에 한 단계를 추가합니다. 그리고 데카르트가 말한

102) Leibniz, 「인식, 진리 그리고 관념에 대한 성찰(Meditationes de Cognitione, Veritate, et Ideis)」, *Acta Eruditorum*(1684. 11): A VI, 4, 585~592.

103) Leibniz, "Extrait d'une lettre …… touchant la demonstration cartesienne de l'existence de Dieu par R. P. Lamy, Bénédiction"(1701. 9), 203~207쪽.

104) Descartes, *Méditations métaphysiques*, V; *Principia philosophiae*, I, 14.

105) [옮긴이 주] Anselm, *Proslogion*, 2장.

것처럼, 현존은 그 자체로 하나의 완전성입니다 그러므로 크기나 완전성에서 이 단계는 이 최고의 존재, 가장 위대하고 가장 완전한 존재에 있습니다. 그렇지 않으면 신의 정의와 반대로 신이 어떤 단계를 결여하는 것이 되기 때문입니다. 따라서 이 최고의 존재는 현존합니다. 그들의 천사 박사[106]도 예외 없이 스콜라 철학자들은 이 논증을 무시했고 거짓 추리로 간주했습니다. 그럼으로써 그들은 매우 큰 잘못을 저지른 것입니다. 그리고 라플레슈에 있는 예수회 학교에서 상당히 오랫동안 스콜라 철학을 공부했던 데카르트는 이 논증을 복원할 이유를 많이 가지고 있습니다. 그것은 거짓 추리가 아니라 수학적 명증성을 부여하기 위해서 다시 입증되어야 하는 어떤 것을 전제하는 불완전한 증명입니다. 이것은 암암리에 이 전적으로 위대하거나 전적으로 완전한 신의 관념은 가능하고 모순을 함축하지 않는다는 것을 전제합니다. 그리고 이것은 이미 '**신이 가능하다면, 신은 현존한다.**'라는 주석을 통해서 증명한 어떤 것, 즉 오직 신성만이 소유하는 특권입니다. 사람들은 모든 존재자의 가능성을, 특히 신의 가능성을 누군가 그 반대를 증명할 때까지는 추정할 권리를 가집니다. 따라서 이 형이상학적 논증은 이미 증명적인 도덕적 결론을 제공합니다. 즉 우리 지식의 현재 상태에 따라 신은 현존한다고 판단해야 하고 그것과 일치하게 행동해야 한다는 결론 말입니다. 그럼에도 박식한 사람들은 증명을 수학적 명증성으로 엄격하게 실행하기를 바랄 것입니다. 그리고 저는 그 점에 도움을 줄 수 있는 어떤 것을 다른 곳[107]에서 말했다고 생각합니다. 신의 현존을 증명하려고 한 데카르트의 다른 논증은,[108] 즉 신의 관념이 우리의 영혼에 있

106) Docteur angelique: Thomas Aquinas, *Summa theologiae*, I, qu. 2. a. 1. ad 2.
107) *Mémoires de Trévoux*(1701. 9), 203쪽, 참조.

고 그 관념은 원형에서 유래해야 한다는 것을 근거로 한 논증은 좀 덜 결정적입니다. 첫째, 이 논증은 앞의 논증과 마찬가지로 우리 안에 그런 관념, 즉 신이 가능하다는 관념이 있다고 가정하는 결점을 가지고 있기 때문입니다. 우리가 신에 대해서 이야기할 때, 우리는 우리가 말하는 것을 알고 있고, 따라서 우리는 신에 대한 관념을 가진다고 데카르트가 주장한 것은 기만적인 정황 증거이기 때문입니다. 왜냐하면 예를 들어 우리가 기계의 영구 운동에 대해서 이야기할 때, 우리는 우리가 말하는 것을 알더라도 이 운동은 불가능한 것이고 따라서 사람들은 외견상으로만 관념을 가질 수 있기 때문입니다. 그리고 둘째로 이 같은 논증은 우리가 신의 관념을 가지고 있을 때, 그것이 원형에서 유래해야 한다는 것을 충분히 증명하지 못합니다. 하지만 저는 지금 중단하지 않을 것입니다. 필라레테스, 당신이 말하려는 것이, 제가 신의 관념이 우리 안에 있는 본유 관념이라고 인정하기 때문에, 우리에게 그런 관념이 있는지 의심할 수 있다고 말해서는 안 된다는 것인가요? 저는 이런 의심을 오로지 관념에만 전적으로 근거하는 엄격한 증명에 대해서만 허용합니다. 왜냐하면 사람들은 신의 관념과 신의 현존을 다른 한편에서 충분히 확신하기 때문입니다. 그리고 당신은 제가 관념이 어떤 방식으로 우리 안에 있는지 설명했던 것을 기억하실 것입니다. 관념은 사람들이 그것을 항상 자각하는 방식으로 있는 것이 아니라 사람들이 항상 관념을 자기 자신의 토대에서 이끌어낼 수 있고 자각 가능하도록 만들 수 있는 방식으로 우리 안에 있습니다. 저는 신의 관념도 그렇다고 믿습니다. 그래서 저는 신의 가능성과 현존도 여러 방식으로 증명된다고 봅니다. 그리고 **예정 조화** 자체도 그것에 하나의 새로운, 이론의 여지없

108) Descartes, *Méditations métaphysiques*, III.

는 방법을 제공합니다. 그 밖에도 저는 사람들이 신의 현존을 입증하려고 사용하는 거의 모든 방법이 훌륭하고 그것을 보완한다면, 도움이 될 수 있다고 생각합니다. 그리고 저는 결코 사물의 질서에서 도출한 것을 무시해도 된다고 생각하지 않습니다.

§9 **필라레테스** 아마도 이 문제에 좀 더 관심을 두는 것이 좋을 것 같습니다. "생각하는 존재자가 물질같이 생각하지 못하고 감각과 지식이 결여된 존재자에서 나올 수 있는가" 하는 문제 말입니다. §10 "물질의 한 부분이 그 자체로 아무것도 산출할 수 없고 스스로 운동할 수 없다는 것은 충분히 명백합니다. 그러므로 물질의 운동은 영원하거나 더 강력한 어떤 존재자로부터 부과된 것이어야 합니다. 그 운동이 영원할지라도 그것은 여전히 지식을 산출할 수 없을 것입니다. 물질을 당신이 원하는 만큼 미세한 부분으로 나누어봅시다. 마치 물질을 정신화하는 것처럼 말입니다. 물질에 당신이 원하는 모든 형태와 모든 운동을 부과해봅시다. 지름이 1그라이의 백만분의 일밖에 되지 않는 구체, 정육면체, 원뿔, 각기둥, 원기둥 등을 만들어봅시다. 1그라이는 1라인의 1/10이고, 1라인은 1푸스의 1/10이고, 1푸스는 1철학적 피트의 1/10이고, 1철학적 피트는 1진자의 1/3입니다. 그리고 위도 45도에서 각각의 진동은 1초의 시간과 같습니다. 얼마나 미세하든 이 물질 입자가 그것과 비례하는 크기를 가진 다른 물체에 작용하는 방식은 지름이 1푸스이거나 1피트인 물체들이 서로 작용하는 방식과 다를 것입니다. 그리고 사람들은 세상에 있는 물질 중에서 가장 미세한 부분을 이용하는 것과 마찬가지로 커다란 물질의 부분을 일정한 형태와 운동으로 모음으로써 물질이 감각, 생각 그리고 지식을 산출하리라 합리적으로 기대할 수 있습니다. 이 최소의 부분도 큰 부분과 마찬가지로 서로 충돌하고 밀어내고 저항합니다. 그리고 이것이 가장 미세한 부분이 할 수 있는 일입

니다. 하지만 물질이 자신의 내부에서 직접적으로 어떠한 장치도 없이 그리고 형태와 운동의 도움 없이 감각, 지각, 지식을 이끌어낼 수 있다면, 그 경우 이것은 물질과 그것의 모든 부분들로부터 분리할 수 없는 속성들이 되어야 할 것입니다. 여기에 덧붙일 수 있는 것은, 물질에 대한 우리의 일반 관념과 종적 관념으로 인해서 마치 그것이 수적으로 단 하나의 사물인 양 말하게 된다는 것입니다. 하지만 물질은 본래 우리가 인식하거나 파악할 수 있는 물질적 존재자나 단일한 물체처럼 현존하는 개체적인 것이 아닙니다. 따라서 만약 물질이 생각하는 영원한 최초의 존재자였다면, 무한하고 생각하는, 영원한 유일한 존재자가 아니라 무한한 수의 무한한, 생각하는, 영원한 존재자일 것입니다. 그 존재자들은 서로 독립적이고 제한된 힘과 구별되는 생각들을 가지고 있으며, 따라서 자연에서 발견되는 이 질서, 이 조화, 그리고 이 아름다움을 결코 산출할 수 없었을 것입니다. 이로부터 최초의 영원한 존재자는 물질일 수 없다는 것이 필연적으로 따라 나옵니다." 저는 테오필루스 당신이 당신 자신의 증명인 것처럼 보였던 것보다 저명한 저자의 앞선 증명에서 가져온 이 추론에 더 만족하기를 기대합니다.

테오필루스 저는 현재의 추론이 세상에서 가장 견고하고 정확할 뿐만 아니라 심오하고, 저자에게도 잘 어울린다고 봅니다. 저는 물질의 부분들이 얼마나 미세하든 간에, 지각을 산출할 수 있는 부분들의 조합과 변형은 없다는 그의 견해에 완전하게 동의합니다. (사람들이 분명하게 인정하듯이) 이것은 큰 부분들에서도 마찬가지입니다. 그리고 미세한 부분에서 일어나는 모든 것은 큰 부분들에서 일어날 수 있는 것에 비례합니다. 또한 물질을 수적으로 유일한 사물로 혹은 (저의 표현법에 따르면) 참되고 완전한 **모나드** 혹은 **일체**로 간주해서는 안 된다고 저자가 여기서 지적한 것은 물질에 관한 중요한 지적입니다. 왜냐하면 물질은 단지 무한하게 많은 수의 존재자들로 구성된 한 **무더기**일 뿐이기 때문입니다. 여기서 이 탁월한 저자가 저의 체계에 이르기 위해서는 한 걸음이 더 필요합니다. 왜냐하면 저는 사실 이 모든 무한하게 많은 존재자들에게 지각을 부여하기 때문입니다. 그것들 각각은 영혼과 (혹은 참된 일체를 구성하는 것과 유사한 어떤 능동적 원리와) 이 존재자가 수동적인 것이 되기 위해서 필요한 것과 함께 유기적 신체가 부여된 동물 같은 것입니다. 이제 이 존재자들은 일반적 원인과 최고의 원인으로부터 그들의 능동적 본성뿐만 아니라 수동적 본성도 (즉 그것들은 비물질성과 물질성을 가지고 있습니다) 받아들입니다. 그렇지 않으면, 저자가 매우 잘 지적한 것처럼, 그것들은 서로 독립적이기 때문에, 자연에서 발견되는 이 **질서**, 이 **조화**, 이 **아름다움**을 결코 산출할 수 없었을 것이기 때문입니다. 하지만 단지 도덕적 확실성만을 가진 것으로 보이는 이 논증은 제가 도입한 **새로운 종류의 조화**, 즉 **예정 조화**에 의해서 전적으로 형이상학적인 필연성으로 나아가게 됩니다. 왜냐하면 이 모든 영혼은 자기 방식으로 자기 밖에서 일어나는 것을 표현하고, 다른 개별적 존재자들에게 어떠한 영향도 줄 수 없기 때문이거나 그보다는 각각의 영혼이 자기 본성의 고유한 토대에서 이 표현을 이끌어내기 전에 보편적 원인으로부터 이런 본성을 (그들 밖에 있는 것에 대한 표현의 내적 원인을) 부여받아야 하기 때문입니다. 이 보편적 원인은 이 존재자들 모두가 의존하고 있는 것이며 하나의 존재자가 다른 존재자와 완전하게 일치하고 상응하도록 만듭니다. 이것은 무한한 지식과 힘이 없으면 있을 수 없는 것이고, 특히 기계와 이성적 영혼의 활동이 자발적으로 일치하는 것에 관련된 위대한 기술을 통해서 가능한 일입니다. 그래서 한 저명한 작가는 그의 경이로운 『사전』에서 이것에 대해 반박했습니다.[109] 그 작가는 신의 지혜가 그에게는 그런 결과에 필요한 만큼 그렇게 크지 않은 것으로 보인다고 말하면서 가능한 모든 지혜를 능가하는 것인지 의심했습니다. 그는 적어도 신적인 완전성에 대해 우리가 가질 수 있는 허약한 이해를 너무 크게 돌출시키지 않았다는 것은 인정했습니다.

§12 **필라레테스** 당신의 생각과 제 저자의 생각이 이렇게 일치하니 얼마나 기쁜지 모르겠습니다! 제가 이 주제에 관한 그의 나머지 추론을 당신에게 이야기하더라도, 테오필루스 당신이 불쾌해하지 않기를 바랍니다. "첫째, 그는 다른 모든 지성적 존재자가 (그리고 더 강력한 이유로 다른 모든 존재자가) 의존하고 있는 생각하는 존재자가 물질적인지 아닌지 검토합니다." §13 "그는 생각하는 존재자가 물질적이라는 것에 반대합니다. 하지만 그는 그럴 경우, 그것이 무한한 지식과 힘을 소유하는 영원한 존재자인 것으로 충분하다고 답합니다. 게다가 생각과 물질이 분리될 수 있을 때, 물질의 영원한 현존은 생각하는 존재자의 영원한 현존의 결과가 아닐 것입니다." §14 "또한 사람들은 신을 물질적인 것으로 만드는 사람들에게 물질의 각 부분이 생각한다고 믿는지 물을 것입니다. 이 경우 물질 입자만큼이나 많은 신이 존재한다는 결론이 나올 것입니다. 그러나 물질의 각 부분이 생각하지 못할 때에도 생각하지 않는 부분들로 구성된 생각하는 존재자가 있는 것인데, 이것은 이미 거부했던 것입니다." §15 "단지 몇몇 물질 원자만이 생각하고 다른 부분들은 똑같이 영원함에도 불구하고 생각하지 못한다면, 이것은 아무런 이유도 없이 물질의 한 부분이 다른 부분보다 무한하게 우위에 있는 것이고 영원하지는 않아도 생각하는 존재자를 산출하는 것입니다." §16 "영원한 생각하는 존재자와 물질적 존재자가 부분들은 생

109) Pierre Bayle(1647~1706), *Dictionnaire historique et critique*, Rorarius 항(1695~1697).

각하지 못하는, 어떤 특정한 개별적인 물질 더미라면, 우리는 거부했던 것에 다시 빠지는 것입니다. 물질의 부분들은 잘 결합되어 있기 때문에, 새로운 공간적 관계만을 획득할 수 있을 뿐 지식을 전달할 수는 없습니다." §17 "이 물질 더미가 정지 상태로 있든 운동 상태에 있든 그것은 중요하지 않습니다. 그것이 정지 상태에 있다면, 원자에 비해 특권을 갖지 않는, 활동 없는 물질 덩어리일 뿐이고, 그것이 운동 상태에 있다면, 다른 부분들과 구별해주는 이 운동은 생각을 산출하게 될 것입니다. 각 부분은 별도로 생각 없는 상태이고 그것의 운동을 통제하는 것을 아무것도 가지고 있지 않기 때문에, 그 모든 생각들은 우연적이고 제한적입니다. 따라서 단순하고 원시적인 물질에서와 마찬가지로 그것에는 자유도 선택도 지혜도 없을 것입니다." §18 "어떤 사람들은 물질이 적어도 신과 함께 영원히 공존한다고 믿습니다. 하지만 그들은 이유를 말하지 않습니다. 그들이 인정하듯이 생각하는 존재자의 산출은 덜 완전한 물질의 산출보다 훨씬 더 어렵습니다. 그리고 (저자가 말하기를) 아마도 우리가 공통 관념에서 조금 멀어지려고 했다면, 우리의 정신을 마음껏 발휘하려고 했다면, 우리가 사물의 본성에 대해서 할 수 있었던 가장 심오한 연구를 하려고 했다면, **우리는 불완전한 방식일지라도 어떻게 물질이 우선적으로 창조될 수 있었는지 그리고 어떻게 물질이 이 영원한 최초의 존재자의 능력으로 현존하기 시작했는지 이해하는 데까지 이를 수 있었을 것입니다.** 하지만 사람들은 정신에 존재를 부여하는 것이 이 영원하고 무한한 힘의 결과라는 것은 매우 이해하기 어려운 일이라는 것을 동시에 보게 될 것입니다. 하지만 (그가 추가하기를) 이것은 **현재 세상에서 철학이 근거를 두고 있는 개념들에서** 저를 너무 멀어지게 하기 때문에, 저는 문법이 허용하는 한, 공통적으로 정립된 의견이 개별적 견해에 반대되는지 연구하는 것에서 제가 그렇게 멀리 벗어나는 것을 용서할 수 없을 것입니다. 말하자면, 제가 이 논의를 시작한 것은 잘못이었습니다. 특히 인정된 학설이 저의 목적에 충분히 적합한 **지구의 이 장소에서** 말입니다. 왜냐하면 그것이 무엇이든 무에서 도출된 **실체**의 창조나 시작을 사람들이 한 번 인정하면, 인정된 학설은 이것을 의심할 수 없는 것으로 상정하기 때문입니다. 그래서 사람들은 창조자 자신을 제외하고 다른 모든 실체의 창조를 똑같이 쉽게 가정할 수 있습니다."

테오필루스 필라레테스, 당신의 박식한 저자의 몇몇 심오한 생각을 저에게 알려주시니 저는 참으로 기쁩니다. 그의 너무나 세심한 신중함으로 인해 온전하게 만들어지지 못한 생각들을 말입니다. 그가 그 생각을 감추고 우리가 군침을 흘리도록 한 후에 그대로 두었다면, 큰 손해였을 것입니다. 필라레테스, 저는 확실하게 이런 종류의 수수께끼에는 어떤 아름답고 중요한 것이 감춰져 있다고 믿습니다. 진하게 강조한 글자, **실체**는 그가 물질의 산출을 무에서 도출하는 것이 어렵지 않은 우연적인 것의 산출처럼 이해했다는 것을 짐작케 합니다. 그리고 그가 자신의 개별적 생각을 **이 세상에 그리고 지구의 이 장소에 현재 정립된 철학**과 구별할 때, 저는 그가 플라톤주의자들의 관점을 가지고 있었던 것은 아닌지 의심합니다. 그들은 물질을 소실되고 일시적인 어떤 것으로 간주하고 정신과 영혼에 대해서는 전적으로 다른 관념을 가지고 있습니다.

§19 **필라레테스** 끝으로 어떤 사람들이 이해할 수 없다는 이유로 무에서 사물을 만들어내는 **창조**를 부정한다면, 영혼과 신체의 합일에 대한 근거에 관한 당신의 발견을 알기 전에 쓴 우리의 저자는 그들에게 반대합니다. 그래서 "그들은 어떻게 영혼의 의지에 의해서 신체에서 자발적 운동이 산출되는지 이해하지 못하고 여전히 경험을 통해서 확신하고 그렇게 되는 것으로 믿습니다. 그리고 영혼이 새로운 운동을 산출할 수 없기 때문에, 단지

동물 정기의 새로운 결정만을 산출한다고 답하는 사람들에게 그는 후자와 마찬가지로 전자도 이해 불가능하다고 답합니다. 그리고 그가 이 경우에 덧붙인 것 외에 더 나은 언급은 없을 것입니다. 신이 할 수 있는 일을 우리가 이해할 수 있는 것 정도로 제한하기를 원하는 것은 우리의 이해를 무한하게 확장하는 것이거나 신 자체를 유한하게 하는 것입니다."

테오필루스 제 생각에, 지금 영혼과 신체의 합일에 대한 어려움은 제거되었지만 다른 문제가 여전히 남아 있습니다. 저는 예정 조화에 따라 '경험적으로' 모든 모나드는 그것의 원형을 신에게서 얻었다는 것과 신에 의존한다는 것을 보였습니다. 그렇지만 사람들은 어떻게 그렇게 되는지 상세한 것은 이해할 수 없고 근본적으로 그것의 보존은 스콜라 철학자들이 매우 잘 알고 있는 것과 같은 연속 창조 외에 다른 것이 아닙니다.

11장
다른 사물들의 현존에 대한 우리의 지식에 관하여

§1 **필라레테스** "따라서 오로지 신의 현존만이 우리와 필연적으로 연결되기 때문에, 우리가 어떤 사물에 대해서 가질 수 있는 관념은 인간의 초상이 이 세상에서 인간의 현존을 입증하는 것처럼 그 사물의 현존을 입증할 수 없습니다." §2 "하지만 이 종이 위에 있는 하얀색과 검은색에 대해서 제가 **감각**을 통해서 갖는 확실성은 제 손의 운동에 대한 확실성과 마찬가지로 크고, 단지 우리의 현존과 신의 현존에 대한 지식에 대해서만 미치지 못할 뿐입니다." §3 "이 확실성은 지식의 이름을 받을 자격이 있습니다. 왜냐하면 저는 자신이 보고 감각하는 사물의 현존까지도 확신하지 못할 정도로 그렇게 진지하게 회의적일 수 있는 사람이 있을 수 있다고 생각하지 않기 때문입니다. 거기까지 의심하는 사람들은 적어도 저와 절대 논쟁하지 않을 것입니다. 그는 제가 그의 견해에 반대해서 말하는 것을 결코 확신하지 않을 것이기 때문입니다. 감각 가능한 사물의 지각은" §4 "우리의 감관을 자

극하는 외부 원인에 의해서 만들어집니다. 우리는 기관 없이 이 지각을 얻지 못하기 때문입니다. 그리고 기관들이 충분할 때, 기관들이 계속해서 감각을 만들어냅니다." §5 "더욱이 저는 때때로 저의 정신에 지각이 생기는 것을 막을 수 없다는 것을 느낍니다. 예를 들면 햇빛이 들어올 수 있는 자리에서 제가 눈을 뜰 때의 빛처럼 말입니다. 반면에 저는 제 기억 속에 있는 관념에서 벗어날 수 있습니다. 그러므로 제가 그 효력을 억제할 수 없는 이 생생한 인상에 대한 어떤 외부 원인이 있어야 합니다." §6 "이 지각들 중 어떤 것들은 우리 안에서 고통과 함께 생겨납니다. 우리가 비록 그 고통을 나중에 최소한의 불편함을 계속해서 느끼지 않고 기억하더라도 말입니다. 수학적 증명이 감관에 의존하지 않지만 도형을 이용해서 수행되는 검산은 우리 눈의 명증성을 입증하는 데 큰 도움이 되고 증명 자체의 확실성에 근접하는 확실성을 우리 눈에 제공하는 것처럼 보입니다." §7 "우리의 감관도 많은 경우에 서로가 서로에게 증거가 됩니다. 불을 보는 사람은 그것이 의심스러울 때, 불을 감각할 수 있습니다. 그리고 이것을 쓰고 있는 동안, 저는 제가 종이의 외형을 바꿀 수 있고 정신에 떠오르는 새로운 관념을 앞서 말할 수 있다는 것을 봅니다. 하지만 이 문자가 기록되었을 때, 저는 그것이 쓰여진 그대로 그것을 보지 않을 수 없습니다. 게다가 이 문자를 보고 다른 사람도 똑같은 소리로 발음할 것입니다." §8 "누군가 이 모든 것이 긴 꿈에 불과하다고 믿는다면, 그가 원한다면, 그에게 우리 감관의 증거에 기초한 우리의 확실성은 우리의 본성이 허락하는 것처럼, 그리고 우리의 조건이 요구하는 것처럼 완전하다고 대답하는 꿈을 꿀 수 있을 것입니다. 양초가 타는 것을 보고, 손을 떼지 않으면 그에게 해를 입히게 되는 불의 열을 느낀 사람은 그의 행동을 통제하기 위해 더 큰 확실성을 요구하지 않을 것입니다. 그리고 이 꿈꾸는 자가 그렇게 하지 않으면,

그는 바로 깨어나게 될 것입니다. 따라서 우리에게는 쾌락 혹은 고통과 같이 확실한 그런 보증으로 충분합니다. 우리는 사물의 현존이나 지식에 있어서 쾌락과 고통, 이 두 가지를 넘어서는 것에 관심을 갖지 않습니다." §9 "하지만 우리의 현실적 감각을 넘어서는 지식은 없습니다. 그리고 이것은 제가 세상에 인간들이 존재한다고 믿을 때와 같이 **그럴듯할** 뿐입니다. 비록 제가 지금 제 방에 홀로 있고 아무도 보지 못할지라도, 그 믿음에는 극도의 개연성이 있습니다." §10 "또한 모든 것에 증명을 기대하고, 그것들을 증명할 수 없을 때, 명확하고 **명증적**인 진실에 따라 행동하지 않는 것은 어리석은 짓일 것입니다. 그리고 그런 식으로 소모하기를 원하는 사람은 순식간에 사라지는 다른 것에 대해 확신하는 만큼만 확신할 수 있을 것입니다."

테오필루스 저는 이미 우리의 앞선 논의에서, 감각 가능한 사물의 진리는 이성에 근거하는 지성적 진리와 감각 가능한 사물 자체에서 일정한 관찰 간의 연결에 의해서 정당화된다는 것을 지적했습니다. 비록 그 일정한 관찰의 근거가 드러나지 않더라도 말입니다. 그리고 이 근거들과 관찰들은 미래에 우리의 이해와 관련해서 판단할 수단을 우리에게 제공하기 때문에, 그리고 결과는 우리의 이성적 판단에 상응하기 때문에, 그 대상에 대해서 더 큰 확실성을 요구할 수도 가질 수도 없을 것입니다. 또한 사람들은 꿈 자체와 그것이 다른 현상들과의 연결성이 부족한 이유를 설명할 수 있습니다. 그럼에도 저는 사람들이 지식과 확실성의 이름을 현실적 감각 이상으로 확장할 수 있을 것이라고 믿습니다. 왜냐하면 제가 일종의 확실성으로 간주하는 명확성과 명증성은 감각 그 이상이기 때문입니다. 그리고 우리에게 아무도 보이지 않을 때, 세상에 인간들이 있는지 진지하게 의심하는 것은 의심할 여지없이 미친 짓일 것입니다. **진지하게 의심하는 것**은 실제로 의심하는 것입니다. 그리고 사람들은 미치지 않고는 실제로 의심할 수 없다는 점에서 **확실성**을 진리의 인식으로 간주할 수 있을 것입니다. 그리고 경우에 따라 사람들은 확실성을 더 일반적으로 여기고 큰 비난을 감수하지 않고는 의심할 수 없는 경우에 적용하기도 합니다. 하지만 **명증성**은 빛나는 확실성, 즉 사람들이 관념들 사이에서 보았던 연결로 인해서 의심할 수 없는 것입니다. 이런 확실성에 대한 정의에 따라 우리는 콘스탄티노플이 세상에 있다는 것, 콘스탄틴과 알렉산더 대왕, 율리우스 카이사르가 살았다는 것을 확신합니다. 사실상 아르덴의 어떤 농부들은 정당하게 정보의 부족함을 의심할 수 있지만 지식인들과 세상 사람들은 정신이 몹시 이상하지 않으면 그것을 의심할 수 없을 것입니다.

§11 **필라레테스** "우리는 우리의 기억으로 지나간 많은 것들을 실제적으로 확신했습니다. 그러나 그것들이 아직도 존속하는지는 잘 판단하지 못합니다. 저는 어제 물과 물 위에 떠 있는 병에서 특정한 수의 아름다운 색을 보았습니다. 오늘 저는 그 병이 그 물과 마찬가지로 현존했다는 것을 확신합니다. 그러나 병의 현재적 현존보다 물의 현재적 현존을 더 확실하게 인식하지는 못합니다. 물론 물의 현재적 현존이 무한하게 더 개연적이기는 하지만 말입니다. 왜냐하면 사람들은 물은 지속 가능하고 병은 사라진다는 것을 관찰했기 때문입니다." §12 "끝으로 우리는 우리와 신 외에 **계시**를 통해서만 다른 정신을 인식하고 그것에 대해서 단지 신앙의 확실성만을 가지고 있습니다."

테오필루스 우리의 기억이 때때로 우리를 속인다는 것은 이미 언급했습니다. 그리고 우리는 우리의 기억이 더 생생한지 덜 생생한지에 따라 그리고 우리가 알고 있는 사물들과 더 연결되어 있는지 덜 연결되어 있는지에 따라 믿음을 주거나 주지 않거나 합니다. 그리고 우리는 주요한 것을 확신할 때에도 종종 상황을 의심할 수 있습니다. 제가 어떤 사람을 알고 있다고 기억하는 것은 그의 이미지뿐만 아니라 그의 목소리도 저에게 새롭지 않게 느껴지기 때문입니다. 그리고 이 두 증거는 제게 두 증거 중 하나보다는 더 나은 증거가 됩니다. 그러나 제가 그를 어디서 보았는지 기억하지 못할 수 있습니다. 피부와 머리카락으로 어떤 사람을 확인하기 전에 꿈에서 그 사람을 보는 일이 드물겠지만 일어날 수도 있습니다. 그리고 저는 익숙한 정원에 있는 한 신부가 꿈에서 미래의 신랑이 되는 사람과 약혼식을 올리는 방을 보았고 친구에게 이야기해주었다는 것을, 그것도 그 사람과 그 장소를 보고 알기 전에 그랬다는 것을 믿습니다. 저는 그것이 어떤 비밀스러운 예감인지는 모르겠지만 사람들은 이런 일을 예감 때문이라고 합니다. 이런 일은 매우 드물기는 하지만 우연하게 산출될 수 있습니다. 그 외에도 꿈의 이미지는 약간 어둡기 때문에, 그것을 나중에 어떤 다른 이미지와 더 자유롭게 관련시킬 수 있습니다.

§13 **필라레테스** "우리는 명제에 두 종류가 있다고 결론 내릴 수 있습니다. 하나는 예를 들면 코끼리가 현존한다와 같은, 현존에 관한 특칭(particulier) 명제입니다. 다른 것은 예를 들면 인간은 신에게 복종해야 한다와 같은, 관념의 의존성에 관한 일반 명제입니다." §14 "대부분의 이 일반적이고 확실한 명제는 영원한 진리라는 이름을 가지고 있고 사실상 그런 명제들 모두가 그러합니다. 그 명제들이 전체 영원성으로부터 어떤 곳에서 현실적으로 형성된 명제라서가 아닙니다. 또는 항상 현존하는 어떤 모형에 따라 정신에 각인되어 있는 명제라서가 아닙니다. 그 명제들이 영원한 진리인 것은, 이를 위한 능력과 수단을 갖추고 있는 피조물이 자신의 생각을 자신의 관념에 대한 고찰에 적용할 때, 그 명제의 진리성을 발견할 것이라고 우리가 확신하기 때문입니다."

테오필루스 당신들의 구분은 **사실 명제**와 **이성 명제**로 나누는 저의 구분으로 돌아오는 것 같습니다. 사실 명제도 어떤 특정한 방식으로 **일반** 명제가 될 수 있습니다. 하지만 그것은 귀납이나 관찰을 통해서 가능합니다. 따라서 이것은 모든 수은이 불에 증발하는 것을 관찰할 때처럼 다수의 유사한 사실들에 불과할 뿐 완전한 일반성은 아닙니다. 왜냐하면 거기서는 필연성을 볼 수 없기 때문입니다. 이성이 절대적으로 일반적이지 않은, 단지 개연적인 명제를 제공하기도 하지만 이성의 일반 명제는 필연적입니다. 예를 들어 이것은 우리가 더 정확한 연구에 의해서 반대가 발견될 때까지 한 관념이 가능하다고 추정할 때와 마찬가지입니다. 끝으로 전제들에서 도출된 **혼합 명제**가 있습니다. 그중 어떤 것은 사실과 관찰에서 나오고 다른 것들은 필연적 명제입니다. 그리고 그것들 중 상당수는 지구와 천체의 운행에 관한 지리학과 천문학의 결론들이며 여행자와 천문학자의 관찰과 기하학과 산술학의 정리의 조합을 통해서 만들어집니다. 그러나 논리학자들의 [규칙]에 따르면, **결론은 전제 중 가장 약한 것을 따르고** 그 이상의 확실성을 가질 수 없기 때문에, 이 혼합 명제는 관찰에 마땅히 주어질 수 있는 정도의 확실성과 일반성을 가질 뿐입니다. **영원한 진리**와 관련해서, 그 모든 진리가 근본적으로 조건적이라는 것, 그리고 실제로 '이러저러한 것이 전제되면, 다른 이러저러한 것이 있다.'라는 식으로 말한다는 것을 견지해야 합니다. 예를 들면 **'세 변을 가지고 있는 모든 도형은 세 각도 가질 것이다.'** 라고 말할 때, 저는 단지 '세 변을 가지고 있는 도형이 있다고 가정했을 때, **이 같은** 도형은 세 각을 가질 것이다.'라는 것 외에 다른 것을 말하는 것이 아닙니다. 저는 '이 같은'을 말하는데, 이 점이 조건 없이 진술될 수 있는 정언 명제와 구별되는 점입니다. 정언 명제가 근본적으로는 조건적이더라도 말입니다. 정언 명제는 우리가 **가설적**이라고 부르는 명제와 다릅니다.

예를 들어 가설적 명제는 **'만약 한 도형이 세 변을 가지고 있다면, 그 도형의 각들은 두 직각과 같다.'**는 것입니다. 이 명제에서 사람들은 전건 명제(즉 세 변을 가진 도형)와 **후건** 명제(즉 세 변을 가진 도형의 각들이 두 직각과 같다)가 같은 주제를 가지고 있지 않다는 것을 봅니다. 이것은 앞의 경우, 즉 전건이 **'이 도형은 세 변을 가진다.'**이고 후건이 **'언급한 도형이 세 각을 가진다.'**인 경우와 다른 것입니다. 물론 가설적 명제도 경우에 따라 명사들에 약간의 변화를 줌으로써 정언 명제로 바꿀 수 있습니다. 앞의 가설적 명제 대신에 **'세 변을 가진 모든 도형의 각들은 두 직각과 같다.'**라고 말하는 것처럼 말입니다. 스콜라 철학자들은 그들의 표현에 따르면 '주체의 항상성(de constantia subjecti)', 즉 한 주체에 관한 명제가 그 주체가 현존하지 않을 때 어떻게 실재적 진리를 가질 수 있을지에 대해서 격렬하게 논쟁했습니다. 그들은 진리는 단지 조건적일 뿐이고 주체가 언젠가 현존하게 되면 사람들이 주체를 그런 식으로 생각할 것이라고 말합니다. 하지만 사람들은 또다시 이 연결이 어디에 근거하느냐고 묻습니다. 왜냐하면 기만하지 않는 곳에는 실재성이 있기 때문입니다. 답변은 관념의 연결에 있다는 것입니다. 하지만 반박하면서 정신이 현존하지 않을 때, 그 관념들은 어디에 있냐고 그리고 영원한 진리가 가진 확실성의 실재적 토대가 무엇이냐고 물을 것입니다. 이것은 결국 우리를 진리의 최후의 토대, 즉 현존하지 않을 수 없는 최고의 보편적인 정신으로 인도합니다. 진실을 말하자면 이 정신의 지성은 영원한 진리의 영역입니다. 성 아우구스티누스는 그것을 알아보고 충분히 생생한 방식으로 표현합니다.[110] 그리고 사람들은 그 정신에 도

110) Augustinus, *De libro arbitrio*, II, III~XV(7~39), 특히 XII(33) 그리고 또 *De vera religione*, XXX~XXXI.

움을 청하는 것이 불필요하다고 생각하지 않기 위해서, 이 필연적 진리가 결정적 근거와 현존 자체에 대한 규정적 원리, 한마디로 우주의 법칙을 포함하고 있다는 것을 고찰할 필요가 있습니다. 그러므로 이 필연적 진리는 우연적 존재자의 현존에 앞서 있기 때문에, 필연적 실체의 현존에 근거해야 합니다. 제가 우리의 영혼에 각인되어 있는 관념과 진리의 원형을 발견하는 곳이 바로 이 필연적 실체이며, 그것이 명제를 형성하지는 않지만 그것의 적용과 기회가 현실적 진술을 만들어내는 원천과 같은 것입니다.

12장

우리의 지식을 확장하는 방법에 관하여

§1 **필라레테스** 우리는 우리가 가진 지식의 종류에 대해서 논의했습니다. 이제 우리가 다룰 것은 "지식을 확장하는 방법 혹은 진리를 발견하는 방법입니다. 공준이 모든 지식의 토대라는 것과 각 학문이 이미 알려져 있는 (praecognita) 특정한 것들에 근거한다는 것은 지식인들 사이에서 인정된 견해입니다." §2 "저는 수학이 훌륭한 성과를 통해서 이 방법을 선호하는 것처럼 보인다는 것을 인정합니다. 그리고 당신도 그것을 상당히 지지했습니다. 하지만 사람들은 처음에 설정한 둘 혹은 셋의 일반 공준이 아니라 차라리 관념들의 연결이 그런 방법의 역할을 하지 않는지 의심합니다. 한 젊은 사내는 자신의 신체가 자신의 작은 손가락보다 크다는 것을 압니다. 하지만 그가 전체는 그것의 부분보다 크다는 공리 덕분에 그것을 아는 것은 아닙니다. 지식은 특칭 명제로 시작했습니다. 하지만 그다음부터 사람들은 일반 개념의 도움으로 거추장스러운 **한 무더기의 개별 관념들**을 기억

하는 부담을 덜어주려고 합니다. 언어가 매우 불완전해서 **전체**와 **부분** 같은 상대적 개념들이 없었을 때, 신체가 손가락보다 크다는 것을 인식할 수 없었습니까? 저는 비록 당신이 이미 말한 것과 일치하게 당신이 무엇을 말할 수 있을지 어렴풋이 알고 있다고 믿지만, 적어도 저의 저자가 생각한 근거를 당신에게 다시 제시합니다."

테오필루스 저는 사람들이 왜 그렇게 공준을 또다시 공격하려고 하는지 모르겠습니다. 만약 공준이 당신이 인정한 것처럼, **다량의 개별 관념들**을 기억하는 부담을 더는 데 도움이 된다면, 공준이 아무런 다른 쓸모가 없을 때에도 매우 유용해야 합니다. 하지만 저는 공준이 그런 용도로 만들어진 것이 아니라는 것을 부언합니다. 사람들은 공준을 사례들의 귀납을 통해서 발견하지 않기 때문입니다. 십이 구보다 크다는 것, 그리고 신체가 손가락보다 크다는 것, 그리고 문으로 빠져나가기에는 집이 너무나 크다는 것을 아는 사람은 이 개별 명제들 각각을 그것에 내장되어 있고 채색되어 있는 하나의 동일한 일반 근거를 통해서 압니다. 이것은 마치 사람들이 색칠되어 있는 특징들, 즉 어떠한 색으로 되어 있든 간에 본래 비례와 구성이 포함되어 있는 특징들을 보는 것과 같습니다. 이 공통 근거는 그것에 대한 인식 방식이 우선 추상적이고 분리된 방식일지라도, 말하자면 암묵적으로 인식되는 공리 그 자체입니다. 사례들은 내장된 공리로부터 그것의 진릿값을 얻지만 공리는 사례에 토대를 두지 않습니다. 그리고 개별적 진리의 공통 근거가 모든 인간의 정신에 있는 것처럼, **전체**와 **부분**이라는 말이 그것을 통찰하고 있는 사람들의 언어에 있어야 할 필요는 없다는 것을 당신은 잘 알 것입니다.

§4 **필라레테스** "하지만 공리라는 구실로 가정을 정당화하는 것이 위험하지 않을까요? 어떤 사람은 몇몇 고대인들[111]과 더불어 모든 것은 물질이라

고 가정할 것이고, 다른 사람은 폴레몬[112]과 더불어 세계는 신이라고 가정할 것이며, 세 번째 사람[113]은 태양이 가장 중요한 신성이라는 것을 사실로 여길 것입니다. 허락된다면, 우리가 어떤 종교를 가지고 있는지 판단해 보세요. 특히 도덕과 관련이 있을 때, 의문도 제기하지 않고 원리를 수용하는 것은 위험합니다. 왜냐하면 어떤 사람은 행복하기 위해서는 덕으로 충분하다고 주장하는 안티스테네[114]의 삶과는 다른, 지복을 육체의 쾌락으로 보는 아리스티페[115]의 삶과 유사한 삶을 기대할 것이기 때문입니다. 그리고 정당과 부당, 정직과 불명예가 자연적으로 결정되지 않고 오로지 법에 의해서 결정된다는 것을 원리로 상정하는 아르켈라오스[116]는 인간의 법 설정에 앞서는 의무를 인정하는 것보다는 도덕적 선과 악에 대한 다른 척도를 가질 것입니다." §5 "따라서 원리들은 확실해야 합니다." §6 "그러나 이 확실성은 단지 개념들의 비교에서만 나옵니다. 그래서 우리는 다른 원리들을 필요로 하지 않습니다. 그리고 우리가 오직 이 규칙을 따르면, 우리는 우리의 정신을 다른 사람들의 분별력에 종속시킬 때보다 더 멀리 나아갈 것입니다."

테오필루스 저에게 놀라운 것은, 사람들이 **근거 없다**고 가정하는 원리들에 반대할 수 있고 반대해야 하는 것을 필라레테스, 당신은 공준, 즉 명증적 원리에 반대하는 것으로 본다는 것입니다. 사람들이 학문에서 '이미 알려져 있는 것'이나 학문을 정초하는 데 필요한 전 지식을 요구할 때, 그들은

111) 여기서 몇몇 고대인들은 레우키포스, 데모크리토스, 에피쿠로스를 가리킨다.
112) Polemon(B.C. 340~273): Stobée, *Eclogae physicae*, I권, 1장, ecl. 29, 62 참조.
113) 세 번째 사람: Pherekydes(H. Diels, *Fragmente der Vorsokratiker*, 7 (71), A 9) 참조.
114) Antisthene: Diogenes Laertius, *De vitis clarorum philosophorum libri* VI, II, 참조.
115) Aristippe: Diogenes Laertius, *De vitis clarorum philosophorum libri* II, 90, 참조.
116) Archelaus: H. Diels, *Fragmente der Vorsokratiker*, l. c. 60 (47), A 9 참조.

알려진 원리들을 요구하는 것이지 그것의 진리성이 알려지지 않는 임의적 입장을 요구하는 것이 아닙니다. 그래서 아리스토텔레스도 하위 학문들과 하급의 학문들은 그 학문들을 증명해주는 상위의 다른 학문들의 원리들을 차용한다고 이해합니다.[117] 우리가 형이상학이라고 부르는 제일 학문은 예외입니다. 그에 따르면 형이상학은 다른 학문으로부터 아무것도 요구하지 않고 다른 학문들이 필요로 하는 원리들을 제공하는 학문입니다. 그리고 그가 'δεῖ πιστεύειν τὸν μανθάνοντα'[118], 학생은 자신의 선생을 믿어야 한다고 말할 때, 그의 생각은 학생이 아직 상위의 학문을 배우지 않았을 때, 그때까지만 그렇게 해야 한다는 것입니다. 따라서 이것은 임시적인 것에 불과합니다. 이처럼 사람들이 **근거 없는 원리들**을 수용하는 것은 아닙니다. 거기에 제가 추가해야 하는 것은 온전한 확실성을 갖지 않은 원리들조차 증명을 통해서 구축한다면, 유용할 수 있다는 것입니다. 이 경우에 모든 결론들이 단지 조건적이고 그 원리가 참이라는 가정에서만 유효하더라도, 그 연결 자체는 그리고 이 조건적 진술들은 적어도 증명될 것이고, 따라서 우리가 이런 방식으로 쓰인 책들을 많이 보유할 것이라고 기대하게 될 것이기 때문입니다. 독자나 학생들이 조건에 대해서 알게 될 때, 그 책들에는 오류의 위험이 없을 것입니다. 그리고 사람들은 그 가정이 다른 곳에서 검증되는 정도로만 그 결론을 실천할 것입니다. 또한 이 방법은 다른 곳에서 진리성이 알려진 결론을 많이 만들어낼 때, 그 자체로 여전히 매우 빈번하게 가정이나 가설을 검증하는 데 사용됩니다. 그리고 그 검증은 가끔 가설의 진리를 증명하기에 충분하도록 완전히 **반대 방향으로** 진행되

117) [옮긴이 주] 예를 들면, Aristoteles, *Metaphysica*, 1005a18~36.
118) Aristoteles, *De Sophisticis Elenchis*, 2, 165b3.

기도 합니다. 의사가 직업이지만 아마도 수학을 제외하고 모든 종류의 지식에 뛰어난 사람인 콘링 씨는 증명과 아리스토텔레스의 『분석 후서』에 대한 설명을 시도한 것으로 높이 평가받는 소요학파 철학자인 비오투스의 책[119]을 헬름슈테트[120]에서 재출판하는 일에 전념하고 있는 한 친구에게 편지를 썼습니다. 책과 동봉한 그 편지에서 콘링 씨는 **파푸스**가 **분석**은 알려지지 않은 것을 가정하고 거기에서 추론을 통해서 알려진 진리에 이르게 함으로써 알려지지 않은 것을 발견하는 것이 목적이라고 말한 것을 두고 그를 비난했습니다. 이것은 거짓에서 참을 도출할 수 없다고 가르치는 (그가 말했던) 논리학에 반대되는 것입니다. 하지만 저는 그 이후 그에게 분석이 정의를 사용하고 과정을 **반대 방향으로** 되돌리는 방법과 종합적 증명을 발견하는 방법을 제공하는 다른 환위 명제들을 사용한다는 것을 알려주었습니다.[121] 그리고 이 역방향이 물리학에서처럼 증명력이 없더라도, 가설이 많은 현상들을 쉽게 설명할 때, 때때로 여전히 큰 개연성을 갖습니다. 그런 가설이 없다면, 현상들은 이해하기 어렵고 서로 매우 독립적일 것입니다. 필라레테스, 사실 저는 원리들 중의 원리가 관념과 경험을 어떤 방식으로 잘 사용하는 것이라고 생각합니다. 하지만 사람들은 그것을 심화할 때, 관념과 관련해서 그것이 동일성 공리를 이용해서 정의를 연결하는 것과 다를 바 없다는 것을 발견할 것입니다. 그럼에도 그 분석을 최종 단계까지 이르게 하는 것이 항상 쉬운 일은 아닙니다. 그리고 많은 기하학자들, 적어도 고대 기하학자들은 그것을 끝까지 이르게 하고 싶은 열망을 가졌습니다. 하지만

119) B. Viottus, *De demonstratione lib. V*, ed. A. Frolingius(1661).

120) [옮긴이 주] 독일 북부 브라운슈바이크 동쪽에 위치한 도시. 원문에는 'Helmstätt'로 표기되어 있으나 현대 표기는 'Helmstedt'이다.

121) 1679년 2월 라이프니츠가 콘링에게 보낸 서신: A II, 1, 456~458쪽.

그들은 아직도 그것을 할 수 없습니다. 『인간지성론』의 저명한 저자가 사람들이 생각하는 것보다 좀 더 어려운 이 연구를 완성했더라면 그들은 매우 기뻐했을 것입니다. 예를 들어 유클리드는 두 직선은 단 한 번만 만날 수 있다는 것을 공리에 포함시켰습니다.[122] 감각 경험에서 얻은 상상은 우리가 두 직선이 한 번 이상 만난다고 상상하도록 허용하지 않습니다. 하지만 학문이 그런 상상에 기초해야 하는 것은 아닙니다. 그리고 누군가 상상이 구별되는 관념의 연결을 제공한다고 믿는다면, 그는 진리의 원천을 충분히 알지 못하는 것이고, 이전의 다른 명제에 의해서 증명될 수 있는 수많은 명제들이 그에게는 직접적 명제로 간주될 것입니다. 유클리드를 비난했던 많은 사람들은 그것을 충분히 고려하지 않았습니다. 이런 종류의 상들은 혼란스러운 관념일 뿐이고, 오로지 이 방법을 통해서 직선을 인식한 사람은 직선에 대해서 아무것도 증명하지 못할 것입니다. 그러므로 직선에 대해서 분명하게 표현된 관념, 즉 직선의 정의를 결여하고 있는 유클리드는 (왜냐하면 그가 그때까지 제공한 것은 불명확하고, 증명에서 그에게 아무런 도움도 되지 않기 때문입니다) 그에게서 정의를 대신하고 그가 증명에서 사용하는 두 공리에 의지할 수밖에 없었습니다. 한 공리는 두 직선이 공통부분을 갖지 않는다는 것이고[123] 다른 공리는 두 직선이 공간을 포함하지 않는다는 것입니다.[124] 아르키메데스는 직선이 두 점 간에 가장 짧은 선이라고 말함으로써 **직선**에 대한 일종의 정의를 제공했습니다.[125] 하지만 그는 (그의 증명에서 유클리드가 사용한 것과 같이, 제가 방금 언급한 두 공리에 기초

122) 유클리드, 『원론』, I, 정의 4.
123) 유클리드, 『원론』, I, 공리 10, ed. Clavius.
124) 유클리드, 『원론』, I, 공리 14, ed. Clavius.
125) Archimedes, *De sphaera et cylindro*, Hypothese I.

한 원리들을 사용함으로써) 이 두 공리가 이야기하는 규정들이 그가 정의한 선과 일치한다는 것을 암묵적으로 가정합니다. 따라서 당신이 당신의 친구와 함께 관념들의 일치와 불일치를 구실로, 고대인들이 그들의 학문에서 요청했던 정의와 공리로 엄격하게 증명하는 것을 추구하지 않고, (그래서 저는 많은 사람들이 정보의 부재 속에서 판단한다고 믿습니다) 상이 우리에게 말해주는 것을 기하학에서 수용하는 것이 허용되었고 또 여전히 허용된다고 믿는다면, 저는 필라레테스 당신에게 고백할 것입니다. 그러면 통상적인 실제적 기하학만을 염두에 두고 있는 사람들을 만족시킬 수 있지만 실제적 기하학을 보완하는 데도 사용되는 학문을 원하는 사람들을 만족시킬 수 없다고 말입니다. 그리고 만약 고대인들이 그런 견해를 가지고 있었고 이 점에 대해서 소홀했다면, 그들은 어떠한 진보도 이룩하지 못했을 것이고 우리에게 경험적 기하학만을 남겼을 것입니다. 그런 기하학은 분명히 이집트의 기하학과 같은 것이고 중국인들의 기하학도 그와 유사해 보입니다. 이것은 우리가 기하학을 통해서 발견했던 가장 아름다운 물리학적이고 역학적인 지식을 얻지 못하게 했을 것이고, 그곳이 어디든 우리의 기하학이 알려지지 않은 곳에서는 이러한 지식이 알려지지 않은 것입니다. 사람들이 감관과 그것의 상을 따른다면, 오류에 빠질 것이라는 것 또한 분명합니다. 사람들은 이것을 대략 다음과 같은 사실을 통해서 압니다. 엄밀한 기하학을 배우지 못한 사람들은 모두 자신들의 상상력을 신뢰하여 연속적으로 근접하는 두 선은 결국에는 서로 만나야 한다는 것을 의심할 수 없는 진리로 받아들인다는 사실 말입니다. 반면에 기하학자들은 점근선이라고 하는 어떤 특정한 선으로 반대 사례를 제시합니다. 하지만 그 밖에도 우리는 제가 기하학에서 관조(contemplation)와 관련해서 최고로 평가하는 것, 즉 우리가 기하학에서 영원한 진리와 그것의 필연성을 이해하는 방법의 참된 원천을 어렴풋이 보게 하는 관조를 얻지 못할 것입니다. 감관의 상에서 나온 혼란한 관념들로는 그것을 분명하게 드러낼 수 없을 것입니다. 당신은 제게 말할 것입니다. 그럼에도 유클리드는 그 명증함이 단지 상을 통해서 혼란스럽게 보이는 어떤 특정한 공리에서 그치지 않을 수 없다고 말입니다. 저는 그가 그런 공리에서 그쳤다는 점에 대해서 당신에게 동의합니다. 하지만 그에게 가장 단순해 보이고, 몇몇 덜 엄격한 사람들이 증명 없이 확실한 것으로 간주한 다른 진리를 도출하게 해주는 이런 종류의 소수의 진리에서 그치는 것이 많은 것들을 증명하지 못한 채 남겨두는 것보다는 낫습니다. 그리고 더 나쁜 것은 사람들에게 그들의 기분에 따라 해이해질 수 있는 자유를 허용하는 것입니다. 그러므로 당신이 당신의 친구와 함께 진리의 참된 원천으로 관념의 연결에 대해서 말한 것은 해명이 필요하다는 것을 필라레테스 당신도 알고 있습니다. 당신이 이 연결을 혼란스럽게 아는 것에 만족하려고 한다면, 증명의 정확성을 약화시키는 것입니다. 그리고 유클리드는 모든 것을 정의하고 소수의 공리로 환원하는 것을 비할 데 없이 더 잘 했습니다. 만일 당신이 이 관념의 연결이 분명하게 드러나고 표현되기를 원한다면, 당신은 제가 요구한 것처럼 정의와 동일성 공리로 되돌아가야 합니다. 그리고 당신이 분석을 완전히 수행하기 힘들 때에는 가끔씩 유클리드와 아르키메데스가 했던 것처럼 덜 근원적인 어떤 공리들에 만족해야 할 것입니다. 그리고 이런 방식으로 발견할 수 있었던 어떤 훌륭한 발견들을 등한시하거나 미루는 것보다는 그렇게 하는 것이 더 나을 것입니다. 사실상 제가 예전에 필라레테스 당신에게 말했던 것처럼, 고대인들이 사용하지 않을 수 없었던 공리들을 증명하기 전에 그들이 발전하려고 하지 않았다면, 저는 우리가 (제가 증명적 학문으로 이해하는) 어떠한 기하학도 얻지 못했을 것이라고 믿습니다.

§7 **필라레테스** "저는 분명하게 알려진 관념의 연결이 무엇인지 이해하기 시작했습니다. 그리고 이런 방식으로 공리들이 필수적이라는 것을 잘 압니다. 또한 저는 관념을 검토하는 것이 문제일 때, 우리가 탐구에서 따르는 방식이 왜 수학자들의 사례에 따라 규정되어야 하는지도 잘 알고 있습니다. 그들의 사례는 매우 명확하고 매우 용이하게 시작하고 나서 (이것은 공리와 정의 외에 다른 것이 아닙니다)[126] 적은 단계를 통해서 그리고 추론의 연속적 연결을 통해서 처음에는 인간의 역량을 넘어서 있는 것처럼 보이는 진리를 발견하고 증명하게 하는 데 이르는 것입니다. 수학자들이 매개 관념들을 밝히고 순서를 잡기 위해서 발명했던 증거를 발견하는 기술과 이 감탄할 만한 방법들은 매우 놀라우며, 기대하지 못했던 것들을 발견하게 했습니다. 그러나 시간이 경과한 후에 사람들이 크기에 관한 관념들뿐만 아니라 다른 관념들에도 사용되는 이와 유사한 어떤 방법을 발견할 수 있었는지에 대해서 저는 규정하지 않을 것입니다. 적어도 다른 관념들이 수학자들에게 익숙한 방법에 따라 검토되었다면, 그 관념들은 아마도 우리가 상상하는 것보다 더 멀리 우리의 생각을 진척시킬 것입니다." §8 "그리고 이것은 제가 여러 차례 말했던 것처럼 특히 도덕학에서도 실행될 수 있었던 것입니다."

테오필루스 저는 필라레테스, 당신이 옳다고 생각합니다. 그리고 저는 오랫동안 당신이 말한 것을 실행할 준비를 하고 있었습니다.

§9 **필라레테스** "물체의 인식에 대해서 정반대의 길을 택해야 합니다. 왜냐하면 우리는 물체의 실재적 본질에 대한 관념을 가지고 있지 않으므로 경험에 호소할 수밖에 없기 때문입니다." §10 "하지만 저는 합리적이고 규칙

126) [옮긴이 주] 괄호 안의 문장은 라이프니츠가 삽입한 것이다.

적인 경험에 익숙한 사람이 아직 알려지지 않은 물체의 속성에 대해서 다른 사람보다 더 올바르게 추측하는 능력을 갖추고 있다는 것을 부정하지 않습니다. 그러나 그것은 판단이고 의견이지 지식과 확실성이 아닙니다. 이것은 저로 하여금 자연학이 우리의 손에서는 학문이 될 수 없다는 생각을 하게 만듭니다. 그렇지만 경험과 역사적 고찰은 우리 신체의 건강과 관련해서 그리고 우리 삶의 편리함과 관련해서 우리에게 유용할 수 있습니다."

테오필루스 자연학 전체가 우리에게 있어서 완전한 학문이 되지 못할 것이라는 것에 저는 동의합니다. 하지만 그래도 우리는 어떤 자연학적 지식을 가질 수 있을 것입니다. 심지어 우리는 이미 그에 대한 표본을 가지고 있습니다. 예를 들면, 자기학(Magnetologie)이 그런 학문으로 간주될 수 있습니다. 왜냐하면 우리는 경험에 근거한 적은 가정을 만들어서 특정한 추론을 통해서 우리가 보는 대로 실제로 일어나는, 원인이 야기하는 많은 현상들을 증명할 수 있기 때문입니다. 우리가 모든 경험을 설명할 수 있다고 기대해서는 안 됩니다. 기하학자들도 그들의 모든 공리를 증명하지는 못했습니다. 하지만 그들이 소수의 이성적 원리에서 다수의 정리들을 도출하는 데 만족하는 것과 마찬가지로 자연학자들도 어떤 경험의 원리를 이용해서 많은 현상들을 설명하고 심지어 실제로 그것들을 예견할 수도 있습니다.

§11 **필라레테스** "따라서 우리의 역량이 물체의 내부 조직을 구분할 정도가 아니기 때문에, 무엇보다 영원성에 관해서 우리의 의무와 우리의 가장 큰 이익을 우리가 알기 위해서, 우리는 신의 현존과 우리 자신에 대해서 충분히 많은 지식을 발견하는 것으로 충분하다고 판단해야 합니다. 그리고 저는 여기서 다음을 추론하는 것은 정당하다고 믿습니다. '**다른 측면에서**

자연의 상이한 부분과 관련이 있는 상이한 기예들이 각 사람들의 몫인 것처럼, 도덕은 고유한 학문이며 일반적으로 인간의 중대한 관심사라는 것 말입니다.' 예를 들어 철의 사용법을 모르는 것은 자연이 모든 종류의 재화가 넘치도록 널려 있게 한 아메리카 대륙에서 생활의 편리함에 있어서 가장 큰 부분이 결여된 원인이라고 말할 수 있습니다. 따라서 자연에 대한 학문을 경시하는 것과는 거리가 멉니다." §12 "저는 이 공부가 제대로 지도된다면, 지금까지 사람들이 한 모든 것보다 인류에게 더 유용한 것이 될 수 있을 것이라고 생각합니다. 그리고 인쇄술을 발명한 사람, 나침반의 용도를 발견한 사람, 그리고 기나피의 효능을 알린 사람은 지식의 전파와 생활에 유용한 편리함의 증대에 더 기여했고, 학교와 병원의 설립자들과 큰 비용을 들여 세운 다른 박애의 기념물보다 더 많은 사람들을 죽음에서 구했습니다."

테오필루스 필라레테스, 당신은 저에게 더 말할 것이 없을 것입니다. 참된 도덕과 신앙심은 어떤 게으른 정적주의의 나태함을 선호하는 것과 달리 기예를 연마하도록 압박해야 합니다. 그리고 제가 방금 전에 말한 것처럼, 더 나은 정부는 어느 날 지금보다 훨씬 더 나은 의료 서비스를 제공할 수 있을 것입니다. 이것은 덕의 의무 때문에 충분히 강조되지 못했던 것입니다.

§13 **필라레테스** "저는 경험을 추천하기는 했지만 개연적 가설도 경시하지 않습니다. 개연적 가설은 새로운 발견으로 이끌고 적어도 기억에 큰 도움이 됩니다. 하지만 우리의 정신은 너무 성급하게 앞서 나가는 경향이 강하고 어떤 가벼운 현상들을 너무 쉽게 가치 있게 여깁니다. 필요한 노력과 시간을 할애하지 않고 가설을 많은 현상들에 적용합니다."

테오필루스 현상의 원인 혹은 진정한 가설을 발견하는 방법은 비밀을 해독하는 기술과 비슷합니다. 그것은 종종 많은 길을 압축하는 기발한 추측 같은 것입니다. 베이컨 경은 실험의 기술을 규범화하기 시작했고,[127] 기사 보일은 그것을 실행하는 데 큰 재능을 가지고 있었습니다. 그러나 사람들이 경험을 활용하는 기술과 그로부터 귀결을 이끌어내는 기술을 결합하지 않으면, 엄청난 비용을 들이면서도 통찰력이 큰 사람이 바로 발견할 수 있는 것에 이르지 못할 것입니다. 그것을 확실하게 알고 있었던 데카르트는 영국 수상의 방법을 계기로 쓴 그의 서신들 중 한 서신에서 유사한 언급을 했습니다.[128] 그리고 스피노자는 (그가 유익한 것을 말할 때, 저는 그것을 인용하는 데 어려움이 없습니다) 영국 왕립학술원 사무총장인 고 올덴부르크에게 보낸 서신들 중 한 서신에서 보일의 저작에 대해서 유사한 고찰을 했습니다.[129]—그 서신은 이 섬세한 유대인의 유고로 출판되었습니다. 진실을 말하면, 보일은 무수히 많은 좋은 실험들을 통해서 그가 원리로 간주할 수 있었던 것을 결론으로 도출하는 데 그리 오래 걸리지 않았습니다. 즉 자연에서 모든 것은 기계적으로 발생한다. 이것은 이성만으로도 확실하게 받아들일 수 있는 원리로, 아무리 많은 사람들이 그렇게 하더라도 경험을 통해서는 결코 확실하게 받아들일 수 없는 것입니다.[130]

§14 필라레테스 "명확하고 구별되는 관념을 확고한 이름으로 정립하고 나서 우리의 지식을 확장하는 중대한 방법은 우리에게 극단적 관념의 연결이나 양립 불가능성을 보여줄 수 있는 매개 관념을 발견하는 기술입니다.

127) Francis Bacon, *Novum organum, sive indicia vera de interpretatione naturae*(1620).
128) 1632년 5월 10일 데카르트가 메르센(Mersenne)에게 보낸 서신: A.T., I, 251쪽.
129) 1661년 말, 스피노자가 올덴부르크(H. Oldenburg)에게 보낸 서신: *Opera Posthuma* (1677), 서신 6, 410쪽.
130) Robert Boyle, *A Physico-chemical Essay, containing en experiment …… touching the different parts and redintegration of salt-petre*(1661).

적어도 공준은 이 매개 관념을 제공하지 않을 것입니다. 직각에 대한 정확한 관념을 가지고 있지 않은 사람을 가정해봅시다. 그는 직각삼각형의 어떤 것을 증명하기 위해서 헛된 고생을 할 것입니다. 그리고 사람들이 어떤 공준을 사용하더라도, 그것의 도움으로 직각을 포함하는 변의 제곱은 빗변의 제곱과 같다는 것을 증명하는 데 어려움이 있을 것입니다. 어떤 사람은 수학에서 더 명확한 것을 보지 못하더라도 오랫동안 이 공리들을 되새겨 볼 수 있을 것입니다."

테오필루스 공리들을 어떤 것에 적용시켜보지 않고 그것들을 되새겨보는 것은 아무런 소용이 없습니다. 공리는 종종 관념들을 연결하기도 합니다. 예를 들어 2차원에서 유사한 연장과 3차원에서 유사한 연장은 1차원에서 상응하는 연장의 두 배, 세 배라는 공준은 매우 유용합니다. 그리고 예를 들어, 히포크라테스의 초승달의 제곱은 이 공준으로부터 원의 경우에 즉시 나타납니다. 이 두 도형의 알려진 비교가 제곱에 대한 해명을 약속하기 때문에, 이 두 도형의 자리가 그 비교를 용이하게 할 때, 도형들 서로 간의 적용과 공준을 결합함으로써 즉시 나타납니다.

13장

우리의 지식에 대한 다른 고찰

§1 **필라레테스** 다음을 추가하는 것이 아마도 적절할 것입니다. "다른 점에서도 마찬가지이지만 우리의 지식이 전적으로 **필연적**인 것도 아니고 전적으로 **자의적**(volontaire)인 것도 아니라는 점에서 우리의 **지식**은 시각과 많은 관련이 있습니다. 눈이 빛에 노출되어 있을 때, 사람들은 보지 않을 수 없지만, 특정한 대상을 향해 눈을 돌릴 수는 있습니다." §2 "그리고 그 대상을 더 주의 깊게 혹은 덜 주의 깊게 고찰할 수 있습니다. 따라서 그 능력(faculté)이 한 번 적용되면, 지식을 결정하는 것은 의지에 의존하지 않습니다. 마찬가지로 사람은 자신이 보고 있는 것을 보지 않을 수 있습니다. 하지만 사람들은 자신이 알게 되는 데 필요한 만큼 그의 능력을 사용해야 합니다."

테오필루스 우리는 예전에 이 점에 대해서 논의했고 다음을 정립했습니다. 현재 상태에서 이러저러한 감정을 갖는 것은 인간에게 의존되어 있지 않지만 그다음에 감정을 갖거나 갖지 않기 위해서 준비하는 것은 인간에게 의존되어 있다는 것 말입니다. 따라서 의견은 오직 간접적인 방식으로만 자의적입니다.

14장

판단에 관하여

§1 **필라레테스** "인간에게 확실한 지식이 결여되어 있어서 어떤 것도 그를 이끌지 않을 때, 인간은 삶의 대부분의 행동에서 미결정 상태에 있습니다." §2 "때로는 단순한 **개연성의 여명**(crepuscule de probabilité)에 만족해야 합니다." §3 "그것을 충당하는 능력이 판단입니다. 사람들은 종종 필요에 의해 판단에 만족하기도 하지만 때로는 부지런함과 인내, 재능이 부족해서 그러기도 합니다." §4 "사람들은 그것을 **일치** 혹은 **불일치**라고 부릅니다. 그리고 그것은 사람들이 어떤 것을 추정할 때, 즉 사람들이 증거에 앞서 그것을 참으로 여길 때, 일어납니다. 이것이 사물의 실재성과 합치하여 일어날 때, 그것은 옳은 판단입니다."

테오필루스 다른 사람들은 '판단하다'를 사람들이 원인에 대한 어떤 지식에 따라 의사를 표명할 때마다 행하는 행위라고 부릅니다. 그리고 그들 중에는 판단과 의견을 구별하는 사람들도 있을 것입니다. 판단이 너무 불확실해서는 안 되기 때문입니다. 하지만 저는 말의 사용에 관해서 사람을 공격하고 싶지 않습니다. 그리고 판단을 개연적 견해로 간주하는 것은 필라레테스, 당신에게 허용됩니다. 법률가들의 용어인 **추정**과 관련해서, 그들이 그것을 **추측**과 구별해 사용하는 것은 적절합니다. 추정은 추측 이상의 어떤 것이고 반대 증거가 나타나기 전까지는 잠정적으로 참으로 간주되어야 하는 것입니다. 반면 **정황 증거**는 한 **추측**이 다른 추측에 반대로 평가되어야 하는 경우입니다. 따라서 다른 사람에게 돈을 빌린 것을 인정하는 사람은 이미 그 돈을 갚았다거나 부채가 어떤 다른 이유에서 탕감되었다는 것을 보이지 않는 한, 그 돈을 갚아야 하는 것으로 추정됩니다. 그러므로 이런 의미에서 '**추정하다**'는 허용되지 않는 것을 **증거에 앞서 받아들이는** 것이 아니라 반대 증거가 나올 때까지 근거를 가지고 **우선적으로 받아들이는** 것입니다.

15장

개연성에 관하여

§1 **필라레테스** "**증명**이 관념들 간의 연결을 보여줄 때, **개연성**은 증거에 근거를 둔 그 연결의 그럴듯함 외에 다른 것이 아니며, 이때 그 연결은 불변의 연결로 보이지 않는 것입니다." §2 "일치에는 **확신**에서부터 **추측**, **의심**, **불신**까지 다수의 등급이 있습니다." §3 "사람들이 확신을 가지고 있을 때, 연결을 나타내는 추론의 모든 부분에 직관이 있습니다. 그러나 저를 믿게 만드는 것은 어떤 **무관한**(etranger) 것입니다." §4 "개연성의 근거는 우리가 알고 있는 것과 일치하거나 그것을 알고 있는 사람들의 증언에 있습니다."

테오필루스 차라리 저는 개연성이 항상 진실인 듯함(vraisemblance) 혹은 진리와 일치에 근거를 두고 있다고 주장하고 싶습니다. 그리고 다른 사람들의 증언 또한 쉽게 얻을 수 있는 사실과 관련되어 있을 때, 진실이 보통 가지고 있던 어떤 것입니다. 그래서 개연적인 것과 진실의 유사성은 사물 자체에서 나오거나 어떤 무관한 것에서 나온다고 말할 수 있습니다. 수사학자들은 두 종류의 **논증**을 제시합니다. **인위적** 논증은 추론을 통해서 사물에서 이끌어낸 것이고, **비인위적** 논증은 단지 인간의 분명한 증언에 근거를 둔 것이거나 어쩌면 사물 자체의 분명한 증거에 근거를 둔 것입니다. 하지만 **혼합** 논증도 있습니다. 증언이 그 자체로 인위적 논증의 형성을 돕는 사실을 제공할 수 있기 때문입니다.

§5 **필라레테스** "우리가 알고 있는 것과 유사한 것을 가지고 있지 않은 것을 우리가 쉽게 믿지 않는 것은 진실과의 유사성이 결여되어 있기 때문입니다. 따라서 한 대사가 시암의 왕에게 우리나라에서는 겨울에 물이 그토록 굳어져 코끼리가 빠지지 않고 그 위를 달릴 수 있다고 말할 때, 왕이 그에게 이렇게 말합니다. 지금까지 나는 당신을 진실한 인간이라고 믿었습니다. 이제 나는 당신이 거짓말을 하고 있다고 봅니다." §6 "하지만 다른 사람들의 **증언**이 사실을 개연적으로 만들 수 있을 때, 다른 사람들의 **의견**이 그 자체로 개연성의 참된 근거로 간주되어서는 안 됩니다. 왜냐하면 사람들에게는 지식보다는 오류가 더 많기 때문이고, 우리가 알고 있고 높이 평가하는 사람에 대한 신뢰가 동의의 정당한 근거라면, 사람들이 일본에서는 이교도가 되는 것이, 터키에서는 마호메트 교도, 스페인에서는 교황주의자, 네덜란드에서는 칼뱅주의자, 스웨덴에서는 루터주의자가 되는 것이 정당할 것이기 때문입니다."

테오필루스 인간의 증언은 의견보다는 분명히 더 무게가 있습니다. 그리고 사람들은 법정에서의 증언을 더 심사숙고합니다. 그럼에도 사람들은 판사가 경우에 따라 속칭 **맹신** 선서를 하게 한다는 것을 알고 있습니다. **심문** 과정에서 증인들에게 종종 그들이 본 것뿐만 아니라 그들이 판단한 것을 묻습니다. 동시에 그들에게 판단의 근거를 물으면서 말입니다. 그리고 사람들은 그런 판단에 마땅한 만큼의 심사숙고를 합니다. 판사들은 또 각 분야에서 전문가들의 견해와 의견을 상당히 따릅니다. 개인들도, 판단에 대한 적절한 검사를 하는 것이 그들의 마음에 들지 않는다고 해서 그들에게 그렇게 할 의무가 적은 것은 아닙니다. 따라서 어린아이에게, 그리고 이 점에 있어서 어린아이보다 더 나은 상태에 있지 않은 다른 사람에게도 그것은 의무입니다. 그가 국교에서 어떠한 나쁜 점도 보지 않고 더 나은 종교가 있는지 탐색할 상태에 있지 않은 한에서 국교를 따르는 특정한 상황에 처해 있더라도 말입니다. 그가 어느 종파에 속해 있든, 시동의 감독관은 그의 모든 사생이 교회에 가는 것을 의무로 할 것입니다. 교회는 이 어린 사람이 공언한 신앙을 가진 사람들이 오는 곳입니다. 사람들은 신앙의 주제와 관련해서 **큰 수에 대한 논증**에 관한 니콜과 다른 사람 간의 논쟁에서 도움을 받을 수 있습니다.[131] 어떤 사람은 그것을 너무 높이 평가하고 다른 사람은 그것에 잘 주목하지 않습니다. 사람들을 아주 쉽게 논쟁에서 벗어나게 만드는 다른 유사한 **선입견**이 있습니다. 테르툴리아누스는 한 논고에서 이것을 분명하게 **규정들**(prescriptions)이라고 부릅니다.[132] 이것은 고대 법률가들이 (그는 이 법률가들의 언어를 알지 못했다) 다양한 종류의 예외나 낯설고 세심한 주장이라고 이해했던 용어인데, 현재 사람들은 거의 단지 다른 사람의 요구를 거절하려고 할 때, 시간적인 규정으로만 이해합니다. 왜냐하면 그것은 법에 의해서 정해진 시간 안에 이루어지지 않기 때문입니다. 이런 이유에서 사람들은 로마 교회 쪽에서뿐만 아니라 프로테스탄트 교회 쪽에서도 **합법적 선입견들**(prejugés legitimes)을 출판할 수 있었습니다.[133] 사람들은 로마 교회에서뿐만 아니라 프로테스탄트 교회에서도

131) [옮긴이 주] P. Nicole, *De l'unité de l'eglise*(1687) 참조.
132) Tertullian, *Liber de praescriptione haereticorum*.

특정한 관점에서 혁신을 반대하는 방법을 발견했습니다. 예를 들면, 제가 모(Meaux)의 주교와 서신으로 재연했던 논쟁에서 충분히 명확하게 보였던 것처럼, 프로테스탄트 교회가 대부분 성직자의 오랜 서품 형식을 버리고 로마 교회가 구약 성서의 오랜 법령을 변경했던 것처럼 말입니다. 며칠 전 알려진 소식에 따르면, 우리는 얼마 전 그 주교를 잃었습니다.[134] 따라서 이런 비난은 상호적이기 때문에, 혁신이 이 주제에서 오류의 어떤 의심을 제공하기는 하지만 확실한 증거는 아닙니다.

133) P. Nicole, *Préjugés légitimes contre les calvinistes*(1671), 그리고 P. Jurieu, *Préjugés légitimes contre le papisme*(1685) 참조.

134) 이 대목은 특히 이 책, 『신인간지성론』의 집필 시기를 알려주는 부분이다. 모의 주교는 1704년 4월 12일에 사망한 J. B. Bossuet이다. 라이프니츠는 이 Bossuet와 오랫동안 서신을 주고받았다. Foucher de Careil, *Œuvres de Leibniz*(Paris, 1859), 1, 2권 참조.

16장

동의의 정도에 관하여

§1 **필라레테스** "**동의의 정도**와 관련해서, 다음을 주목할 필요가 있습니다. 우리가 가지고 있는 개연성의 근거는 거기에서 우리가 발견하는 혹은 우리가 그것을 검사했을 때, 발견했던 **그럴듯함**(apparence)의 정도 이상으로 작용하지 않는다는 것 말입니다. 왜냐하면 동의가 정신을 지배하는 이성의 현실적 관점에 항상 근거를 두는 것은 아니라는 것, 그리고 경탄할 만한 기억력을 가진 사람들에게도, 자신들을 특정한 동의로 이끌었던 그리고 경우에 따라 하나의 유일한 문제에 대해서 한 권의 책을 채울 수도 있었던 모든 증거들을 항상 보유하고 있는 것은 매우 어렵다는 점을 인정해야 하기 때문입니다. 그들이 한 번 문제를 진지하게 그리고 세심하게 자세히 조사하고 또 말하자면 모든 증거들로 결산해보았다는 것으로 충분합니다." §2 "그런 것이 없다면, 인간들은 매우 회의적이 되어야 하거나 매번 의견을 바꿀 수밖에 없을 것이고, 최근에 그 문제를 검토하고 그들에게 논

증을 제안했던 모든 사람들에게 굴복할 수밖에 없습니다. 사람들은 기억력이 부족하고 여유 있게 전념하지 못해서 그들의 논증에 대해서 즉시 온전하게 답할 수 없기 때문입니다." §3 "그로 인해 인간들은 종종 오류를 **고집하게** 된다는 것을 인정해야 합니다. 그러나 잘못은 그들이 그들의 기억에 의지한 것에 있는 것이 아니라 그들이 그전에 잘못 판단했던 것에 있습니다. 왜냐하면 인간은 검토하고 추론하지 않고 대신에 그들이 결코 다르게 생각했던 적이 없다고 말하는 경우가 종종 있기 때문입니다. 하지만 보통 최소한 자신의 의견을 검토했던 사람들은 최대한 그 의견을 고수합니다." 사람들이 **보았던** 것을 고수하는 것은 존중받을 만하지만 사람들이 **믿었던** 것을 고수하는 것은 항상 그럴 만하지 않습니다.[135] 사람들이 전체를 뒤로 돌릴 수 있는 어떤 고찰을 간과했을 수 있기 때문입니다. "그리고 자신의 의견을 가지고 있는 문제에 관해서 양쪽 모두의 모든 증거들을 수집할 여유와 인내심, 방법을 가지고 있는 사람은 아마도 세상에 없을 것입니다. 그 증거들을 비교하고 지식을 더 풍부하게 하기 위해서 알아야 할 것이 더 이상 남아 있지 않다는 결론을 확실하게 내리기 위해서 말입니다. 그렇지만 우리의 삶을 돌보고, 우리의 가장 큰 관심사에 신경을 쓰는 것은 지체될 수 없는 것입니다. 그리고 우리가 확실한 지식에 이를 수 없는 주제에 대해서도 우리의 판단이 결정되는 것은 절대적으로 필연적입니다."

테오필루스 필라레테스, 당신이 방금 말한 것은 전적으로 정확하고 확실합니다. 그렇지만 어떤 특정한 경우에 인간들은 자신들을 어떤 중대한 견

135) [옮긴이 주] 여기서 라이프니츠는 '본 것'과 '믿었던 것'을 비교하고 있지만 원래 로크는 '지식'과 '개연성'을 비교했다. 그래서 아카데미판 편집자는 이 부분을 라이프니츠가 삽입한 것으로 편집했다.

해로 이끌었던 **근거들을 글로 쓴 요약문**을 (기억의 형식으로) 소유하기를 바랄 것입니다. 그들은 그다음에 종종 자기 자신에게 혹은 다른 사람들에게 그것을 정당화해야 하기 때문입니다. 그 밖에도, 재판과 관련해서 이미 내려진 판결을 철회하는 것과 계산을 마치고 난 것을 수정하는 것은 보통 허용되지 않습니다. 그렇지 않으면 우리는 계속해서 불안한 상태에 있을 수밖에 없습니다. 이 상태는 사람들이 지나간 일들에 대한 기록을 영구적으로 보존할 수 없는 것과 마찬가지로 받아들일 수 없는 일일 것입니다. 따라서 경우에 따라 새로운 규명을 근거로 재판에서 항소하고, 이미 결정된 것에 대해서도 사람들이 '원상회복(restitution in integrum)'이라고 부르는 것을 얻는 것이 인정됩니다. 그리고 이것은 우리 자신의 일에서도 마찬가지입니다. 특히 나서거나 물러서는 것이 우리에게 여전히 허용되어 있고, 실행을 유보하고 신중하게 처리하는 것이 해가 되지 않는 매우 중요한 문제들에서 말입니다. 개연성에 근거를 둔 우리 정신의 결정들은 결코 법률가들이 말하는 '기판력(in rem judicatam)'으로 간주되어서는 안 됩니다. 즉 새로운 중대한 근거가 나타날 때에도 추론을 **개정**하지 않는다는 것을 정립된 것으로 간주해서는 안 됩니다. 하지만 심사숙고할 시간이 더 없을 때, 항상 엄격하게 판단하지는 못하더라도 과오를 범하지 않을 수 있을 만큼 확실하게 판단한 것을 따라야 합니다.

§4 **필라레테스** "그러므로 인간이 판단할 때 오류에 노출되는 것과 사물들을 같은 쪽에서 볼 수 없을 때, 다양한 견해를 갖는 것을 피할 수 없기 때문에, 인간은 이 다양한 의견들 가운데 평화를 유지하고 인류의 의무를 보존해야 합니다. 우리는 어떤 다른 사람이 우리의 반박으로 인해 뿌리 깊은 의견을 즉시 바꿔야 한다고 기대하지 말아야 합니다. 특히 자신의 적대자가 이해관계나 야망으로, 혹은 어떤 다른 특수한 동기로 행동한다고 생

각할 만한 이유가 있을 때 말입니다. 그리고 자신들의 견해에 굴복할 것을 강제하려는 사람들은 거의 대부분 사안을 제대로 검토하지 않습니다. 왜냐하면 의심에서 벗어나기 위해서 논쟁에 충분히 깊이 들어갔던 사람들은 그 수가 매우 적고, 다른 사람들을 비난할 이유도 거의 찾지 않아서 그들 편에서는 어떠한 난폭함도 기대할 필요가 없기 때문입니다."

테오필루스 사실 사람에게 있어서 가장 비난할 만한 것은 그들의 의견이 아니라 다른 사람들의 의견을 비난하는 경솔한 판단입니다. 마치 그들과 다르게 판단하는 것이 어리석고 나쁜 것임에 틀림없는 것처럼 말입니다. 이 열정과 증오를 가지고 이것을 공공연하게 퍼트리는 장본인의 태도는 지배하기를 좋아하고 반론을 견딜 수 없는, 거만하고 공정성이 부족한 정신의 결과입니다. 다른 사람들의 의견을 검열할 이유가 있는 경우도 전혀 없는 것은 아니지만 그것은 공정의 정신을 가지고 인간적 허약함을 동정하면서 해야 합니다. 사람들은 분명 관습과 신앙의 실천에 영향을 주었던 나쁜 학설을 예방할 권리를 가집니다. 하지만 적절한 증거도 없이 사람들에게 그들의 피해에 대한 책임을 전가해서는 안 됩니다. 공정성이 사람들을 너그럽게 봐주기를 요구할 때, 그들의 독단이 유해할 때, 신앙은 그것이 미친 나쁜 효과가 적절한 곳에서 나타나도록 지시합니다. 예를 들어 완전하게 지혜롭고 선하고 공정한 신의 섭리를 반대하고, 신의 정의의 효과를 가능하게 만드는 영혼의 불멸성에 반대하는 것처럼 말입니다. 도덕과 정치에 위험한 다른 의견들에 대해서는 말할 것도 없습니다. 제가 알기로, 좋은 의도를 가진 탁월한 사람은 이 이론적 의견이 실천에 사람들이 생각하는 것보다 적은 영향을 미친다고 주장합니다. 또한 탁월한 재능을 가진 사람들은 그들의 의견으로 사람들에게 어떠한 모욕적인 일도 하지 않을 것입니다. 게다가 사변을 통해서 이 오류에 이른 사람들에게는 보통 사람들이 당하기 쉬운 악에서 자연스럽게 더 멀리 떨어지는 습관이 있습니다. 그뿐만 아니라 그들은 그들이 속해 있는 분파의 수장처럼 그 분파의 품격을 걱정합니다. 예를 들어, 에피쿠로스와 스피노자가 전적으로 전형적인 삶을 살았다고 말할 수 있습니다. 하지만 이 근거들은 그들의 제자들이나 모방자들에게서 대체적으로 중단됩니다. 그들은 스스로 감시하는 섭리와 불길한 미래를 두려워하는 방해자의 짐을 덜었다고 믿기 때문에, 그들의 야만적인 열정에서 해방되고 그들의 정신을 다른 사람들을 타락시키고 오염시키는 쪽으로 돌립니다. 그리고 그들이 야망이 있고 다소 거친 성격을 가지면, 그들의 즐거움이나 승진을 위해서 지구의 네 모퉁이에 불을 놓을 수도 있을 것입니다. 저는 죽어야 제거되는 이런 기질을 가진 사람들을 알고 있었습니다. 심지어 이와 유사한 의견들은 다른 세계들을 통제하고 사건들이 의존하는 큰 세계에 있는 사람들의 정신에 조금씩 스며들어 가고 유행하는 책에 교묘하게 스며들어서 유럽을 위협하는 일반적인 변혁이 일어나도록 모든 것을 준비시키고, 고대 그리스인들과 로마인들의 일반적 견해의 세계에 아직 남아 있는 것을 파괴하는 데 성공한다는 것이 저의 생각입니다. 고대인들은 조국과 공공선에 대한 사랑, 그리고 후대에 대한 걱정을 재산보다 선호하고 심지어 생명보다도 선호합니다. 영국인들이 명명하는 것과 같은 저 '공공 정신(publiks spirits)'은 극도로 줄어들어 더 이상 시류에 적합하지 않습니다. 그리고 이 공공 정신은 자연적 이성 자체가 우리에게 가르치는 좋은 도덕과 참된 종교를 통해서 유지되지 않는다면, 약화될 것입니다. 지배하기 시작하는 적대적 성격을 가진 사람들 중 최고는 그들이 **명예**라고 부르는 것 외에 다른 **원리**를 가지고 있지 않습니다. 그들에게 있어서 명예로운 인간과 명예의 인간을 나타내는 표지는 그들이 비천한 행동이라고 생각하는 것을 하지 않는 것뿐입니다. 그리고 어떤 사람이 권위를 위해서 혹은 일시적인 기분 때문에 피를 많이 흘렸을 때, 그리고 방향을 밑에서 위로 바꿔놓았을 때, 사람들은 이것을 아무것도 아니라고 생각할 것입니다. 그리고 고대의 헤로스트라투스 혹은 『피에르의 향연』[136]에 나오는 돈 후앙을 영웅으로 간주할 것입니다. 사람들은 조국애를 크게 비웃고 공공선에 관심을 갖는 사람들을 우습게 만듭니다. 그리고 선한 의도를 가진 어떤 사람이 후대에 일어날 일에 관해서 이야기할 때, 사람들은 그때 일은 그때 살피면 된다고 답합니다. 하지만 이런 사람들에게도 다른 사람들에게 예정되어 있다고 믿는 악들을 겪는 일이 일어날 수 있습니다. 또한 사람들이 나쁜 결과가 가시화되기 시작하는 유행하는 정신병을 치료할 때, 아마도 그 해악은 이미 예고된 것이었습니다. 그러나 정신병이 계속해서 커질 때, 섭리는 거기서 발생해야 하는 변혁 자체를 통해서 인간을 치료할 것입니다. 어떤 일이 일어나든, 모든 것은 결국 일반적으로 더 선한 쪽으로 향할 것이기 때문입니다. 그래도 이런 일은 악행을 통해서 선에 기여했던 사람들에 대한 처벌 없이 일어나서는 안 되고 일어날 수도 없습니다. 하지만 본론으로 되돌아와서, 저는 해로운 의견과 그것을 비난할 권리에 대해서 고찰할 것입니다. 신학에서는 **검열**이 다른 곳에서보다 더 많이 이루어지는데, 그들의 교리를 고수하는 사람들은 반대자들을 종종 비난합니다. 그리고 그들은 반대자들에 의해서 **혼합주의자**라고 불리는 사람들을 같은 분파 안에서도 반대합니다. 이런 반대로 인해 하나의 동일한 분파 안에서도 엄격한 사람들과 관대한 사람들 간의 내전이 발생합니다. 하지만 다른 의견을 가진 사람들에게 영원한 안녕을 거부하는 것은 신의 권리를 침해하는 것이기 때문에, 비난하는 자들 중 가장 현명한 자는 이것을

136) J. B. Poquelin-Molière, *Dom Juan, ou le Festin de Pierre*(Paris, 1665).

단지 위험으로만 이해합니다. 그곳에서 그들은 방황하는 영혼을 본 것으로 믿으며, 조악하지 않아서 그것을 이용하지는 않는 사람들을 신의 개별적인 자비에 맡기고, 그들의 입장에서는 매우 위험한 상태에서 그들을 구해내기 위해서 상상할 수 있는 모든 노력을 다해야 할 의무가 있다고 믿습니다. 다른 사람들의 위험을 이렇게 판단하는 사람들이 이 의견에 따라 적절한 검사를 하게 된다면, 그리고 그들을 깨닫게 할 방법이 없다면, 그들이 온화한 방법만을 사용하는 동안에는 우리는 그들의 행위를 비난할 수 없습니다. 하지만 그들이 더 멀리 나아간다면, 그것은 곧바로 공정성의 법칙을 어기는 것입니다. 왜냐하면 그들은 자신들과 마찬가지로 확신하고 있는 다른 사람들에게도 그들의 견해를 주장할 권리가 있다는 것, 그리고 그들이 중요하다고 생각한다면, 그들의 견해를 전파할 권리도 있다는 것을 생각해야 하기 때문입니다. 용인해서는 안 되는 범죄를 가르치는 의견은 제외되어야 합니다. 그리고 그런 의견을 주장하는 사람이 거기서 스스로 벗어날 수 없다는 것이 사실이더라도, 사람들은 엄격한 방법을 이용해서 그런 의견을 근절할 권리를 가지고 있습니다. 이것은 아무리 무고한 동물일지라도 독이 있는 동물을 죽일 수 있는 권리가 사람들에게 있는 것과 마찬가지입니다. 그러나 저는 사람이 아니라 분파를 근절하는 것에 대해 이야기하고 있습니다. 왜냐하면 사람들은 해를 입히지 않도록 그리고 독단적으로 말하지 못하도록 막을 수 있기 때문입니다.

§5 **필라레테스** "동의의 근거와 동의의 정도로 돌아가서 두 종류의 명제가 있다는 것에 주목하는 것이 적절합니다. 그 하나는 관찰에 의존하기 때문에, 사람의 증언에 근거를 둘 수 있는 사실의 명제이고, 다른 하나는 우리의 감관이 발견할 수 없는 사물과 관련이 있어서 유사한 증언이 가능할 수 없는 사변(speculation)의 명제입니다." §6 "하나의 특수한 사실이 우리의

지속적인 관찰과 일치하고 다른 사람들의 일정한 보고와 일치할 때, 우리는 그것이 마치 확실한 지식인 것처럼 확고하게 그것에 의지합니다. 그리고 그것이 알려질 수 있는 한 전 세기에 걸쳐서 모든 사람들의 증언과 일치할 때, 그것은 **제일**의, 그리고 가장 높은 정도의 개연성입니다. 예를 들면, 불은 뜨겁게 한다. 철은 물에 가라앉는다는 것이 그것입니다. 그런 토대 위에 구축된 우리의 **믿음**은 **확신**으로 상승합니다." §7 "두 번째, 모든 역사가들은 이러저러한 사람들이 공적 이익보다는 사적 이익을 선호한다고 전합니다. 그리고 사람들은 그것이 대부분의 사람들이 하는 관행이라는 것을 항상 관찰했기 때문에, 이런 역사가들의 이야기에 대한 저의 동의는 일종의 **신빙성**입니다." §8 "셋째, 사물의 본성에 긍정하거나 부정할 것이 아무것도 없을 때, 의심받지 않는 사람들의 증언에 의해서 보증된 사실, 예를 들어 율리우스 카이사르가 살았다와 같은 사실은 **확고한 믿음**으로 받아들여집니다." §9 "하지만 증언이 자연의 통상적 운행과 반대되거나 증언들이 서로 반대될 때, 개연성의 정도는 무한하게 다양화될 수 있습니다. 이곳이 우리가 **믿음**, **추측**, **의심**, **불확실**, **불신**이라고 부르는 정도가 나타나는 곳입니다. 그리고 올바른 판단을 하고 개연성의 정도에 우리의 동의를 균형 잡히게 하기 위해 정확성이 필요한 곳이 여기입니다."

테오필루스 법률가들이 증거, 추정, 추측, 정황 증거를 다룰 때, 이 주제에 관해서 유용한 많은 것들을 말했고 주목할 만한 어떤 세부적인 것까지 다루었습니다. 그것은 어떠한 증거도 요하지 않는 **명백함**(notoriété)으로 시작합니다. 다음으로 그들은 **온전한 증거**(preuves entieres) 혹은 그것에 상응하는 것을 다룹니다. 이를 바탕으로 적어도 민사 사건에서는 판결을 내리지만 어떤 경우에 형사 사건에서는 판결을 보류하는 경우가 많이 있습니다. 그리고 여기서 **충만한 증거보다 더 많은 증거**(preuves plus que pleines)

를 요구하는 것이 잘못은 아닙니다. 특히 사건의 본질에 따라 '범죄 사실(corpus delicti)'이라고 부르는 것에 대해서는 말입니다. 따라서 **충만한 증거보다 더 많은** 증거가 있고, 또 통상적으로 **충만한 증거**가 있습니다. 그리고 또 잠정적으로, 즉 반대가 입증되지 않는 동안, 온전한 증거로 간주하는 **추정**이 있습니다. (정확하게 말해서) **반**(半) **충만한 증거보다 더 많은** 증거가 있습니다. 이 경우에는 이런 증거에 의지하는 사람에게 그 증거를 보충하기 위한 서약이 허용됩니다. (이것이 '보완 서약(juramentum suppletorium)'입니다.) 또 다른 편에는 **반 충만한 증거보다 더 적은** 증거가 있습니다. 이 경우에는 완전히 반대로 사실을 부인하는 사람에게 무죄를 입증하기 위한 서약을 시킵니다. (이것이 '무죄 서약(juramentum purgationis)'입니다.) 그 밖에도 많은 정도의 **추측**과 **정황 증거**가 있습니다. 그리고 특별히 형사 사건에서는 형사상의 심문에 착수하기 위한 (ad torturam) 정황 증거가 있습니다. (심문 그 자체는 판결 형식에 따라 표기된 정도를 가집니다.) 범행 도구를 보여주고 사건을 저지르려고 한 것처럼 사건을 준비하도록 하는 것으로 충분한 (ad terrendum) 정황 증거가 있습니다. 의심스러운 사람을 확신하기 위한 (ad capturam) 정황 증거가 있고, 은밀하게 소리 없이 정보를 얻기 위한 (ad inquirendum) 정황 증거가 있습니다. 그리고 이 차이들은 상응하는 다른 경우에도 도움을 줄 수 있습니다. 그리고 모든 재판 **절차의 형식**은 사실 법률상의 쟁점에 적용되는 일종의 **논리학**과 다를 바 없습니다. 의사들도 사람들이 볼 수 있는 증상과 증후에 대해 많은 정도와 차이를 가지고 있습니다. 우리 시대의 수학자들은 게임을 계기로 우연을 추산하기 시작했습니다. 『아그레망』과 다른 작품들을 출판한 메레의 기사는[137] 날카로운 정신을 가진 사람이고 도박사이자 철학자인데, 그는 게임을 이런 상태에서 중단했을 때 혹은 저런 상태에서 중단했을 때 얼마나 이익이 있는지 알고 싶어서 운명에 대한 질문을 던졌을 때, 그런 기회를 얻었습니다. 그래서 그는 친구인 파스칼에게 이 문제를 좀 검토해보라고 촉구했습니다.[138] 문제는 확연하게 드러났고, 하위헌스에게 '운에 관한(주사위 놀이에 관한)' 논고를 쓸 기회를 제공했습니다.[139] 다른 학자들도 그 문제에 참여했습니다. 사람들은 어떤 원리를 정립했는데, 이것은 연금생활자 드 비트가 네덜란드어로 출판한 종신 연금에 관한 작은 논고에서 사용한 것이기도 합니다.[140] 정립된 원리의 토대는 '프로스타패레시스'[141]에서 유래했습니다. 즉 똑같이 수용 가능한 다수의 가정들 사이에 **산술적** 수단을 사용하는 것입니다. 그리고 우리의 농부들도 오래전부터 그들의 **자연적 수학**에 따라 이 방법을 사용했습니다. 예를 들어 어떤 유산이나 토지를 팔아야 할 때, 그들은 세 개의 평가단을 구성합니다. 니더작센에서는 이런 평가단을 '슈어첸(Schurzen)'이라고 부릅니다. 그리고 각 평가단은 해당 상품에 대한 평가를 합니다. 한 평가단이 1000에큐의 가치로 평가하고 다른 평가단은 1400에큐, 세 번째 평가단은 1500에큐로 평가했다고 가정해봅시다. 그들은 이 세 평가를 합해서 3900을 계산하고, 세 개의 평가단이 있었기 때문에 그것을 셋으로 나누어 1300을 요구되는 중간 가치로 여깁니다. 혹은 같은 것인

137) A. Gombault, Chevalier de Méré, *Les Agréments*, 1677, 그리고 *Oeuvres Complétes* (1692).

138) B. Pascal, *Traité du triangle arithmétique*(1665), 부록: *Usage du triangle arithmétique pour determiner les partys*, ed. Brunschvicg & Boutroux, III(1908), 478~498쪽.

139) Ch. Huygens, *De ratiociniis in ludo aleae*(1657). (F. van Schooten, *Exercitationes mathematicae*, 5권 끝에 편집)

140) Jan de Witt. *Waerdije van Liffrenten naar proportie van Los-renten*(1671).

141) [옮긴이 주] 'Prosthaphaeresis': 16, 17세기에 곱셈과 나눗셈을 간편하게 하기 위해 삼각법의 형식을 사용하는 알고리즘, 이 'Prosthaphaeresis'라는 용어는 그리스어로 덧셈(Prosthesis)과 뺄셈(Aphaeresis)을 의미한다.

데, 각 평가의 3분의 1을 합합니다. 이것은 '같은 것에 같은 것(aequalibus aequalia)'이라는 공리로, 동일한 가정을 위해서 동일하게 고찰해야 한다는 것입니다. 하지만 가정들이 같지 않을 때는 가정들을 각각 서로 비교합니다. 예를 들어 두 개의 주사위로 놀이를 한다고 가정해봅시다. 한 사람은 7을 던져서 이기고 다른 사람은 9를 던져서 이깁니다. 사람들은 그들이 이길 가망성 간에 어떤 비율이 있는지 궁금해합니다. 저는 두 번째 사람의 가망성이 첫 번째 사람의 가망성보다 3분의 2일 뿐이라고 말합니다. 왜냐하면 첫 번째 사람이 두 개의 주사위를 가지고 7을 만들 수 있는 방법은 세 가지, 즉 1과 6, 혹은 2와 5, 혹은 3과 4가 나왔을 때이고, 다른 사람이 9를 만들 수 있는 방법은 두 가지, 즉 3과 6 혹은 4와 5를 던졌을 때이기 때문입니다. 그리고 이 모든 방식은 똑같이 가능합니다. 따라서 동일한 가능성의 수와 마찬가지인 **가망성**(apparence)은 3 대 2와 같거나 1 대 2/3와 같습니다. 저는 개연성의 정도를 다루는 **새로운 종류의 논리학**이 필요하다는 것을 여러 차례 말했습니다. 아리스토텔레스는 그의 『변증론』에서 그보다 더 많은 것을 하지 않았고, 일반적 논거(lieux communs)에 따라 분배된 특정한 대중적인 규칙들을 정리한 것에 만족했기 때문입니다. 이 일반적 논거는 논의를 확대하고 논의에 어떤 가망성을 부여하는 것이 문제인 어떤 경우에 도움을 줄 수 있지만, 가망성을 가늠하고 그 위에서 견고한 판단을 내리기 위해 필요한 저울을 우리에게 제공하는 수고를 하지 않았습니다. 이 문제를 다루고 싶은 사람은 **우연의 게임**에 대해서 검토하는 것이 좋을 것입니다. 그리고 일반적으로 저의 바람은 한 유능한 수학자가 모든 종류의 게임에 대해서 매우 자세하고 매우 체계적인 큰 작품을 쓰고 싶어 하는 것입니다. 그것은 발견의 기술을 보완하는 데 매우 유용할 것입니다. 인간 정신은 심하게 진지한 주제들보다는 게임에서 더 잘 나타나기 때문입니다.

§10 **필라레테스** "영국의 법에서는 증인에 의해서 공증된 것으로 인정된 문서의 사본이 좋은 증거이지만, 그것이 아무리 신뢰할 수 있는 증인에 의해서 입증되었더라도 **사본의 사본**은 재판에서 절대 증거로 인정되지 않는다는 규칙을 준수합니다. 저는 아직 이 지혜로운 예비를 비난하는 사람에 대해서 들은 적이 없습니다. 여기서 사람들은 증언은 사건 자체에 있는 **원본의 진리**로부터 멀리 떨어지면 질수록 증거력이 떨어진다는 소견을 도출할 수 있습니다. 반면 어떤 특정한 사람들에게는 이것이 정반대 방식으로 사용됩니다. 그들에게서 의견은 오래될수록 힘을 얻습니다. 그리고 천년 전에 최초로 보증했던 사람과 동시대에 살았던 이성적인 한 사람에게 개연적으로 보이지 않았던 것이 다수의 사람들이 그의 증언을 토대로 이야기했다는 이유로 현재는 확실한 것으로 간주됩니다."

테오필루스 역사 영역에서 비평가들은 사건의 동시대적 증거를 크게 고려합니다. 하지만 동시대인이라도 공공 사건에 대해서만 원칙적으로 믿을 수 있을 뿐입니다. 동기, 비밀, 숨겨진 관할지역, 그리고 예를 들어 독살, 암살과 같이 논쟁 가능한 것들에 대해서 이야기할 때, 사람들은 적어도 많은 사람들이 믿었던 것을 알게 됩니다. 반달족과 고트족에 대항한 벨리사리우스의 전쟁에 관해서 이야기할 때, 프로코피우스는 매우 믿을 만합니다.[142] 하지만 그가 테오도라 황제에 관한 일화에서 그를 몹시 나쁘게 비방한 것에 대해서 믿는 것은 당신이 원하는 대로 하십시오. 일반적으로 사람들은 사티로스극을 믿는 데 매우 신중해야 합니다. 우리는 우리 시대에 출판된

142) Procope de Césarée, *Guerre des Goths et Anecdotes*, 라틴어로 쓰인 것을 H. Grotius가 번역한 책(1655). 프로코피우스는 6세기 비잔틴의 역사가로, 유스티니아누스 황제의 전쟁에 관한 역사를 썼다.

사티로스극이 전혀 그럴 가망이 없어 보이는데도 무지한 사람들은 덮어놓고 그것을 믿는 것을 봅니다. 그리고 아마도 어느 날 사람들은 말할 것입니다. 어떤 그럴듯한 근거가 없었을 때, 저 시대에 뻔뻔하게 그런 것을 출판하는 것이 가능했을까? 하지만 현재 사람들이 어느 날 이렇게 말하면, 그것은 아주 잘못된 판단일 것입니다. 그럼에도 세상 사람들은 점점 더 사티로스극에 몰두하고 있습니다. 하나만 예를 들어 보겠습니다. 고 모리에르 씨의 아들은 제가 알지 못하는 어떤 비뚤어진 생각으로 프랑스 주재 스위스 대사인 비교할 수 없는 휴고 그로티우스에 반대해 전혀 근거도 없는 특정한 일들을 몇 년 전 출판한 그의 회고록을 통해 알렸습니다.[143] 이 위대한 인물의 협상과 서신들이 반대 사실을 충분히 알려주는데도 불구하고,[144] 분명 제가 모르는 이유에서 그가 자기 아버지의 저 저명한 친구의 회고록에 반대하여 자극적인 의견을 냈기 때문에, 많은 작가들이 앞다투어 그의 주장을 반복했던 것을 보았습니다. 사람들은 심지어 로마의 역사를 마음대로 쓸 자유가 있다고 생각했으므로, 크롬웰의 최후의 삶에 대해서 쓴 작가는 이 영리한 왕위찬탈자의 사적인 삶에 대해서 이야기할 때,[145] 자료를 재미있게 꾸미기 위해서 프랑스로 여행을 가는 것이 그에게 허락된다고 생각했습니다. 거기서 그는 마치 크롬웰의 여행안내자가 된 것처럼 파리의 여인숙까지 그를 따라 들어갑니다. 하지만 크롬웰에 대해서 정통한 캐링

143) L. Aubery du Maurier, *Mémoires pour servir à l'histoire de Hollande*(1680), 예를 들어 그로티우스의 죽음에 관해서 431쪽 참조. 이곳은 벨이 자신의 책, *Dictionnaire historique et critique*, H. Grotius 항에서 반박한 구절이다.

144) '그 반대를 알려주는 곳': H. Grotius, *Epistolae quotquot reperiri potuerunt*(1687).

145) G. Leti, *La vie d'O. Cromwell*(1691). 이것은 A. Raguenet, *Histoire d'O. Cromwell*(1691)을 소설화하여 고친 것이다. 181~184쪽에서 파리 호텔에서 일어난 크롬웰의 모험을 읽을 수 있다.

턴이 크롬웰의 아들, 리처드에게 헌정했던 『크롬웰의 역사』에 따르면,[146] 크롬웰이 아직 호민관이었을 때, 그는 결코 브리티시 섬을 떠나지 않았다고 합니다. 상세한 것은 특히 불확실합니다. 전쟁에 대해서는 거의 좋은 보고가 없습니다. 티투스 리비우스의 보고는 대부분 상상인 것으로 보이고 퀸투스 쿠리우스의 보고도 마찬가지입니다. 양쪽 모두에서 정확하고 유능한 사람의 보고가 필요합니다. 달베르크(Dahlberg)의 영주처럼 유사한 전투 계획을 수립해봤던 사람 말입니다.[147] 그는 이미 스위스의 왕, 샤를 구스타브 밑에서 탁월하게 일했었고 또 리보니아의 총독으로 최근에 리가를 방어했을 때 이 군주의 군사 행동과 전투에 관한 모형을 조각했던 인물입니다. 그렇지만 어떤 경우에는 역사가를 향해 격렬하게 항의하는 어떤 군주나 장관의 말 때문에, 혹은 사실은 다소 실수가 있을 수 있는 주제인데 군주나 장관의 마음에 들지 않는 주제라는 것을 이유로, 좋은 역사가를 당장에 비방할 필요는 없습니다. 사람들은 카를 5세가 **슬레이다누스**[148]가 쓴 어떤 것을 읽으려고 할 때는 다음과 같이 말했다고 전합니다. '나에게 거짓말쟁이의 책을 가져오라.' 그리고 그 당시 많은 일에 종사한 작센의 귀족, 칼로비츠[149]는 슬레이다누스의 역사책이[150] 자신이 가진 고대 역사에 대한 모든 좋은 의견을 자신의 정신에서 파괴했다고 말했습니다. 제 말은, 그것

146) S. Carrington, *The History of the Live and Death of his most Serene Highness, Oliver* (1659).

147) 이 전투 계획에 대해서는 S. Pufendorf, *Histoire du règne de Charles-Gustave*(1697) 참조.

148) [옮긴이 주] Johannes Phillipson Sleidanus 혹은 Sleidan(1506~1556): 룩셈부르크의 역사가, 종교개혁에 대한 연대기 편찬자.

149) M. Dresser, *Isagoges historicae pars I*(1589), 625쪽 참조.

150) J. P. Sleidan, *De statu religionis et reipublicae Carolo V Caesare commentarii* (Strassburg, 1555).

이 정통한 사람들의 정신에서 슬레이다누스의 역사책의 권위를 떨어뜨리는 데 아무런 영향도 주지 않았으리라는 것입니다. 그의 역사책 중 최고의 부분은 국회와 의회의 공문서와 군주에 의해서 공증된 문서들로 짜여 있습니다. 이것에 대해서 조금이라도 의심이 남아 있다면, 저의 탁월한 친구인 고 **제켄도르프** 씨가 쓴 훌륭한 역사책에 의해서 제거될 것입니다.[151] (그렇지만 저는 그의 책 제목에서 루터주의라는 단어에 반대하지 않을 수 없었습니다. 그것은 작센에서 허용된 나쁜 관습적 표현입니다.) 그 책의 대부분은 그의 재량권 아래 있던 작센의 기록보관소에서 가져온 무수히 많은 양의 기록들의 발췌에 근거를 두었습니다. 제가 책을 보내주었고 그 책을 공격했던 모(Meaux)의 주교는 제게 이 책이 끔찍하게 장황하다고만 답했습니다.[152] 하지만 저는 같은 기준에서 그것이 두 배는 더 양이 많기를 기대했습니다. 풍부하면 풍부할수록 얻을 것이 더 많습니다. 왜냐하면 사람들은 어떤 부분을 선택하기만 하면 되기 때문입니다. 높게 평가받는 역사적 저작들은 이보다 훨씬 더 양이 많다는 것은 이와 별개입니다. 그 외에도 자기보다 앞선 시대에 대해서 이야기하는 작가는, 그가 전달하는 것이 다른 관점에서 그럴듯할 때, 존중받는 경우가 있습니다. 그리고 경우에 따라 그 작가들이 더 오래된 작가들의 단편들을 보존하는 일이 있습니다. 예를 들어 사람들은 밤베르크의 주교 슈이베르트(Suibert)가 어떤 가문에 속하는지 궁금해합니다. 그는 이후 클레멘스 2세라는 이름으로 교황이 되었기 때문입니다. 14세기에 살았던, 브라운슈바이크의 역사를 쓴 무명의 작가는 그의

151) L. de Seckendorf, *Commentarius historicus et apologeticus de Lutheranismo*(Leipzig, 1688, 1692).

152) 모의 주교: 1692년 3월 26일 J. B. Bossuet가 라이프니츠에게 보낸 서신(Klopp VII, 194쪽).

가문의 이름을 사용했습니다.[153] 하지만 우리의 역사를 잘 알고 있는 사람들은 그런 것에 관심을 두려고 하지 않습니다. 저는 훨씬 더 오래되었지만 아직 인쇄되지 않은 연대기를 얻었습니다. 거기에는 동일한 사건이 더 상세한 정황과 함께 이야기되고 있습니다. 그것에는 그가 (볼펜뷰텔에서 멀지 않은) 호른부르크(Hornburg)에 독립영지를 소유하고 있던 전 영주의 가문에 속한다는 것이 쓰여 있습니다. 그 영지의 마지막 소유자는 그 땅을 할버슈타트(Halberstadt) 대성당에 기증했습니다.

§11 **필라레테스** "사람들이 제가 이런 지적으로 역사의 권위를 떨어뜨리고 유용성을 줄이려고 한다고 생각하는 것을 저도 원하지 않습니다. 우리는 이 원천에서 우리의 유용한 진리들 중 많은 부분을 설득력 있는 증거를 가지고 받아들입니다. 저는 고대의 기록보다 더 가치 있는 것은 없다고 생각합니다. 저는 우리가 더 많은 고대 기록을 손상되지 않은 채 갖기를 원합니다. 하지만 어떤 사본도 최초의 원본이 가진 확실성 이상을 가질 수 없다는 것은 언제나 진실입니다."

테오필루스 한 사실을 보증하는 데 오직 하나의 고대 작가만 있을 때, 그것을 복사한 모든 사람은 거기에 아무런 중요한 것도 추가하지 않거나 차라리 아무것도 하지 않은 것으로 간주되어야 한다는 것은 확실합니다. 그리고 그들이 말한 것은 완전히 'τῶν ἅπαξ λεγόμενων(hapax legomena)',[154] 즉 그저 한 번 말해본 것으로 간주되어야 합니다. 이것에 대해서 메나즈(Menage) 씨는 책을 한 권 쓰려고 했습니다. 그리고 오늘날에도 (예를 들어)

153) 무명의 작가: Leibniz, *Scriptores Rerum Brunsvicensium*, I(1707), f. f2v0 참조.
154) [옮긴이 주] hapax legomenon: 그리스어 'ἅπαξ λεγόμενον'의 번역어로, '단 한 번만 나오는 말'을 가리키는 표현으로 줄여서 'hapax'로 쓰기도 한다.

수십만의 어린 작가들이 볼섹[155]의 비방을 반복할 때, 판단력 있는 사람은 거위 새끼의 소음을 중요시하지 않는 것처럼 그것을 더 중요시하지 않았습니다. 법률가들이 '역사적 신빙성에 관해서' 썼지만,[156] 그 사료는 더 정확하게 연구될 필요가 있고, 그것들 중 몇몇은 너무 너그러웠습니다. 아주 먼 고대와 관련해서, 가장 눈부신 사실들 중 몇몇은 의심스럽습니다. 학자들은 로물루스가 도시 로마의 최초의 시조였는지 근거를 가지고 의심했습니다. 키로스의 죽음에 관한 논쟁이 있고, 그 밖에도 헤로도토스(Herodotos)와 크테시아스(Ctesias) 간의 대립은 아시리아, 바빌로니아, 페르시아의 역사에 대한 의심을 확산시켰습니다. 에스더의 책에 나온 유딧의 네부카드네자르 이야기와 아하수에로스의 이야기는 큰 차이가 있습니다. 로마인들은 툴루즈의 금에 대해서 이야기할 때, 그들이 카밀루스에 의해서 갈리아의 패배에 대해서 이야기하는 것과 반대되는 이야기를 합니다. 특히 민족들에게 고유하고 사적인 역사는, 그것이 아주 오래된 원본으로부터 가져온 것이 아니면 그리고 공공의 역사와 충분히 일치하지 않는다면, 신빙성이 없습니다. 이런 이유에서 우리에게 알려진 독일, 프랑스, 영국, 스코틀랜드, 폴란드의 고대 왕들에 대한 이야기가 근거가 있는 신화로 그리고 원하는 대로 꾸며낸 이야기로 간주되는 것입니다. 트리어의 시조, 니누스의 아들인 저 트레베타,[157] 브리튼 혹은 영국의 조상인 저 브루투스

155) J. H. Bolsec, *Historie de la vie, moeurs, actes, doctrine, constance et mort de Jean Calvin, jadis ministre de Génève*(Lyon, 1577); *Historie de la vie, moeurs, doctrine, et déportements de Théodore de Bèze, dit le Spectable, grand ministre de Génève*(1582). P. Bayle의 엄격한 판단은 그의 *Dictionnaire*, J. Calvin et Th. Bèze 항 참조.

156) 예를 들어, J. Eisenhart, *De fide historia*(1679).

157) Leibniz, *Accessiones historicae*(1698), 11쪽; *Gesta Treverorum*, 1~3장, 참조.

는 아마디스만큼이나 사실적입니다. 트리테미우스,[158] 아벤티누스,[159] 또한 알비누스[160] 그리고 시프리드 페트리[161] 같은 이야기를 꾸며내는 사람들에게서 나온 이야기는 자유롭게 프랑크족, 보이족, 작센족, 프리지아족의 고대 왕에 대해서 그럴듯하게 말했습니다. 그리고 삭소 그라마티쿠스[162]와 『에다(*Edda*)』[163]가 멀리 떨어진 북쪽의 고대 문명에 대해서 우리에게 이야기한 것은 폴란드 최초의 역사가인 카드루브코[164]가 율리우스 카이사르의 사위인 그들 왕 중의 하나에 대해서 익살스럽게 이야기한 것보다 더 권위를 가질 수는 없습니다. 그러나 서로 다른 민족들의 역사가, 하나가 다른 것을 복사했을 가망성이 없는 경우에 우연히 일치한다는 것은 진실에 대한 큰 방증입니다. 헤로도토스[165]와 『구약성서』의 역사가 많은 점에서 일치하는 것이 그런 것입니다. 예를 들면, 그가 이집트 왕과 팔레스타인의 시리아, 즉 유대 지역의 왕들 사이에 일어난 메기도 전투에 대해서 이야기할 때, 우리가 히브리 민족에게서 얻은 '성서'에 따르면, 요시야 왕은 죽을 정도로 부상을 입었습니다. 또한 아라비아, 페르시아, 터키의 역사가 그리스, 로마 그리고 다른 서구의 역사와 서로 일치하는 것은 사실을 연구하는 사람들을 기쁘게 합니다. 마치 고대 문명에서 남겨진 메달과 비문들 같은

158) J. Thrithemus, *Compendium …… origine regum et gentis Francorum*(1515).

159) J. Aventinus, *Annalium Boiorum libri VIII*(1580).

160) P. Albinus, *Novae Saxonum historiae progymnasmata*(1585); *Meisznische Land- und Berg-Chronica*(1589~1590).

161) S. Petri, *De Frisiorum antiquitate*(1590).

162) Saxo Grammaticus, *Danorum regum heroumque historiae*(1514).

163) [옮긴이 주] 고대 아이슬란드의 영웅신화를 실은 책.

164) V. Kadlubko, *Historia polonica*(1612); 16번 서신에서, 율리우스 카이사르의 (사위가 아니라) 처남인 레스코 3세에 관한 문제이다.

165) Herodotos, 『역사』 II, 159.

증거들이 고대부터 우리에게까지 전승된, 실제로는 사본의 사본인 책들에 나타나는 것처럼 말입니다. 우리가 중국의 역사에 대해서 더 잘 판단할 수 있는 상태에 있을 때, 그래서 그것을 신뢰할 수 있을 때, 우리는 그것이 우리에게 가르쳐줄 것에 대해서도 기대할 필요가 있습니다. 역사의 유용성은 주로 기원을 아는 즐거움에 있고, 다른 사람들에게 크게 기여했던 사람들에게 되돌려줄 정의에 있고, 역사 비평의 정립, 특히 계시의 토대가 놓여 있는 성스러운 역사 비평의 정립에 있고, (계보학과 군주와 권력자의 권리는 제쳐두고) 사례가 우리에게 제공하는 유용한 가르침에 있습니다. 저는 사람들이 고대 기록부터 가장 사소한 기록까지 자세히 조사하는 것을 경시하지 않습니다. 비평가들이 그 기록들에서 도출하는 지식이 더 중요한 것들에 도움을 줄 수 있기 때문입니다. 예를 들어 저는 심지어 의복과 재단 기술의 전체 역사를 쓰는 것에 동의합니다. 히브리 고위 성직자의 의복부터 혹은 원한다면 최초의 부부가 낙원에서 쫓겨날 때 신이 주었던 모피부터 우리 시대의 머리 장식과 주름 장식까지 말입니다. 그리고 거기에 고대 조각상과 몇 세기 동안 그려진 그림에서 추론할 수 있는 모든 것을 추가해서 말입니다. 심지어 저는 누군가 원한다면, 어릴 때부터 63세가 될 때까지 가지고 있던 모든 의복을 입고 있는 그림을 그린, 지난 세기의 아우크스부르크의 어떤 사람에 대한 기록들을 제공할 것입니다. 누가 제게 말했는지 모르지만, 아름다운 고미술품에 대한 식견이 높았던 고 오몽 공작도 유사한 호기심을 가지고 있었다고 합니다. 이것은 아마도 어떤 다른 용도들은 말할 것도 없이, 적법한 기념물과 그렇지 않은 기념물들을 식별하는 데 도움을 줄 수 있을 것입니다. 그리고 노는 것은 인간에게 허락된 것이므로, 그것이 본질적 의무에 해를 입히지 않는 한, 이런 종류의 일로 즐기는 것 또한 인간에게 허락될 것입니다. 하지만 저는 가장 유용한 것, 예를 들어 덕의 비범한 사례들, 생활의 편리에 관한 언급들, 정치와 전쟁의 책략 같은 것을 오히려 역사에서 도출하는 것에 전념하는 사람이 있기를 바랐습니다. 그리고 저는 사람들이 분명하게 그런 것들과 몇몇 다른 가장 중대한 것들만 기록하는 일종의 보편적 역사를 쓰기를 바랐습니다. 왜냐하면 사람들은 가끔씩은 지식이 많고 잘 쓴, 작가의 목표에도 적합하고 그 분야에서도 탁월하지만 유용한 가르침은 전혀 포함되지 않은 커다란 역사책을 읽을 수도 있을 것이기 때문입니다. 제가 여기서 그런 가르침으로 생각하는 것은『인간 생활의 극장』[166]과 다른 '선집들'을 채우고 있는 단순한 도덕성이 아니라 세상 모든 사람들이 필요할 때마다 생각해내지 못하는 능숙한 재주와 지식입니다. 또한 저는 사람들이 여행 책에서 유용하게 사용할 수 있는 이런 종류의 무수히 많은 것들을 얻고 주제의 순서에 따라 정렬하기를 기대했습니다. 그러나 놀라운 것은 많은 유용한 것들이 이제부터 해야 하는 것이고, 사람들은 이미 한 것 혹은 순전히 무용한 것 혹은 적어도 덜 중요한 것으로 거의 항상 헛된 시간을 보낸다는 것입니다. 그리고 저는 더 평온한 때에 일반인들이 이런 혜택을 얻는 데 더 많이 합류하지 않으면 해결책이 없다고 봅니다.

§12 **필라레테스** 당신의 여담은 재미있고 유익합니다. "이제 사실의 개연성에서 감관의 범위에 들어오지 못하는 사물들에 관한 의견의 개연성으로 넘어갑시다. 그것들은 증언이 있을 수 없는 것입니다. 예를 들어 정신, 천사, 악마 등의 본성의 현존에 관한 증언, 그리고 이 광대한 우주의 행성들과 그 밖의 거주지에 있는 물체적 실체들에 관한 증언, 끝으로 자연의 대부분의 작품들이 작동하는 방식에 관한 증언은 있을 수 없습니다. 그리고

166) Theodor Zwinger, *Theatrum vitae humane*(Basel, 1586~1587).

이 모든 것들에 대해서 우리는 단지 추측할 수만 있으며 거기서 **유비**는 훌륭한 개연성의 규칙입니다. 왜냐하면 이것들은 입증될 수 없으므로 정립된 진리들과 더 일치하거나 덜 일치하는 정도에 따라서 더 개연적이거나 덜 개연적으로 보일 수 있기 때문입니다. 두 물체의 격렬한 마찰이 열을 산출하고 심지어 불도 산출하기 때문에, 투명한 물체의 굴절이 색이 눈에 보이도록 만들기 때문에, 우리는 **불**이 지각할 수 없는 부분들의 격렬한 흔들림에 있고 또 우리가 그 기원을 보지 못하는 **색들**이 유사한 굴절에서 기원한다고 판단합니다. 그리고 사람에게 관찰되는 창조의 모든 부분들이 **점진적으로 연결되어** 있고 두 사물 간에 주목할 만한 빈 공간이 없다는 것을 발견함으로써, 우리는 사물들 자체도 완전성을 향해 조금씩 그리고 감각할 수 없는 정도에 따라 상승한다고 생각할 이유가 있습니다. 감각적인 것과 이성적인 것이 어디에서 시작되는지 그리고 어떤 것이 살아 있는 것들 중 최하위 단계인지 말하기 쉽지 않습니다. 이것은 일정한 원뿔에 증가하거나 감소하는 양과 같습니다. 어떤 사람과 어떤 동물 간에 엄청난 차이가 있지만 우리가 어떤 인간의 지성과 능력을 어떤 동물의 그것과 비교하려고 하면 거의 차이를 발견하지 못할 것이며, 이 사람의 지성이 이 동물의 지성보다 더 선명하다거나 더 크다고 확언하기 어려울 것입니다. 그러므로 우리가 인간부터 인간 아래에 있는 최하위의 부분들까지 창조의 부분들 간에 그런 감각할 수 없는 점진적 단계를 관찰할 때, 유비의 규칙을 통해서 우리 위에 있는 사물들과 우리의 관찰 영역 밖에 있는 사물들에도 유사한 점진적 단계가 있다는 것을 개연적인 것으로 간주하게 됩니다. 그리고 이런 종류의 개연성은 합리적 가설의 큰 토대입니다."

테오필루스 하위헌스 씨가 그의 『우주론』[167]에서 행성들이 태양으로부터 떨어져 있는 거리의 차이가 행성들 간의 차이를 만든다고 판단한 것을 제외하고 다른 주요 행성들의 상태가 우리 행성의 상태와 상당히 유사하다고 판단한 것은 이 **유사성**에 근거한 것입니다. 그리고 이미 그전에 매우 재기 넘치고 학식 있는,『세계의 다수성에 관한 대담』[168]을 내놓은 퐁트넬 씨는 이 점에 대해서 주목할 만한 것을 말했고, 어려운 문제를 즐겁게 다루는 기술을 발견했습니다. 사람들은 아를르캥의 달 제국에서처럼 '모든 것이 이곳과 같다.'고 말할 수 있었습니다.[169] 사람들이 (위성에 불과한) 달을 주요 행성과 완전히 다르게 판단하는 것은 사실입니다. 케플러는 달의 상태에 대한 기발한 가상의 이야기를 포함하는 작은 책 한 권을 남겼습니다.[170] 그리고 재기 있는 한 영국인은 자신이 발견한 한 스페인 사람[의 여행]에 대해서 재미있게 기술했습니다.[171] 그는 시라노[172]가 그 후 이 스페인 사람을 찾으러 갔다는 것은 말하지 않고, 지나가는 새들이 그를 달에다 옮겼다고 말입니다. 어떤 재기 있는 사람들은 행복한 영혼들이 세계에서 세계로 이동하는 내세에 대한 그림을 그리려고 했고, 우리의 상상력은 거기서 정령들이 하는 일이라고 할 수 있는 좋은 활동의 일부분을 발견합니다. 하지만 아무리 우리의 상상력이 노력을 기울여도 우리와 저 정령 간의 큰 간격 때문에, 그리고 이들에게 있는 큰 다양성 때문에, 상상력이 목적을 달성할 수 있을지 저는 의심이 됩니다. 그리고 우리 집보다 크지 않은 달의 부분들을 구분하기 위해서 데카르트가 우리에게 기대하게 만들었던 그런 망원

167) Ch. Huygens, *Cosmotheoros sive de terris coelestibus earumque ornatu conjecturae*(1698), 32~46쪽.

168) B. de Fontenelle, *Entretiens sur la pluralité des mondes*(1686).

169) Nolant de Fatouvile, *Arlequin, Empereir dans la lune*(1683).

170) J. Kepler, *Somnium seu opus posthumum de astronomia lunari*(1634).

171) F. Godwin, *L'homme dans la lune*(1638).

172) Cyrano de Bergerac, *Historie comique*(1699), 365쪽.

경을 발견할 때까지 우리는 우리 세계와 다른 어떤 세계가 있다는 것을 결정할 수 없습니다. 우리 신체의 내적 부분들에 대한 우리의 추측은 더 유용하고 더 [검증 가능할] 것입니다. 저는 사람들이 많은 경우에 추측을 넘어서기를 바랍니다. 그리고 저는 벌써 지금 당신이 방금 이야기한 불의 부분들의 격렬한 흔들림이 단지 개연적인 것으로 여겨져서는 안 된다고 생각합니다. 가시적 세계의 부분들의 구조에 대한 데카르트의 가설이 그 이후 이루어진 연구들, 발견들과 아주 조금밖에 일치하지 않는 것, 혹은 데카르트가 50년 후에 살지 않아서, 그 당시의 지식을 바탕으로 제시했던 가설만큼 기발한 가설을 현재의 지식을 바탕으로 우리에게 제시하지 못한다는 것은 애석한 일입니다. 우리는 지난 토론에서 종들의 점진적 연결에 관해서 논했습니다. 그때 저는 철학자들이 이미 **형상들 간의** 혹은 종들 간의 **빈 공간에 대해서** 논증했다는 것을 언급했습니다. 자연에서 모든 것은 단계적으로 진행되고 어떤 것도 건너뛰지 않습니다. 그리고 변화에 관한 이 규칙은 저의 연속성의 법칙의 일부분입니다. 하지만 구별되는 지각을 바라는 자연의 아름다움은 외관상 건너뛰기, 말하자면 현상에서 음악의 끝마침을 요구하고 종들을 혼합하는 것을 좋아합니다. 따라서 (사람들이 사용하는 이 말의 의미에 따라) 어떤 다른 세계에 인간과 동물의 중간 종이 있을 수 있더라도, 그리고 아마도 어딘가에 우리를 능가하는 이성적 동물이 있더라도, 자연은 우리가 지구에서 갖고 있는 우월성을 반론 없이 우리에게 주기 위해서 그런 종이나 동물들을 우리와 멀리 떨어지게 하는 것이 좋다고 보았습니다. 저는 중간 종에 대해서 이야기하고 있고 여기서 동물과 유사한 인간 개체에 대해서 규정하려는 것이 아닙니다. 아마도 그것은 능력이 부족해서가 아니라 실행에 장애가 있기 때문입니다. 그래서 저는 가장 어리석은 사람들이 (어떤 병으로 인해서 혹은 병의 역할을 하는 다른 지속적인 결핍으로 인해서 자연과 반대되는 상태에 있는 것이 아니면) 모든 동물들 중에 가장 지적인 동물보다 비교할 수 없을 정도로 더 이성적이고 더 영리하다고 믿습니다. 가끔씩 사람들이 재미 삼아 반대로 말할 때가 있지만 말입니다. 게다가 저는 유사성에 대한 연구에 전적으로 동의합니다. 식물 연구와 곤충 연구, 그리고 동물의 비교 해부는 특히 사람들이 계속해서 예전보다 현미경을 더 많이 사용할 때, 유사성을 점점 더 많이 제공합니다. 그리고 더 일반적인 주제에서 사람들은, 도처에 널리 퍼져 있는 모나드, 모나드의 끝없는 지속, 영혼을 가진 동물의 보존, 단순한 동물들의 죽음과 같은 어떤 특정한 상태에서 거의 구별되지 않는 지각들, 정령들이 신체를 갖는 것이 합리적이라는 것, 영혼과 신체 각각이 다른 것의 방해를 받지 않고 또 자발적인 것과 비자발적인 것이 구별되어야 할 필요 없이 자기 고유의 법칙을 완전하게 따르게 하는 영혼과 신체의 조화에 관한 저의 견해를 발견할 것입니다. 제 말은, 특정한 물질의 부분에 제한하지 않고 혹은 특정한 종류의 행위에 제한하지 않고, 이 모든 견해가 우리가 주목하고 제가 우리의 관찰을 넘어 확장한 사물들의 유비와 전적으로 일치한다는 것, 그리고 거기에는 단지 크고 작음의 차이와 감각 가능한 것과 감각 불가능한 것의 차이만 있을 뿐이라는 것을 사람들이 발견하리라는 것입니다.

§13 **필라레테스** "그럼에도 우리는 우리의 경험과 거리가 먼 낯선 사실의 반대 증언을 우리가 경험을 통해서 알게 된 자연적 사물들의 유비보다 더 신뢰하는 경우가 있습니다. 초자연적 사건들이 자연의 경로를 바꿀 힘을 가진 자의 목적과 일치할 경우, 그것들이 잘 입증되었을 때, 그것들에 대한 믿음을 거부할 이유가 우리에게는 없기 때문입니다. 그 자체로는 신뢰하지 않지만 확인이 필요한 다른 진리들을 신뢰하는 **기적**이 그런 경우입니다."

§14 "결국 다른 모든 동의보다 우세한 증거가 있습니다. 그것은 **계시**, 즉

속일 수도 없고 속을 수도 없는 신의 증거입니다. 그것에 대한 우리의 동의는 **신앙**이라 불리며 가장 확실한 지식처럼 모든 의심을 완전히 배제합니다. 하지만 문제는 계시가 신적인 것임을 확신해야 한다는 것, 그리고 우리가 그것의 참된 의미를 이해한다는 것을 알아야 한다는 것입니다. 그렇지 않으면 우리는 맹신과 잘못된 해석의 오류에 노출됩니다. 그리고 현존과 계시의 의미가 단지 개연적인 경우, 동의는 증거에 있는 개연성보다 더 큰 개연성을 가질 수 없습니다. 하지만 이것에 대해서 우리는 나중에 다시 또 논의할 것입니다."

테오필루스 신학자들은 (그들이 부르는 명칭인) **신뢰성의 동인**(motifs de credibilité)[173]과 **초자연적 동의**를 구별합니다. 신뢰성의 동인은 자연적 동의가 싹트게 해야 하고, 그 동인보다 더 많은 개연성을 가질 수 없는 자연적 동의를 가지고 있고, 초자연적 동의는 신의 은총의 결과입니다. 그들은 **신앙의 분석**에 관한 특별한 책들을 썼습니다. 그것들이 서로 완전하게 일치하지는 않습니다. 하지만 우리는 다음에 그것에 대해서 논의할 것이기 때문에, 저는 적절한 곳에서 말하게 될 것을 여기서 미리 하지는 않을 것입니다.[174]

173) [옮긴이 주] 증명의 근거와는 다르지만 어떤 것을 이성적으로 믿게 할 수 있는 것을 의미하는데 주로 종교의 진리, 특히 계시에 대한 외적 증거를 가리키는 당시 신학자들의 용어이다. 영어본의 역자는 이 말을 '믿음을 위한 이성적 근거(rational grounds for belief)'로 의역했다. 이것은 라이프니츠의 '설명 가능한 이유'와 '설명 불가능한 이유'의 구별을 따른 것으로, 설명 가능한 이유란 다른 사람들에게 평범한 추론을 통해서 진술할 수 있는 것이고 설명 불가능한 이유는 다른 사람들과 공유할 수 없는 각자의 내면적 느낌의 경험으로 구성된 것이다. 즉 '신뢰성의 동인'을 '설명 가능한 원인'으로 본 것이다. Remnant & Bennet, Notes, lxix.

174) 신앙의 분석에 관한 논의는 이 책 4부, 20장, §17부터.

17장
이성에 관하여

§1 **필라레테스** "우리는 특별히 신앙에 대해서 논의하기에 앞서 이성에 대해서 다룰 것입니다. 이성은 어떤 때는 명확하고 참된 원리를 의미하고, 어떤 때는 이 원리에서 도출된 결론을 의미하며, 또 어떤 때는 원인, 특히 목적인을 의미합니다. 여기서는 이성을 능력으로 간주합니다. 그 능력을 통해서 사람들은 인간과 동물이 구별된다고 가정하고, 그 능력에서 분명히 인간은 동물을 훨씬 능가합니다." §2 "우리는 우리의 **지식**을 확장하기 위해서뿐만 아니라 우리의 **의견**을 통제하기 위해서도 이성을 필요로 합니다. 그리고 정확히 보면 이성은 두 가지 능력으로 이루어져 있습니다. 하나는 매개관념을 발견하는 **통찰력**이고, 다른 하나는 결론을 도출하는 혹은 **추론하는** 능력입니다." §3 "우리는 이성에서 다음 네 단계를 고찰할 수 있습니다. (1) 증거를 발견하고, (2) 연결(connexion)을 보여주는 하나의 순서로 배열하며, (3) 연역의 각 부분에서 연결을 자각하고, (4) 그로부터 결론을 도출

하는 단계입니다. 그리고 이 단계들은 수학적 증명에서 관찰할 수 있습니다."

테오필루스 **근거**[175]는 알려진 진리이고, 이것이 다른 덜 알려진 진리와 연결되어 있기 때문에, 우리는 덜 알려진 진리에 동의하게 됩니다. 하지만 특별히 그리고 대표적으로, 그것이 우리 판단의 원인일 뿐만 아니라 진리 자체의 원인일 때, 즉 **선험적 근거**(Raison à priori)라고도 부르는 것일 때, 사람들은 그것을 근거라고 부릅니다. 그리고 사물에서 **원인**(cause)은 진리에서 **근거**에 해당합니다. 그래서 원인 자체를, 특히 목적인 자체를 때때로 근거라고 부르기도 합니다. 결국 진리들 간의 이 연관성(liaison)을 자각하는 능력 혹은 추론하는 능력도 이성이라고 부르기도 합니다. 이것이 우리가 여기서 사용하는 의미입니다. 그런데 이 능력은 사실상 이 세상에서 오직 인간에게만 주어져 있고 다른 동물들에게서는 나타나지 않습니다. 제가 앞에서 이미 보여주었듯이, 동물에게서 볼 수 있는 이성의 그림자는 동일한 근거가 있는지 알지 못한 채, 과거와 유사해 보이는 경우에 유사한 사건에 대한 기대에 불과하기 때문입니다. 사람들이 오로지 **경험적**이기만 한 경우, 그들도 다르게 행동하지 않습니다. 하지만 그들이 진리들 간의 연관성, 제 말은 그 자체로 필연적이고 보편적인 진리들을 구성하기도 하는 연관성을 보는 한, 그들은 동물 이상으로 올라갑니다. 그 연관성들이 하나의 의견만을 산출할 때는 필연적이기까지 합니다. 정확하게 조사한 후, 사

175) [옮긴이 주] 프랑스어 'raison'은 사용 맥락에 따라 의미가 다르다. 'raison'에 해당하는 영어 'reason'도 마찬가지로 여러 가지 의미를 갖는다. 그래서 로크는 『인간지성론』 17장을 시작하면서 '이성'이 여러 의미를 가진다고 지적한다. 그리고 우리말에서는 다른 의미를 각각 '이성'과 '근거'로 구별해서 표현할 수 있다. 독일어도 우리말과 상황이 유사해서 '이성'의 의미로 사용되는 'raison'은 'Vernunft'로, '근거'의 의미로 사용되는 'raison'은 'Grund' 혹은 'Vernunftgrund'로 번역한다.

람들이 [주어진 것으로부터] 판단할 수 있는 한에서 어떤 개연성의 우세가 증명될 수 있을 때 말입니다. 따라서 그때의 **증명**은 사물의 진리에 관한 것일 뿐만 아니라 사람들의 선택이 현명한지에 대한 것이기도 합니다. 제 생각에, 이 이성의 능력을 나누어 가질 때, **발견**과 **판단**을 구별하는 충분히 인정되는 견해에 따라 두 부분을 식별하는 데 실패하지 않을 것입니다. 당신이 [수학자들의] 증명에서 고찰한 네 단계와 관련해서, 저는 증거를 발견하는 것인 첫 번째가 보통 기대하는 것처럼 그렇게 나타나지 않는다고 봅니다. 그것은 어떤 때는 분석 없이, 어떤 때는 분석이 억제된 채 발견되었던 종합입니다. 기하학자들은 그들의 증명 과정에서 먼저 입증되어야 하는 **명제**를 놓습니다. 그리고 증명에 이르기 위해서 그들은 어떤 도형을 이용해서 주어진 것을 드러냅니다. 사람들은 이것을 **전시**[176]라고 부릅니다. 그 후에 그들은 **준비**(preparation)에 이르고, 추론에 필요한 새로운 선을 긋습니다. 그리고 가장 큰 기술은 이 준비를 발견하는 데 있습니다. 이러한 준비가 되면, 그들은 전시에서 주어져 있던 것으로부터 그리고 준비하면서 추가되었던 것으로부터 결론을 도출하면서 **추론** 자체를 수행합니다. 그리고 그들은 이 결과를 위해서 이미 알려져 있거나 증명된 진리들을 사용하면서 **결론**에 다다릅니다. 하지만 전시와 준비 과정을 넘어가는

176) [옮긴이 주] 'ecthesis': 아리스토텔레스의 『분석론 전서』에 등장하는 말로, 삼단논법의 형식과 증명 과정을 설명할 때 사용한 말이다. 그것의 정확한 의미에 대해서는 여러 견해와 해석이 있어서 현대어로 정확하게 번역하기 힘든 말이다. 그래서 보통 그리스어를 그대로 사용한다. 라틴어 시대에는 신앙 고백의 의미로 사용되기도 했지만 그 의미는 이 본문의 맥락과는 관계가 없다. 영어 번역본은 'exposition'으로 번역했고 독일어 번역본은 그리스어를 그대로 썼다. 본문의 맥락에 따르면 'ecthesis'가 '문자를 이용해서 증명되어야 할 것을 드러낸다는 의미'라는 해석이 적절해 보이고 영어 번역본도 'exposition'으로 번역해서 우리말로 '전시'라고 번역했다. Robin Smith, "What is Aristotelian Ecthesis?", in: *History and Philosophy of Logic*, vol. 3(1982), 113~127쪽 참조.

경우들도 있습니다.

§4 **필라레테스** “사람들은 일반적으로 **삼단논법**이 이성의 훌륭한 도구이고 이 능력을 사용하는 가장 유용한 방식이라고 생각합니다. 저는 이것을 의심합니다. 왜냐하면 이것은 **오직 단 하나의 사례에서** 증거들의 연결을 보여주는 데 소용이 있을 뿐 그 이상을 하지 않기 때문입니다. 하지만 정신은 그 연결을 쉽게, 그리고 아마 삼단논법이 없어도 더 잘 압니다. 그리고 그 격과 식들을 사용할 줄 아는 사람들은 대부분 근거를 이해하지 않고 그들의 선생에 대한 암묵적 믿음 때문에 그것의 유용성을 상정합니다. 만약 삼단논법이 필수적이라면, 그것을 발견하기 전에 누구도 무엇이든 이성에 의해서 알지 못했을 것입니다. 그리고 인간을 두 다리를 가진 피조물로 창조했던 신은 이성적 동물을 창조할 임무를 아리스토텔레스에게 남겨두었다고 말해야 합니다. 저는 삼단논법의 토대를 검토할 수 있는 사람은 소수이고 세 개의 명제를 만드는 60가지가 넘는 방식 중에 확실한 것은 겨우 약 14개일 뿐이라고 말하고 싶습니다. 하지만 신은 인간을 위해서 좋은 것을 더 많이 가지고 있었고, 인간에게 추론할 수 있는 정신을 주었습니다. 저는 **아리스토텔레스**를 깎아내리려고 이렇게 말하는 것이 아닙니다. 저는 그가 고대의 인물들 중에서 가장 위대한 인물 중 하나라고 봅니다. 넓은 시야에서, 섬세함에서, 정신의 통찰력에서, 그리고 판단의 강도에서 그에 필적할 인물은 적습니다. 그리고 바로 그것을 통해서 논증의 형식에 대한 작은 체계를 발명해서, 모든 것을 부정하는 것을 부끄러워하지 않는 사람들에 반대하는 학자들에게 크게 기여했습니다. 그렇지만 그 형식들이 추론하는 유일한 방법도 아니고 최고의 방법도 아닙니다. 그리고 아리스토텔레스는 그 형식들을 형식 그 자체를 이용해서 발견한 것이 아니라 관념들 간의 명백한 일치라는 근원적 방법을 통해서 발견했습니다. 그리고 사

람들이 수학적 증명에서 자연적 순서를 통해서 얻는 지식은 삼단논법의 도움이 없어도 잘 드러납니다. '**추론한다**'라는 것은 매개 관념들의 특정한 연결을 상정함으로써 이미 참으로 제시된 다른 명제에서 한 명제를 참인 것으로 도출하는 것입니다. 예를 들면, 사람들은 '인간은 저 세상에서 벌을 받을 것이다.'라는 명제에서 '인간은 여기서 그들 자신을 결정할 수 있다.'라고 추론할 것입니다. 여기서 연관성은 바로 이것입니다. '**인간은 벌을 받을 것이다.**' 그리고 '**신은 처벌하는 자이다.**' 따라서 '**처벌은 정당하다.**' 따라서 '**처벌받는 자는 죄가 있다.**' 따라서 '**그는 다르게 행할 수 있었다.**' 따라서 '**그 자신에게 자유가 있다.**' 따라서 결과적으로 '**그는 자신을 결정할 수 있는 힘이 있다.**' 복잡한 대여섯 개의 삼단논법이 있었을 때보다 여기서 연관성이 더 잘 나타납니다. 그런 삼단논법에서 관념들은 바뀌고 반복되고 인위적 형식에 끼워 넣어질 것입니다. 하나의 매개 관념이 삼단논법의 두 개의 양극단과 어떻게 연결되는지 아는 것이 문제입니다만 **어떤 삼단논법도 그것을 보여줄 수 없습니다.** 일종의 **병치**를 통해서 배치된 이 관념을 지각할 수 있는 것은 정신이고, 그것도 정신 자신의 고유한 시각을 통해서 지각합니다. 그러니 삼단논법이 어떤 도움을 줍니까? 이 삼단논법은 명백하게 일치하는 관념들 간의 일치를 **부끄러움도 없이 부정하는 스콜라 철학에서** 유용합니다. 이로부터 다음이 따라 나옵니다. 인간이 진리를 탐구하거나 진지하게 진리를 인식하려고 하는 사람들에게 가르칠 때, 인간은 결코 자기 스스로 삼단논법을 만들지 않는다는 것 말입니다. 또 명백한 것은

인간—동물—살아 있는

즉 인간은 동물이고 동물은 살아 있다. 따라서 인간은 살아 있다는 이 순서가 삼단논법의 순서보다 더 자연스럽다는 것입니다.

동물—살아 있는　　　　　　　　인간—동물

인간—살아 있는

즉 동물은 살아 있다. 인간은 동물이다. 따라서 인간은 살아 있다. 사실상 삼단논법은 수사학에서 차용한 장식의 빛나는 광채 아래에 감춰진 잘못을 발견하는 데 도움을 줄 수 없습니다. 저는 예전에 꽃으로 장식한 논의 아래에 은폐된 궤변을 경계하기 위해서는 삼단논법이 필수적이라고 생각했습니다. 하지만 더 엄격한 시험을 한 후, 논증의 비정합성을 보여주려면 추론이 의존하는 관념들과 잉여의 관념들을 분간하고 관념들을 자연적 순서에 따라 배열하기만 하면 된다는 것을 알았습니다. 저는 삼단논법의 규칙들을 전혀 모르는 한 사람을 알게 되었습니다. 그는 논리학의 모든 섬세함에 능숙한 다른 사람들을 속였던 길고 인위적이고 그럴듯한 논의의 약점과 잘못된 추론을 먼저 지각합니다. 그리고 저는 저의 독자들은 대부분 그런 사람들을 알 것이라고 믿습니다. 만약 그렇지 않다면, 자신들의 왕관과 위엄이 관계된 문제에서 군주들은 가장 중요한 토론에 삼단논법을 들이는 일을 절대 잊지 않을 것입니다. 그렇지만 세상 모든 사람들은 거기서 삼단논법을 사용하는 것은 우스운 일이라고 생각합니다. 아시아, 아프리카, 아메리카에서, 유럽으로부터 독립한 민족들 중에서 어느 누구도 그렇게 말하는 것을 들어본 적이 거의 없습니다. 결국 사람들은 숙고 끝에 이 스콜라적인 형식들은 오류에 빠지기 쉽다는 것을 발견합니다. 또 이 스콜라적 방법을 통해서 침묵하게 되는 경우도 드물고 확신하고 이익을 얻는 경우는 더욱 드뭅니다. 그들은 기껏해야 그들의 적들이 더 능란하다는 것을 인정하겠지만 자신들 입장의 정당성을 계속해서 확신할 것입니다. 그리고 삼단논법에 잘못된 추론이 감춰져 있다면, 그 오류를 발견할 수 있는 것은 삼단논법이 아니라 어떤 다른 방법이어야 합니다. 그렇지만 삼단논법을 거부하거나 지성을 도울 수 있는 어떤 수단을 제거하려는 것이 저의 의견은 아닙니다. 안경이 필요한 눈이 있습니다. 그러나 안경을 사용하는 사람들은 안경 없이 잘 볼 수 있는 사람은 아무도 없다고 말해서는 안 됩니다. 이것은 그들이 아마도 신세를 지고 있는 기술을 선호하여 자연의 가치를 너무 낮춰보는 것입니다. 그들에게 정반대의 일이 일어나지 않을 때, 안경을 너무 많이 혹은 너무 빨리 사용한 사람들에 의해서 실험된 것은, 그 안경을 통해서 그들의 눈이 너무 많이 나빠지게 되었고, 안경의 도움 없이 더 이상 볼 수 없다는 것입니다."

테오필루스 삼단논법의 적은 유용성에 관한 당신의 추론은 확고하고 훌륭한 고찰들로 가득 차 있습니다. 그리고 스콜라의 삼단논법 형식은 세상에서 거의 사용되지 않는다는 것 그리고 그것을 진지하게 사용해보려고 했을 때 너무 길고 복잡하다는 것을 인정해야 합니다. 그럼에도 당신은 제가 삼단논법 형식의 발견을 인간 정신의 가장 훌륭한 발견 중 하나로 심지어 가장 주목할 만한 발견 중 하나로 여긴다고 믿으십니까? 이것은 그 중요성이 충분히 알려지지 않은 일종의 **보편 수학**(Mathematique universelle)입니다. 그리고 항상 허락되는 것은 아니지만, 사람들이 그것의 사용법을 알고 그것을 잘 사용할 수 있다는 전제에서, 거기에 **오류불가능성의 기술**이 포함되어 있다고 말할 수 있습니다. 제가 **형식화된 논증**으로 이해하는 것은 학교에서 사용되는 스콜라적으로 논증하는 방식뿐만 아니라 어떤 항도 보충할 필요가 없는, 형식의 힘으로 결론을 도출하는 모든 추론이라는 것을 알아야 합니다. 따라서 하나의 **연쇄추리**(Sorites)[177], 반복을 피하는 삼단논법의 다른 연쇄(tissu), 심지어 제대로 수행된 계산, 대수학의 계산, 미분자의 분석이 저에게는 거의 형식화된 논증입니다. 왜냐하면 그것들의 추론 형식이 사전에 증명되어 있어서 거기에서는 확실히 속지 않을 것이기 때문입니다. 그리고 유클리드의 증명들도 거의 대부분 형식화된 논증입니다. 그가 외관상으로 **생략 삼단논법**을 만들 때, 빠진 것으로 보이는 제거된 명제는 여백에 인용으로 채워지기 때문입니다. 이때 이미 증명된 것을 발견하는 방법이 제공됩니다. 이것은 논증력을 전혀 떨어뜨리지 않고 논증을 많이 축약하는 것입니다. 유클리드가 사용한 근거의 전위, 합성 그리고 분할은 수학자들과 그들이 다루었던 문제에 특별하고 적합한 논증 형식의 종류일 뿐입니다. 그리고 그들은 그 형식을 [공통적] 논리학의 보편적 형식의 도움으로 증명합니다. 게다가 **타당한 비삼단논법적 추론**이 있다는 것을 알아야 합니다. 사람들은 거기서 개념을 약간 바꾸지 않으면, 어떤 삼단논법을 이용해도 엄격하게 그것을 증명할 수 없습니다. 그리고 그 개념의 변화 자체는 비삼단논법적 추론입니다. 그중에 여러 가지가 있습니다. 그중에서도 '직접에서 간접으로(a recto ad obliquum)' 이어지는 추론이 있습니다. 예를 들면, 만약 예수 그리스도가 신이면, 예수 그리스도의 어머니는 신의 어머니이다.[178] 유능한 논리학자들이 **관계의 전위**(inversion de relation)라고 불렀던 이 추론은 예를 들어 다음 추론과 같습니다. 만약

177) [옮긴이 주] 이것은 'A는 B이다. B는 C이다. C는 D이다. 따라서 A는 D이다.'와 같은 형식의 연쇄추리를 말한다.

178) [옮긴이 주] 이 '비삼단논법적 추론'은 라이프니츠가 특히 높이 평가했던 Joachim Jungius (1587~1657)에게서 가져온 것이다. 그는 1638년에 *Logica Hamburgensis*라는 논리학 저작을 남겼다.

다윗이 솔로몬의 아버지이면, 의심의 여지없이 솔로몬은 다윗의 아들이다. 그리고 이 추론은 통상적 삼단논법 자체가 의존하는 진리에 의해서 여전히 증명 가능합니다. 삼단논법은 정언 삼단논법만 있는 것이 아니라 선언 삼단논법을 포함하는 가설 삼단논법도 있습니다. 그리고 정언 삼단논법에는 단순 정언 삼단논법이 있고 또 합성 정언 삼단논법이 있습니다. 단순 정언 삼단논법은 사람들이 보통, 즉 식(modes)과 격(figures)에 따라 삼단논법으로 생각하는 것입니다. 저는 4개의 격은 각각 6개의 식을 가지고 있다고 봅니다.[179] 그래서 전체적으로 24개의 식이 있습니다. 1격의 통상적인 4개의 식은 단지 '모든', '어떤 ~도 아닌', '어떤'이라는 표시가 갖는 의미의 결과일 뿐입니다. 어떤 것도 생략하지 않기 위해서 제가 추가했던 두 가지는 단지 전칭 명제를 특칭 명제로 만드는 것일 뿐입니다. 왜냐하면 다음 두 개의 평범한 식으로부터, 즉

모든 B는 C이다. 그리고 모든 A는 B이다. 따라서 모든 A는 C이다.

마찬가지로 어떤 B도 C가 아니다. 모든 A는 B이다. 따라서 어떤 A도 C가 아니다.

다음 두 개의 **추가적인 식**을 만들 수 있기 때문입니다.

모든 B는 C이다. 모든 A는 B이다. 따라서 어떤 A는 C이다.

마찬가지로 어떤 B도 C가 아니다. 모든 A는 B이다. 어떤 A는 C가 아니다.

다음과 같이 특칭 명제를 증명하고, 그것의 추론을 입증할 필요가 없기 때문입니다.

모든 A는 C이다. 따라서 어떤 A는 C이다.

179) Leibniz, *De arte combinatoria*(1666): A VI, 1, 184~185 참조.

마찬가지로 어떤 A도 C가 아니다. 따라서 어떤 A는 C가 아니다.

그럼에도 이것은 1격에서 이미 인정된 식과 결합된 동일 명제를 이용해서 다음과 같은 방식으로 증명될 수 있습니다.

모든 A는 C이다. 어떤 A는 A이다. 따라서 어떤 A는 C이다.

마찬가지로 어떤 A도 C가 아니다. 어떤 A는 A이다. 따라서 어떤 A는 C가 아니다.

따라서 1격의 추가적인 두 개의 식은 같은 격의 다른 두 개의 식으로 그 자체로 증명 가능한 특칭 명제화의 중재로 앞서 말한 격의 첫 번째 두 개의 평범한 식으로 증명됩니다. 그리고 같은 방식으로 2격도 두 개의 새로운 식을 얻습니다. 따라서 1격과 2격은 6개의 식을 가지고 있고 3격도 예전부터 6개의 식을 가지고 있었습니다. 사람들은 4격에 5개의 식을 할당했지만 같은 추가의 원리에 의해서 그것도 6개의 식을 가지고 있는 것으로 생각됩니다. 하지만 논리적 형식이 사람들이 공통적으로 사용하는 이 명제의 순서를 우리에게 강제하지 않는다는 것을 알아야 합니다. 그리고 저는 다른 배열이 더 낫다는 필라레테스, 당신의 의견에 동의합니다.

모든 A는 B이다. 모든 B는 C이다. 따라서 모든 A는 C이다.

이것은 특별히 그런 삼단논법들의 연쇄인 연쇄추리로 나타납니다. 왜냐하면 만약 다음과 같은 또 다른 연쇄가 있다면,

모든 A는 C이다. 모든 C는 D이다. 따라서 모든 A는 D이다.

말하면서 반복을 피하는 일련의 연쇄를 이 두 삼단논법으로부터 다음과 같이 만들 수 있기 때문입니다.

모든 A는 B이다. 모든 B는 C이다. 모든 C는 D이다. 따라서 모든 A는 D이다.

이때 사람들은 쓸모없는 명제, '모든 A는 C이다.'가 떼어진 것과 두 삼단

논법이 필요로 한 동일한 명제의 쓸모없는 반복을 피했다는 것을 봅니다. 그 명제는 이제 쓸모없기 때문입니다. 그리고 그 연쇄의 논증력이 이 두 삼단논법을 통해서 단 한 번 증명되면, 이 동일한 명제가 없어도, 그 연쇄는 형식적으로 완전하고 좋은 논증입니다. 더 복합적인 무수히 많은 **연쇄**가 있습니다. 그것은 더 많은 수의 단순 삼단논법이 그 안에 포함되기 때문만이 아니라 그 연쇄를 **구성하는** 삼단논법이 서로 매우 상이하기 때문이기도 합니다. 사람들은 그 연쇄에 단순 정언 삼단논법만이 아니라 계사적(copulatifs) 삼단논법도 포함시킬 수 있고, 정언 삼단논법만이 아니라 가설 삼단논법도, 완전한 삼단논법뿐만이 아니라 명증적이라고 믿는 명제들이 생략되는 생략 삼단논법도 포함시킬 수 있기 때문입니다. 그리고 이 모든 것이 비삼단논법적 추론과 연결되고 명제의 치환과 연결되고, 축약하는 정신의 자연적 경향성에 의해서 그리고 부분적으로 불변화사의 사용에서 나타나는 언어의 속성들에 의해서 이 명제들을 감추는 다량의 굴곡과 [구절들]과 연결되면, 발언자의 모든 논증 자체를 표현하는 추론의 **연쇄**가 만들어질 것입니다. 그것은 모든 장식을 벗어내고 떼어내고 **논리적 형식**으로 환원될 것입니다. 그것도 스콜라적인 형식이 아니라 논리학의 법칙에 따라 그것의 논증력을 인식하기에 항상 충분한 형식으로 말입니다. 이 논리학의 법칙이란 순서대로 써 내려간 **양식**의 법칙 외에 다른 것이 아닙니다. 한 지역의 관습이 기록되었을 때, 원래의 관습이 기록되지 않았던 관습과 다르지 않은 것처럼 이 법칙은 다르지 않은, 기록되지 않은 법칙일 뿐입니다. 다만 이것이 기록되고, 한 번에 전체가 더 잘 고찰될 수 있을 때, 발전하고 적용하는 데 더 많은 빛을 제공할 수 있습니다. 왜냐하면 자연적 양식이 기술의 도움 없이 어떤 추론을 분석할 때, 가끔씩 추론의 논증력에 관해서 약간의 고민을 할 것이기 때문입니다. 예를 들어 보통 잘 사용하지 않지만 진리에 적합한 어떤 식을 포함하고 있는 것을 발견하는 경우 말입니다.

그러나 저런 연쇄를 사용하지 않기를 원하거나 자기 자신도 사용하지 않으려고 하는 논리학자는, 모든 복합 논증들은 항상 그것이 실제로 의존하는 단순 삼단논법으로 환원되어야 한다고 주장함으로써, 제가 이미 당신에게 말했던 것처럼, 자신에게 어떤 것을 판 상인에게 수를 하나하나씩 마치 손가락으로 세고, 도시의 시계로 시간을 계산하는 것처럼 계산하라고 강요하는 사람과 같을 것입니다. 그가 다른 식으로 계산할 수 없다면 그리고 오직 손가락으로만 5 더하기 3이 8이라는 것을 알 수 있다면, 그것은 자신의 어리석음을 표시하는 것입니다. 혹은 그가 그런 축약을 알았고 그것을 사용하지 않으려고 했거나 다른 사람들이 사용하는 것을 허락하지 않으려고 했다면, 그것은 심지어 일시적인 기분을 나타내는 것입니다. 또한 그는 모든 추론은 항상 매개 정리들이 실제로 의존하고 있는 관념들의 직접적 연관성이 나타나는 제1원리로 환원되어야 한다고 주장함으로써 공리들과 이미 증명된 그 정리들을 사용하지 않으려는 사람과 같을 것입니다.

제 생각에 따라 사람들이 받아들여야 하는 방식으로 논리적 형식의 유용성에 대해서 설명한 후 저는 당신의 고찰을 살펴보려고 합니다. 그리고 저는 필라레테스, 당신이 어떻게 삼단논법이 **오직 단 하나의 사례에서** 증거들의 연결을 보여주는 데 소용이 있을 뿐이라고 주장하는지 모르겠습니다. 정신은 항상 추론을 쉽게 본다고 말하는데, 그것은 그렇지 않습니다. 왜냐하면 사람들은 가끔씩 (적어도 다른 사람의 추론에서) 증명을 보지 못하면, 먼저 의심하는 것이 당연하기 때문입니다. 보통 사람들은 추론을 정당화하기 위해서 사례를 사용합니다. 하지만 추론이 올바르지 않을 때, 참이 되지 않는 사례들을 선별하는 기술이 있더라도, 그것이 항상 충분히 확실한 것은 아닙니다. 저는 잘 지도된 스콜라에서 관념들 간의 명백한 일치를 **아무런 부끄러움도 없이 부정하는** 것이 허락되었다고 믿지 않습니다. 그리고 제게는 그 일치를 보이기 위해서 삼단논법을 사용하는 것으로 보입니다. 적어도 그것이 그들의 유일하고 주요한 용도는 아닙니다. 사람들이 (저자의 오류 추리를 검토할 때,) 더 자주 발견하는 것은 그들이 논리학의 규칙을 어겼다고 생각하지 않는다는 것입니다. 그리고 저는 가끔씩 진실한 사람들과 논쟁할 때, 심지어 글로 쓰면서 논쟁할 때, 추론의 혼란을 벗어나기 위해서 형식에 맞춰 논증했을 때에야 비로소 서로 이해하기 시작한다는 것을 경험했습니다. 중요한 토론에서 스콜라적으로 논증하기를 바라는 것은 의심의 여지없이 우스운 일일 것입니다. 그 추론 형식이 거추장스럽고 성가시도록 장황하기 때문이고 손가락으로 계산하는 것과 같기 때문입니다. 그렇지만 생명, 국가, 구원에 관한 가장 중요한 토론에서 사람들은 종종 권위의 무게에, 빛나는 웅변술에, 잘못 적용된 사례에, 생략된 것의 명증성을 잘못 상정한 생략 삼단논법에 의해서, 그리고 심지어 잘못된 추론에 의해서 무너지게 되는 것이 명백한 사실입니다. 따라서 스콜라의 논리학과는 다른 방식의 엄격한 논리학이, 무엇보다 어느 쪽이 외관상 가장 그럴듯한지 결정하기 위해서 그들에게 필요할 뿐입니다. 게다가 인공적 논리학을 모르는 평범한 사람들이, 논리학에 능숙한 사람들만큼, 경우에 따라 그런 사람들보다 더 잘 추론한다는 것이 논리학의 무용함을 입증하는 것은 아닙니다. 이것은 읽고 쓰는 법을 배우지 못했고 펜을 다루지 못하거나 동전을 사용할 줄 모르는 어떤 사람이 일상의 상황에서, 계산하는 법을 배웠지만 기호나 표지들을 무시하거나 혼란스러워하는 다른 사람의 잘못도 바로잡을 정도로 계산을 잘 하는 것을 본 것이 인공적 산술학의 무용함을 입증하는 것이 아닌 것과 마찬가지입니다. 삼단논법도 궤변이 될 수 있다는 것은 사실입니다. 하지만 그것의 고유한 법칙은 그런 궤변을 인정하는 데 사용됩니다. 그리고 삼단논법은 바뀌지 않고 또 항상 확신을 주지도 않지만, 그것이 궤변이 되는 것은 삼단논법을 끝까지 밀고나가야 할 때, 견딜 수 없을 정도가 될 때까지 구별을 남용하고 잘못 이해된 명사들을 장황하게 사용하기 때문입니다.

이제 논리학자들의 형식 없이, 명확한 추론의 사례로 사용하기 위해서 당신이 가져온 논증을 고찰하고 보완하는 것만 남았습니다. **'신은 인간을 처벌한다.'** (이것은 가정된 사실입니다.) **'신은 자신이 처벌하는 자를 정당하게 처벌한다.'** (이것은 증명된 것으로 간주할 수 있는 이성의 진리입니다.) **'따라서 신은 인간을 정당하게 처벌한다.'** (이것은 [비삼단논법적 추론,] '직접에서 간접으로' 이어지는 추론에 의해서 확장된 삼단논법적 추론입니다.) **'따라서 인간은 정당하게 처벌받는다.'** (이것은 명증적이기 때문에 생략하는 관계의 전위입니다.) **'따라서 인간은 죄가 있다.'** (이것은 사실상 정의일 뿐인 명제, 즉 '정당하게 처벌받는 자는 죄가 있다.'라는 명제를 생략하는 생략 삼단논법입니다.) **'따라서 인간은 다르게 행할 수 있었다.'** ('죄가 있는 자는 다르게 행할 수 있다.'라는 명제가 생략됩니다.) **'따라서 인간에게는 자유가 있다.'** ('다르게 행할 수 있는 자에게는 자유가 있다.'라는 명제 또한 생략됩니다.) **'따라서** (자유의 정의에 의해서) **그는 자신을 결정할 힘을 가지고 있다.'** 이것이 입증되어야 할 것입니다. 여기서 제가 또 지적하는 것은 이 '따라서' 자체가 사실상 함축되어 있는 명제를 (즉 자유가 있는 사람은 자신을 결정할 힘을 가지고 있다는 명제를) 포함하고 개념의 반복을 피하는 데 사용된다고 [말할 수 있다]는 것입니다. 이런 의미에서 누락된 것은 전혀 없으며 이 관점에서 논증은 전체로 간주될 수 있습니다. 사람들은 이 추론이 전체적으로 논리학에 일치하는 **삼단논법들의 연쇄**라는 것을 압니다. 저는 아마도 지적할 것이 있고 해명을 요구해야 할 것이 있을 이 추론의 내용을 지금 고찰하고 싶지 않기 때문입니다. 예를 들어 한 인간이 다르게 행할 수 없음에도 신 앞에서 죄가 있을 수 있는 경우가 있습니다. 그에게 사유가 있어서 자신의 이웃을 도울 수 없는 것을 기뻐하는 경우처럼 말입니다. 결론적으로 말해서 저는 스콜라적으로 논증하는 형식이 보통 불편하고, 불충분하고 잘못 다뤄졌다는 것을 인정하지만 동시에 제 말은 어떤 것도 참된 논리학에 따라, 즉 내용 면에서 완전하게 그리고 순서와 추론의 논증력에 있어서 명확하게 형식적으로 논증하는 기술보다 더 중요한 것은 없다는 것입니다. 그 추론이 그 자체로 명증적이든 사전에 증명되었든 간에 말입니다.

§5 **필라레테스** "저는 삼단논법이 개연성에서는 유용성이 한층 더 적거나 아니면 전혀 없다고 생각합니다. 왜냐하면 그것은 단지 단 하나의 **변증론적**(topique) 논증만을 밀고 나가기 때문입니다. 하지만 저는 지금 변증론적 논증에도, 즉 이 논증에 있는 그럴듯함에도 확실한 것이 있다는 것, 그리고 추론의 논증력이 형식에 있다는 것을 항상 확고하게 입증해야 한다고 봅니다."[180] §6 "삼단논법이 판단에 도움을 주더라도, 저는 그것이 발견, 즉 증거를 발견하고 새로운 발견을 행하는 데 도움을 줄 수 있을지 의문입니다. 예를 들어 저는 유클리드의 책, 첫 번째 장의 47번째 정리의 발견이 일반적인 논리학의 규칙에 의한 것이라고 생각하지 않습니다. 왜냐하면 사람들은 먼저 인식하고 그다음에 그것을 삼단논법의 형식으로 입증할 수 있기 때문입니다."

180) [옮긴이 주] 아리스토텔레스에 따르면, 변증론적 논증은 개연적인 것으로 간주된 것에서 나온 논증으로, 반론이 있을 수 없는 자명한 논증과 학문적 논증과 비교해 '변증론적'이라고 한 논증이다. 로크의 추종자는 개연적인 것도 수학적 방식으로 삼단논법의 엄격한 형식으로 다뤄질 수 있다고 이해했던 것으로 보인다. 이 책의 4부 2장 §14. 테오필루스 참조.

테오필루스 삼단논법 아래에 또다시 삼단논법들의 연쇄를 포함시키고 제가 형식화된 논증이라고 불렀던 것 전체를 포함시킨다면, 그 자체로 명증적이지 않은 지식이 추론을 통해서 얻어진다고 말할 수 있습니다. 그런데 그 추론은 적합한 형식을 갖추고 나서야 올바른 추론이라 할 수 있습니다. 빗변의 제곱은 두 변의 제곱의 합과 같다고 말한 명제의 증명에서 사람들은 큰 정사각형 조각과 두 개의 작은 정사각형 조각을 자르고, 두 개의 작은 정사각형 조각이 더 크지도 더 작지도 않게 큰 정사각형 조각에서 완전하게 발견될 수 있다는 것을 알게 됩니다. 이것은 형식적으로 같음을 입증하는 것이고 조각들의 같음은 올바르게 형식화된 논증으로도 입증됩니다. 파푸스에 따르면[181] 고대인들의 분석은 찾는 것을 가정하고, 주어진 어떤 것 혹은 아는 어떤 것에 이를 때까지 추론을 이끄는 것입니다. 저는 이 효과를 위해서는 명제들이 환위 명제여야 한다고 지적했습니다.[182] 그래서 종합적 증명이 역으로 분석의 흔적을 통해서 되돌아갈 수 있어야 한다고 말입니다. 하지만 이것은 여전히 추론을 이끄는 것입니다. 그럼에도 여기서 다음을 언급하는 것이 적절합니다. 천문학 혹은 자연학의 가설에서 역행은 일어나지 않는다는 것, 게다가 성공이 가설의 진리를 증명하지 않는다는 것 말입니다. 성공이 가설을 개연적인 것으로 만드는 것은 사실이지만, 이 개연성은 참이 거짓에서 도출될 수 있다고 가르치는 논리학의 규칙을 어기는 것으로 보이기 때문에, 사람들은 논리적 규칙들이 개연적인 문제에 전적으로 적용되는 것은 아니라고 말할 것입니다. 저의 답변은, 참이 거짓

181) Pappus, *Synagoge*, F. Commandino의 라틴어 번역: *Collectiones mathematicae*(1588), VII권, Préface.

182) [옮긴이 주] 이 책의 4부 12장 §4. 테오필루스 참조.

에서 도출되는 것은 가능하지만 그것이 항상 개연적인 것은 아니라는 것입니다. 특히 하나의 단순한 가설이 드물고 발견하기 어려운 많은 진리를 설명할 때 말입니다. 사람들은 카르다노처럼 개연적인 것의 논리학은 필연적 진리의 논리학과 다른 추론을 가진다고 말할 수 있습니다. 하지만 이 추론의 개연성 자체는 필연적인 것에 대한 논리학의 추론에 의해서 증명되어야 합니다.

§7 필라레테스 당신은 보통의 논리학을 변론하는 것처럼 보입니다. 하지만 저는 당신이 제시한 것이 더 고상한 논리학에 속한다는 것을 잘 압니다. ABC가 학문의 기초인 것처럼 보통의 논리학이 기초가 되는 그런 고상한 논리학 말입니다. 이것은 분별력 있는 후커가 교회 정치라는 제목을 가진 책 1권 6절에 쓴 문단을 기억나게 합니다.[183] §6 즉 "교양 있는 시대로 간주되는 이 시대에 사람들이 많이 알지도 못하고 알려는 노력도 크게 하지 않는데, **지식과 추론의 기술에 대한 참된 도움**을 제공할 수 있었다면, 오늘날의 사람들과 저능한 사람들 사이에 큰 차이가 있는 것처럼 이 도움을 사용하는 사람들과 오늘날의 사람들 간에도 판단의 견고함에 있어서 큰 차이가 있었을 것입니다. 저는 우리의 토론이 매우 통찰력 있는 저 위대한 사람이 이야기한 **기술에 대한 참된 도움**을 발견하는 기회를 어떤 이들에게 제공할 수 있기를 바랍니다. 그것이 가축이 밟아 다져진 길을 따라가는 것 같은 모방자는 아닐 것입니다. (모방자, 가축 같은 노예)[184] 하지만 저는 감히 이 시대에 저런 판단력과 매우 폭넓은 이해력을 가진 사람들이 있다고 말

183) R. Hooker, *Of the Lawes of Ecclesiastical politie*(1616~1617), 1권 6장 [§3].
184) "imitatores servum pecus": Horace, *Epîtres*, I, XIX, v. 19. [옮긴이 주] 이것은 로크의 책에는 없는 것인데 코스테가 프랑스어 번역서에서 여백에 인용한 것이다.

합니다. 그들이 그들의 생각을 이 방향으로 돌리는 노력을 하려고 한다면, 지식의 진보를 위해 새로운 길을 찾을 수 있을 것입니다."

테오필루스 필라레테스, 당신은 고 후커 씨와 같이 세상은 그런 방향으로 거의 노력을 기울이지 않는다는 것을 잘 지적했습니다. 그렇지 않다면 저는 그 일을 성공시킬 능력을 가진 사람이 있었다고 또 있다고 믿습니다. 그럼에도 우리는 지금 수학뿐 아니라 철학에서도 큰 도움을 받는다는 것을 인정해야 합니다. 당신의 탁월한 친구가 쓴 『인간지성론』도 적지 않은 도움을 줍니다. 우리는 그 책에 유익한 방법이 있는지 보게 될 것입니다.

§8 **필라레테스** 테오필루스, 당신에게 꼭 말해야 하는 것이 있습니다. 저는 "삼단논법의 규칙들에 명백한 잘못이 있다."고 믿었습니다. 하지만 우리가 함께 대화를 나눈 후에 당신은 저를 망설이게 만들었습니다. "그렇지만 저는 저의 어려움을 당신에게 보여줄 것입니다. 사람들은 '삼단논법의 추론이 적어도 하나의 전칭 명제를 포함하지 않으면, 결론을 도출할 수 없다.'라고 말합니다. 하지만 우리의 추론과 지식의 직접적 대상은 단지 개별적인 것들로 보입니다. 우리의 추론과 지식은 관념들의 일치와 불일치에 뿌리를 두고 있습니다. 관념들 각각은 단지 개별적 현존을 가지고 단지 단일한(singuliere) 사물만을 표상합니다."

테오필루스 당신이 사물들의 유사성을 파악하고 있는 한, 어떤 것을 더 많이 파악하고 있는 것입니다. 그리고 그것은 보편성으로 구성됩니다. 보편적 진리를 사용하지 않으면, 당신은 결코 우리의 논증을 분명하게 제시할 수 없을 것입니다. 그럼에도 사람들이 (형식과 관련해서) 단일한 명제를 전칭 명제하에서 이해한다는 것을 지적하는 것은 적절합니다. 왜냐하면 하나의 유일한 사도 베드로가 존재하는 것이 진실이더라도, 사람들은 어느 누구가 자신의 선생을 부인했던 사도 베드로였다고 말할 수 있기 때문입니다.

따라서 삼단논법으로는 '성 베드로는 자신의 선생을 부인했다. 성 베드로는 제자였다. 따라서 어떤 제자는 자신의 선생을 부인했다.'가 됩니다. 이것의 [전제]가 단일한 것이었어도 이 전제 명제는 전칭 긍정 명제로 판단됩니다. 그리고 이 식은 3격의 **다랍티**(Darapti)일 것입니다.

필라레테스 저는 삼단논법 전제의 순서를 바꾸는 것이 더 좋아 보인다는 것을 당신에게 또 말하고 싶습니다. 그래서 '모든 B는 C이다. 모든 A는 B이다. 따라서 모든 A는 C이다.'라고 말하기보다는 '모든 A는 B이다. 모든 B는 C이다. 따라서 모든 A는 C이다.'라고 말하는 것입니다. 하지만 당신이 말한 것에 따르면, 사람들은 거기서 멀리 떨어져 있지 않고, 그 둘을 하나의 동일한 식으로 간주하는 것으로 보입니다. 당신이 지적했던 것처럼, 보통의 배치와 다른 배치가 다수의 삼단논법의 연쇄를 만들기에 언제나 더 적절합니다.

테오필루스 저는 전적으로 당신의 견해에 동의합니다. 하지만 사람들은 1격과 2격에서 대전제들이 그런 것처럼 전칭 명제로 시작하는 것이 교육적으로 더 좋다고 믿었던 것 같습니다. 그리고 또한 이런 습관이 있는 발언자들이 있습니다. 그러나 연관성은 당신이 제안한 것에서 더 잘 나타납니다. 저는 예전에 아리스토텔레스가 보통의 배치를 한 특별한 이유가 있었을 수 있다는 것을 언급했습니다.[185] 'A는 B이다.'라고 말하는 대신 그는 보통 'B는 A 안에 있다.'라고 말하기 때문입니다. 이런 진술 방식으로 그는 당신이 요구하는 연관성 자체를 그 관용적 배치에서 얻습니다. 'B는 C이다. A는 B이다. 따라서 A는 C이다.'라고 말하는 대신 그는 'C가 B 안에 있다. B가 A 안에 있다. 따라서 C는 A 안에 있다.'라고 진술할 것이기 때문입

185) Leibniz, *De arte combinatoria*(1666): A VI, 1, 183쪽.

니다. 예를 들어 '**직사각형은 등각**(혹은 같은 각을 가진다)**이다. 정사각형은 직사각형이다. 따라서 정사각형은 등각이다.**'라고 말하는 대신 아리스토텔레스는 명제의 순서를 바꾸지 않고 개념의 순서를 바꾸는 방식으로 명제를 진술함으로써 매개념의 중간 자리를 유지시키고 다음과 같이 말할 것입니다. '**등각은 직사각형 안에 있다. 직사각형은 정사각형 안에 있다. 따라서 등각은 정사각형 안에 있다.**' 그리고 이런 진술 방식이 무시되어서는 안 됩니다. 왜냐하면 실제로 술어는 주어 안에 있기 때문입니다. 그보다는 술어의 관념이 주어의 관념에 포함되어 있기 때문입니다. 예를 들어 등각은 직사각형 안에 있습니다. 왜냐하면 **직사각형**은 그것의 모든 각이 직각인 도형이기 때문입니다. 혹은 그것의 모든 직각이 서로 같습니다. 따라서 직사각형의 관념 안에 모든 각이 같은 도형의 관념, 즉 등각의 관념이 있습니다. 보통의 진술 방식은 개체들을 바라봅니다. 그러나 아리스토텔레스의 방식은 관념 혹은 보편자를 더 고려합니다. 왜냐하면 제가 '모든 사람은 동물이다.'라고 말할 때, 이것은 모든 사람은 모든 동물에 포함되어 있다는 것을 말하려는 것이기 때문입니다. 하지만 동시에 저는 동물의 관념은 인간의 관념에 포함되어 있다고 이해합니다. 동물은 인간보다는 더 많은 개체를 포함합니다. 그러나 인간은 더 많은 관념 혹은 더 많은 형상성을 포함합니다. 전자는 더 많은 사례를 가지고 있고 후자는 더 많은 실재성의 정도를 가지고 있습니다. 전자는 더 많은 외연(extension)을 가지고 있고 후자는 더 많은 내포(intension)를 가지고 있습니다. 그래서 사실상 삼단논법의 이론 전체가 'de continente et contento', 즉 '포함하는'과 '포함되는'의 이론으로 증명될 수 있다고 말할 수 있습니다. 이것은 전체와 부분의 이론과는 다릅니다. 전체는 항상 부분을 넘어서지만 포함하는 것과 포함되는 것은 환위 명제에서 일어나는 것처럼 동등한 경우가 가끔씩 있기 때문입니다.[186)]

§9 **필라레테스** 저는 논리학에 대해서 예전에 가졌던 것과는 완전히 다른 관념을 형성하기 시작합니다. 저는 논리학을 학생의 놀이라고 생각했습니다. 그러나 지금은 논리학을 당신이 이해하는 방식으로 하나의 보편 수학으로 여깁니다. 사람들이 논리학을 지금보다 한층 더 발전시키기를 바랍니다.[187] "그래서 인간을 현재 상태보다 더 높이 올려놓은 후커가 이야기한 **이성의 참된 도움**을 우리가 발견할 수 있도록 말입니다. 그리고 이성은 그것의 영역이 상당히 제한되어 있고 많은 경우 우리에게 부족한 만큼 그런 도움이 더 필요한 능력입니다. 그 이유는 (1) 우리에게 종종 관념 자체가 결여되기 때문입니다." §[10] "그리고 또 (2) 우리가 극복할 수 없는 어려움을 발견하지 못하고 어떤 모순에도 빠지지 않는 수에서 관념들이 명확하고 (구별되는) 것과 달리 관념들이 흐릿하고 불완전하기 때문입니다." §[11] "(3) 우리에게 매개 관념이 결여되어 있다는 것 때문에도 종종 어려움이 나타납니다. 저 위대한 도구이자 인간 통찰력의 주목할 만한 증거인 **대수학**이 발견되기 전까지는 사람들이 고대 수학자들의 여러 가지 증명들을 경탄하면서 바라보았다는 것은 잘 알려져 있습니다." §12 "(4) 잘못된 원리 위에 혼란에 빠트릴 수 있는 것을 구축하는 일도 있습니다. 이때 이성은 명확하게 해주는 것과는 거리가 멀고 더 혼란스럽게 합니다." §13 "끝으로 (5) 그 의미가 불확실한 개념들은 이성을 혼란스럽게 합니다."

테오필루스 우리에게 관념, 즉 우리가 믿는 것처럼 구별되는 관념이 결여되어 있는지 저는 모르겠습니다. 그 자체로 구별된 관념이지만 사람들이

---

186) [옮긴이 주] 이 내용과 관련해서, *Initia rerum mathematicarum metaphysic*, GM VII, 17~29쪽; *Specimen geometriae luciferae*, GM VII, 261; L. Couturat, *La Logique de Leibniz*, 305쪽 참조.

187) [옮긴이 주] §9의 이 부분까지는 로크의 견해가 아니라 라이프니츠가 추가한 것이다.

그것을 분명하게 자각하지 못하는 다수의 미세 관념들의 결과인, 색이나 맛 같은 **혼란한 관념들**, 혹은 차라리 **상들** 혹은 당신이 원한다면, **인상들**과 관련해서, 우리에게 이와 관련된 무한하게 많은 관념들이 결여되어 있습니다. 이 관념들은 우리보다는 다른 피조물에게 더 적합합니다. 하지만 이 인상들이 구별된 지각을 동반하지 않는 한, 이성에 재료를 제공하기보다는 오히려 본능을 자극하고 경험의 관찰을 정당화하는 역할을 합니다. 따라서 주로 혼란한 관념들에 가려져 있는 이 구별된 관념들에 대한 우리 인식의 결여가 우리를 가로막습니다. 그리고 모든 것이 우리의 감관에 그리고 우리의 정신에 분명하게 노출될 때에도 우리가 고찰해야 할 것이 많다는 점이 우리를 혼란스럽게 하는 경우가 있습니다. 예를 들어, 우리 눈앞에 천 개의 포탄 한 더미가 있을 때, 이 많은 포탄의 수와 속성들을 잘 파악하기 위해서 창고에서 하는 것처럼 그것들을 형태별로 분류하는 것이 좋다는 것은 분명합니다. 그래서 그것들에 대한 구별된 관념을 가지고 또 그 수와 속성들을 확정해서 한 번 더 세는 수고를 아낄 수 있도록 말입니다. 수에 관한 학문에서도 고려해야 할 것이 많다는 점이 매우 큰 어려움을 만듭니다. 왜냐하면 사람들은 이런 학문에서 축약을 찾는데, 그들은 자연이 어떤 경우에 관련된 경우를 위한 축약을 자연의 주름에 가지는지 모르기 때문입니다. 예를 들어 **소수** 개념, 즉 1과 자기 자신을 제외하고 다른 어떤 수로도 나눠질 수 없는 온전한 수의 개념보다 외견상 더 단순한 것이 있습니까? 그럼에도 사람들은 주어진 소수의 제곱근보다 작은 모든 소인수를 시험해보지 않아도 확실하게 소수임을 알아보기 위해서 실질적이고 쉬운 표지를 찾습니다. 계산을 많이 하지 않아도 이러저러한 수가 소수가 아니라는 것을 알려주는 표지들은 많지만, 사람들은 어떤 수가 주어졌을 때 그것이 소수라는 것을 확실하게 알려주는 쉬운 표지 하나를 요구합니다. 이것은 대수학이 사용하는 관념들보다 더 잘 알려져 있는 것이 없음에도 대수학을 여전히 매우 불완전하게 만듭니다. 왜냐하면 그 관념들이 단지 일반적인 수만을 의미하기 때문이고, (매우 제한된 경우를 제외하고) 4차 이상의 방정식에서 무리의 근을 이끌어내는 방법이 아직까지 공개되지 않았기 때문입니다. 그리고 디오판토스[188], 스키피오네 델 페로와 로도비코 데 페라리[189]가 각각 2차, 3차, 4차 방정식을 1차 방정식으로 환원하기 위해서 혹은 손상된 방정식을 순수한 방정식으로 환원하기 위해서 사용했던 방식들은 모두 서로 다릅니다. 즉 1차 방정식에 사용된 방법은 다른 차 방정식에 사용된 방법과 다릅니다. 2차 혹은 제곱 방정식은 오직 두 번째 항을 제거할 경우에만 1차 방정식으로 환원되기 때문입니다. 3차 혹은 세제곱 방정식은 미지수를 부분으로 나누어서 다행스럽게도 2차 방정식을 산출하기 때문에, 해결됩니다. 4차 혹은 **네제곱**(Biquadrates) 방정식에서는 양쪽으로부터 근을 구할 수 있도록 방정식의 양쪽에 어떤 것을 추가합니다. 그리고 다행스럽게도 이것을 구하는 데에는 단지 2차 방정식만 필요합니다. 하지만 이 모든 것은 행운이나 우연을 기술 혹은 방법과 혼합한 것에 불과합니다. 그리고 이것을 3차 방정식과 4차 방정식에 적용할 때, 그것이 성공할지는 알 수 없습니다. 또한 5차(Sursolides) 혹은 6차(Bicubes) 방정식에서 성공하기 위해서는 어떤 다른 기법이 더 필요합니다. 그리고

188) [옮긴이 주] Diophantus(246~330): 3세기 후반 알렉산드리아에서 활동했던 그리스의 수학자로, 대수학의 아버지라고 불린다. *Arithmeticorum libri 6*, éd. P. Fermat(1670).

189) [옮긴이 주] Scipione del Ferro(1465~1526): 이탈리아의 수학자로, 볼로냐 대학의 수학 교수였다. 3차 방정식을 푸는 방법을 발견한 것으로 유명하다. Lodovico de Ferrari (1522~1565): 이탈리아의 수학자로, 카르다노의 제자이다. 본문과 관련해서 Gerolamo Cardano(1501~1576), *Ars magna, sive de regulis algebraicis*, 11장, 15장; *Opera*, vol. 10(1663), IV, 249, 254쪽 참조.

데카르트[190]는 방정식을 다른 두 개의 2차 방정식에서 산출된 것으로 이해함으로써 (하지만 근본적으로 그의 방법은 로도비코 데 페라리의 방법보다 더 많은 것을 제공할 수 없습니다) 4차 방정식에서 사용한 방법이 6차 방정식에서도 성공할 것이라고 믿었지만, 그것은 그렇게 나타나지 않았습니다. 이런 어려움을 통해서 우리는 가장 명확한 관념들과 가장 구별된 관념들로부터도 우리가 찾는 모든 것과 그것에서 도출할 수 있는 모든 것을 항상 얻지 못한다는 것을 알게 됩니다. 그리고 이것으로 인해 우리는 또 대수학이 발견법이 되기 위해서는 더 많은 것들이 필요하다고 판단합니다. 왜냐하면 대수학 자체는 더 일반적인 기예[의 도움]이 필요하기 때문입니다. 또한 사람들은 일반적인 기예, 즉 기호법이 놀라운 도움을 준다고 말할 수 있습니다. 그것은 상상력의 짐을 덜어주기 때문입니다. 사람들이 디오판토스의 산술학과 아폴로니오스와 파푸스의 기하학 책들[191]을 보았다면, 고대인들이 그와 같은 어떤 것을 가지고 있었다는 것을 의심하지 않을 것입니다. 비에트[192]는 찾는 것뿐만 아니라 주어진 수를 일반적 기호로 표현함으로써 이것을 더 확장시켰습니다. 그럼으로써 유클리드가 이미 추론 과정에서 했던 것을 계산하게 했고 데카르트는 선을 방정식으로 표시함으로써 이 계산을 기하학에 확대 적용했습니다. 그렇지만 우리 시대의 발견 이후에도, 제가 파리에서도 만났던 의심의 여지없이 훌륭한 기하학자인 부이요(이스마엘 불리알두스)[193]는 나선에 대한 아르키메데스의 증명을 놀라워했을 뿐

190) Descartes, *La géometrie*(1637), ed. A.T. VI, 476~484쪽.

191) Apollonius, *Conicorum libri*; Pappus, *Collectiones mathematicae*.

192) F. Viète, *De aequationum recognitione et emendatione, Opera*(1646).

193) Ismaël Boulliau(1605~1694): *De lineis spiralibus demonstrationes*(1657), Praefatio ad lectorem.

이 위대한 인물이 원을 측정하기 위해서 어떻게 이 선의 탄젠트를 사용하는지 이해하지 못했습니다. 그레고아르 생뱅상[194] 신부는 나선과 포물선의 평행 관계를 통해서 그 생각에 이르게 되었다고 판단했을 때, 그것을 알아차렸던 것으로 보입니다. 하지만 이것은 특수한 방법일 뿐입니다. 반면 제가 발견했고, 성공적으로 세상에 알린, 차이를 이용해서 진행하는 새로운 미분 계산법은 일반적인 방법을 제공합니다.[195] 이에 비해 나선을 이용한 저 발견은 곡선을 측정하는 문제에서 사람들이 이전에 발견했던 모든 것과 마찬가지로 단지 놀이에 불과하고 가장 쉬운 시도일 뿐입니다. 이 새로운 계산법은 데카르트의 문제들에서 상상력의 짐을 덜어준다는 장점을 갖습니다. 그는 그의 『기하학』에서 그것들이 대부분 기계적으로 인도된다는 구실로 배제했습니다.[196] 하지만 근본적으로 그것은 그의 계산법과 맞지 않았기 때문입니다. 애매한 용어들과 잘못된 원리들에서 발생한 이 오류와 관련해서 문제는 오류를 피하는 우리에게 달려 있습니다.

§[14] **필라레테스** 이성이 적용될 수 없는 경우도 있지만 이성이 필요하지 않은 경우도 있습니다. 그리고 이성보다 시각이 더 나은 경우도 있습니다. "**직관적 지식**에서 관념과 진리의 연관성은 직접적으로 나타납니다. 의심할 수 없는 공준에 대한 지식이 그런 것입니다. 그리고 저는 이것이 **천사들**이 현재 가지고 있고 완전성에 도달한 올바른 사람의 정신이 현재 우리의 지성에는 벗어나 있는 수천 가지 사물에 대해서 **미래 상태**에 가질 명증성의 정도라고 믿으려고 했습니다." §15 "매개 관념에 근거하는 증명은 **이성적**

194) Grégoire de Saint-Vincent(1584~1667): *Opus geometricum quadraturae circuli* (Antwerpen, 1647), 664쪽.

195) Leibniz, "Nova methodus pro maximis et mininis", *Acta Eruditorum*(1684. 10).

196) Descartes, *La géometrie*(1637), ed. A.T. VI, 388~390쪽.

지식을 제공합니다. 왜냐하면 그것은 매개 관념과 양쪽의 관념 간의 연결이 필수적이고 증거의 병치를 통해서 나타나기 때문입니다. 이러한 병치는 서로 같다는 것을 보여주기 위해서 어떤 때는 이 직물에 어떤 때는 다른 직물에 적용하는 한 척도의 병치와 유사합니다." §16 "그러나 연결이 단지 개연적일 때, 판단은 단지 **의견**을 제공할 뿐입니다."

테오필루스 오로지 신만이 직관적 지식을 소유할 특권을 가집니다. 하지만 자기가 속해 있는 물질적 신체로부터 분리되어 있는 어떤 것인 매우 탁월한 영혼들 그리고 **정령들**은, 그것들이 얼마나 고귀한 것이든 간에, 우리와는 비교할 수 없을 정도로 더 직관적인 지식을 가지고 있고, 우리가 시간과 노력을 들인 후 추론을 통해서 발견한 것을 종종 한눈에 보지만 그것들의 길에서 틀림없이 어려움을 발견하기도 합니다. 그런 어려움이 없다면 그것들은 가장 위대한 것 중 하나인 발견의 즐거움을 얻지 못할 것입니다. 그리고 그것들에게 전적으로 혹은 한동안 가려져 있는 무한하게 많은 진리가 있으리라는 것을 항상 인정해야 합니다. 그것들은 추론에 힘입어서 그리고 증명을 통해서 혹은 종종 추측을 통해서도 그 진리에 도달합니다.

필라레테스 그러므로 이 정령들은 다만 우리보다 더 완전한 동물들일 뿐이고, 이것은 마치 당신이 [아를르캥의] 달의 황제처럼 '**모든 것이 이곳과 같다.**'라고 말하는 것과 마찬가지입니다.[197]

테오필루스 제가 모든 면에서 그렇게 말할 수는 없지만 사물의 **근본**에 관해서는 그렇게 말할 것입니다. 완전성의 방식과 정도는 무한하게 다양하기 때문입니다. 그렇지만 근본은 어디에서나 동일합니다. 저에게 있어서 그것은 저의 철학 전체를 지배하는 **근본적 공준**입니다. 그리고 저는 우리

197) Nolant de Fatouvile, *Arlequin, Empereir dans la lune*(1683) 참조.

에게 분명하게 알려진 것의 방식에 따라 알려지지 않은 것과 혼란스럽게 알려진 것을 파악합니다. 이것이 철학을 아주 쉽게 만드는 것이고 저도 그것을 그렇게 사용해야 한다고 믿습니다. 하지만 이 철학이 근본에 있어서 가장 단순할 때, 방식에 있어서는 가장 풍부하기도 합니다. 자연은 그 방식을 무한하게 다양하게 할 수 있기 때문입니다. 자연이 상상할 수 있는 만큼 그것을 풍부하게 하고 질서 있게 하며 많은 치장을 하는 것처럼 말입니다. 이런 이유에서 저는 정령이 얼마나 고귀하든, 그 정령 이상으로 무한성을 갖지 않는 정령은 없다고 생각합니다. 우리가 많은 지적 존재자들에 비해 매우 하위에 있기는 하지만, 그래도 우리는 이론의 여지없이 우리가 첫 번째 지위에 있는 지구에서는 명백하게 지배받지 않는 특권을 가집니다. 우리 모두가 무지에 빠져 있을 때에도 우리는 우리를 능가하는 어떤 것도 보지 못하는 것을 기쁨으로 여깁니다. 그리고 우리가 자만할 때, 우리는 로마에서 2인자가 되는 것보다 작은 마을에서 1인자가 되는 것이 더 좋다고 판단하는 카이사르처럼 판단할 수 있습니다. 그 외에도 여기서 제가 이야기하는 것은 이 정신의 자연적 지식에 대한 것이지 **지복직관**이나 신의 허락이 필요한 초자연적 빛에 대한 것이 아닙니다.

§19 **필라레테스** "모든 사람들은 자기 자신을 위해서든 다른 사람에 대해서든 이성을 사용하기 때문에, **네 종류의 논증**에 대해서 반성적으로 고찰하는 것이 무용하지는 않을 것입니다. 사람들은 이 논증들을 보통 다른 사람들을 자신들의 견해로 이끌기 위해서 사용하거나 적어도 반론을 제기하지 않는 일종의 존중 속에서 자신들의 견해를 고수하기 위해서 사용합니다. 첫 번째 논증은 지식, 지위, 힘에 의해서 혹은 다른 방식으로 권위를 얻은 사람들의 의견을 인용할 때처럼 **권위에 호소하는 논증**(argumentum ad verecundiam)이라고 할 수 있습니다. 왜냐하면 다른 사람이 즉시 받아들

이지 않을 때, 사람들은 그가 자만으로 가득 찬 것인지 검열하게 되고 그 불손함에 책임을 지우게 되기 때문입니다." §20 "두 번째는 **무지에 호소하는 논증**(argumentum ad ignorantiam)으로, 이것은 반대자가 증거를 인정하도록 요구하거나 그가 더 나은 증거를 정하도록 요구하는 것입니다." §21 "자기 자신이 했던 말 때문에 그 사람 자신이 압박받을 때, 세 번째로 **사람에 호소하는 논증**(argumentum ad hominem)이 있습니다." §22 "끝으로 네 번째 **판단에 호소하는 논증**(argumentum ad judicium)이 있는데, 이것은 지식 혹은 개연성의 원천 중 어떤 것에서 이끌어낸 증거들을 사용하는 것입니다. 이 모든 것들 중 우리를 발전시키고 가르치는 것은 오직 이 하나뿐입니다. 왜냐하면 제가 존중의 마음으로 반박하지 않을 때, 혹은 제가 더 나은 것을 말할 것이 없을 때, 혹은 제가 저 자신을 반박할 때, 그것이 당신이 옳다는 것을 따르는 것은 아닙니다. 저는 겸손할 수 있고, 무지할 수 있고, 오류에 빠질 수 있습니다. 그리고 당신 또한 오류에 빠질 수 있습니다."

테오필루스 말하기 좋은 것과 참으로 믿는 것 간의 차이를 확실하게 구별해야 합니다. 그럼에도 대부분의 진리가 단호하게 주장될 수 있기 때문에, 숨겨야 하는 의견에는 어떤 예단이 있습니다. **무지에 호소하는** 논증은 그 반대가 입증되기 전까지는 하나의 의견을 고수하는 것이 합리적인 경우인 추정의 경우에 적절합니다. **사람에 호소하는** 논증은 한 주장이나 다른 주장이 거짓임을 보여주고 반대자가 어떤 식으로든 사람들이 수용하는 방식으로 오류에 빠졌다는 것을 보여주는 효과가 있습니다. 사람들이 사용하는 다른 논증도 가져올 수 있습니다. 예를 들면 **혼란에 호소하는** 논증(ad vertiginem)이라고 부를 수 있는 것이 있습니다. 이것은 사람들이 다음과 같이 추론할 때입니다. 즉 이 증거가 인정되지 않으면, 우리는 문제가 되는 점에 대해서 확실성에 이를 수 있는 어떤 방법도 없다. 이것은 사람들이 불합리하다고 간주하는 것이다. 이 논증은 어떤 사람이 제일 진리와 직접적 진리를 부정하려고 할 때처럼 특정한 경우에 적절합니다. 예를 들어 '있을 수 있고 동시에 있을 수 없는 것은 없다.' 혹은 '우리는 우리 스스로 현존한다.'와 같은 진리 말입니다. 왜냐하면 그가 옳다면, 어떠한 진리든 그 진리를 인식하는 어떤 방법도 없기 때문입니다. 하지만 사람들이 특정한 원리를 만들고, 그 원리를 유지하지 않으면 어떤 인정된 학설의 전 체계가 무너지기 때문에, 유지하려고 할 때, 논증은 결정적이지 않습니다. 왜냐하면 우리의 지식을 유지하는 데 필수적인 것과 우리의 인정된 학설 혹은 우리의 실천에 토대가 되는 것을 구별해야 하기 때문입니다. 법률가들이 같은 사건에서 다른 피고인의 증언을 바탕으로 하는 이른바 마법사의 형이나 고문에 대해서 변론하기 위해서 가끔씩 유사한 추론을 사용합니다. 왜냐하면 사람들은 '이 논증이 무너지면 우리는 어떻게 그것을 확신합니까?'라고 말하기 때문입니다. 그리고 범죄 사건의 경우에 특정한 작가들은 확신하기 더 힘든 사건에서 더 빈약한 증거가 충분한 것으로 간주될 수 있다고 주장합니다. 하지만 그것이 근거는 아닙니다. 이것은 단지 더 주의해야 한다는 것을 입증할 뿐 사람들이 더 경솔하게 믿게 된다는 것을 입증하지 않습니다. 물론 극도로 위험한 범죄는 예외입니다. 예를 들어 이런 고찰이 사람에게 유죄를 선고하기 위해서가 아니라 손해를 입히는 것을 방지하기 위해서 중요성을 갖는 국가 반란 사건 같은 범죄 말입니다. 따라서 **유죄**와 **무죄** 사이뿐만 아니라 **유죄판결**과 **무죄판결** 사이에도, 법과 관습이 그런 판결을 허락할 때, 중도가 있을 수 있습니다. 유사한 논증이 얼마 전부터 독일에서 불량 동전의 제조를 미화하기 위해서 사용되었습니다. (사람들이 말하기를,) 이미 규정된 법을 지켜야 한다면, 동전의 손실 없이는 동전을 주조할 수 없을 것이기 때문입니다. 따라서 합금의 손상은 허용되어야 합니다. 하지만 사기를 더 잘 예방하기 위해서 무게만 줄여야 할 뿐 합금과 함유율을 줄여서는 안 된다는 것과 관계없이 사람들은 실천이 필수적이라고 가정합니다만 사실은 그렇지 않습니다. 동전을 주조해야 한다는 천국의 질서도 인간의 법도 없기 때문입니다. 그들은 광산도 없고 은 막대를 가질 기회도 없습니다. 그리고 동전으로 동전을 만드는 것은 자연적으로 동전의 훼손으로 이끄는 나쁜 실천입니다. 하지만 (그들은 말합니다) 어떻게 동전 주조에 대한 우리의 권리를 행사합니까? 답은 간단합니다. 동전을 망치 아래에 놓는 것이 당신에게 중요하다고 믿는다면, 약간의 손실을 가져오더라도, 좋은 은이 좀 부족한 동전을 만드는 것에 만족하시오. 하지만 세상을 위험한 보조화폐로 넘쳐나도록 하는 것이 당신에게는 필요도 없고 권리도 아닙니다.

§23 **필라레테스** "우리 이성이 다른 사람들과 갖는 관계에 대해서 약간 언급하고 나서 신과의 관계에 대해서 어떤 것을 추가합니다. 신은 우리가 **이성에 반하는** 것과 **이성을 넘어선** 것을 구별하게 해줍니다. 첫 번째 종류는 우리의 명확하고 구별되는 관념들과 양립 불가능한 모든 것입니다. 두 번째는 진리 혹은 개연성이 이성의 도움으로 감각이나 반성에서 도출될 수 있다는 것을 알지 못하게 하는 모든 견해들입니다. 따라서 하나의 신보다 많은 신의 현존은 이성에 **반하는** 것이고 죽은 자의 부활은 이성을 **넘어선** 것입니다."

테오필루스 당신이 적어도 **이성을 넘어선** 것을 그것의 공인된 용법과 관련시킨다면 저는 그 문구에 대한 당신의 정의에 관해서 언급할 것이 있습니다. 이 정의가 위치한 방식을 보면, 한편에서는 너무 멀리 떨어져 있고 다른 한편에서는 꽤 멀리 떨어져 있는 것으로 보이기 때문입니다. 그리고 우리가 그것을 따르면, 우리가 모르는 모든 것과 우리의 현재 상태에서 알 수 있는 능력이 없는 모든 것은 이성을 넘어서 있을 것입니다. 예를 들면 이런저런 항성이 태양보다 큰지 작은지, 마찬가지로 베수비오 화산이 이해에 불을 뿜을 것인지 같은 것 말입니다. 이런 사실에 대한 지식은 우리를 넘어서 있습니다. 그것이 이성을 넘어선 것이기 때문이 아니라 감관을 넘어선 것이기 때문입니다. 우리가 더 완전한 신체 기관을 가지고 있고 그 상황에 대해서 더 많은 정보를 가지고 있다면, 그것에 대해서 아주 잘 판단할 수 있기 때문입니다. 우리의 현재 능력을 넘어서 있지만 모든 이성을 넘어선 것은 아닌 문제도 있습니다. 예를 들어 펜도 손에 쥐지 않은 채, 주기도문을 외는 시간 동안 일식의 세부 사항을 계산할 수 있는 천문학자는 이 세상에 없습니다. 하지만 아마도 이것이 하나의 놀이에 불과한 천재들이 있습니다. 따라서 사실에 대한 더 많은 정보, 더 완전한 신체 기관, 그리고 더 고양된 정신을 가정하면, 이 모든 것은 이성의 도움으로 알 수 있거나 실현될 수 있습니다.

필라레테스 저의 정의가 우리의 감각과 반성뿐만 아니라 다른 모든 가능한 창조된 정신의 감각과 반성에도 관계된 것으로 이해한다면, 그런 반박은 멈출 것입니다.

테오필루스 만약 당신이 그것을 그렇게 본다면, 당신이 맞습니다. 하지만 다른 문제가 남습니다. 당신의 정의에 따르면 이성을 넘어선 것은 아무것도 없습니다. 왜냐하면 신은 어떠한 진리이든 간에 감각과 반성을 통해서 그것을 알게 되는 방법을 항상 줄 수 있을 것이기 때문입니다. 이것은 실제로 우리가 신의 증언을 통해서 알게 된 가장 위대한 비밀을 우리의 종교가 근거를 두고 있는 것에 대한 **신뢰성의 동인**으로 인해서 다시 인식하게 된다는 것과 마찬가지입니다. 그리고 이 동인은 의심의 여지없이 감각과 반성에 의존합니다. 따라서 문제는 한 사실의 현존이나 한 명제의 진리가 이성을 사용하는 원리들, 즉 감각과 반성 혹은 외적 감관과 내적 감관으로부터 도출될 수 있는가가 아니라 창조된 정신이 이 사실의 원인 혹은 이 진리의 **선험적 근거**를 인식할 수 있는가인 것 같습니다. 따라서 그것이 얼마나 위대하고 고상한 것이든 간에, 창조된 이성의 방법과 힘을 통해서 **이성을 넘어선** 것을 **배울** 수 있지만 **이해할** 수는 없다고 할 수 있습니다. 그것을 이해하는 것은 오직 신에게만 부여되어 있습니다. 그것을 사실로 만드는 것은 오로지 신의 일이기 때문입니다.

[§24] **필라레테스** 저는 이런 고찰이 좋다고 봅니다. 그래서 저는 사람들이 저의 정의를 받아들이기를 바랍니다. 그리고 이 같은 고찰은 다음과 같은 저의 의견과도 일치합니다. "이성이 신앙에 반한다고 말하는 방식은, 그것이 아무리 강력하게 인정받는 말일지라도 부적절합니다. 우리가 믿어야 하는 것을 검증하는 것은 이성이기 때문입니다. 신앙은 확고한 동의이고 제대로 통제된 동의는 적절한 근거 위에서만 주어질 수 있습니다. 따라서 믿을 만한 아무런 근거도 없이 믿는 사람은 자신의 환상에 쉽게 빠질 수 있습니다. 하지만 그가 자신의 신성한 주인에게 적법하게 복종하지 않고 진리를 추구한다는 것은 진실이 아닙니다. 이 주인은 오류로부터 그를 보호하기 위해서 그에게 주었던 능력을 사용하기를 바라기 때문입니다. 그렇지 않으면 그가 올바른 길에 있을 때는 우연이고, 잘못된 길에 있을 때는 그 자신의 잘못이며, 그것에 대해서 그는 신에게 책임을 물어야 합니다."

테오필루스 필라레테스, 당신이 신앙은 이성에 근거를 둔다고 주장할 때, 저는 당신에게 큰 박수를 보냅니다. 그렇지 않다면 왜 우리가 **코란**이나 고대 바라문의 책들보다 **성서**를 더 선호하겠습니까? 우리의 신학자들과 다른 지식인들도 그것을 충분히 인정합니다. 그렇기 때문에 우리는 그리스도교의 진리에 관한 매우 아름다운 작품들을 가지고 있고, 이교도들과 고대 무신론자들에 반대해 앞에 내놓았던 많은 훌륭한 증거들을 가지고 있는 것입니다. 또한 현자들은 믿음이 문제일 때, 근거와 증거를 염려할 필요가 없다는 주장을 항상 의심했습니다. **믿는다**는 것이 암송하거나 반복하고 아무런 걱정 없이 묵인해주는 것이 아닌 한, 그것은 사실상 불가능한 일입니다. 많은 사람들이 그렇게 했고, 그것은 심지어 다른 민족들보다 더 많은 몇몇 민족들의 특성이기도 합니다. 그래서 15, 16세기의 몇몇 아리스토텔레스주의 철학자들이 철학적 진리와 신학적 진리, 두 개의 반대되는 진리를 주장하려고 했을 때, 제 생각에 저는 이미 이것을 언급했는데, 레오 10세 시기의 마지막 라테란 공의회[198]가 그것에 반대한 것은 옳았습니다.[199] 그 철학자들의 흔적들은 (노데의 서신[200]과 『노데아나』[201]를 통해서 판단할 수 있듯이) 오랜 시간이 지나도 남아 있습니다. 그리고 매우 유사한 논쟁이 예전에 헬름슈타트에서 신학자 다니엘 호프만(Daniel Hofmann)과 철학자 코르넬리우스 마르틴(Cornelius Martin) 사이에 벌어졌습니다.[202] 하지만 철학자는 철학과 계시를 화해시키려고 한 반면 신학자는 그것의 유용성을 거부하려고 했던 차이가 있습니다. 그러나 대학 설립자인 율리우스 공작은 철학의 편을 들었습니다.[203] 우리 시대에 가장 고귀한 사람 중 한 명[204]이

198) 레오 10세, 다섯 번째 라테란 공의회(1512~1517), 여덟 번째 세션(Mansi, XXXII, 842 참조).

199) [옮긴이 주] 이와 관련해서 더 자세한 내용은 다음을 참조. Leibniz, *Consideration sur la doctrine d'un esprit universel unique*(1702): GP VI, 529~539.

200) Gabriel Naudé(1600~1653), *Epistola*(1667).

201) *Naudeana*(1701): 1703년 삭제된 부분 없이 P. Bayle에 의해서 재편집되었다.

202) 이 논쟁에 관해서는 다음을 참조. E. L. Th. Hencks, *Georg Calixtus und seine Zeit*, 73쪽 이후.

203) 대학 설립자는 그보다는 그의 아들 Henri Julius이다.

204) 여기서 한 사람은 스웨덴의 크리스티안 왕비를 가리킨다. 라이프니츠, 『변신론』, 이성과 신앙의 조화에 관한 서설(1710), §38 참조.

신앙의 문제에서는 명확하게 보기 위해서 눈을 감아야 한다고 말했고 테르툴리아누스가 어떤 곳에서 '이것은 불가능하기 때문에 참이다. 이것이 불합리하기 때문에 믿어야 한다.'[205]라고 말했던 것은 사실입니다. 하지만 이런 식으로 표현하는 사람의 의도가 선하더라도, 그 표현들은 항상 과도하며 해를 끼칠 수 있습니다. 성 바울이 신의 지혜는 인간들 앞에서는 터무니없는 것이라고 말할 때, 그는 더 정확하게 이야기한 것입니다.[206] 그것은 인간이 단지 사안들을 극도로 제한적인 경험에 따라서만 판단하고, 그들의 경험과 일치하지 않는 모든 것은 그들에게 불합리하게 보이기 때문입니다. 하지만 그 판단은 매우 무모합니다. 왜냐하면 사람들이 우리에게 그러한 것에 대해서 이야기했을 때, 우리에게 불합리하게 보이는 무수히 많은 자연적인 것들도 있기 때문입니다. 이것은 사람들이 얼음이 우리의 강을 덮는다고 말했을 때 시암 왕에게 불합리하게 보인 것과 마찬가지입니다.[207] 그러나 자연의 질서 자체는 형이상학적 필연성이 아니기 때문에, 단지 신의 뜻에 근거를 둘 뿐입니다. 그래서 신은 은총에 상위하는 근거를 통해서 그 필연성에서 벗어날 수 있습니다. 신 자신의 증언에서만 나올 수 있는 적절한 증거들만을 근거로 해야 함에도 말입니다. 여기서 사람들은 그것이 제대로 검증되면, 그것을 절대적으로 따라야 합니다.

205) Tertullianus, *De carne christi*, 5장.
206) 바울: 「고린도전서」, 1장, 20절.
207) 시암 왕: 4부 9장, §1, 테오필루스; 15장, §5 참조.

18장

신앙과 이성, 그리고 그것의 구별 경계에 관하여

§1 **필라레테스** 그렇지만 우리는 보통 통용되는 표현 방식을 받아들입시다. 그리고 사람들이 어떤 특정한 의미에서 신앙과 이성을 구별한다는 것을 인정합시다. 하지만 "사람들이 그 의미를 매우 분명하게 해명하고 이 두 사안 간의 경계를 정립하는 것은 정당합니다. 왜냐하면 이 경계의 불확실함이 분명히 세상에 큰 논쟁을 만들어냈고 큰 소동을 야기했을 수도 있기 때문입니다. 그 경계를 정하기 전까지는 논쟁이 공허하다는 것은 적어도 분명합니다. 신앙에 대해서 논쟁할 때 이성을 사용해야 하기 때문입니다."

§2 "저는 모든 분파가 이성에서 어떤 도움을 받을 수 있다고 믿는 한, 기꺼이 이성을 사용한다고 생각합니다. 그렇지만 이성이 도움을 주는 데 실패하면 바로 그것은 이성을 넘어서 있는 신앙의 문제라고 외칩니다. 하지만 사람들이 반대자를 향해 추론을 하려고 한다면, 똑같아 보이는 경우에 왜 그것이 그에게는 허락되지 않는지 보이지 않는 한, 반대자는 동일한 구

실을 사용할 수 있을 것입니다. 저는 여기서 이성이란 우리의 자연적 능력, 즉 감각과 반성을 사용해서 획득한 지식으로부터 이끌어낸 명제들의 확실성이나 개연성을 발견하는 것이라고 가정합니다. 그리고 신앙이란 **계시**, 즉 신이 인간에게 알려주는 특별한 소통 방식에 기반을 둔 명제에 대한 사람들의 동의라고 가정합니다." §3 "하지만 신에게서 영감을 받은 어떤 사람도 다른 사람에게 어떠한 새로운 단순 관념도 전달할 수 없습니다. 그는 말이나 다른 기호 혹은 이것들의 조합만을 사용하는데, 이 말이나 기호는 우리 안에서 습관적으로 연결된 단순 관념을 일깨우기 때문입니다. 그리고 성 바울이 세 번째 하늘에 매료되었을 때 받았던 새로운 관념이 무엇이든 그가 말할 수 있었던 것은 '**그것은 눈으로 보지 못했고, 귀로 듣지 못했고, 사람의 마음으로 이해하지 못하는 것이다.**'[208]라는 것이었습니다. 목성에 여섯 감관을 갖춘 피조물이 있고 신이 초자연적으로 우리 중 한 사람에게 이 여섯 감관의 관념을 주었다고 가정해봅시다. 그는 말을 통해서 다른 사람의 정신에 그 관념이 생겨나게 할 수 없을 것입니다. 따라서 **원천적 계시**와 **전승적 계시**를 구별해야 합니다. 전자는 신이 직접 정신에 만든 인상이고 우리가 그것의 한계를 정할 수 없는 것이며, 후자는 일상적인 전달 방식에서 나올 뿐이고 새로운 단순 관념을 줄 수 없는 것입니다." §4 "사실상 이성에 의해서 발견될 수 있는 진리가 전승적 계시를 통해서 우리에게 전달될 수도 있습니다. 신이 기하학적 정리들을 인간에게 전달하려고 했던 것처럼 말입니다. 하지만 그것이 우리가 관념들의 연결로부터 이끌어낸 증명을 가질 때와 같은 정도로 확실하지는 않을 것입니다. 우리가 모세의 책에서 대홍수에 관해서 획득한 지식보다는 노아가 더 확실한 지식을 갖

208) 「고린도전서」, 2장 9절.

는 것도 이와 마찬가지입니다.[209] 그리고 이것은 모세가 실제로 쓴 것과 그가 자신의 영감을 정당화하는 기적을 행하는 것을 본 사람의 확신이 우리의 확신보다 더 큰 것과 마찬가지입니다." §5 "그러므로 계시는 이성의 명확한 증거에 반할 수 없습니다. 왜냐하면 계시가 직접적이고 원천적일지라도 우리가 그것을 신의 것으로 돌릴 때 우리를 속이지 않는다는 것, 그리고 우리가 그 의미를 이해한다는 것을 명증적으로 알아야 할 필요가 있기 때문입니다. 그리고 그 명증성은 결코 우리의 직관적 지식의 명증성보다 클 수 없습니다. 결론적으로 명제가 이 직접적 지식에 모순적으로 반대된다면, 어떤 명제도 신의 계시로 인정될 수 없습니다. 그렇지 않으면 세상에 참과 거짓 간에 차이가 없을 것이고 믿을 수 있는 것과 믿을 수 없는 것 간의 기준도 없을 것입니다. 그리고 신, 즉 우리 존재의 관대한 창조주로부터 나오고 그가 참으로 인정한 것이 우리 지식의 토대를 전복시키고 우리의 모든 능력을 쓸모없는 것으로 만든다는 것은 이해할 수 없는 일입니다." §6 "간접적으로 혹은 입에서 입으로 전승을 통해서 혹은 글로 써서 계시를 받은 사람들 또한 그것을 확신하기 위해서 이성이 더 필요합니다." §7 "그렇지만 사실상 우리의 자연적 능력이 발견할 수 있는 것을 넘어선 것은 언제나 신앙의 본래적 대상입니다. 반역하는 천사들의 추락, 죽은 자의 부활 같은 것 말입니다." §9 "이런 것들에 있어서는 오로지 계시에 귀를 기울여야 합니다. 그리고 개연적 명제들에 대해서도 명증적 계시는 우리가 개연성에 반대로 결정하도록 할 것입니다."

테오필루스 만약 당신이 신앙을 (사람들이 말하는) **신뢰성의 동인**에 근거를 둔 것으로 그리고 정신을 직접적으로 규정하는 내적 은총에서 떨어져 있는

209) 노아: 「창세기」, 9장.

것으로 간주한다면, 필라레테스 당신이 말한 것은 모두 이론의 여지가 없는 것입니다. 왜냐하면 이 동인에 의존하는 판단보다 더 명증적인 판단이 많이 있다는 것을 인정해야 하기 때문입니다. 어떤 동인은 다른 동인보다 앞서 있고, 또 그 동인을 전혀 알지 못하고 그 중요성도 낮게 평가하는 사람들도 많이 있습니다. 그래서 그들에게 그런 동인은 **개연성의 동인**(motif de probabilité)으로 간주할 수 있는 것도 아닙니다. 하지만 성령의 내적 은총은 그것을 직접적으로 초자연적인 방식으로 보완합니다. 그리고 신학자들이 본래 신적인 신앙이라고 불렀던 것이 바로 이것입니다. 사실상 신을 믿게 만드는 것이 이성에 근거하지 않는 한, 신은 이런 은총을 절대 주지 않습니다. 그렇지 않으면 그는 진리를 인식하는 방법을 파괴하고 광신에 문을 열었을 것입니다. 하지만 이 신적인 신앙을 가지고 있는 모든 사람들이 이 이성적 근거를 인식할 필요는 없고, 그들이 그런 신앙을 항상 눈앞에 가지고 있지 않아도 됩니다. 그렇지 않다면, 적어도 지금까지 우둔한 사람들과 백치들은 참된 신앙을 결코 가질 수 없을 것이고, 가장 양식 있는 사람들도 항상 신앙의 근거를 기억할 수 없기 때문에, 가장 필요할 때, 참된 신앙을 가질 수 없을 것입니다. 신학에서 이성을 사용하는 문제는 소치니주의자들과 일반적 의미에서 가톨릭이라 불리는 사람들 사이에서뿐만 아니라 개혁파와 복음주의자들 사이에서도 가장 활발한 논제입니다. 복음주의자는 특히 독일에서는 다수의 사람들이 부적절하게 루터파라고 불렀던 사람들입니다. 저는 어느 날 (실제로 소치니주의자들에게 반대하는 글을 썼던 조슈아 스테그만[210]과는 다른) 소치니주의자인 스테그마누스의

210) [옮긴이 주] Josua Stegmann(1588~1632), *Photinianismus, hoc est succincta refutatio errorum photinianorum*(Frankfurt, 1626). 라이프니츠, 『변신론』, I, §16 참조

형이상학[211]을 읽은 기억이 있습니다. 하지만 그 글은 제가 아는 한 아직도 출판되지 않았습니다. 다른 편에서 작센의 신학자, 케슬러는 논리학에 관해서 썼고, 소치니주의자들에 분명하게 반대하는 몇몇 다른 철학적 연구를 썼습니다.[212] 소치니주의자들이 자연의 질서와 일치하지 않는 것들의 불가능성을 절대적으로 입증할 수 없었음에도 그것들 모두를 너무 성급하게 거부했다고 일반적으로 말할 수 있습니다. 하지만 그들의 반대자들도 경우에 따라 너무 멀리 나아가서 신비한 사건을 모순의 경계까지 밀어붙입니다. 그리하여 그들은 자신들이 방어하려고 하는 진리에 해를 입힙니다. 그리고 저는 어느 날 놀랍게도, 그 교단에 속한 가장 능력 있는 사람들 중의 하나인 오노레 파브리 신부의 『신학대전』[213]에서 그가 신적인 사안에서(몇몇 다른 신학자들도 한 것처럼) 다음의 위대한 원리를 부정하는 것을 보았습니다. **'세 번째 것과 같은 것들은 서로 같은 것들이다.'** 이로써 그는 의도하지 않고 반대자들에게 승리를 가져다주고, 모든 추론에서 확실성을 모두 제거했습니다. 차라리 그 사안에서 이 원리가 잘못 적용되었다고 말해야 합니다. 같은 작가는 그의 『철학』에서 스코투스주의자들이 창조된 것들에게 적용하는 잠정적 구별을 거부했습니다.[214] 그는 그 구별이 모순율에 반하기 때문이라고 말합니다. 그리고 사람들이 그 구별을 신에게서 인정해야 한다고 그에게 반박할 때, 그는 신앙이 그것을 명령한다고 답합니다. 하지만 어떤 원리이든 간에 어떻게 신앙이 그 원리에 반하는 것을 명령할 수

211) Christophe Stegmann, *Metaphysica repurgata*(1635).

212) Andreas Kessler(1595~1643): *Logicae Photinianae examen*(1621); 소치니주의자들을 반박하는 형이상학적, 자연학적 논고를 썼다.

213) Honoré Fabri(1606~1688): *Summa Theologica*(1669), tr. I, 8장, 2.

214) Honoré Fabri, *Philosophiae tomus primus*(1646), 부록 Controv. I과 XX, 4쪽, 47쪽.

있습니까? 그 원리가 없으며, 모든 믿음과 긍정 혹은 부정이 무의미해지는 데 말입니다. 따라서 동시에 참인 두 명제는 절대 모순이 되지 않는다는 것은 필연적이어야 합니다. 그리고 A와 C가 같은 것이 아니면, A와 같은 B는 C와 같은 B와 다른 것으로 간주되어야 합니다. 제네바 대학의 교수였고 이후 데벤테르 대학의 교수를 지낸 니콜라우스 베델리우스는 예전에 『이성 신학』[215]이라는 제목의 책을 한 권 출판했습니다. (튀링겐의 복음주의 대학인) 예나 대학의 교수인 요한 무세우스는 같은 주제의 다른 책, 즉 『신학에서 이성의 사용에 관하여』라는 책으로 베델리우스의 책을 반박했습니다.[216] 저는 이 책들을 예전에 살펴보았는데[217] 주요 논쟁이 부수적인 문제로 인해서 혼미해졌다고 지적했던 것으로 기억합니다. 예를 들어, 사람들이 신학적 결론이 무엇이냐고 물을 때처럼, 그리고 논쟁을 구성하는 개념들로 신학적 결론을 판단해야 하는지 아니면 논쟁을 입증하는 방법을 통해서 판단해야 하는지 물을 때처럼, 그리고 결과적으로 오컴[218]이 하나의 동일한 결론에 대한 지식은 그것을 입증하는 데 사용한 방법이 무엇이든 간에 동일하다고 말하는 것이 옳은지 아닌지 물을 때처럼 말입니다. 사람들은 단지 용어와 관련이 있는, 덜 주목할 만한 많은 다른 사소한 것들에 집중합니다. 하지만 무세우스는 논리적 필연성에 의해서 필연적인 이성

215) Nicolaus Vedelius(1596~1642), *Rationale Theologicum seu de necessitate et vero usu principiorum rationis in controversiis theologicis*(1628).

216) Johann Musaeus(1613~1681), *De usu principiorum rationis et philosophiae*(1665). 프랑스어 제목은 *De l'usage des principes de la raison et de la philosophie dans les controverses théologiques, contre le Rationale theologicum de Nicolas Vedelius*. 이 논쟁과 관련해서, 라이프니츠, 『변신론』, I, §20 참조

217) A VI, 1, 532 참조.

218) Guillaume Ockahm(1270~1347), *Quodlibeta*, V, qu. 1.(*Philosophical Writings*, ed. Ph. Boehner(1957), 97~101쪽).

의 원리, 즉 어떤 것의 반대가 모순을 함축한다는 것은 신학에 분명히 사용될 수 있고 또 사용되어야 한다는 것을 인정합니다. 하지만 그는 물리적 필연성에 의해서 필연적인 것은 (즉 자연에서 행해지는 것의 귀납이나 말하자면 신적인 제정인 자연 법칙에 근거를 둔 것) 신비한 사건이나 기적에 대한 믿음을 거부하기에 충분하다는 것을 부정할 이유를 가지고 있었습니다. 왜냐하면 사물들의 일상적 운행을 바꾸는 것은 신에게 달려 있기 때문입니다. 따라서 하나의 동일한 개인이 동시에 어머니이고 처녀일 수 없다거나 인간의 신체는 감각되지 않을 수 없다는 것은 자연의 질서에 따라 확실한 것이라고 할 수 있습니다. 비록 이 둘의 반대가 신에게서는 가능할지라도 말입니다. 베델리우스도 이런 구별에 동의하는 것으로 보였습니다. 하지만 사람들은 경우에 따라 특정한 원리가 논리적으로 필연적인지 혹은 단지 물리적으로 필연적인지 논쟁합니다. 실체가 단일한 본질이 아닐 때, 다수가 될 수 있는지에 관한 소치니주의자들과의 논쟁이 그런 것이고, 한 물체는 단지 한 장소에만 있을 수 있는지에 관한 츠빙글리주의자들과의 논쟁이 그런 것입니다. 사람들은 이제 논리적 필연성이 증명되지 않을 때마다 언제나 한 명제에 오직 물리적 필연성만을 추정할 수 있다는 것을 인정해야 합니다. 하지만 제가 보기에, 제가 방금 이야기한 작가가 충분히 검토하지 않은 문제 하나가 아직 남아 있습니다. 그것은 곧 한편에서는 『성서』 텍스트의 문자적 의미를 찾고, 다른 편에서는 **논리적 불가능성** 혹은 적어도 인정된 **물리적 불가능성**의 커다란 그럴듯함을 찾는다고 가정할 때, 문자적 의미를 포기하는 것과 철학적 원리를 포기하는 것 중 어느 것이 더 이성적인가 하는 문제입니다. 문자를 포기하는 것이 어렵지 않은 곳이 있다는 것은 확실합니다. 예를 들면, 『성서』가 신에게 손을 주고 신에게 분노, 회개 그리고 다른 인간적 감정들을 귀속시킬 때입니다. 그렇지 않으면 예수 그리스도가 헤롯을 여우라고 불렀을 때, 헤롯이 실제로 여우로 변신했다고 믿는 영국의 특정한 광신도들이나 신인동형론자들의 편이 되어야 합니다. 해석의 규칙이 역할을 하는 곳이 여기입니다. 하지만 그 규칙이 철학적 공준을 두둔하기 위해서 문자적 의미와 다투는 데 아무런 기여도 하지 않을 때, 그리고 그 외에도 문자적 의미가 신에게 어떠한 불완전성도 부여하지 않거나 경건한 마음의 실천에 어떤 위험을 야기하는 어떤 것도 가지고 있지 않을 때는 문자적 의미를 따르는 것이 더 확실하고 더 이성적입니다. 제가 방금 거명한 두 작가들[219]은 라이문두스 룰루스[220]도 예전에 시도했던 것처럼, 이성적으로 삼위일체를 증명하려고 했던 케커만[221]의 계획에 대해서도 논쟁합니다. 그러나 무세우스는 개혁적인 작가의 증명이 적절하고 정당하면, 그것에 대해서 할 말이 없을 것이라고, 또 그 작가가 이 점에 있어서 성령의 빛은 철학에 의해서 켜질 수 있다는 것을 주장하는 것은 옳았다고 상당히 공평하게 인정했습니다.[222] 또한 그들은 매우 유명한 문제를 다루었습니다. 즉 신약이나 구약의 계시를 모른 채, 자연적 경건성의 마음 상태로 죽은 사람들이 이 방법으로 구원받을 수 있는지 그리고 그들의 죄를 용서받을 수 있는지의 문제 말입니다. 알렉산드리아의 클레멘트[223], 유스티누스 마티르[224] 그리고 성 크리소스톰[225]이 어떤 특정한 방식으로 이

219) J. Musaeus, 앞의 책, I권, 23장; N. Vendelius, 앞의 책, I권, 15장.
220) Raimundus Lullus(1232~1315), *Disputatio fidei et intellectus*, II부.
221) Batholomaeus Keckermann, *Systema SS. theologiae tribus libris adornatum*(Hanau, 1607), I권 3장.
222) J. Musaeus, 앞의 책, Disp. prior 그리고 III권 8~11장.
223) Clément d'Alexandrie(160~220), *Stromate*, I, 4, 5; VI, 5, 17; VII, 2.
224) Justin Martyr(89~167), *Apologie* I, 7; II, 7, 10.
225) St. Jean Chrysostome(344~407), *Homil. 33 in Act. Apost.*

견해에 동의하는 경향이 있습니다. 그리고 저는 예전에 펠리송[226] 씨에게도, 완고하지 않은 프로테스탄트들을 비난하는 것과는 거리가 먼 로마 교회의 많은 탁월한 박사들조차 이교도들을 구원하려고 했다는 것을 보여주었습니다. 그들은 또 제가 방금 이야기한 사람들이 **통회**의 기도, 즉 **박애에 대한 사랑**을 바탕으로 하는 고해성사를 통해서 구원받을 수 있었다고 주장하려고 했습니다. 그 덕에 사람들은 다른 모든 것들보다 신을 사랑하게 됩니다. 신의 완전성이 신을 최대한 사랑하도록 만들기 때문입니다. 이로써 사람들은 자신의 온 마음을 다해 신의 의지와 일치하도록 인도되고, 신과 더 잘 결합하기 위해서 신의 완전성을 모방합니다. 왜냐하면 그런 마음을 가지고 있는 사람들에게 신이 자신의 은총을 허락하는 것은 정당해 보이기 때문입니다. 그리고 에라스무스[227]와 루도비쿠스 비베스[228]에 대해서는 이야기할 필요 없이, 저는 그 당시 매우 저명한 포르투갈의 지식인, 자크(Jaques) 파이바 안드라디우스[229]의 견해를 제시했습니다. 트렌트 공의회의 신학자들 중 하나였던 그는 이 의견에 동의하지 않는 사람들은 신을 최고로 잔인하게 만드는 것이라고까지 말하기도 했습니다. (더 나쁜 잔인함은 있을 수 없기 때문이다.) 펠리송 씨는 파리에서 이 책을 찾기 어려웠습니다.[230] 이것은 그 당시 높은 평가를 받은 작가들이 그 이후에는 경시되는

226) [옮긴이 주] Paul Pellison(1624~1693): 프랑스의 역사가, 문인, 라이프니츠와 교회 통합을 주제로 오랫동안 서신을 주고받았다.

227) Erasmus, *Opus familiarium colloquiorum*(1566), Convivium religiosum, 151쪽.

228) Ludovicus Vivès(1492~1540), *Commentaire de Augustinus's De Civitate Dei libri XXII*(1570), 18권 47장.

229) Diego Payva Andradius(1528~1575), *Explicationes orthodoxae*(1564), 291쪽.

230) 이 책에 관해서, P. Pellison-Fontanier가 라이프니츠에게 보낸 서신, 1690년 11월 1일: A I, 6, 123sq. 참조.

경우가 종종 있다는 것을 보여줍니다. 이로 인해 벨은 다수의 사람들이 안드라디우스를 인용한 것이 그의 반대자인 켐니츠[231]에 대한 신뢰 때문이라고 판단하게 되었습니다.[232] 그것이 잘 될 수 있습니다. 하지만 저는 그것을 인용하기 전에 읽었습니다. 켐니츠와의 논쟁으로 그는 독일에서 유명해졌습니다. 그가 예수회인들 편에서 이 작가에 반대하는 글을 썼고 사람들은 그의 책에서 이 유명한 단체의 기원에 관한 특정한 사실들을 발견하기 때문입니다. 어떤 프로테스탄트들은 [심지어] 제가 방금 이야기한 문제에 대해서 자신의 견해를 가지고 있는 사람들을 **안드라디우스주의자**라고 불렀다는 것을 저는 지적했습니다. 검열관들의 승인을 받아 이와 같은 원리를 바탕으로 분명하게 아리스토텔레스의 구원에 관해서 쓴 작가들이 있습니다. 이교도들의 구원에 관해서 라틴어로 쓴 콜리우스의 책[233]과 프랑스어로 쓴 라 모트 르 바예의 책[234]도 잘 알려져 있습니다. 하지만 프란체스코 푸치라는 사람은 너무 멀리 나갔습니다.[235] 매우 박식하고 통찰력 있었던 성 아우구스티누스는 다른 극단에 빠져서 세례받지 않고 죽은 아이들을 비난하기까지 했습니다.[236] 스콜라 철학자들이 이 견해를 버린 것은 옳았던 것 같습니다. 다른 점에서 보면 유능하고 큰 재능이 있는 사람들이지만 이 점에 있어서는 인간을 싫어하는 기질을 가진 사람들이[237] 이 교부의

231) [옮긴이 주] Martin Chemnitz(1522~1586): 독일의 루터파 신학자, 종교개혁자, 멜란히톤의 제자. 대표 저작은 *Examen du Concile de Trente*(1585).

232) P. Bayle, *Dictionnaire historique et critique*, Andrada 항.

233) Francesco Collo, *De animabus paganorum libri quinque*(Milano, 1622~1623).

234) François de la Mothe le Vayer(1588~1672): *De la vertu des païens*(1642).

235) Francesco Pucci(1543~1597), *De christi servatoris efficacitate in omnis et singulis hominibus quatenus homines sunt*(1592).

236) Augustinus, *De peccatorum meritis et remissione*, I권 25장, III권 4장; *De peccato originali*, 19장.

학설을 다시 회복시키고 과장하려고 했음에도 말입니다. 그리고 이런 정신은 너무나 열정적인 여러 학자들과 예수회 중국 선교사들 간의 논쟁[238]에 영향을 미칠 수 있습니다. 그 선교사들은 고대 중국에는 그 시대에 참된 종교와 참된 성자가 있었고 공자의 학설은 우상을 숭배한다거나 무신론적인 것이 전혀 없다는 것을 암시했습니다. 들어본 적 없는 가장 큰 민족 중 하나를 비난하지 않으려 하는 것은 로마 사람들이 더 합리적이었던 것 같습니다. 인간보다는 신이 더 박애주의자인 것은 우리에게 다행입니다. 제가 아는 어떤 사람들은 자신의 열정을 거친 감정으로 표시해야 하다고 믿고, 속고 있는 사람들의 견해를 갖지 않으면 원죄를 믿을 수 없다고 상상합니다. 그리고 이로부터, (아마도 몇몇 교부들이 이런 견해를 가지고 있기는 했지만) 이교도들과 다른 사람들을 구원하는 사람들이 일상적 도움을 결여하고 있어서 오로지 자연의 힘에만 의존해야 한다는 것이 따라 나오지 않습니다. 왜냐하면 신은 그들에게 통회 기도를 불러일으키는 은총을 주고 또 명시적이든 잠재적이든 항상 초자연적인 방식으로 죽기 전에, 즉 최후의 순간이 될 때, 그들을 구원하는 데 필수적인 모든 믿음의 빛과 모든 자애의 열기를 준다고 주장할 수 있기 때문입니다. 그리고 이런 식으로 개혁가들은 베델리우스 편에서 츠빙글리[239]의 견해를 설명합니다. 츠빙글리도 로마 교회의 박사들이 했던 것처럼 이교도들 중 덕 있는 사람들의 구원에 대한 문제에 관해서 분명한 입장을 표명했습니다. 그래서 이 학설은 펠라기우스주의자나 반펠라기우스주의자[240]의 특별한 학설과 공유하는 것이

237) 이런 사람들에 대해서, 라이프니츠, 『변신론』, §92~93, 참조.
238) 종교 제례와 기간에 관한 논쟁.
239) [옮긴이 주] Huldrych Zwingli(1484~1531): 스위스 취리히의 종교개혁가, 루터와 함께 종교 개혁을 추진한 주요 인물이며 이를 위해 루터와 마르부르크 종교회의를 했다.

전혀 없습니다. 사람들도 츠빙글리가 저 펠라기우스 학파들의 견해와 매우 거리가 멀다고 알고 있습니다. 그리고 사람들은 펠라기우스주의자들과 반대로 신앙을 가진 모든 사람들에게 초자연적 은총이 있다고 가르치고(이 점에 있어서는 파혼[241]의 제자들을 제외하고 공인된 세 종교가 일치합니다), 심지어 세례를 받은 아이들에게도 신앙을 인정하거나 적어도 신앙과 유사한 움직임을 인정하기 때문에, 적어도 죽음의 시점에서, 그리스도교에서 통상적인 교육을 받는 행운을 갖지 못했던 선한 의지를 가진 사람들에게도 구원을 인정하는 것이 그렇게 기이한 것은 아닙니다. 하지만 가장 현명한 방법은 잘 알려지지 않은 점에 대해서는 아무것도 결정하지 않는 것이고, 신은 선과 정의가 충만하지 않은 것은 어떤 것도 할 수 없다는 일반적인 판단에 만족하는 것입니다. 즉 '불확실한 것에 대해서 논쟁하는 것보다 감춰진 것에 대해서 의심하는 것이 더 낫다.'(아우구스티누스, *De genesi ad litteram*, 8권, 5장)[242]

240) [옮긴이 주] Pelagius(360~418?): 영국, 브리타니아의 신학자, 인간은 은총의 도움 없이 자유 의지를 통해서, 즉 자신의 힘으로 구원받을 수 있다고 주장하여 아우구스티누스로부터 이단이라는 평가를 받았다. 반펠라기우스주의자는 아우구스티누스의 견해와 펠라기우스의 견해를 절충한 것으로 인간은 원죄로 인해서 스스로 구원에 이를 수 없지만 어느 정도는 스스로 구원에 이를 수 있는 존재이기 때문에 스스로 노력하는 자에게 은총이 더해져 구원에 이르게 된다고 주장하지만 529년 2차 오렌지 공의회에서 펠라기우스주의에 속한 것으로 간주되어 이단으로 규정되었다.

241) Calude Pajon(1626~1685): 은총의 필요성을 부정하고 칼뱅주의를 반대한 프랑스의 프로테스탄트 신학자. *Examen du livre qui a pour titre "Préjuges légitimes contre les Calvinistes"*(1673).

242) [옮긴이 주] "melius est dubitare de occultis quam litigare de inceriis."

19장

광신에 관하여

§1 **필라레테스** 모든 신학자들과 성 아우구스티누스 자신도 이 구절에서 표현되는 공준을 항상 실천하기를 바랍니다. "하지만 인간들은 독단적인 정신이 진리를 향해 그들이 가진 열정의 표시라고 믿습니다. 그렇지만 이것은 완전히 반대입니다. 사람들은 진리가 무엇인지 알려주는 증거를 검토하기를 좋아하는 정도만큼만 실제로 진리를 사랑합니다. 그리고 사람들이 성급한 판단을 내렸을 때, 그들은 항상 진심으로 근거라고 여기지 않는, 부족한 근거에 떠밀리게 됩니다." §2 "지배하려는 정신은 가장 평범한 것 중 하나가 아니며 그들의 고유한 몽상을 위한 어떤 특정한 독선은 **광신**을 만들어내는 것과는 다른 것입니다." §3 "광신은 계시가 이성에 근거를 두지 않을 때, 직접적 계시를 상상하는 사람들의 잘못에 붙이는 이름입니다." §4 "그리고 이성은 자연적 계시이고 신이 자연에 속할 뿐만 아니라 그것의 작자라고 말할 수 있는 것처럼, 계시는 초자연적 이성, 즉 신에서 직접 유래

한 발견들의 새로운 토대를 통해서 확장된 이성이라고 말할 수 있습니다. 하지만 이 발견들은 우리가 그 발견들을 구별할 수단을 가지고 있다는 것을 전제하며 그 수단은 바로 이성입니다. 그리고 계시에게 자리를 만들어 주는 것을 금지하려는 것은 망원경으로 목성의 위성을 더 잘 보기 위해서 자신의 눈을 뽑는 것과 같을 것입니다." §5 "광신은 직접적 계시가 길고 힘든 추론보다 쉽고 짧다는 것에서 그리고 그것이 항상 행복한 성공으로 이어지지 않는다는 것에서 유래합니다. 어떤 시대든 자기 자신에 대한 훌륭한 의견과 연결된 헌신이 우수적 기분과 혼합되어 있는 사람들이 있었습니다. 그들은 이로 인해서 자신들이 다른 사람에 비해서 신과 완전히 다른 친밀감을 가지고 있다고 믿습니다. 그들은 신이 자신들과 그렇게 약속했다고 가정하며, 다른 사람들보다 선호하는 신의 백성이라고 믿습니다." §6 "그들의 환상은 조명이 되고 신적인 권위를 가지며 그들의 의도는 그들이 따르지 않을 수 없는 하늘의 오류 불가능한 지도입니다." §7 "이 의견은 큰 결과를 만들었고, 큰 악을 야기했습니다. 사람은 자기 자신의 충동을 따를 때, 그리고 신적인 권위를 가진 의견이 우리의 경향성에 의해서 지지될 때, 더 격렬하게 행동하기 때문입니다." §8 "자칭 근거도 없는 이런 확실성은 헛되게 허영심과 비범한 것에 대한 사랑을 품게 하기 때문에, 이로부터 확실성을 이끌어내는 것은 어려운 일입니다. 광신도들은 그들의 의견을 시각 그리고 감각과 비교합니다. 그들은 신적인 빛을 우리가 정오에 태양 빛을 보는 것처럼 봅니다. 이성의 여명이 그것을 그들에게 보여줄 필요도 없습니다." §9 "그들은 확신합니다. 그들이 확신하기 때문입니다. 그들의 확신은 정당합니다. 그 확신이 강력하기 때문입니다. 왜냐하면 그들의 그림 같은 언어가 결국 그런 확신이 되기 때문입니다." §10 "하지만 명제에 대한 지각과 계시에 대한 지각 두 지각이 있기 때문에, 어떤 것이 명확한지 물을 수 있습니다. 명제의 시각에서 계시가 무슨 소용이 있습니까? 따라서 그것은 계시의 감각에 있어야 합니다. 하지만 그들은 그것이 신이 계시한 것임을 그리고 이 무리의 주변을 산책하는 도깨불이 아니라는 것을 어떻게 알 수 있습니까? 제가 그것을 강력하게 믿기 때문에, 그것이 계시인 것이고 그것이 계시이기 때문에, 제가 그것을 믿는 것입니다." **§11** "상상력을 인도자로 삼는 것보다 우리를 오류에 빠트리는 더 적절한 어떤 것이 있습니까?" **§12** "성 바울이 기독교 신자들을 박해하고 계속해서 잘못하고 있었을 때, 그의 열정은 컸습니다. 사람들은 악마도 순교자를 가지고 있었다는 것을 압니다. 그리고 충분히 확고하게 확신할 때, 사람들은 사탄의 조명과 성령의 영감을 구별할 수 있습니다." **§14** "그러므로 계시의 진리를 알려주는 것은 이성입니다." **§15** "그리고 우리의 믿음이 그것을 입증하면, 제가 방금 이야기한 무리에 포함될 것입니다. 신의 계시를 받은 성자들은 내적인 빛의 진리를 확신하는 **외적인 표지**를 가지고 있습니다. 모세는 사그라지지 않고 불타는 덤불을 보았습니다.[243] 그리고 그 덤불의 중간에서 한 목소리를 들었습니다. 신이 그의 형제들을 해방시키기 위해서 그를 이집트로 보냈을 때, 그의 임무를 더 확신시키기 위해서 신은 막대기를 뱀을 바꾸는 기적을 사용했습니다.[244] 기드온은 천사에 의해서 마디안족의 굴레에서 이스라엘 민족을 해방시키기 위해서 보내졌습니다. 하지만 그는 이 지령이 신에게서 왔다는 것을 확신하기 위해서 표지를 요구했습니다.[245]" **§16** "저는 신이 인간 정신에게 특정한 중요한 진리들을 이해시키기 위해서 혹은

243) 『구약성서』, 「출애굽기」, 3장 2절.
244) 『구약성서』, 「출애굽기」, 7장 15절.
245) 『구약성서』, 「사사기」, 6장 17절.

성령의 영향과 직접적 지원을 통해서 올바르게 행동하도록 하기 위해서, 이런 영향이 동반하는 비상한 표지 없이, 인간 정신에게 가끔씩 계시를 준다는 것을 부정하지 않습니다. 하지만 이 경우에도 우리는 이 계시를 판단하는 데 오류 불가능한 두 규범, 즉 이성과 성서를 가지고 있습니다. 왜냐하면 그 계시가 이 규범과 일치하면, 우리는 그것이 직접적 계시가 아닐지라도 그것을 신의 영감으로 간주하고 적어도 어떠한 위험도 무릅쓸 수 있습니다."

테오필루스 처음에 광신은 좋은 이름이었습니다. 그리고 궤변이 본래 지혜의 실행을 나타내는 것처럼 광신은 우리에게 신성이 있다는 것을 의미합니다. '우리에게는 신이 있다.'[246] 그리고 소크라테스는 신 혹은 악마가 자신에게 내적 경고를 했다고 주장합니다.[247] 이에 따르면 **광신**은 신적 본능일 것입니다. 그러나 인간이 자신의 열정을 신에게 바치고 자신의 환상과 꿈, 심지어 자신의 광기도 신적인 어떤 것으로 간주한 후 광신은 정신 이상을 의미하기 시작했습니다. 이런 정신 이상은 광신에 사로잡혀 있는 사람들에게서 가정되는 어떤 신성한 힘 때문입니다. 왜냐하면 예언가들과 여성 예언가들은, 베르길리우스의 쿠마이 무녀처럼[248] 그들의 신이 그들을 점령할 때, 일종의 정신 이상을 내보이기 때문입니다. 그 이후 사람들은 근거 없이 자신들의 움직임이 신에게서 나온다고 믿는 사람들에게 그 이름을 부여합니다. 같은 시에서 니소스는 제가 알지 못하는 어떤 충동에 의해서 위험한 계획에 내몰리는 것을 느낍니다. 거기서 그는 그의 친구와 함께 사

246) Ovidius, *Fasti*, VI, v. 5.
247) 플라톤, 『향연』, 202e.
248) Vergilius, *Aeneis*, 6장, v. 45~50.

라지고 합리적 의심이 가득한 말로 그의 친구에게 제안합니다.

'에우리알로스, 신들이 왜 이런 열정을 우리 정신 속에 넣어주실까, 아니면 자신의 뜨거운 욕망이 우리들 각자에게 신이 되는 것일까?'[249)]

그는 그것이 신에게서 나온 것인지 스스로 두드러지는 불행한 욕망에서 나온 것인지 알지 못한 채 이 본능을 따르지 않을 수 없습니다. 하지만 그가 성공했다면, 다른 경우에도 분명히 자신이 그렇게 하도록 허용할 것이며 어떤 신적인 힘에 의해서 추동되었다고 믿을 것입니다. 오늘날의 광신자들은 그들이 그것을 해명하는 교리도 신에게서 받았다고 믿습니다. 퀘이커교도들은 그렇게 확신하고 있고, 그들 중 최초의 체계적인 작가 바클레이는 그들이 자기 자신에게서 스스로 알게 된 어떤 특정한 빛을 발견한다고 주장합니다.[250)] 그런데 아무것도 보이지 않는 것을 그들은 왜 **빛**이라고 부릅니까? 저는 이런 정신적 성향을 가지고 있는 사람들을 알고 있습니다. 그들은 광채를 보고, 심지어 더 빛나는 어떤 것도 봅니다. 하지만 그들의 정신이 뜨거워졌을 때 발생하는 이 물체적인 빛의 상은 정신에 아무런 빛도 주지 않습니다. 몇몇 바보 같은 사람들은 그들의 상상력이 작동할 때 그들이 전에는 가지지 못했던 발상을 합니다. 그들은 그들의 감관에 좋게 느껴지는 것들이나 적어도 매우 생동감 있는 것들에 대해서 말할 수 있습니다. 그들은 스스로 감탄하고, 다른 사람에게는 이 풍부한 영감을 감탄하

249) Vergilius, *Aeneis*, 9장, v. 184~185.

250) Robert Barclay(1648~1690), *Theologiae vere christanae Apologia*(London, 1676), Thesis quinta et sexta, 88쪽부터: 스코틀랜드 퀘이커교도 중 가장 중요한 신학자.

게 만듭니다. 이 장점은 대부분 정념이 부추기는 강력한 상상력에서 나오고, 독서나 다른 사람과의 대화로 익숙해진 예언서들이 이야기하는 방식을 잘 보존했던 행운의 기억에서 나옵니다. 앙투아네트 드 부리뇽은 자신의 신성한 임무의 증거로 그의 말하고 쓰는 재능을 사용했습니다.[251] 그리고 제가 아는 한 예언가는 지치지 않고 목이 쉬지도 않고 거의 하루 종일 큰소리로 말하고 기도하는 재능에 자신의 증거를 둡니다. 어떤 사람들은 고행을 한 후 혹은 슬픔의 시간을 보낸 후, 빼앗긴 영혼의 평화와 위안을 맛보고, 거기서 달콤함을 많이 느껴서 그것이 성령의 영향이라고 믿습니다. 신의 위대함과 선함에 대한 고찰에서, 신의 의지의 성취에서, 덕의 실천에서 우리가 발견하는 만족이 신의 은총이고 가장 위대하다는 것은 분명한 사실입니다. 하지만 이 많은 선한 사람들이 주장하는 것처럼, 그것이 항상 새로운 초자연적 도움을 필요로 하는 은총은 아닙니다. 사람들은 저번에 다른 모든 것에서 매우 지혜로운 젊은 여성[252]을 보았습니다. 그녀는 어릴 적부터 예수 그리스도와 이야기를 하고 매우 특별한 방식으로 자신을 그의 배우자라고 믿었습니다. 사람들의 말에 따르면, 그녀의 어머니는 약간 광신적이지만 꽤 일찍부터 시작했던 딸은 훨씬 더 심했습니다. 그녀의 만족과 즐거움은 말할 수 없을 정도이고 그녀의 지혜로움은 그녀의 행동에 나타나고 그녀의 정신은 대화에서 나타납니다. 그렇지만 상황은 더 심각해져서 그녀는 사람들이 우리 주에게 보낸 편지들을 받았고, 그 편지를 그녀가 받은 대로 봉인한 채 때때로 적절해 보이고 항상 합리적으로 보

251) [옮긴이 주] Antoinette de Bourignon(1616~1680): 벨기에 플라망드의 예언가. 라이프니츠의 그녀에 대한 평가는 *Reflexion sur l'esprit sectaire*(1697): Dutens I, 740 참조.

252) 젊은 여성: Rosamunde d'Assebourg.

이는 답변과 함께 되돌려 보냈습니다. 그러나 그녀는 결국 너무 많은 소문을 만드는 것에 대한 두려움으로 그런 편지를 받는 것을 그만두었습니다. 스페인에서 그녀는 또 다른 성 테레사가 되었습니다. 하지만 유사한 환영을 가지고 있는 모든 사람들이 똑같이 행동하지는 않습니다. 분파를 만들고 분란을 만들어내려고 시도하는 사람들이 있습니다. 영국 사람들은 이것에 관해서 기이한 실험을 했습니다. 이 사람들이 신실하게 행동할 때, 그들을 다시 되돌리는 것은 어렵습니다. 가끔씩 그들의 모든 계획이 전복되면 개선되지만 대체로 그것은 너무 늦습니다. 죽은 지 얼마 되지 않은 예언가가 있습니다. 그는 나이가 아주 많았지만 건강했기 때문에, 그 자신이 불멸할 것이라고 믿었습니다. 그리고 최근 한 영국인이 출판한 책[253]을 읽지 않았지만 (그는 예수 그리스도가 참된 신도들을 육체적 죽음에서 구하기 위해 다시 왔다는 것을 믿게 하려고 했습니다) 오래전부터 같은 견해를 가지고 있었습니다. 하지만 그가 죽음을 감지했을 때, 종교가 그의 망상에 부합하지 않았기 때문에, 모든 종교를 의심하기까지 했습니다. 지식과 지성을 갖춘 슐레지엔 사람, 퀴린 쿨만[254]은 나중에 두 종류의 똑같이 위험한 환영에 빠졌습니다. 하나는 광신이고 다른 것은 연금술입니다. 그는 영국과 네덜란드에서 그리고 콘스탄티노플까지 풍문을 만들었고 결국에는 모스크바까지 가서 왕정 대신에 맞서 특정한 음모를 꾸미는 데 가담할 생각을 했고 소피야 여왕(공주)이 통치하던 때에 화형에 처해졌습니다. 그런데 그는 그가 설교했던 것을 확신하는 사람처럼 죽지 않았습니다. 이 사람들 간의 대

253) John Asgill, *An argument proving, that …… man may be translated from hence into eternal life, without passing through death*(1700).

254) Quirinus Kuhlman(1651~1689), P. Bayle의 *Dictionnaire* 관련 항목 참조.

립은 그들의 자칭 **내적 증거**가 신적인 것이 아니라는 것을 다시 한 번 더 확신하게 만듭니다. 그리고 그것을 정당화하기 위해서는 다른 표지가 필요합니다. 예를 들어 라바디주의자들[255]은 앙투아네트와 일치하지 않습니다. 윌리엄 펜이 여행기[256]를 출판한 독일 여행에서 이런 증거에 근거를 둔 사람들 간에 일종의 이해를 정립하려는 계획을 했던 것으로 보이지만 그가 그것에 성공하지는 않은 것 같습니다. 실제로 기대했던 것은 좋은 사람들은 서로 공모하고 협력했으리라는 것입니다. 인류를 더 좋게 더 행복하게 만들 수 있는 것은 더 이상 없습니다. 하지만 그들 자신이 실제로 좋은 사람, 즉 자비롭고 더 온순하고 더 이성적인 사람에 속할 필요가 있습니다. 반면 오늘날 독실한 신자라고 불리는 사람들은 거칠고 오만하며 고집쟁이라는 비난을 받습니다. 그들의 대립은 적어도 그들의 내적 증거가 신뢰받기 위해서는 외적 검증이 필요하다는 것을 보여줍니다. 그리고 그들이 예언가와 영감을 받은 자로 인정받을 권리를 갖기 위해서는 기적을 행할 필요가 있습니다. 그렇지만 그 영감이 증거를 같이 가져오는 경우도 있습니다. 이 경우는 영감이 아무런 외부의 도움 없이 지식을 획득한 사람들의 이해력을 넘어서는, 어떤 비범한 지식의 중대한 발견을 통해서 실제로 정신을 밝게 비출 때일 것입니다. 루사티아의 유명한 구두 장인인 야코프 뵈메의 글은 독일어에서 다른 언어로 튜턴 철학이라는 이름으로 번역되었고, 실제로 이런 조건의 사람으로서 그 사건은 훌륭하고 아름다운 일이었습니다.

255) [옮긴이 주] 라바디주의자들: Jean de Labadie(1610~1674): 17세기 프랑스 경건주의자, 종교개혁가. 대표적인 추종자로 Anne-Marie Schurmann, Pierre Yvon de Montauban이 있다.

256) William Pen(1644~1718), *An account of W. Pens travails in Holland and Germany, anno 1677*(1694).

누군가 확신한 것처럼, 혹은 한 찬가가 복음주의자, 성 요한의 명예를 위해 말했던 구절,

> "고갈되지 않을 만큼 많은 보물을 소유하고
> 잔가지로 금을 만들고
> 조약돌로 보석을 만드는"[257]

사람이라는 것을 우리가 믿는다면, 그 성인이 했던 것처럼, 야코프 뵈메가 금을 만들 수 있다고 했을 때, 사람들은 이 비범한 구두 장인을 더 신뢰할 만한 어떤 이유가 있었을 것입니다. 그리고 베르트랑 드 라 코스테가 '원적 문제에 관한' 그의 책[258]을 앙투아네트 부리뇽에게 바치면서 기록한 것처럼, (그 책에서 그는 앙투아네트와 베르트랑을 암시할 때, 그녀를 신학의 A라고 칭하고, 자기 자신을 수학의 B라고 말했습니다) 앙투아네트 부리뇽이 함부르크에 있는 프랑스 기술자, 베르트랑 라 코스테에게 그가 그녀에게서 받았다고 믿었던 학문에 있어서 빛을 제시했다면, 사람들은 어떻게 말해야 할지 몰랐을 것입니다. 그런 사람들의 성공적인, 아주 상세한 예언이 발견되지 않는 것처럼 이런 종류의 주목할 만한 성공 사례도 없습니다. 좋은 사람인 코메니우스가 자신의 책 『어둠 속의 빛』[259]에서 출판한 예언들, 그리고 황제의 상속 토지에서 소동을 일으켰던 포니아토비아(Poniatovia)와 드

257) "Inexhaustum fert thesaurum qui de virgis fecit aurum, gemmas de lapidibus.": Adam de Saint-Victor, *Sequences, de S. Jean l'Evangeliste*, v. 28~30.

258) Bertrand de la Coste, *Demonstration de la quadrature du cercle*(1677).

259) Johann Amos Comenius, *Lux in tenebris*(1657), 이후에는 다음 제목으로: *Historia revelationum Ch. Kotteri, Chr. Poniatoviae, Nic. Drabitii, etc.*

라비티우스(Drabitius), 그리고 다른 이들의 예언들은 거짓임이 드러났고, 그것을 믿었던 사람들은 불행해졌습니다. 트란실바니아의 군주, 라코치는 드라비티우스에 자극받아 폴란드를 공격하도록 했고, 거기서 그의 군대를 잃었습니다. 결국 그가 국가와 생명을 잃도록 한 것입니다.[260] 불쌍한 드라비티우스는 오랜 시간이 지나 80세가 [넘는] 나이에 결국 황제의 명령에 의해 목이 잘렸습니다.[261] 하지만 현재 헝가리의 혼란한 상황을 보면 근거 없는 예언을 되살리려고 하는 사람들이 지금도 있다는 것을 저는 의심하지 않습니다. 그들은 자칭 이런 예언들이 그 당시의 사건에 대한 이야기라는 것은 생각하지 않기 때문입니다. 그래서 그들은 거의 브뤼셀 포격 이후에 앙투아네트 책에서 가져온 한 구절이 포함된 전단을 출간했던 사람들처럼 행동할 것입니다. 그녀는 이 도시에 오지 않으려고 했습니다. 왜냐하면 (제 기억이 맞는다면) 그녀는 자신이 불 속에 있는 것을 보는 꿈을 꾸었기 때문입니다. 하지만 이 포격은 그녀가 죽고 오래 지나서 일어났습니다. 저는 전쟁 기간 중에 프랑스로 가서 코메니우스가 출판한 예언들을 근거로 몬토지에르 씨와 폼포니 씨를 괴롭혀 네이메헌 평화조약을 통해서 그 전쟁을 끝낸 사람을 알았습니다. 그리고 그가 우리와 똑같은 시기에 그런 제안을 할 수 있었을 때, (제 생각에) 그는 자기 자신이 영감을 받았다고 믿었을 것입니다. 이것이 알려주는 것은 단지 이런 몰입들의 근거가 부족하다는 것뿐만이 아니라 그것이 위험하기도 하다는 것입니다. 역사는 거짓 예언이나 잘못 이해된 예언의 나쁜 결과들로 가득 차 있습니다. 이것은 저명한 라이프치히 대학 교수인 고 야코프 토마시우스가 예전에 출판한, 박식하고 판

260) Georges II Rakoczi(1621~1660)는 1658년 10월 12일 사임하고 1660년 6월 26일 사망했다.
261) 드라비티우스의 사형은 1671년 7월 16일 브라티슬라바에서 집행되었다.

단이 정확한 논고『미래 우연적인 것에 관한 좋은 사람의 의무에 관하여』에서 볼 수 있습니다.[262] 하지만 가끔씩 이런 확신들이 좋은 영향을 미치고 중대한 것들에 쓸모가 있다는 것은 사실입니다. 신은 진리를 정립하거나 유지하기 위해서 오류를 사용할 수 있기 때문입니다. 하지만 저는 우리가 선한 목적을 위해서 경건하게 기만하는 것이 쉽게 허용된다고 생각하지 않습니다. 그리고 종교 교리와 관련해서, 우리는 새로운 계시가 필요하지 않습니다. 우리에게 제안된, 그래서 우리가 그것을 따라야 할 의무가 있는 구세주의 규칙으로 충분합니다. 그 규칙을 제안한 사람이 아무런 기적을 행하지 않더라도 말입니다. 그리고 예수 그리스도가 단지 덕을 전하고 자연적 이성과 예언들을 통해서 이미 가르쳤던 것을 전할 때, 그가 기적을 행할 능력을 갖추었는데도, 그는 징표를 요구했던 이 비뚤어진 인종에게 만족감을 주기 위해서 기적을 행하는 것을 거부하지 않을 수 없었습니다.

262) Jacob Thomasius(1622~1684): 라이프니츠가 라이프치히 대학에서 공부할 때 그의 선생이었던 인물이다. 여기서 말하는 저작은 *De officio hominis circa notitiam futurorum contingentium*(1664, 1. 16). 답변, N. J. Elffing; J. Thomasius, *Praefationes*(1683), XLV, 258쪽 참조.

20장
오류에 관하여

§1 **필라레테스** 우리에게 진리를 알려주거나 추측하게 해주는 모든 방법들에 대해서 충분히 이야기한 다음, "우리의 오류(erreur)와 틀린(mauvais) 판단에 대해서도 무언가를 말해봅시다. 사람들 간에는 많은 의견 대립이 있기 때문에, 사람들은 종종 실수를 하지 않을 수 없습니다. 이에 대한 근거는 다음 네 가지로 환원될 수 있습니다. (1)증거의 결여, (2)증거를 사용하는 능력의 결여, (3)증거를 사용하려는 의지의 결여, (4)개연성에 대한 잘못된 규칙들." §2 "제가 증거의 결여에 대해서 이야기할 때, 증거를 얻기 위한 수단을 가지고 있고 편하게 얻을 수 있을 때, 찾을 수 있었던 것 또한 포함합니다. 이것이 가장 빈번하게 결여하고 있는 것입니다. 인간은 그러한 상태에 있고, 인간의 삶은 어떻게 생존하는지 찾는 쪽으로 움직입니다. 항상 같은 길을 가는 짐 나르는 말이 지형에 능숙해질 수 없는 것처럼 인간은 세상에서 일어나는 일을 잘 알지 못합니다. 인간에게는 언어, 독

서, 대화, 자연의 관찰, 그리고 기술의 경험이 필요합니다." §3 "이 모든 것이 인간의 상태와 어울리지 않습니다. 그렇다고 우리가 많은 사람들을 행복과 불행으로 인도하는 것은 단지 맹목적인 운일 뿐이라고 말하고, 영원한 행복이나 불행에 대해서조차 그 나라에서 일반적인 의견과 권위가 있는 안내자에게 맡겨야 합니까? 아니면 다른 나라가 아니라 이 나라에서 태어났기 때문에, 영원히 불행해질까요? 그럼에도 영혼에 대해서 생각하기 위해서 그리고 종교와 관련된 것에 대해서 알기 위해서 시간을 남겨두지 않을 정도로 자신의 생계 조달에 대한 걱정에 그렇게 심하게 매여 있는 사람도 없다는 것을 인정해야 합니다. 덜 중요한 사안에 집중하는 만큼만 이런 문제에 집중하려고 한다면 말입니다."

테오필루스 인간은 항상 자기 스스로 알게 되는 상태에 있지 않다고 가정합시다. 그리고 인간은 어려운 진리를 탐구하기 위해 그 가족의 생계 걱정을 현명하게 포기할 수 없기 때문에, 그들 사이에서 권위 있는 견해를 따르지 않을 수 없습니다. 따라서 사람들은 계속해서 증거도 없이 참된 종교를 가진 사람들에게서 내적 은총은 부족한 신뢰성의 동인을 보완한다고 판단해야 할 것입니다. 그리고 또한 우리는 자애로 인해 다음과 같이 판단합니다. 제가 당신에게 이미 언급했던 것처럼, 신은 가장 위험한 오류의 짙은 어둠 속에서 고양된 선한 의지를 가진 사람들을 위해서 그 방식이 우리에게 알려지지 않지만 신의 선과 정의가 요구하는 모든 것을 한다고 말입니다. 로마 교회에는 구세주의 도움이 부족하지 않아서 분명하게 되살아난 사람들에 관한 박수갈채를 받은 이야기들이 있습니다. 하지만 신은 그런 큰 기적 없이도 성령의 내적 작용을 통해서 영혼을 구원할 수 있습니다. 그리고 인류에게 선과 위안이 있다는 것은 신의 은총의 상태에 놓이기 위해서는 선한 의지만 필요하다는 것을 나타냅니다. 하지만 그 선한 의지를 솔직하고 진지하게 가지고 있어야 합니다. 모든 자연적 혹은 초자연적 선은 신에게서 나오기 때문에, 저는 사람들에게 신의 은총이 없으면 이 선한 의지도 없다는 것을 인정합니다. 하지만 선한 의지를 가져야만 한다는 것으로 여전히 충분합니다. 그리고 신이 더 쉽고 더 이성적인 조건을 요구할 수 있었다는 것은 불가능합니다.

§4 **필라레테스** "그들의 의심을 해명하는 데 적절한 모든 편의수단을 가지고 있는 **충분히 편안한 상태에** 있는 사람들이 있습니다. 하지만 그들은 충분히 쉽게 지각되는, 기교로 가득 찬 방해물에 의해서 그 일을 외면하게 됩니다. 하지만 이 자리에서 그것들을 펼쳐 보일 필요는 없습니다." §5 "저는 말하자면 증거들을 손에 쥐고 있으면서도 그것들을 유효하게 만드는 능력을 결여한 사람들에 대해서 더 이야기하고 싶습니다. 그들은 긴 추론의 연결을 기억할 줄 모르고 또 모든 정황을 평가할 줄 모릅니다. 어떤 사람은 하나의 유일한 삼단논법만을 다루고, 어떤 사람은 오로지 두 개의 삼단논법만을 다룹니다. 여기가 이 불완전성이 영혼 자체의 자연적 차이에서 나오는지 아니면 신체 기관의 자연적 차이에서 나오는지, 혹은 그것이 자연적 능력을 다듬는 연습의 결여 때문인지 결정하는 자리는 아닙니다. 여기서 우리에게는 그 불완전성이 분명하게 있다는 것으로 그리고 그것을 자각하기 위해서 궁전이나 증권거래소에서 양로원과 정신 병원으로 가야만 한다는 것으로 충분합니다."

테오필루스 가난한 사람들만 그것이 필요한 것은 아닙니다. 특정한 부자들은 그들보다 더 결여하고 있습니다. 왜냐하면 이 부자들은 너무 많은 것을 요구하고, 중요한 고찰에 열중하는 것을 방해하는 일종의 지적 빈곤 상태에 자발적으로 놓이기 때문입니다. 그 사례는 중요합니다. 사람들은 자신들과 같은 사례를 따르는 것에 집착합니다. 사람들은 대립하는 성향을 가진 사람으로 보이지 않게 그것을 의무적으로 실천합니다. 그리고 이로 인해 그들은 쉽게 비슷해집니다. 이성과 관습을 동시에 만족시키는 것은 매우 어렵습니다. 아마도 사람들이 생각하는 것보다 적지만, 역량이 부족한 사람들과 관련해서, 저는 신속함을 필요로 하지 않는 모든 일들에 양식(bon sens)과 열의로 충분할 수 있다고 생각합니다. 저는 양식을 전제합니다. 왜냐하면 저는 당신이 정신 병원에 있는 사람들에게 진리의 탐구를 요구할 것이라고 생각하지 않기 때문입니다. 우리가 방법을 알고 있을 때, 그들 대부분은 되돌아올 수 있습니다. 그리고 우리 영혼들 간에 어떤 근원적 차이가 있든, (저는 실제로 차이가 있다고 생각하기 때문에) 영혼이 제대로 된 인도를 받는다면, 한 영혼이 다른 영혼보다 더 멀리 갈 수 있다는 것은 (하지만 아마도 그렇게 빨리는 아니고) 언제나 확실합니다.

§6 **필라레테스** "단지 의지를 결여하고 있는 다른 종류의 사람들이 있습니다. 쾌락에 대한 격렬한 집착, 그들이 행운이라고 여기는 것에 대한 지속적인 열망, 일반적인 나태와 부주의, 공부와 성찰에 대한 특별한 반감은 진리에 대해서 진지하게 생각하는 것을 방해합니다. 심지어 모든 편파성에서 벗어난 연구가 그들의 예단과 그들의 의도와 가장 잘 맞는 의견에 호의적이지 않은 것을 두려워하는 사람들도 있습니다. 나쁜 소식이 들어 있다고 생각하는 편지를 읽지 않으려고 하는 사람들이 있고, 많은 사람들은 자신들의 계산을 검토하거나 자신들의 재산 상태를 아는 것을 피하고 그들이 계속해서 알고 싶지 않았던 것을 배우는 것을 두려워합니다. 수입이 많지만, 지성을 완벽하게 하는 방법에 대해서는 생각하지 않고 그것을 모두 몸을 치장하기 위한 물품 구입에 사용하는 사람들이 있습니다. 그들은 그들의 모습이 항상 멋있고 화려하게 보이는 것에 신경을 많이 쓰고, 그들의 영혼이 편견과 오류의 악독한 누더기로 덮이는 것은 고통 없이 견디고, 그

들의 치부, 즉 무지가 훤히 보이는 것을 묵인합니다. 관심을 가져야 할 그들의 미래 상태에 대해서는 말할 것도 없이, 그들은 이 세상에서 살아가고 있는 삶에서 알아야 할 것에도 관심을 두지 않습니다. 그리고 권력과 권위를 그들의 출생이나 행운의 전유물로 여기는 사람들 대부분이 그들보다 출생 조건이 낮지만 지식에서는 그들을 능가하는 사람들에게 그 권력과 권위를 무관심하게 넘겨주는 것은 뭔가 기이한 일입니다. 왜냐하면 맹인들은 당연히 보는 사람이 인도해야 하는데, 그렇지 않으면 구덩이에 빠지게 되고, 또 지성의 노예보다 더 나쁜 노예는 없기 때문입니다."

테오필루스 인간의 실제 이해관계와 관련해서, 우리의 가장 중대한 이익 중 하나인 건강에 유익한 것을 알고 실천하는 노력의 부족보다 인간의 부주의에 대한 더 명백한 증거도 없습니다. 그리고 위인들은 이 부주의의 나쁜 영향을 다른 사람들만큼 느끼고 또 더 많이 느끼는데도 그 부주의함을 버리지 않습니다. 신앙과 관련해서, 많은 사람들은 토론으로 이끌 수 있는 생각을 악마의 유혹으로 간주합니다. 사람들은 정신을 완전히 다른 것으로 돌리는 것이 아닌 다른 방법으로는 이 유혹을 극복할 수 없다고 믿습니다. 쾌락만 좋아하는 인간들 혹은 어떤 일에 집착하는 인간들은 다른 일들을 무시하는 습관이 있습니다. 도박꾼, 사냥꾼, 술꾼, 난봉꾼 그리고 심지어 사소한 것에 호기심을 갖는 사람은 자신의 재산과 재물을 잃을 것입니다. 그런 사람들은 재판을 청하거나 전문가와 이야기하는 수고를 하지 않을 것이기 때문입니다. 그중에 호노리우스 황제 같은 사람이 있는데, 사람들이 그에게 로마 상실에 대한 소식을 가져왔을 때, 그는 그것이 로마라는 이름을 사용하는 그의 닭에 대한 소식이라고 믿었고, [그것을 알았을 때,] 그것은 진실보다 그를 더 화나게 하는 것이었습니다.[263)] 권력을 가진 인간들이 그에 상응하는 만큼 지식을 갖기를 바랍니다. 그러나 학문, 기술, 역사와 언어의 세부적 지식은 갖지 못하더라도, 확고하고 숙련된 판단과 중대할 뿐만 아니라 일반적인 사물들에 대한 지식, 한마디로 말해서 '최고의 원리(summa rerum)'[264]를 아는 것으로 충분할 것입니다. 아우구스투스 황제가 '제국 개요(Breviarium Imperii)'[265]라고 불렀던, 국가의 권력과 필요성에 대한 개요를 가졌던 것처럼, 인간이 자신들에게 가장 중요한 것이 무엇인지 관심을 가지려고 하면, 우리도 '지혜의 편람(Enchiridion Sapientiae)'이라고 부를 수 있는 인간의 이해관계에 대한 개요를 가질 수 있습니다.

§7 **필라레테스** "결국 대부분 우리의 오류들은, 분명한 근거에도 불구하고 자신의 판단을 중단하는 것이든, 반대되는 개연성에도 불구하고 자신의 판단을 내리는 것이든, 사람들이 채택하는 개연성에 대한 잘못된 척도에서 유래합니다. 이 잘못된 척도는 (1) 원리로 간주되는 의심스러운 명제로, (2) 인정된 가설로, (3) 지배적인 정념이나 성향으로, 그리고 (4) 권위로 구성됩니다." §8 "우리는 보통 진리를 우리가 이론의 여지없는 원리라고 여기는 것과 일치하는 것으로 판단합니다. 그리고 이로 인해, 다른 사람들의 증언 그리고 심지어 우리 감관의 증거가 그 원리와 반대되거나 반대되는 것으로 보일 때, 우리는 그 증거를 무시하게 됩니다. 하지만 그렇게 많은 확신을 가지고 그 원리를 신뢰하기 전에, 최고의 정확성을 가지고 그 원리들을 검사해야 할 것입니다." §9 "아이들은 어머니, 아버지, 유모, 선

263) Giovanni Battista Egnazio, *De Caesaribus livri III*(1516), livre I.

264) [옮긴이 주] 'summa rerum'은 여기서는 '최고의 원리'라고 번역했는데, '가장 중요한 것', '최상위의 것'을 의미하기도 한다. 라이프니츠가 파리에 체류할 때(1675~1676) 썼던 일련의 형이상학적 단편들에서 몇 차례 등장한다. 아카데미판 편집자는 세 번째 권에서 그 단편들을 'De summa rerum'이라는 제목으로 묶었다. 그중 중요한 단편으로 다음을 참조. De arcanis sublimium vel de summa rerum: A VI, 3, 472~477.

265) 'Breviarium Imperii': Suétone, *De vita caesarum, Augustus*, 101, 4 참조.

생님 그리고 그들 주변에 있는 다른 사람들이 그들에게 주입시킨 명제들을 받아들입니다. 그리고 이 명제들이 뿌리를 내리면, 그것을 신이 그들의 영혼에 놓아둔 '우림과 둠밈'[266]처럼 신성한 것으로 여깁니다." §10 "사람들은 이 **내적 신탁**에 대한 공격을 견디기 힘들어 합니다. 반면에 그들은 그 내적 신탁과 일치하는 가장 큰 불합리함은 견딥니다. 이것은 신조처럼 직접적으로 반대되는 의견을 강력하게 믿는 다양한 사람들에게서 관찰되는 극도의 완고함을 통해서 나타납니다. 비록 그 신조도 똑같이 불합리할 때가 매우 빈번하기는 하지만 말입니다. 양식 있는 사람이지만 '비텐베르크나 스웨덴에서 가르치는 것처럼 사람들은 그들의 교단에서 믿는 것을 믿어야 한다.'는 공준을 확신하는 사람이 있습니다. 그런 성향의 사람은 **동일실체론**(consubstantiation)[267]을 쉽게 받아들이기 어려울 것이고 하나의 동일한 사물이 동시에 살이고 빵이라는 것을 믿기 어려울 것입니다."

테오필루스 필라레테스, 성찬식에서 우리 주의 육체가 실재로 현재한다고 인정하는 복음주의자들의 견해를 당신이 충분히 알지 못하는 것은 분명해 보입니다. 그들은 빵과 포도주가 예수 그리스도의 살과 피와 공존하는 것을 받아들이지 않는다고 수천 번 설명했습니다. 하나의 동일한 사물이 동시에 살과 빵이 된다는 것 또한 마찬가지입니다. 그들이 가르치는 것은 단지 우리가 가시적인 상징물을 받을 때, 비가시적이고 초자연적인 방식으로, 구원자의 육체가 빵에 포함되지 않은 채 그의 육체를 받는다는 것입니다.

266) [옮긴이 주] 성경 「히브리서」에 등장하는 말로 '빛과 완전'이라는 뜻이다. 신의 뜻을 묻는 신탁의 도구로서 대제사장의 판결 흉패에 보관되었다. 대제사장은 국가적으로 중대한 문제가 발생할 때마다 흉패 속의 우림과 둠밈을 꺼내어 신의 뜻을 분별했다.

267) [옮긴이 주] 로크의 책에는 'transubstantiation(환실체론/화체설)'으로 되어 있는데, 'consubstantiation'은 코스테가 바꾼 것이다.

그리고 그들이 이해하는 현재는 장소를 차지하는 것, 말하자면 공간적인 것이 아닙니다. 즉 현재하는 물체의 차원에 의해서 결정되는 것이 아닙니다. 따라서 감관이 그런 현재에 반대할 수 있는 것은 모두 아무런 관련이 없는 것입니다. 그리고 사람들이 이성으로부터 도출할 수 있었던 불합리한 점들도 더 이상 관련이 없다는 것을 보여주기 위해서, 그들은 그들이 물체의 실체로 이해하는 것은 연장이나 차원으로 구성되지 않는다고 선언합니다. 그리고 예수 그리스도의 영광스러운 육체가 일반적이고 장소를 차지하는 특정한 현재를 보존한다는 것을 인정하는 것은 그들에게는 어렵지 않습니다. 하지만 그것은 그의 육체가 차지하고 있는 고귀한 자리에서 그것의 상태에 적합한 현재입니다. 이것은 여기서 다루고 있는 성찬식의 현재 혹은 그가 교회를 통치하는 방법인 그의 기적적 현재와는 완전히 다른 것입니다. 그로 인해서 예수는 신처럼 모든 곳에 있는 것이 아니라 그가 있고 싶은 그곳에 있는 것이 됩니다. 이것은 가장 중도적인 사람들의 견해입니다. 따라서 그들의 학설이 불합리하다는 것을 보이기 위해서는 모든 물체의 본질이 단지 연장으로만 그리고 오직 연장을 통해서 측정되는 것으로 이루어지지 않는다는 것을 증명해야 할 것입니다. 제가 알기로 이것은 아직 어느 누구도 하지 않았던 것입니다. 또한 이 모든 어려움은 프랑스 가톨릭 교회와 벨기에 교회의 고백을 따르는 개혁가들과도 적지 않게 관련이 있습니다. 그리고 트렌트 공의회를 위해서 마련된 작센의 고백과 일치하는, 아우크스부르크와 헬베티아에서 고백한 두 사람에 의해서 작성된 산도미르 회의의 선언과도 관련이 있고, 폴란드의 왕 블라디슬라스의 권한으로 소집된 토른 토론회에서[268] 나온 개혁가들의 신앙 고백과

268) 폴란드 왕, Vladislas VII는 1645년에 토른(Thorn) 회의를 소집했다.

칼뱅과 베다의 변함없는 학설과도 관련이 있습니다. 이 둘은 상징은 그것이 표상하는 것을 효과적으로 제공한다는 것을 그리고 우리는 예수 그리스도의 육체와 피의 실체 자체에 참여하게 된다는 것을 세상에 가장 분명하고 가장 강력하게 선언했습니다. 그리고 칼뱅은 생각이나 도장 날인의 은유적 참여와 신앙의 연합에 만족하는 사람들을 거부한 다음, 장소의 한계나 차원의 확산과 관련된 모든 것을 피한다면, 그가 서명할 준비가 되지 않은 이 연합의 실재성을 확립하기 위해 충분히 강하게 말할 수 있는 것이 아무것도 없다고 덧붙였습니다. 따라서 (칼뱅 자신도 그의 편지들 중 하나에서 그렇게 추정한 것처럼,)[269] 그의 학설은 근본적으로 멜란히톤과 루터의 학설과 같았던 것으로 보입니다. 차이는 루터가 상징물의 지각 조건에 만족한 반면 칼뱅은 자격 없는 자들의 참여를 배제하기 위해서 그 외에도 신앙의 조건을 또 요구한다는 것입니다. 저는 칼뱅이 그의 작품 수백 곳에 그리고 심지어 그럴 필요가 없었던 격식이 필요 없는 편지에서도 이 실재적 교단에 대해서 매우 긍정적으로 표현했다는 것을 발견했습니다. 저는 기교를 부렸다고 의심할 만한 것은 보지 못했습니다.

§11 **필라레테스** 제가 통상적인 의견에 따라 이 분에 대해서 이야기했다면 당신에게 용서를 구합니다. 그리고 저는 지금 영국 국교회의 매우 유능한 신학자가 이 실재적 참여에 동의했다는 것을 언급했던 기억이 납니다. 하지만 정립된 원리에서 **인정된 가설**로 넘어갑시다. "그것이 단지 가설일 뿐이라는 것을 인정하는 사람들도 어떤 때는 그것을 거의 확실한 원리들처럼 열의를 가지고 주장하고, 반대되는 개연성을 무시할 때가 있습니다. 학식

269) J. Calvin, *Epistolae atque responsa*(1667년부터 편집), 1557년 3월 25일 칼뱅이 M. Schalingius에게 보낸 편지, 112~114쪽.

이 있는 교수가 그의 가설을 거부하는 새로 온 신참에 의해서 한순간에 자신의 권위가 전복되는 것을 보는 것은 견딜 수 없는 일일 것입니다. 제 말은, 30년 혹은 40년 동안 좋은 평가를 받은 그의 권위는 수많은 밤샘을 통해서 얻은 것이고, 수많은 라틴어 문헌과 그리스어 문헌으로 지지되고, 일반적인 전통과 오래된 수염에 의해서 확인된 것인데도 불구하고 말입니다. 그의 가설의 오류를 확신하기 위해서 사용할 수 있는 모든 논증이 그의 정신도 지배하지는 못할 것입니다. 여행자의 외투를 강제로 벗기기 위해서 북풍의 신이 바람을 더 강렬하게 불도록 노력했던 것처럼 말입니다."

테오필루스 실제로 코페르니쿠스 지지자들은 그 정도로 인정된 가설일지라도 불타는 열의로 지지된다는 것을 그들의 반대자들에게서 겪었습니다. 그리고 데카르트주의자들은 홈이 파인 입자들과 두 번째 요소의 작은 공에 대해서 유클리드의 정리처럼 적극적이지 않습니다. 우리의 가설에 대한 열망은 우리가 우리 자신을 존중하도록 만드는 정념의 결과뿐인 것 같습니다. 사실 갈릴레이를 비난하는 사람들은 지구의 정지가 하나의 가설 이상이라고 믿었습니다. 왜냐하면 그들은 그것이 성서와 이성에 일치한다고 판단했기 때문입니다. 그러나 그 이후 사람들은 적어도 이성이 그것을 더 이상 지지하지 않는다는 것을 자각했고, 성서와 관련해서, 로마에서 유명한 광학자 유스타키우스 디비누스의 관찰에 대한 변론을 출판한 탁월한 신학자이자 철학자, 성 피에르의 고해신부인 파브리 신부[270]가 태양의 실제 운동을 성서에서 이해하는 것은 단지 잠정적인 것일 뿐이고, 코페르니쿠스의 견해가 검증될 때 사람들은 베르길리우스의 다음 구절을 어려움

270) H. Fabri, (Eustachius de Divinis), *Septempedanus pro annotatione in systema saturnium christiani hugenii adversus ejusdem assertionem*(1661), 49쪽.

없이 해명할 수 있을 것이라고 주저하지 않고 선언했습니다.

"대지와 도시는 점점 멀어진다."[271)]

하지만 사람들은 코페르니쿠스의 학설이 이탈리아와 스페인 그리고 심지어 황제의 상속지에서 큰 피해를 주는 것을 억제하기 위해서 여전히 계속해서 그 나라들로 갑니다. 그들이 이성적 자유와 철학적 자유를 누렸을 때, 그들의 정신은 가장 아름다운 발견을 하는 데까지 오르지 못했습니다.
§12 **필라레테스** "지배적인 정념은 당신이 말한 대로 실제로 우리가 가지고 있는 가설에 대한 사랑의 원천인 것 같습니다. 하지만 그 정념은 더 멀리 확장됩니다. 세상에서 가장 큰 개연성은 구두쇠와 야심가에게 그들의 부당함을 보이는 데 아무런 도움이 되지 않을 것입니다. 남성 연인에게는 여성 연인에게서 의심받는 일이 세상에서 가장 쉬울 것입니다. 그래서 사실상 우리는 **우리가 원하는 것을 쉽게 믿고** 베르길리우스의 표현에 따르면,

"자기 자신을 위해 꾸며진 꿈을 사랑합니다."[272)]

그래서 사람들은 가장 그럴듯한 개연성이 우리의 정념과 예단을 공격할 때, 그런 **개연성을 회피하기 위해 두 가지 방법**을 사용합니다." §13 "첫째는 우리를 반대하는 논증에 어떤 궤변이 숨겨져 있을 것이라고 생각하는 것입니다." §14 "둘째는 우리도 반대자와 싸우기 위해서 마찬가지로 좋은,

271) "Terraeque urbesque recedunt.": Vergilius, *Aeneis*, 3장, v. 72.
272) "qui amant ipsi subi somnia fingunt.": Vergilius, *Bucolica*, 8장, v. 108.

심지어 더 좋은 논증을 내세울 수 있다고 가정하는 것입니다. 우리가 그런 논증을 찾는 데 필요한 편의수단이나 재능 혹은 도움을 가지고 있다면 말입니다." §15 "확신을 방어하는 이 방법은 어떤 때는 적절하지만 문제가 충분히 해명되고 모든 것이 고려되고 있을 때는 이 또한 궤변이 됩니다. 왜냐하면 그다음 방법은 무엇보다 어느 쪽이 개연성이 있는지 인식하는 것이기 때문입니다. 따라서 동물은 원자의 우연적 공조에 의해서 형성된다고 하기보다는 차라리 지성적 행위자가 인도하는 운동에 의해서 형성된다는 것을 의심할 이유는 없습니다. 이것은 이해할 수 있는 대화를 만드는 인쇄문자가 세심한 인간에 의해서 조립되었는지 아니면 혼란스러운 혼합에 의해서 조립되었는지 의심하는 사람이 세상에 없는 것과 마찬가지입니다. 따라서 저는 이 경우에 우리의 동의를 중단하는 것은 우리에게 달려 있지 않다고 믿을 것입니다. 하지만 개연성이 덜 명증적일 때 우리는 그렇게 할 수 있습니다. 그리고 우리는 더 약한 증거라도 그것이 우리의 성향과 더 잘 맞는다면 그것에도 만족할 수 있습니다." §16 "어떤 사람이 개연성이 부족하다고 보는 쪽으로 기울어지는 것은 실제로는 실천될 수 없을 것 같습니다. 지각, 지식, 동의는 임의적이지 않습니다. 저의 정신이 관념으로 향할 때, 두 관념의 일치를 보거나 보지 않는 것이 저에게 달려 있지 않은 것처럼 말입니다. 하지만 우리는 우리 연구의 진행을 자발적으로 중단할 수 있습니다. 그럴 수 없다면, 무지나 오류는 어떤 경우든 죄가 될 수 없을 것입니다. 이곳이 바로 우리가 우리의 자유를 행사하는 곳입니다. 사실 사람들이 관심을 갖지 않는 경우에는 공통 의견이나 제일 처음 나온 견해를 선택하지만 우리의 행복이나 불행이 관련된 지점에서 정신은 개연성을 평가하는 데 더 진지하게 열중합니다. 그리고 저는 이런 경우, 즉 우리가 주목하는 경우, 양편의 차이가 완전히 분명할 때, 우리가 원하는 쪽을 결정하는 것은 우리의 선택이 아니라고 생각합니다. 우리의 동의를 결정짓는 것은 가장 큰 개연성일 것입니다."

테오필루스 근본적으로 저는 당신의 견해에 동의합니다. 그리고 우리가 자유에 관해서 이야기했던, 지난 우리의 대화에서 우리는 그 문제에 관해서 충분히 논의했습니다. 그때 저는 우리가 믿는 것은 결코 우리가 원하는 것이 아니라 우리가 가장 그럴듯하다고 보는 것임을 보여주었습니다. 그럼에도 불구하고 우리는 우리가 원하는 것을 간접적으로 믿게 할 수 있습니다. 그것은 우리가 좋아하는 다른 것에 집중하기 위해서 호감이 가지 않는 대상에서 우리의 주목을 돌릴 때 가능합니다. 이로써 우리는 선호하는 편의 근거를 우세한 것으로 여기게 되면서 결국에는 그것을 가장 진실임 직한 것으로 믿게 됩니다. 우리가 거의 관심을 갖지 않는 의견 그리고 가벼운 근거 때문에 받아들이는 의견과 관련해서, 이런 일은, 우리가 그것에 반대되는 것이 무엇인지 거의 알아차리지 못할 때, 일어납니다. 양편 모두에 많은 근거가 있었을 때, 우리가 어떤 의견을 선호하게 되는 것은, 그것이 우리의 지각에서 유리한 것이 아무것도 없는 반대되는 견해를 그만큼 능가하고 그보다 더 능가한다고 보기 때문입니다. 왜냐하면 0과 1 간의 차이나 2와 3 간의 차이는 9와 10 간의 차이와 같은데, 우리는 판단에도 필수적인 시험에 대해서 생각하지 않고 이 우세를 자각하기 때문입니다. 그러나 그때 우리는 아무것도 얻는 것이 없습니다.

§17 **필라레테스** "제가 지적하려고 했던 개연성에 대한 마지막 잘못된 척도는 다른 나머지 모든 것보다 무지와 오류에 사람들을 더 붙잡아두는 **잘못 이해된 권위**입니다. 자기 견해의 토대를 우리 친구들 사이에서 혹은 우리 직업을 가진 사람들 사이에서 혹은 우리 편에서 혹은 우리나라에서 인정된 의견에 두는 사람들을 얼마나 많이 봅니까? 이런저런 학설은 유서 깊은

고대문명을 통해서 인정되었습니다. 그것은 지난 세기에 다른 사람들이 허락해서 저에게 옵니다. 그래서 저는 그것을 받아들일 때 오류로부터 안전합니다. 사람들은 그들의 의견을 받아들이기 위해서 그런 규칙에 따른 선택으로 정당화하는 것과 마찬가지로 동전을 던져서도 잘 정당화할 것입니다. 그리고 모든 사람들이 오류를 저지를 수 있다는 것과 별개로, 저는 우리가 지식인들과 분파의 수장들을 움직이게 하는 불가사의한 동인을 알 수 있을 때, 우리는 진리에 대한 순수한 사랑과 완전히 다른 것을 종종 발견할 것입니다. 이런 토대 위에서 받아들여질 수 없을 정도로 불합리한 의견이 없다는 것은 적어도 확실합니다. 왜냐하면 지지자가 없는 오류는 거의 없기 때문입니다."

테오필루스 그렇지만 사람들은 많은 경우에 권위를 따르는 것을 피할 수 없다는 것을 인정해야 합니다. 성 아우구스티누스는 이 주제에 관해서 읽을 만한 가치가 있는 『믿음의 유용성에 관하여』라는 좋은 책을 썼습니다.[273] 그리고 인정된 의견과 관련해서, 그것이 법률가들이 **추정**이라고 부르는 것과 유사한 어떤 것이라고 합니다. 사람들이 그것을 증거 없이 항상 따를 의무는 없지만, 반대되는 증거 없이 다른 사람의 정신에서 그것을 파괴할 권한이 있는 것도 아닙니다. 근거 없이 무언가를 바꾸는 것은 허락되지 않는다는 것입니다. 니콜 씨가 교회에 관한 책을 출판한 후,[274] 사람들은 한 견해를 찬성하는 많은 사람들로부터 도출된 논증에 관해서 격렬하게 논쟁했습니다. 하지만 사실을 인증하는 것이 아니라 한 근거를 찬성하는 것이 문제일 때, 이 논증에서 도출할 수 있는 것은 모두 단지 제가 방금 말한 것

273) Augustinus, *De utilitate credendi ad honoratum*.
274) P. Nicole, *De l'unité de l'église*(Paris, 1687).

으로 환원될 수 있습니다. 백 마리의 말이 한 마리의 말보다 유리할 수는 있어도, 더 빨리 달릴 수 없는 것처럼, 한 사람과 비교되는 백 사람도 이와 같습니다. 그들은 곧바로 걸어갈 수 없습니다. 그러나 더 효과적으로 일할 것입니다. 그들이 더 잘 판단할 수는 없습니다. 하지만 그들은 판단이 실행될 수 있는 곳에 더 많은 재료를 제공할 수 있습니다. 이것이 '두 눈이 한 눈보다 더 많이 본다.'는 속담의 의미입니다. 이것은 아마도 한두 사람에게서 나왔을 수많은 의견들이 실제로 화제에 오르는 회의에서 확인됩니다. 하지만 사람들은 그 모든 의견들을 근거로 결론을 도출할 때, 그것들을 이해하고 평가할 책임이 있는 학식 있는 사람들이 없을 때, 최고의 부분을 선택하지 못할 위험을 감수합니다. 이런 이유에서 로마 분파의 판단이 정확한 몇몇 신학자들은 교회의 권위, 즉 존엄에 있어서 가장 높은 권위와 대중에게 가장 많은 지지를 받은 권위는 전통이라는 이름으로 사실에 대한 인증에만 한정되는 추론의 문제에서 확실할 수 있다고 봅니다. 이것은 『신앙의 분석』이라는 책을 쓴 저자이자, 소르본의 박사인 영국인 헨리 홀든의 의견입니다.[275] 그 책에서 그는 빈센티우스 레리넨시스의 『충고』의 원리[276]를 따라 교회에서는 새로운 결정을 할 수 없고 공의회에 모인 주교들이 할 수 있는 것은 단지 그들의 교구에서 인정된 학설의 사실을 인증하는 것뿐이라고 주장합니다. 사람들이 일반성에 머무르는 한 원리는 그럴 듯합니다. 하지만 사실에 이르면, 다양한 나라에서 오랫동안 다양한 의견이 인정된다는 것을 알게 됩니다. 그리고 같은 나라에서도 감각 불가능한

275) Henry Holden(1576~1665), *Divinae fidei analysis, seu de fidei christianae resolutione libri duo*(Paris, 1685), 203쪽.

276) St. Vincentius Lerinensis, *Commonitoria duo*(Oxford, 1631), 2장.

변화를 반대하는 아르노의 논증[277]에도 불구하고 흰색에서 검은색으로 넘어갑니다. 종종 인증의 경계가 없다는 것과 별개로 사람들은 자신들의 판단을 혼합합니다. 이것은 근본적으로, 그의 교단에 속한 신학자들로부터 인정받은, 다른『신앙의 분석』의 작가인,[278] 바이에른 예수회의 지식인 그레처의 의견입니다. 그는 이 책에서 교회가 새로운 신앙개조를 만들 때, 성령의 도움이 약속되어 있기 때문에, 논쟁을 판단할 수 있다고 합니다. 마치 교회가 단지 이미 정립된 학설만을 해명할 수 있는 것처럼, 대부분의 사람들은 주로 프랑스에서 이 견해를 숨기려고 애쓰기는 하지만 말입니다. 그러나 해명은 이미 인정된 진술이거나 인정된 학설에서 도출되었다고 믿는 새로운 진술입니다. 하지만 실제로는 첫 번째 의미와 대체로 반대됩니다. 그리고 두 번째 의미에서 정립된 새로운 진술은 새로운 신앙개조가 될 수 있을까요? 저는 종교의 문제에서 고대를 무시해서는 안 된다고 생각합니다. 그리고 제 생각에도, 신이 실제로 전교회의 공의회를 오늘날까지 구원설에 반대되는 모든 오류로부터 보호했다고 말할 수 있습니다. 게다가 분파의 편견은 기이한 일입니다. 저는 한 의견을 열정적으로 신봉하는 사람들을 보았습니다. 그들이 그러는 것은 단지 그 의견이 그들의 교단에서 인정되기 때문이거나 아니면 문제가 종교나 사람들의 이해관계와 거의 연관이 없어도, 단지 그들이 좋아하지 않는 종교나 민족의 사람들이 갖는 의견과 반대되기 때문입니다. 그들은 아마도 그것이 실제로 그들의 열정의 원천이라는 것을 모를 것입니다. 하지만 저는 첫 번째 소식으로 이러저러한

277) A. Arnauld, P. Nicole, *La perpétuité de la foy de l'eglise catholique touchant l'eucharistie déffendue contre le livre du sieur Claude ministre de Charenton*(Paris, 1669), I부, I 권, 8~12장.

278) Jacob Gretser(1562~1625), *Analyse de la foy*(출판 연도 확인 불가).

사람이 이러저러한 것을 썼다는 것을 알았고, 그들은 도서관을 뒤지고 그것을 거부할 방법을 찾느라 그들의 동물적 정신을 지치게 합니다. 또한 이것은 대학에서 논문을 옹호하고 반대자들을 상대로 자신을 드러내려고 하는 사람들이 자주 하는 것이기도 합니다. 프로테스탄트 중에서도 분파의 상징적인 책에 규정된 교리, 사람들이 서약과 함께 의무적으로 신봉해야 하는 교리에 대해서는 어떻게 말할 것입니까? 어떤 사람은 우리에게는 이것이, 다른 사람들은 반대로 말하겠지만, 이 책이나 교회문답집이 성서에서 나온다는 것을 공언할 의무를 의미할 뿐이라고 믿습니다. 그리고 로마 분파의 종교 교단에서 사람들은 그들의 교회에서 정립한 교리에 만족하지 않고 가르친 것보다 더 좁은 경계를 긋습니다. 이에 대한 증거가 (제가 틀리지 않다면,) 예수회 수장 클라우디오 아쿠아비바가 학교에서 가르치는 것을 금지한 명제들입니다.[279] (말이 났으니 말하자면,) 공의회, 교황, 주교, 수도원장, 학부가 결정하고 금지한 명제들의 체계적인 모음집을 만드는 것이 좋을 것입니다. 이것은 교회사에 도움이 됩니다. 견해를 가르치는 것과 견해를 신봉하는 것을 구별할 수 있습니다. 세상에는 한 사람을 동일한 의견에 머물도록 강제할 수 있는 서약도 없고 금지도 없습니다. 왜냐하면 견해들은 그 자체로 자의적이지 않기 때문입니다. 그러나 양심상 의무라고 느끼지 않는 한, 위험해 보이는 교리를 가르치는 것은 삼갈 수 있고 또 삼가야 합니다. 그리고 이 경우에 가르치는 임무를 받았을 때, 조용히 강제로 떠나게 할 수 있는 극단적 위험에 노출되지 않고 그것을 잘 할 수 있다고 가정하더라도, 솔직하게 의사를 표명하고 그 자리를 떠나야 합니다. 그리고 대중의 권리와 개인의 권리를 일치시키는 다른 방법은 없을 것 같습니다.

279) Claudio Acquaviva(1543~1615), *Ratio studiorum*(Neapel, 1599).

대중의 권리는 잘못 판단하는 것을 막아주어야 하고, 개인의 권리는 자신의 양심에 의해서 요구된 의무에서 면제될 수 없기 때문입니다.

§18 **필라레테스** "대중과 개인 간의 대립 그리고 또 다른 분파의 대중적 의견 간의 대립은 피할 수 없는 악입니다. 하지만 때로 이 같은 반대는 단지 가상일 뿐이고 단지 경구로만 구성되어 있습니다. 또한 인류를 정당하게 평가하기 위해서 저는 사람들이 보통 가정하는 것처럼 오류에 얽매여 있는 사람들이 그리 많지 않다는 것을 말해야 합니다. 저는 그들이 진리를 신봉한다고 믿지 않습니다. 하지만 그들이 많은 소문을 만든 학설에 대해서 실제로 절대적으로 긍정적인 의견을 가지고 있지 않기 때문에, 그리고 어떠한 검사도 하지 않고 정신에 문제가 되는 사안에 대해서 가장 피상적인 관념을 갖는 것도 아니기 때문에, 그들은 그들의 분파에 붙어 있기로 결심합니다. 왜 싸워야 하는지 이유를 검토하지 않는 군인들처럼 말입니다. 그리고 인간의 삶이 종교에 아무런 진지한 관심이 없다는 것을 보여주면, 그에게 지원을 얻어줄 수 있는 사람들에게 추천할 만하게 되기 위해서, 공통의 견을 지지하기 위해 준비된 손과 혀를 갖는 것으로 충분합니다."

테오필루스 당신이 인류에게 돌려준 정당성은 칭찬으로 바뀌지 않습니다. 그리고 인간들에게는 이해관계 때문에 위조된 의견을 따르는 것보다는 그들의 의견을 솔직하게 따르는 것이 더 용서할 만한 것입니다. 하지만 아마도 암시하는 것처럼 보이는 것보다는 인간의 행동에 진실성이 더 있을 것입니다. 왜냐하면 원인에 대한 지식이 없어도, 일반적으로 그리고 가끔은 맹목적으로 복종할 때 **절대적 신앙**에 이를 수 있습니다. 하지만 때로 진심으로 복종할 때 한때 권위를 인정받았던 다른 사람의 판단에 이를 수 있습니다. 사실상 거기서 발견되는 이해관계는 이 복종에 기여하지만 결국에 의견이 형성되는 것을 막지 못합니다. 로마 교회 사람들은 점차적으로 이 절대적 신앙에 만족합니다. 왜냐하면 그들은 아마도 절대적으로 **근본적인** 것으로 판단되고 '매개의 필연성에 의해서' 필연적인 것으로 간주하는, 즉 그것에 대한 믿음이 구원을 위한 절대적으로 필수적인 조건인, 계시에 의한 신앙개조를 가지고 있지 않을 것이기 때문입니다. 그리고 그들의 신앙개조는 모두 '가르침의 필연성에 의해서' 필연적인 것, 즉 사람들이 명명하는 것처럼, 필연적으로 교회에 복종하고 거기에 제안된 것을 [신의 일부인 것처럼] 모두 의무적으로 주목하라고 가르칩니다. 이 모든 것은 죽을죄의 벌을 받는 조건입니다. 하지만 이 교회의 가장 지식 있는 박사들에 따르면, 이 필연성은 단지 이성적인 유순함을 요구할 뿐 절대적으로 동의를 강제하지 않습니다. 그렇지만 벨라르미누스 추기경도 확립된 권위에 복종하는 어린아이의 신앙보다 좋은 신앙이 없다고 믿었고, 자주 들었던 이 공동체의 격언을 통해서 악마를 속이는, 죽어가는 자의 품의를 승인하면서 다음과 같이 이야기합니다.

> "나는 교회가 믿는 것은 모두 믿는다.
> 교회는 내가 믿는 것을 믿는다."[280]

280) Roberto Bellarmin(1542~1621), *De arte bene moriendi*(Antwerpen, 1620), II권, 9장. P. Barozzi, *De modo bene moriendi*(1531), II권에서 인용.

21장

학문의 분류에 관하여

§1 **필라레테스** 여기가 우리 여정의 끝입니다. 그리고 모든 지성의 작용이 해명되었습니다. 우리의 계획은 우리 지식의 세부 자체로 들어가는 것이 아닙니다. 하지만 여기서 끝내기 전에 학문의 분류를 고찰하면서 일반적인 검토를 해보는 것이 적절할 것 같습니다. "인간 지성의 영역에 포함될 수 있는 모든 것은 그 자체로 사물의 본성, 또는 두 번째로 그의 목적을 위해 그리고 특별히 그의 행복을 위해 행동하는 행위자의 자격을 가진 인간이고, 세 번째는 지식을 획득하고 전달하는 방법입니다. 그래서 지식은 세 종류로 구분됩니다." §2 "첫째는 물체와 수, 형태 같은 그것의 변용뿐만 아니라 정신, 신 자체, 그리고 천사도 포함하는 **자연학** 혹은 **자연 철학**입니다." §3 "둘째는 선하고 유용한 사물을 얻는 방법을 가르쳐주고 진리에 대한 지식뿐만 아니라 정당한 것의 실천을 목적으로 하는 **실천 철학** 혹은 **도덕학**입니다." §4 "마지막으로 세 번째는 **논리학** 혹은 기호에 대한 지식입

니다. λόγος(logos)는 말을 의미하기 때문입니다. 그리고 우리는 우리의 생각을 서로 전달하기 위해서뿐만 아니라 우리 자신의 사용을 기록하기 위해서라도 우리의 관념을 위한 **기호**가 필요합니다. 그리고 아마도 사람들이 분명하게 그리고 가능한 모든 정성을 다해 관념과 말로 전개되는 이 마지막 종류의 학문을 고찰했다면, 우리는 지금까지 보아왔던 것과는 다른 논리학과 비판을 가질 것입니다. 그리고 자연학, 도덕학 그리고 논리학, 이 세 종류의 학문은 지성 세계에서 전적으로 분리되고 서로 구별되는 세 개의 중대한 왕국과 같습니다."

테오필루스 이 분류는 고대인들에게도 이미 유명합니다. 왜냐하면 그들은 당신이 한 것처럼 **논리학**에 말과 우리의 생각에 대한 설명과 관련된 모든 것을 포함시키기 때문입니다. 즉 '말하는 방법(artes dicendi)' 말입니다. 하지만 여기에 문제가 있습니다. 추론하고 판단하고 발견하는 학문은 규정되지 않고 임의적인 것인 낱말의 어원과 언어의 사용에 대한 지식과 상당히 달라 보이기 때문입니다. 게다가 낱말을 설명할 때, 사람들은 사전에 나타나는 것처럼 학문 자체에서 경주해야만 합니다. 그리고 다른 쪽에서 동시에 개념을 정의하지 않아도 학문을 다룰 수 있습니다. 그러나 이 학문의 분류에서 발견되는 주요 문제는 각 부분이 전체를 삼켜버린다는 것입니다. 우선 도덕학과 논리학은 방금 말한 것처럼 일반적인 것으로 간주되는 자연학이 된다는 것입니다. 정신, 즉 지성과 의지를 가지고 있는 실체에 대해서 이야기할 때, 그리고 이 지성을 근본적으로 해명할 때, 당신은 논리학 전체와 관계하게 될 것이기 때문입니다. 그리고 정신 이론에서 의지의 권한인 것에 대해서 설명할 때, 선과 악, 행복과 불행에 대해서 이야기해야 할 것입니다. 이 이론을 충분히 진전시켜 모든 실천 철학에 관계하게 되는 것은 단지 당신에게 달려 있습니다. 그 대신 모든 것이 우리의 행복을 위한 것이기 때문에 실천 철학에 속할 수 있습니다. 당신도 알다시피, 사람들은 신학을 실천적 학문으로 간주하는 것이 합당하다고 생각합니다. 법학뿐 아니라 의학도 그런 것이 적지 않습니다. 따라서 이성이 제시하는 목적에 도달하는 모든 방법을 충분하게 설명하려고 한다면, 인간의 행복이나 우리의 선과 악에 관한 학설은 이 모든 지식을 흡수할 것입니다. 따라서 츠빙거는 그의 『인간 삶의 체계적 극장』에 모든 것을 포함시켰습니다. 바이어링은 그것을 알파벳 순서로 놓음으로써 흐트러뜨렸습니다.[281] 그리고 모든 주제들을 알파벳 순서에 따른 사전을 이용해서 다루기 때문에, (당신이 고대인들과 함께 논리학에 위치시킨) 즉 추론에 위치시킨 언어에 대한 이론은 순서대로 다른 두 영역을 점령할 것입니다. 따라서 여기에 싸움을 계속하고 있는, 당신이 말한 세 개의 큰 총체적 지식의 왕국이 있습니다. 왜냐하면 한 학문은 항상 다른 두 학문의 권리를 위협하기 때문입니다. 유명론자들은 진리들만큼이나 많은 개별적 학문들이 있다고 믿었고 사람들이 그 진리들을 어떻게 배열하는가에 따라 나중에 전체를 구성하게 된다고 믿었습니다. 다른 사람들은 우리의 지식 전체를 전체가 한 개이고 오직 임의의 선으로만 칼레도니아 해, 대서양, 에티오피아 해, 인도양으로 나눠지는 대양에 비교합니다. 하나의 동일한 진리가 그것이 포함하는 개념에 따라, 또 매개념이나 그 진리의 원인에 따라, 그리고 그 진리가 가질 수 있는 잇단 연결과 작용에 따라 다른 장소에 위치할 수 있다는 것은 통상적으로 알려져 있습니다. 하나의 단순 정언 명제는 두 개의 개념

281) Theodor Zwinger, *Theatrum vitae humanae*(Basel, 1586~1587), C. Lycosthenes의 자료 이후에, J. Zwinger가 1604년에 재편집했고, Laurent Beyerlinck에 의해서 *Magnum theatrum vitae humanae, hoc est, rerum divinarum, humanarumque syntagma catholicum, philosophicum, historicum, dogmaticum*(Köln, 1631)으로 출판되었다.

을 가지지만, 가설적 명제는 네 개의 개념을 가질 수 있습니다. 합성 진술에 대해서는 말할 것도 없습니다. 기억할 만한 역사는 일반 역사의 연대기에, 그 역사가 일어난 나라의 [개별적] 역사에, 그리고 그 역사와 관련이 있는 사람의 삶의 역사에 자리할 수 있습니다. 그리고 그것이 어떤 훌륭한 도덕규범, 어떤 전술, 그리고 생활의 편리와 인간의 건강에 도움이 되는 기술을 위한 어떤 유용한 발견과 관련이 있다고 가정하면, 이와 같은 역사를 관련된 학문과 기술에 연관시키는 것은 유익할 것입니다. 그리고 또 우리는 이 학문에서 두 부분을 언급할 수 있습니다. 즉 그 학문의 실제적 성장을 설명하기 위해서 학과의 역사에 대해서 언급할 수 있고, 또 예를 들어 확인하거나 해명하기 위해서 원칙에 대해서 언급할 수 있습니다. 예를 들어 시메네스 추기경의 삶에 대해서 이야기하는 것은 매우 적절합니다.[282] 무어 여성은 소모열로 인해 거의 절망적이던 그를 문지르는 것만으로 치료했는데, 소모열 분야뿐만 아니라 실습을 포함하는 의학적 식이요법을 다루는 분야에서도 의학계에 자리를 받을 자격이 있을 것입니다. 그리고 이런 관찰은 이 병의 원인을 발견하는 데에도 더 도움이 될 것입니다. 사람들은 또 치료법을 발견하는 기술을 다루는 의학의 논리학에 대해서 그리고 어떻게 치료법이 인간의 지식이 되었는지 알려주는 의학의 역사에 대해서 이야기할 수 있을 것입니다. 그리고 단순한 경험자의 도움을 받고 심지어 사기꾼의 도움을 받는 경우도 매우 빈번합니다. 전체를 의사가 아닌 작가들로부터 이끌어낸 『고대 의학에 관하여』라는 좋은 책에서 베베르베이크는 근대 작가들까지 포함시켰다면, 자신의 작품을 더 잘 만들 수 있었

282) A Gomez de Castro, *De rebus gestis a Francisco Ximenio*(1569), II권을 따라 E. Fléchier, *Histoire du Cardinal Ximenès*(1693) 참조.

을 것입니다.[283] 이로부터 하나의 동일한 진리는 그것이 갖는 다양한 관계에 따라 많은 장소에 있을 수 있다는 것을 알 수 있습니다. 그리고 도서관을 정리하는 사람들도 아주 가끔씩, 자리를 찾지 못한 책들을 똑같이 적절한 둘 혹은 세 자리 중에 어디에 놓을지 모르는 경우가 있습니다. 하지만 지금 개별적 사실들, 역사와 언어는 제쳐두고 일반론에 대해서만 이야기해봅시다. 저는 모든 이론적 진리들의 두 주요한 정리 방식을 찾습니다. 그 각각이 장점을 가지고 있고, 또 결합하기 좋은 방식 말입니다. 하나는 수학자들이 하는 것처럼 증거의 순서에 따라 진리들을 정리하는 **종합적**이고 **이론적**인 방식입니다. 그러면 각각의 명제는 그것이 의존하는 증거에 따라 나옵니다. 다른 정리 방식은 **분석적**이고 **실천적**인 방식입니다. 이것은 인간의 목적, 즉 그것의 절정이 행복인 선으로 시작하고 순서에 따라 이 선을 얻고 반대되는 악을 피하는 방법을 탐구하는 것입니다. 그리고 이 두 가지 방식은, 어떤 사람이 개별 학문에서 그것을 적용했던 것처럼, 일반적으로 지식의 총체에 자리하고 있습니다. 유클리드가 종합적으로 하나의 학문으로 취급했던 기하학을 다른 사람들은 하나의 기술로 취급했음에도 불구하고 그 기술의 발견 또한 보여주었던 형식으로 인해서 증명적인 기술로 취급될 수 있었습니다. 어떤 사람이 모든 종류의 평면 도형을 측정하려고 할 때, 직선으로 시작해서 그것이 삼각형으로 나눠질 수 있고, 각 삼각형은 평행 사변형의 절반이고, 평행 사변형은 직사각형으로 바뀔 수 있고 직사각형의 측정은 쉽다는 것을 알게 되는 것처럼 말입니다. 하지만 이 두 방식을 한꺼번에 사용해서 모든 지식에 대한 백과사전을 쓰려고 한다면, 반복을 피하기 위해 참조 수단을 사용할 수 있습니다. 이 두 가지 방

283) J. van Beverwijck(1594~1647), *Idea medicium veterum*(Leiden, 1637).

식에 **개념명사에 따르는 세 번째** 방식을 추가해야 합니다. 이것은 사실 모든 민족들에 공통적인 특정한 범주에 따라 혹은 지식인들 사이에서 인정된 언어에 따라 알파벳 순서로 개념들을 정리한 일종의 체계적인 **일람표**입니다. 이제 이 일람표는 그 개념을 충분히 주목할 만한 방식으로 포함하고 있는 모든 명제들을 한꺼번에 발견하는 데 필수적일 것입니다. 진리들이 그것의 기원이나 그것의 활용에 따라 정리되는 이전의 두 방법에 따르면, 하나의 동일한 개념과 관련된 진리들은 한꺼번에 발견될 수 없기 때문입니다. 예를 들어 각의 절반을 찾는 법을 가르칠 때, 제삼의 것을 찾는 방법을 추가하는 것은 유클리드에게 허용되지 않았습니다. 왜냐하면 그는 그 자리에서 알 수 없었던 원뿔곡선에 대해서 이야기해야 하기 때문입니다. 하지만 일람표는 같은 주제와 관련된 중요한 명제들이 발견되는 자리를 지시할 수 있고 또 지시해야 합니다. 그리고 기하학은 우리에게도 발견을 용이하게 할 뿐 아니라 학문을 증진시키는 데에도 큰 유용성이 있지만, 이런 **일람표**를 결여하고 있습니다. 왜냐하면 그것은 기억의 짐을 덜어주고 이미 다 발견된 새로운 것을 찾는 수고를 덜어주기 때문입니다. 그리고 이 일람표는 추론하는 기술이 영향력이 적은 다른 학문들에서 더 강력한 근거로 사용되고 특히 의학에서 극단적으로 필요합니다. 이 일람표를 만드는 기술은 가장 질 낮은 기술이 아닙니다. 이제 이 세 가지 정리 방식을 고찰하면서 저는 그 방식들이 당신이 되살린 고대의 분류와 상응한다는 것이 신기합니다. 즉 학문 혹은 철학을 이론적, 실천적, 논증적으로 나누거나 아니면 자연학, 도덕학 그리고 논리학으로 나누는 것 말입니다. 종합적 방식은 이론에 해당하고 분석의 방식은 실천에 그리고 개념에 따르는 일람표의 방식은 논리학에 해당하기 때문입니다. 따라서 이 고대의 분류를 제가 방금 설명한 것처럼 이 방식들로 이해한다면, 그 분류는 매우 잘 맞습니다. 즉 구별되는 학문이 아니라 반복하는 것이 적절하다고 판단하는 만큼 동일한 진리들을 다양하게 배열하는 방식으로 말입니다. 학부와 직업에 따른 **민간의 학문 분류**도 있습니다. 이것은 대학과 장서의 정리에 사용됩니다. 최고는 아니지만 가장 광범위한 도서목록을 남긴 드라우디우스[284]와 그의 후계자 리페니우스[285]는 매우 체계적인 게스너의 『법전』[286]의 방식을 따르는 대신 (사람들이 명명하는 것처럼) 신학, 법학, 의학 그리고 철학의 네 학부에 따라 (거의 서적 상인처럼) 주제의 큰 분류를 사용하는 데 만족했습니다. 그리고 책의 등록 면에 나타나는 주요 개념들을 알파벳 순서대로 각 학부의 이름에 따라 배열했습니다. 이것은 작가들의 부담을 덜어주는 것입니다. 그들이 책을 읽을 필요도 없고, 책이 다루고 있는 주제를 이해할 필요도 없기 때문입니다. 하지만 유사한 의미로 제목의 참조 표시를 만들어주지 않는 한, 그것은 다른 사람들에게 도움이 되지 않습니다. 왜냐하면 그들이 행할 많은 실수에 대해서는 말하지 않아도, 하나의 동일한 것이 다양한 이름으로 불리는 것을 볼 것이기 때문입니다. 예를 들어, 법적 고찰(observationes juris), 잡문집(miscellanea), 추측(conjectanea), 선집(electa), 반년지(semestria), 동의할 만한 것(probabilia), 탁월한 설명(benedicta), 그리고 다른 많은 제목들처럼 말입니다. 법률가들의 그런 책들은 단지 로마

284) Georges Draudius(1572~1635), *Bibliotheca classica sive catalogus officinalis, in quo singuli singularum facultatum ac professionum libri secundum artes et ordine alphabetico recensentur*(1625).

285) Martin Lipenius(1630~1682), *Bibliotheca realis juridica*(1679); *Bibliotheca realis medica*(1679); *Bibliotheca realis philosophica*(1682); *Bibliotheca realis theologica*(1685).

286) Conrad Gesner(1516~1565), *Pandectarum sive partitionum unniversalium libri XXI*(1548~1549).

법을 혼합한 것에 불과합니다. 주제에 따른 체계적 정리가 의심의 여지없이 가장 좋은 것도 이런 이유 때문입니다. 그리고 거기에 개념과 작가에 대한 아주 포괄적인 알파벳 순서의 색인을 추가할 수 있습니다. 네 학부를 따르는 인정받는 민간의 분류를 무시해서는 안 됩니다. **신학**은 영혼과 양심에 의존하는 한, 영원한 행복과 그것이 가지고 오는 모든 것을 다룹니다. 이것은 사람들이 '내부의 법정'이라고 말하는 것과 관련이 있고 실체와 비가시적 지성을 사용하는 일종의 법학과 같습니다. **법학**은 정부와 법을 대상으로 하며, 사람들이 외부적인 것과 감각 가능한 것을 통해서 그것에 기여할 수 있는 한, 그것의 목적은 인간의 행복입니다. 하지만 법학은 주로 정신의 본성에 의존하고 있는 것하고만 관계할 뿐 물체적 사물의 세부로 깊이 들어가지 않습니다. 법학은 이 물체적 사물을 수단으로 사용하기 위해서 그것의 본성을 가정합니다. 그래서 법학은 즉시 인간 신체의 건강, 활력 그리고 완전성과 관련된 중대한 문제의 책임을 면하고, 그것에 대한 책임은 **의학**부에 할당됩니다. 어떤 사람들은 특정한 근거를 가지고 다른 학부들에 **경제학부**를 추가할 수 있다고 믿습니다. 경제학부는 수학적 방법과 기계론적 방법, 그리고 인간의 존속과 생활의 편리에 관한 세부적 요소와 관계된 모든 것을 포함합니다. 그리고 여기에 **농업**과 **건축**이 포함될 것입니다. 하지만 사람들은 고등 학부라고 부르는 세 학부가 포함하지 않는 모든 것을 철학부로 넘깁니다. 이것은 상당히 잘못된 것입니다. 왜냐하면 이것은 다른 학부에서 가르치는 사람들이 할 수 있는 것처럼 이 네 학부에 속한 사람들에게 실습을 통해서 자신들을 개선할 방법을 주지 않기 때문입니다. 그래서 아마 수학을 제외하고, 사람들은 철학부를 단지 다른 학부의 입문 정도로 여깁니다. 그래서 사람들은 청년이 거기서 역사와 말하는 방법, 그리고 신과 인간의 법에서 독립적인 자연 신학과 법학의 어떤 기초를 배운다고 생각합니다. 이것은 형이상학이나 정신론, 도덕학과 정치학이라는 제목으로 가르치고 젊은 의사들에게 도움을 주기 위해 약간의 자연학도 배웁니다. 이것이 학문을 가르치는 지식인들의 직업과 단체에 따르는 민간의 학문 분류입니다. 다른 방식이 아니라 그들의 대화를 통해서 대중을 위해서 일하고, 지식의 진가가 제대로 평가될 때, 진정한 학자들에 의해서 인도되어야 하는 사람들의 직업에 대해서는 말할 것도 없습니다. 그리고 또한 더 정교한 육체노동의 기술에서 지식은 활동과 매우 긴밀하게 연결되어 있고, 그 연결은 앞으로 더 심해질 수 있습니다. 실제로 의학에서는 예전의 고대 의학(그때 의사는 외과의사일 뿐만 아니라 약사이기도 했습니다)뿐만 아니라 오늘날의 의학, 특히 화학자들에게서 지식과 활동을 함께 결합합니다. 이 실천과 이론의 결합은 전쟁에서도 나타나고 화가, 조각가, 음악가와 같이 수련(修鍊)이라고 부르는 것을 가르치는 사람들에게서 그리고 다른 종류의 대가들에게서 나타납니다. 그리고 이 모든 직업과 기술과 또 일들의 원리를 철학자들이나 어떤 다른 학부의 학자들이 실질적으로 가르친다면, 이 학자들은 실제로 인류의 스승이 될 것입니다. 하지만 문학과 청년에 대한 교육, 그리고 결국에는 정치에서 현재 상태의 많은 것들이 바뀌어야 합니다. 그리고 1, 2세기 동안 얼마나 많은 사람들이 지식에서 발전했는지, 그리고 더 행복해지기 위해 비교할 수 없을 정도로 더 멀리 나아가는 것이 그들에게 얼마나 쉬웠는지 고찰할 때, 신이 인류의 유익을 위해서 세울 수 있는 어떤 위대한 군주 아래서 평온한 때에 사람들이 어떤 주목할 만한 개선에 이르게 될 것이라는 희망을 저는 버리지 않습니다.

옮긴이 해제

1. 라이프니츠의 생애와 주요 저작

라이프니츠(Gottfried Wilhelm Leibniz)는 30년 전쟁이 종식되기 2년 전인 1646년 7월 1일 독일 라이프치히에서 태어났다. 그의 아버지, 프리드리히 라이프니츠(1597~1652)는 법조인이었으나 1640년부터 라이프치히 대학교의 도덕철학 교수를 지냈고, 그의 어머니 카타리나 슈무크(1621~1664)는 라이프치히의 유명 법조인 집안의 딸이었다. 라이프니츠가 아직 어릴 때 아버지가 돌아가시자 어린 라이프니츠는 아버지가 남긴 서재를 자신의 놀이 공간으로 삼아 독학으로 라틴어와 그리스어를 익히고, 아리스토텔레스의 논리학에 관한 서적들을 읽었으며, 12세부터는 논리학의 문제에 열중했다. 이때 그는 향후 연구하게 될 '인간사고의 알파벳'을 찾는 계획과 개념을 분석하고 기호를 사용해서 새로운 지식을 발견하고 증명하는 계획을 세웠고, 보편적으로 적용될 수 있는 기호체계에 대한 구상을 시작했다고 한다.

15세가 되기도 전에 라이프니츠는 라이프치히 대학에서 철학 공부를 시작했는데 주로 스콜라 철학의 문제들을 고민하다가 『개체의 원리에 관하여(*De principio individui*)』라는 논문으로 야코프 토마지우스[1]에게서 학사학위를 받았다. 그 논문에서 다루었던 존재, 개체, 일체의 관계에 대한 문제는 향후 그의 철학 여정의 주요 주제가 된다. 이 당시 라이프니츠는 베이컨, 케플러, 갈릴레이, 데카르트의 저작들을 접하게 되면서 근대의 새로운 사상에 눈을 뜨게 된다. 그 후 라이프니츠는 예나 대학에서 한 학기 동안 수학자이자 자연학자인 에르하르트 바이겔의 수학 강의를 들었고, 그에게서 수를 통해서 특징지어질 수 있는 세계의 조화에 대한 시각을 얻게 된다. 라이프치히로 돌아온 청년 라이프니츠는 1663년 10월부터 법학 수업을 시작했다. 1664년에서 1666년까지 세 편의 법학과 철학을 융합한 논문들로 철학 석사와 법학 학사를 한 라이프니츠는 19세의 나이에 『조합법에 관한 논고(*Dissertatio de arte combinatoria*)』를 출판하면서 이름을 알리기 시작했다. 라이프치히 대학에서 단지 나이가 어리다는 이유로 박사학위 신청이 허용되지 않자 그는 뉘른베르크의 알트도르프 대학으로 옮겨 『법학에서 복잡한 사례들에 관하여(*De casibus perplexis in jure*)』라는 논문으로 탁월한 능력을 인정받으며 법학 박사학위를 받았다. 알트도르프 대학은 이 젊고 유능한 인재에게 교수직을 제안하지만 라이프니츠는 이를 거절하고, 철학과 여러 학문들을 실질적으로 개혁하는 계획을 실행할 수 있는 일을 찾았고 제후들에게 도움을 주는 일을 하면서 그 계획을 실천하고 싶어 했다.

1) Jakob Thomasius(1622~1684): 라이프치히 대학교 철학 교수, 철학역사가. 독일 계몽 시대의 초기 사상가로 알려져 있는 크리스티안 토마지우스(Chrisitan Thomasius)의 아버지이다.

뉘른베르크에 머무는 동안 잠시 장미십자회에서 연금술을 접하기도 했지만 라이프니츠는 바로 마인츠로 가서 당시의 제후 쇤보른(Johann Christian Schöborn)에게 자신의 법학 저술『법학을 배우고 가르치는 새로운 방법(*Nova methodus discendae docendaeque jurisprudentiae*)』을 헌정하고 그로부터 모든 그리스도교 국가에 영향을 미칠 수 있는 법전을 새로 쓰는 임무를 부여받는다. 마인츠에 머무는 동안 라이프니츠는 자연권과 신학, 철학의 문제에 몰두했고 신구교의 통합 문제에 많은 관심을 가졌다. 이런 관심은 그의 말년까지 이어졌지만 교회통합의 문제는 결실 없이 끝났다. 이 시기 라이프니츠는 근대 개혁적 철학자들의 문제를 지적하며『무신론자들에게 반대하는 자연의 고백(*Confessio naturae contra atheistas*)』(1668~1669)을 썼고, 개신교와 가톨릭에서 모두 수용될 수 있는 그래서 신구교의 통합이 가능하다는 것을 이론적으로 보여주는『가톨릭 증명(*Demonstrationes catholicae*)』(1668~1669)이라는 일련의 단편들을 썼다. 마인츠 시절 라이프니츠의 관심은 여기에 머물지 않았다. 그는 영국과 프랑스의 학술원에 상응하는 독일 학술원을 설립할 계획을 세웠고 이 계획은 이후 베를린 학술원의 창립으로 이어진다. 또한 그가 계획했던 지식의 체계화와 학문의 조직화는 이후 보편적 학문, 즉 체계화된 논리학과 기호이론으로써 일반학(Scientia generalis) 기획과 보편기호법(Characteristica universalis) 기획으로 이어지게 된다.

1672년 라이프니츠는 이집트 계획(Consilium Aegyptiacum)이라는 비밀 임무를 가지고 파리로 간다. 그 임무는 네덜란드와 독일을 향한 프랑스 루이 14세의 확장전쟁을 이집트 쪽으로 돌리는 것이었다. 그것을 통해 터키의 위협에서 유럽을 지키고 태양왕의 정복전쟁을 종식시켜 유럽의 평화를 지키려는 것이었다. 하지만 그의 정치 외교적 임무는 성공하지 못했다.

파리로 떠나기 전 라이프니츠는 법학, 신학, 철학 외에 자연학에 대한 관심으로 『새로운 물리학 가설(*Hypothesis physica nova*)』(1670)과 『추상 운동 이론(*Theoria motus abstracti*)』(1671)을 쓰기도 했다. 하지만 그는 파리에 도착하자마자 근대 수학과 물리학의 발전에 비해 자신이 얼마나 부족한지 깨닫게 된다. 하위헌스의 도움으로 프랑스 학술원 회원들과 교제하고 파스칼과 데카르트의 미발간 원고를 읽으며 자신의 부족한 부분을 빠르게 채웠고, 오래지 않아 근대 수학의 발전에 큰 기여를 하기에 이르렀다. 이때 그는 무한급수의 문제를 넘어 미적분 계산법 발견에 이르는 수학적 업적의 발판을 마련하게 된다. 미적분 계산법 발견과 관련하여 1690년에는 뉴턴 추종자의 표절시비로 유명한 우선권 분쟁이 야기되었다. 영국의 왕립학회는 1712년 라이프니츠에게 불리한 판결을 내렸다. 당시 런던과 파리는 유럽 학문의 중심지였던 반면 독일은 전쟁 후 불안정한 정치적 상황에 처해 있었고 철학은 아직 스콜라 철학을 벗어나지 못하고 있었으며, 수학과 물리학 등에서 뒤처져 있어 앞서가는 영국 왕립학회의 결정을 어찌할 수 없었다. 하지만 현재 전 세계에서 사용되는 미적분 계산법은 라이프니츠의 방식이다. 실제로 세상에 먼저 발표한 것은 라이프니츠의 계산법이었고, 계산 방식 또한 라이프니츠의 방식이 더 단순해서 더 쉽고, 이미 더 많이 알려졌기 때문이다.

1673년에는 평화-외교적 목적으로 방문한 런던에서 왕립학회의 서기관 헨리 올덴부르크를 만나게 되는데, 그의 소개로 왕립학회에서 사칙연산이 모두 가능한 자신의 계산기를 선보이고 이를 계기로 왕립학회 회원 자격을 얻기도 했다. 파리로 다시 돌아온 라이프니츠는 신의 정의에 관한 자신의 신학-철학적 아이디어를 정리해 『철학자의 고백(*Confessio philosophi*)』이라는 대화편을 썼지만 생전에 출판되지는 않았다. 거기서 변신론 문제를 해결하는 그의 핵심적 견해는 신이 무한하게 많은 가능 세계 중에 최선의 세계를 선택하고 창조할 때, 악의 허용은 피할 수 없는 일이라는 것이다. 이 핵심적 아이디어는 이후 완성된 철학적 체계를 바탕으로 1710년 대중적 목적으로 발간한『변신론(*Essais de Theodicée*)』(1710)[2]의 토대가 된다. 파리 체류는 재정적 문제로 인해 1676년에 마감된다. 하지만 파리에서 만난 하위헌스, 콜베르. 말브랑슈, 아르노와 런던에서 알게 된 올덴부르크, 보일, 뉴턴으로부터 받은 자극은 이후 펼쳐지는 그의 철학과 수학 연구에 큰 영향을 미쳤다. 특히 파리 체류 기간 동안 쓴 형이상학적 단편 묶음인『최상의 것들에 관하여(*De summa rerum*)』는 라이프니츠의 고유한 형이상학 체계가 형성되는 과정을 보여주는 중요한 저작이다.

라이프니츠는 파리에서 돌아오는 길에 런던과 암스테르담을 경유하면서 스피노자와 현미경을 발명한 레이우엔훅을 만나고, 1676년 말 하노버에 도착했다. 거기서 도서관 관장으로 또 브라운슈바이크 공작의 정치외교 궁정자문관으로 일하면서 자신의 고유한 철학체계를 완성해간다. 하노버에 머무는 동안 라이프니츠는 하르츠 광산의 물을 빼는 기술적 작업에 수십 차례 참여했지만 결국 성공하지 못했다. 하지만 하르츠 광산에 다니던 1680년에서 1686년 사이에 새롭게 발간된 라이프치히 저널 *Acta Eruditorum*에 많은 논문을 발표한다. 그중「최대와 최소를 위한 새로운 방법(Nova methodus pro maximis et minimis)」(1684)은 미분법을 알린 논문이고,「인식, 진리 그리고 관념에 관한 성찰(Meditationes de cognitione, veritate et ideis)」(1684)은 라이프니츠 인식론의 기초를 제공한 논문이며,「데카르트의 기억할 만한 오류에 대한 짧은 증명(Brevis demonstratio erroris

2) 라이프니츠,『변신론』, 이근세 옮김(아카넷, 2014).

memorabilis Cartesii)』(1686)은 데카르트의 운동량 보존의 법칙(*mv*)을 비판하고 mv^2 공식을 이용해 오늘날 에너지 보존의 법칙에 해당하는 힘의 보존을 증명한 논문이다.

하르츠 광산의 배수 작업이 좌초되고 난 후 라이프니츠는 궁정사가로서 브라운슈바이크-뤼네부르크 가문의 역사를 쓰는 일을 맡게 되었다. 이 일로 라이프니츠에게는 독일 남부를 비롯해 빈, 로마, 나폴리를 여행할 기회가 생겼는데, 그는 이것을 그곳에 있는 많은 지식인들과 교류할 수 있는 기회로 받아들였고 이 도시들을 돌며 가문에 관한 각종 문헌과 증서, 문서들을 수집하면서 집필을 계속했다. 1689년에 이탈리아 여행 도중 뉴턴의 『자연철학의 수학적 원리』를 처음 접했고 여백에 메모를 하면서 읽었다고 한다. 이를 계기로 뉴턴의 역학에 대적할 만한 자신의 운동법칙에 관한 논고를 쓰기 시작했는데, 이것이 그때까지 거의 연구되지 않은 『동역학(*Dynamica*)』이다. 이 작업은 오랫동안 완성되지 않았고 끝내 완성하지 못한 것으로 알려졌다. 그 대신 1695년에 라이프니츠는 자신의 동역학의 개요라 할 수 있는 『동역학 견본(*Specimen dynamicum*)』을 발표한다. 또한 이탈리아 여행 동안 지질학에 대한 관심으로 지구의 자연사라 할 수 있는 『원시지구(*Protogaea*)』라는 책을 쓰기도 했다. 여행에서 돌아온 라이프니츠는 자신의 동역학과 철학을 바탕으로 뉴턴을 대변하는 새뮤얼 클라크와 서신 교환을 통해 논쟁을 하는데, 여기서 그는 뉴턴의 생각과 달리 시공간의 상대성을 주장하고, 모든 경험과학에서 충족이유율을 전제할 필요성에 대해서 역설했다.

라이프니츠가 하노버 궁정에서 모셨던 아우구스트(Ernst August) 공작은 그의 학문적 열정에 관심이 없었다. 그를 지원하고 후원한 것은 공작부인 조피(Herzogin Sophie)와 나중에 프로이센의 여왕이 되는 그녀의 딸 조피 샤를로테(Sophie Charlotte)였다. 특히 조피 샤를로테는 라이프니츠가 청년기부터 기획했던 학술원을 설립할 수 있도록 적극적으로 지원했고, 그 결과 1700년 드디어 베를린에 프로이센 학술원을 설립할 수 있었다. 라이프니츠는 자신이 설립한 학술원의 종신 원장으로 임명되었다. 라이프니츠는 그 외에도 작센 학술원과 제국 학술원도 설립하려고 했으나 재정적 지원을 받지 못해 그 계획은 무산되었다. 또한 그는 러시아의 표트르 대제를 설득하여 러시아에도 학술원을 설립하려고 했는데, 이것은 그의 사후 현실화되었다. 라이프니츠의 넘쳐나는 학문적 관심은 저 멀리 중국에까지 미쳤고 이탈리아 여행 때 알게 된 그리말디 같은 예수회 선교사들에게서 중국의 종교와 학문, 문화, 언어 등에 대해 듣게 되었다. 그 교류로 라이프니츠는 학문이나 도덕 면에서 유럽보다 더 뛰어난 나라가 있다는 것, 그리고 그리스도교의 신을 알지 못해도 더 훌륭한 도덕 철학을 가지고 있다는 사실에 적잖게 놀랐고, 중국에 대한 연구에 몰두하게 되었으며, 『최신 중국학(*Novissima Sinica*)』(1697)이라는 책을 출간하기도 했다. 또한 중국 선교의 임무를 띠고 중국으로 간 선교사들과 주고받은 서신들은 최근 그 전체가 편집 출판되어 향후 연구할 가치가 큰 저작이 될 것으로 보인다.

1698년 하노버 궁정에서 아우구스트가 사망하자 그의 아들 게오르크 루트비히(Georg Ludwig)가 그 뒤를 이었다. 1714년 게오르크 루트비히는 후손이 없이 죽은 앤 여왕의 뒤를 이어 영국의 왕(조지 1세)으로 추대되어 런던으로 떠나게 되었는데 라이프니츠가 영국에 동행하는 것을 허락하지 않았다고 한다. 그는 라이프니츠를 필요할 때는 없는, 허구한 날 제멋대로 허락도 없이 여행을 다니는 살아 있는 백과사전이라며 탐탁지 않게 여겼기 때문이다. 라이프니츠의 입장에서는 영국으로 가는 것이 여러 나라의 학자들과 지식인들을 만나 학문적 대화를 나눌 수 있는 기회였겠지만 결국 하노버에 남게 되었고 쓸쓸하게 말년을 보내다 1716년 11월 14일 그의 삶과 학문 여정을 마감했다.

라이프니츠는 자신의 고유한 철학 체계를 구축하는 과정에서 다른 근대 철학자들과 달리 아리스토텔레스와 플라톤이 남긴 고대의 위대한 유산을 적극 수용했고, 데카르트와 홉스의 기계론 철학을 인정하면서도 그들이 부정한 스콜라 철학의 장점도 부분적으로 인정했다. 그래서 혹자는 라이프니츠 철학을 절충주의라고 부르기도 한다. 하지만 전문가들은 라이프니츠 철학의 절충적 성격은 그가 공부를 너무 많이 했기 때문이라고 옹호하기도 한다. 여하튼 라이프니츠는 동시대의 철학자들이 배격한 목적론적 세계관을 받아들이고 아리스토텔레스-스콜라 철학의 실체적 형상 개념을 재도입함으로써 근대 기계론의 문제들을 해결하는 일을 고민했고, 자신의 고유한 철학적, 자연학적 입장을 정립해나갔다. 입자론 철학을 인정하면서도 원자론과 빈 공간을 거부하고, 문제가 되지 않는 정신이나 영혼의 실체성보다는 해명하기 쉽지 않았던 문제인 물질의 본성과 물체의 실체성 문제에 대한 자신의 견해를 구축했다. 개체의 실체성과 그것의 동역학적 힘에 대한 고찰, 그리고 이것들이 신과 세계와 맺고 있는 관계에 대한 철학 체계가 전체적으로 정립되어 나타난 것이 『형이상학 논고(*Discours de métaphysique*)』(1686)[3]이다. 더불어 같은 해 등장한 『개념과 진리의 분석에 관한 일반 탐구(*Generales inquisitiones de analysi notionum et veritatum*)』는 논리학과 개념론 연구의 결실이었다. 그리고 『형이상학 논고』의 개요를 당

3) 라이프니츠, 『형이상학 논고』, 윤선구 옮김(아카넷, 2010). 이 책에는 「인식, 진리 그리고 관념에 관한 성찰」, 「동역학 시범」, 「새로운 체계」, 「모나드론」, 「자연과 은총의 원리」도 포함되어 있다.

대 최고의 신학자이자 철학자였던 아르노에게 보내 그와 3년 동안 주고받은 서신은 『형이상학 논고』를 이해하는 데 중요한 해설서 역할을 한다.[4] 아르노와의 서신을 바탕으로 1695년 영혼과 신체의 합일에 관한 『새로운 체계(*Systeme nouveau*)』를 학술지에 발표함으로써 그의 전체 형이상학 체계가 처음으로 세상에 알려지게 되었다. 얼마 지나지 않아 그의 형이상학과 철학 체계를 대표하는 모나드, 예정조화 등의 용어가 등장하기 시작하는데, 이것은 그의 형이상학 개요라 할 수 있는 『모나드론(*Monadologie*)』과 『자연과 은총의 원리(*Principes de la nature et de la grâce*)』를 구성하는 핵심 개념이 된다.

라이프니츠는 서신을 통해 자신의 철학을 알리고 서신을 쓰면서 자신의 철학을 체계적으로 기록한 철학자라고 할 수 있다. 그는 1,100여 명의 수신인에게 1만 5,000여 통의 서신을 보냈고, 그 양도 거의 20만 장에 달한다. 역사상 유례없이 많은 서신을 남긴 이 철학자의 서신들은 현재 세계기록유산으로 지정되어 있다. 그가 이렇게 편지를 많이 쓴 것은 당대 지식과 학문을 이끌어가던 런던과 파리를 경험한 후 독일에 거주하는 철학자에게는 뛰어난 학자들과 대화할 기회가 적다고 생각했고, 혼자서 자신의 사유만을 기록하는 철학보다는 토론하고 논쟁하는 학문을 즐겼기 때문이다. 자신의 체계를 완성한 후 라이프니츠는 또다시 자신의 견해를 자세히 설명하는 몇몇 서신을 남겼는데, 그중 내용과 분량 면에서 중요한 서신으로는 1698년부터 시작된 레이던 대학의 교수 드 볼더(Burcherus de Volder, 1643~1709)와의 서신이 있고, 1706년부터 시작된 예수회 신학자 데 보스(Bartholomäus des Bosses, 1668~1738)와의 서신이 있다. 라이프니츠는 데카

4) 라이프니츠, 아르노, 『라이프니츠와 아르노의 서신』, 이상명 옮김(아카넷, 2015).

르트주의자인 드 볼더에게 자신의 동역학과 실체 개념 그리고 동역학과 형이상학의 관계에 대해 수차례 매우 자세하게 설명하는 서신을 보낸다. 그렇지만 그를 설득하지는 못했다. 그리고 데 보스와의 서신에서는 자신의 철학과 아리스토텔레스 철학이 일치하는 원리에 대해서 그리고 존재, 일체, 연속, 무한 개념에 대해서 상세한 설명을 남겼다. 이런 서신들에서 동일한 견해를 취하면서도 라이프니츠는 설명 방식과 태도, 사용하는 용어가 달랐다. 그가 서신 상대자에 따라 같은 견해를 다른 언어로 상대자의 경향에 맞춰 서신을 썼다는 것은 현대 연구자들이 인정하는 사실이다. 그런 점에서 라이프니츠의 성숙기 철학을 이해하는 데 드 볼더와의 서신과 데 보스와의 서신을 비교해보는 것은 매우 흥미로운 일이다. 또한 이 서신들은 라이프니츠의 주저라 할 수 있을 만큼 중요한 저작이다. 라이프니츠 사후 알려졌지만 서신 교환 시기를 보면 그 내용이 라이프니츠 철학이 완성된 시기의 견해라고 할 수 있고, 또 다른 저작에서는 볼 수 없는 자세한 해설을 볼 수 있기 때문이다.

2. 『신인간지성론』의 탄생 배경[5]

하노버 궁정의 조피 공작부인과 조피 샤를로테와 많은 대화를 나누면서 라이프니츠는 자신의 철학을 대중적으로 알릴 수 있는 책을 출판할 결심을 하게 되고 그로 인해 탄생한 것이 『신인간지성론(*Nouveaux Essais sur*

5) 이 탄생 배경은 A. Robinet, H. Schepers, Introdution, in: *Nouveaux Essais: Sämtliche Schriften und Briefe* VI, 6, XVII-XXVII(Berlin, 2006)(아카데미판의 서문)을 참고했다.

l'entendement humain)』(1703~1705)과 『변신론』이다. 『변신론』은 1710년에 출간되었지만 『신인간지성론』은 생전에 출간되지 않았다. 이 책이 처음 세상에 알려진 것은 1765년 라스페(R. E. Raspe)가 라이프니츠 사후 그의 원고들을 모아 *Œuvres philosophiques latines et françaises*(Amsterdam, Leipzig)라는 제목으로 출간한 책의 1~496쪽에 포함되었을 때였다. 그 후 1882년 게르하르트가 편집한 *Philosophische Schriften* 중 5권으로 출판되면서 널리 연구되고 다양한 언어로 번역되기 시작했다.

1690년 로크의 『인간지성론』이 출판되고 나서 라이프니츠가 적어도 5년 안에 그 일부를 구해 읽었다는 것이 확인된다. 라이프니츠는 토머스 버넷(Thomas Burnett)에게 보낸 서신(1696년 3월 7일)에서 대략 1695년부터 로크의 『인간지성론』에 대한 비판적 고찰을 계획하고 있었다고 밝힌다. 버넷이 서신을 통해서 그 비판적 고찰을 로크나 다른 학자들에게 보여줄 수 있는지 묻자 라이프니츠는 1696년 7월 17일에 쓴 편지에서 "그것이 로크의 손이나 그의 친구의 손에 들어간다면, 정말 좋은 일이다."라고 답했다고 한다. 이것이 로크와 접촉하려는 라이프니츠의 첫 번째 시도였고, 여러 학자들과의 서신 교환을 매우 유익하다고 생각했던 그는 영국의 탁월한 철학자와도 그러한 서신 교환을 할 수 있을 것이라고 기대했다. 하지만 로크는 버넷을 통해 예의를 갖추는 정도만의 인사말을 전달하고 공무가 과중하다는 이유로 소극적인 자세를 취하면서 양해를 구했다. 로크의 우호적이지 않은 태도로 라이프니츠는 그 이후 오랫동안 『인간지성론』을 연구하지 않았다. 라이프니츠가 로크의 『인간지성론』 전체를 영어로 읽었는지는 알려지지 않았다. 다만 그의 영어 실력이 프랑스어만 못했기 때문에 로크의 길고 어려운 책을 읽는 데에는 약간의 장애가 있었을 것이다.

1700년 코스테(Pierre Coste)의 프랑스어 번역본이 출간되자 라이프니츠는 친숙한 언어로 로크의 저작을 다시 정확하게 읽을 기회를 얻게 된다. 코스테가 로크의 책을 번역할 당시 『인간지성론』은 이미 네 번째 개정판이 나온 상태여서 코스테는 이 최신판을 번역대본으로 삼았다. 코스테가 로크의 책을 프랑스어로 번역한다는 소식이 알려지자 라이프니츠에게는 전에 계획했던 비판적 고찰을 코스테가 출판을 준비하고 있는 번역서의 서문으로 사용하자는 제안이 들어오지만 라이프니츠가 거절하는 바람에 그 일은 성사되지는 않았다. 그런 와중 라이프니츠의 의도가 잘못 전달되어 로크에게는 그 제안을 라이프니츠 자신이 했던 것으로 잘못 알려지게 되기도 했다.

1703년 봄 라이프니츠가 베를린에 체류하는 동안 조피 샤를로테와 대화를 나누다가 그녀의 지지와 권유로 다시 코스테의 번역서를 읽고 로크의 『인간지성론』에 대한 비판적 고찰을 쓰겠다고 결심한다. 그러나 이 작업은 지속적으로 수행되지 않았고, 라이프니츠도 스스로 두서없이 급하게 계속 중단되는 과정을 거치면서 썼다고 한다. 토머스 버넷은 라이프니츠가 로크의 논고를 다시 읽고 비판적 고찰을 쓴다는 소식을 듣고 로크가 비록 건강이 좋지 않지만 그와 우호적인 논쟁을 다시 시작하라고 압력을 넣기도 했지만 이 시기 라이프니츠와 로크가 서신을 주고받은 흔적은 없다.

『신인간지성론』의 집필 시기는 라이프니츠가 조피 샤를로테, 이자크 자크로(Isaac Jacquelot), 토머스 버넷 등에게 보낸 서신으로 보아 1703년 여름에서 1705년 여름 사이라는 것을 알 수 있다. 라이프니츠는 이 책을 네덜란드에서 출판하려고 계획했고 이 의도를 1704년 봄에 자크로에게 알렸다. 자크로를 필두로 알퐁스 데 비놀, 장 바베라크, 노데 등이 참여해 출판본을 만들기 위한 수정과 교정 작업이 시작되었다. 하지만 그 작업이 끝났을 때는 로크가 이미 사망한 이후였다. 로크는 말년을 오츠에 있는 마샴 부인 댁에서 지냈고, 거기서 1704년 10월 28일 사망했다. 로크의 사망 소식은 곧바로 베를린에 전해졌고, 라이프니츠도 로크의 사망 소식을 듣게 되었다. 라이프니츠는 로크의 사망으로『신인간지성론』의 출판이 무의미하다고 생각하고, 자신의 새로운 지성론을 출판하지 않을 것이라는 소식을 마샴 부인에게 전달했다. 그러나 이런 결정이 로크의 사망 즉시 내려진 것은 아닌 것 같다. 교정 작업에 참여했던 학자들과의 서신에서 1705년 초까지 출판에 대한 이야기가 진행되고 있었기 때문이다.

라이프니츠는 여러 수신인에게 로크와의 우호적이고 유익한 토론을 오래도록 기대했다고 전했다. 그러나 논쟁 상대가 없는 상황에서『신인간지성론』을 출판할 필요가 없다고 판단했을 것이다. 그는 한 서신에서 이제는 자신을 방어할 수 없는 사람에게 광범위한 비판 내용을 담은 책을 출판하는 것은 불공평하다고 썼다고 한다. 또한 이 책이 출판되지 않은 또 다른 이유가 있다. 그 당시 라이프니츠는 여러 학자들의 도움을 받아『신인간지성론』 원고를 교정했는데, 그 원고들이 출판할 수 있을 정도로 정리되지 못해서 수많은 교정과 수정이 가해진 필사본으로는 출판할 수 없다는 이유가 있었고, 또 그 상태로 출판했다면, 불공평하고 비겁하다는 비난을 받을 것이 두려웠을 것이라는 이유도 있었다. 왜냐하면 대화체로 쓴 저작에서 로크의 견해를 대변하는 부분을 라이프니츠가 전략적으로 발췌하고 변경하거나 보충한 원고를 출판하게 되면 이미 유럽에서 유명했던 로크의 책에서 바로 확인할 수 있는 상황에서 로크의 견해를 왜곡했다고 비난받을 여지가 많았기 때문이다.

3. 『신인간지성론』과 주요 내용

『신인간지성론』은 17세기 영국 경험론을 대표하는 철학자 존 로크의 『인간지성론(*Essay concerning human understanding*)』(1690)에 대한 상세한 논쟁을 대화의 형식으로 쓴 작품이다. 대화의 형식은 대중적인 문체에 대한 요구를 수용한 것이겠지만 그보다는 라이프니츠의 추상적인 반박의견을 읽기 쉽게 만드는 데 더 유용하다. 대화에 등장하는 인물은 로크를 대변하는 필라레테스(Philalethes, 진리의 친구)와 라이프니츠를 대변하는 테오필루스(Theophilus, 신의 친구)이다. 로크의 입장은 코스테의 번역서(*Essai philosophique concernant l'entendement humain*, 1700)에서 라이프니츠가 직접 인용하거나 자신이 이해한 대로 변형, 요약하거나 확장한 것이다. 그래서 어떤 부분에서는 로크의 텍스트에서 전혀 볼 수 없는 내용도 있다. 이 점에서 필라레테스 부분은 라이프니츠가 자신에게 유리하게 발췌하거나 대화의 방향을 자신에게 유리하게 구성하려고 한 것으로 로크의 입장을 충실하게 확인하는 데에는 무리가 있다. 그래서 라이프니츠도 서문에서 로크의 견해는 로크의 책으로 직접 확인하는 것을 권한다. 『신인간지성론』의 구성은 각 부와 장의 제목에서 아주 적은 차이 외에는 전적으로 『인간지성론』의 구성을 따르고 있다. 그래서 라이프니츠는 이 책에 단순히 '신인간지성론'이라는 제목을 붙일 수 있다고 생각했다. 이 때문에 라이프니츠는 자신의 철학을 자신의 원리에 따라 전개할 수 없는 어려움을 토로하기도 한다. 자신의 철학을 서술하는 입장에서 책의 구성과 순서를 다른 철학자가 설정한 문제와 주제의 순서에 따르고, 다른 철학자가 사용한 용어를 유지하면서 쓰는 것이 결코 유리한 일은 아니다. 아마도 자신의 생각은 여기저기 흩어질 수밖에 없을 것이고, 자신이 사용하는 용어나 이해하는 개념은 다른 철학자의 것과 다를 것이기 때문이다. 이 점을 고려한다면, 필라레테스 부분을 불공평하게 썼다는 비난은 양해가 가능하지 않을까 생각한다. 그리고 이렇게 『신인간지성론』에서 라이프니츠 철학이 주제나 분야별로 체계적으로 집중되어 있지 않은 것이 연구자들로 하여금 『신인간지성론』에 크게 관심을 두지 않게 한 이유일 수 있다. 물론 저작에 등장하는, 현재는 구할 수도 없고 보기도 힘든 수많은 문헌들이 이 작품을 더 읽기 힘들게 만들기도 하지만 말이다. 다른 한편으로 『신인간지성론』은 서양 근대 철학의 양대 경향인 경험론과 합리론을 비교해볼 수 있는 저작이라는 점, 그리고 그들이 사용하는 용어가 어떻게 다른지 비교해볼 수 있다는 점에서는 연구자들이 향후 더 관심을 가질 수 있는 연구주제가 될 수 있다.

앞서 언급했다시피 『신인간지성론』에서 라이프니츠의 견해들 대부분이 로크 책의 순서를 따르느라 산발적이고 분산되어 있기 때문에, 『신인간지성론』에 나타난 그의 철학을 요약 정리하는 것은 매우 어려운 일이다. 따라서 아래에서는 가능한 대로 이 『신인간지성론』에 나타난 라이프니츠의 주요 주장을 저작의 순서에 따라 요약하겠다.

서문

영혼에 대한 견해에서 로크는 아리스토텔레스에 가깝고 라이프니츠는 플라톤에 가깝다. 로크는 영혼이 빈 서판과 같고 영혼에 있는 모든 것은 오직 감각과 경험에서 나온다고 보는 입장이고, 라이프니츠는 영혼이 근원적으로 많은 개념들과 학설들의 원리를 포함하고 있고 경험은 단지 그것을 일깨우는 기회를 제공할 뿐 결코 원인이 아니라고 주장한다.

모든 참된 인식의 근원은 경험이라는 경험론자들의 주장에 대해 라이프니츠는 경험은 단지 우연적이고 개별적인 진리들만 제공할 수 있을 뿐이고 수학, 논리학, 형이상학, 도덕학에서 필연적 진리로 그리고 일반적 진리로 인정되는 것들은 오직 본유 원리에 의해서만 증명될 수 있다고 논증한다. 이런 진리들의 근거는 경험이 아니라 본유 원리와 본유 관념에 있다. 이 본유 관념은 현실적인 감각 작용에 의해서 생기는 것이 아니라 우리 지성의 잠재적 본성을 통해서 본유적이라고 파악되는 것이다.

영혼이 항상 생각하고 있는 것은 아니라는 로크의 주장에 라이프니츠는 모나드론에서도 언급하는 활동 없는 실체는 있을 수 없고, 운동 없는 물체도 있을 수 없으며, 지각없는 영혼도 있을 수 없다는 견해를 끌어들인다. 그리고 여기서 많이 알려져 있는 미세지각론, 즉 우리에게는 너무 작고 구별되지 않아서 우리가 자각할 수 없는 무수히 많은 미세지각들이 있다는 견해가 동반된다. 이 미세지각들 때문에 현재가 미래를 낳고 과거의 짐을 지는 것이고, 물체 세계뿐만 아니라 정신의 세계에서도 적용되는 연속성의 법칙에 따라 감각 가능한 지각은 감각 불가능한 지각에서 유래하며, 연속이 무한하게 분할 가능한 것들로 이루어져 있듯이 그 지각들 간에도 등급의 차이가 있는 것이다. 감각 불가능한 지각들의 차이로 인해서 완전히 동일한 두 대상은 있을 수 없다는 라이프니츠의 견해 또한 도출된다. 라이프니츠의 미세지각론과 연속성의 법칙은 그의 많은 견해와 입장들의 근거가 된다. 원자와 빈 공간의 거부, 물질의 현실적 무한 분할, 영혼과 신체의 영원한 합일, 영혼의 보존과 더불어 동물의 보존 등의 견해들이 그것이다. 끝으로 물질이 생각할 수 있는지에 대한 문제에 대해서 로크와 스틸링플리트 간의 논쟁을 언급하는 것으로 서문이 구성되어 있다.

1부: 본유 개념에 관하여

라이프니츠가 본유 관념을 인정하는 주된 근거는 필연적 진리, 즉 이성의 진리이다. 로크가 주장하는 경험에서 나온 우연적 진리는 사실의 진리이고 이것은 감각과 경험에 근거를 두고 있다. 하지만 우리에게는 필연적 진리가 있으며 이 진리의 근거는 정신 자신이다. 그래서 산술학과 기하학이 모두 본유적인 것이며 우리 안에 잠재되어 있다고 주장한다. 그래서 라이프니츠는 "우리 정신은 이 필연적 진리와 경험의 진리 모두를 인식할 수 있지만, 필연적 진리의 근거이며, 우리가 보편적 진리에 대해서 얼마나 많은 개별적 경험들을 갖든 간에, 우리가 이성을 통해서 필연성을 인식하지 않으면 귀납을 통해서는 이 경험들의 항상성을 확신할 수 없을 것"이라고 말한다. 이 본유 진리는 우리의 정신에 잠재적 소질이나 경향성 같은 잠재적 본성으로 존재한다. 그리고 라이프니츠도 진리에 일반적 동의가 있다고 본유 원리의 가정이 정립되는 것은 아니라는 로크의 생각에 동의한다. 하지만 본유 원리의 확실성은 우리 자신에서만 나온다. 그는 본유적 진리들이 동일률이나 모순율 같은 제일 원리에 의해서 증명된다는 것이 그것을 보여준다고 한다. 정신이 본유 개념을 인식할 수 있는 잠재적 소질을 가지고 있다는 것, 그래서 다른 외부 사물에 대한 고찰이 아니라 정신의 본성에 대한 인식이 우리 정신에 본유 원리가 새겨져 있다는 것을 증명한다는 것이다. 이것은 또 다른 성격의 증명적 학문인 도덕에서도 마찬가지다. 다만 도덕에서 본유적 진리는 산술과 기하학의 필연적 진리같이 자연적 빛에 의해서 주어지는 것이 아니라 본성상 그것과 다른 '본능에 의해서' 주어진다는 것이 다르다. 이렇게 라이프니츠는 실체, 존재, 가능, 일체의 관념뿐만 아니라 신의 관념과 덕의 관념, 그리고 동일률도 우리에게 본유적인 것이라고 주장한다. 여기서 주목할 만한 것은 이성의 진리 같은 본유 진리들은 정신의 잠재성에서 유래하지만 도덕의 진리는 본능적으로 주어진다는 주장이다.

2부: 관념에 관하여

로크의 인식론에 따르면 관념은 생각의 대상이다. 라이프니츠는 그뿐만 아니라 관념이 사물의 본성과 성질을 표현하는 직접적이고 내적인 대상이라고 더 구체적으로 규정한다. 반면 감각 가능한 외적 대상은 영혼에 직접 작용할 수 없는 간접적 대상이다. 그리고 라이프니츠는 우리의 영혼이 관념을 얻을 수 있는 통로는 경험이라는 로크의 견해에 대해서 지성 자신은 제외해야 한다고 주장한다. 즉 우리의 영혼은 감관을 통해서만 관념을 얻을 수 있는 빈 서판과 다르다. 우리의 영혼은 존재, 실체, 단일, 동일 등 감각이 제공할 수 없는 다른 개념들을 많이 가지고 있고, 이 개념들은 우리 정신에 대한 반성을 통해서 알 수 있기 때문이다. 라이프니츠는 로크 자신도 이것을 알고 있다고 언급한다. 그리고 라이프니츠는 공간, 연장, 형태, 운동의 관념이 다수의 감관에서 나오는 관념이라는 로크의 견해에 대해 정신 자체, 즉 순수 지성에서 나온 관념이라고 반박한다. 왜냐하면 그것들은 정의될 수 있고 증명될 수 있기 때문이다. 이어서 라이프니츠는 로크가 지각과 자각을 구별하지 못하는 점을 지적하고 우리 정신이 자각하지 못하는 미세지각들이 있음을 다시 한 번 강조한다. 이것들을 자각하는 것이 정신의 반성이다. 또 이어서 로크의 다른 여러 주제들, 단순 관념, 복합 관념, 수, 무한, 단순 양태, 힘, 실체의 관념, 관계 등을 다루면서 라이프니츠의 입장이 주로 근거하는 것은 앞에서 말한 필연적 진리와 우연적 진리의 구별, 정신의 잠재적 소질, 경향성, 성향 등의 개념이다. 특히 실체, 양태, 관계 같은 개별 사물에 대한 복합 관념 이론에서 실체 관념이 복합적이고 모호한 관념이 아니라 단순하고 구별되는 관념이라는 것을 설명하고, 힘에 관한 21장에서는 무구별의 자유 개념을 비판하면서 자신의 자유 개념, 즉 가능성으로서의 자유에 대해서 소개하고 있다.

3부: 말에 관하여

관념이 인간이 생각하는 직접적 대상이라면, 말은 이 관념을 대리하고 설명하는 것으로 우리의 생각을 표시하는 두 번째 도구이다. 왜냐하면 우리의 지식이 관념들로 구성되더라도 언어로 표현하고 기억하고 소통해야 하기 때문이다. 3부 말에 관한 논쟁은 어원학, 언어철학, 인식론적 관점에서 전개된다. 로크의 견해인 언어의 기원과 임의적 제정에 대해서 언급하고 나서 라이프니츠는 일반 명사, 명목적 정의와 실재적 정의, 명목적 본질과 실재적 본질, 그리고 논리적 유와 물리적 유에 대해서 상세히 설명한다. 그는 로크와 홉스의 유명론에 대항하면서 일반성은 개별적인 것들의 유사성으로 구성되며, 일반적 용어를 사용할 수 있는 것은 사물들의 종적 유사성 때문이라고 강조한다. 그리고 단순 관념, 혼합 양태와 관계, 실체의 이름에 대해서 다소 산발적인 논평을 하고, 불변화사, 추상적 용어와 구체적 용어, 그리고 말의 불완전성과 말을 남용하는 경우들, 그리고 그것의 치료책에 대해서 살펴본다. 3부의 내용은 각 장마다 다루는 주제가 각각 의미가 있지만 라이프니츠의 언어에 대한 철학을 읽는 데 있어서 『신인간지성론』 전체 중 가장 연결성이 떨어지고 산발적이다. 하지만 2장에 등장하는 라이프니츠의 어원학적 지식은 여러 학문 분야에 박식한 것으로 알려진 그의 면모를 다시 한 번 보여준다.

4부: 지식에 관하여

4부에서는 관념이 지식, 진리, 이성, 믿음과 어떤 관계에 있는지가 논의된다. 지식은 인식 형식과 확실성의 정도에 따라 지식의 등급, 확대, 실재성, 진리성과 관련해서 논의된다. 로크의 정의에 따르면 지식은 관념의 연결에 대한 지각이거나 관념의 일치 혹은 불일치에 대한 지각이다. 하지만 라이프니츠는 우리가 경험적 지식만을 가지고 있을 때, 이 연결이나 일치 혹은 불일치를 지각할 수 없고 단지 혼란스러운 감각을 가질 뿐이라고 말한다. 여기서 라이프니츠는 정신의 자각이라는 개념을 사용한다. 로크의 지각이 단지 혼란스러운 감각지각에 해당된다면 자각은 구별되는 지각이고 정신의 반성적 인식이다. 그리고 라이프니츠는 지식은 더 일반적으로 명제나 진리에 한정하지 않고 관념과 용어에서도 발견된다고 말하고, 로크가 말한 연결은 곧 관계를 의미하고, 이 관계는 비교 관계와 공조 관계로 나눌 수 있다고 주장한다. 그러고 나서 로크가 나눈 지식의 등급, 즉 직관적 지식, 증명적 지식, 감각적 지식에 대해서 상세하고 긴 논의를 전개한다. 라이프니츠에 따르면, 직관적 지식에는 근원적 진리가 있고 파생적 진리가 있다. 이것은 또다시 이성의 진리와 사실의 진리로 나뉜다. 근원적 이성의 진리는 동일 명제이고, 이것은 또다시 긍정과 부정으로 구별된다. 반면 근원적 사실의 진리는 우리의 현존과 생각에 대한 직접적 자각이며 이것이 경험적으로 알 수 있는 제일 진리이다. 증명적 지식에 있어서는 분석의 중요성을 강조하며 이런 증명이 단지 수학에만 있는 것이 아니라 논리학, 법학, 형이상학에서도 가능하다고 말한다. 이 과정에서 라이프니츠는 개연적 지식에 대해서 언급하면서 개연성의 등급에 관한 연구가 매우 중요하다고 강조하고, 개연성 이론이 증명적 학문보다 더 유용한 경우가 많다고 평가한다. 이에 따라 라이프니츠는 지식을 확실한 지식과 개연적 지식으로 나눌 수 있다고 제안한다.

로크의 일치, 불일치라는 진리 정의에 대해서 라이프니츠는 이 일치의 막연함을 지적하며 진리가 오히려 관념의 대상들 간의 관계가 아니라 말과 같은 기호의 관계에서 발견된다고 본다. 그리고 공준과 공리의 필요성과 중요성을 언급하면서, 그것이 학문의 원리이고, 동일성의 제일 진리와 같이 명증적이며, 따라서 본유 진리로 볼 수 있다고 주장한다. 이와 관련하여 라이프니츠는 데카르트의 코기토 명제를 명증적이고 근원적인 진리로 볼 수 있지만 경험에 기초한 것이라고 평가한다. 또한 그는 자신의 예정 조화의 가설을 바탕으로 일종의 목적론적 신존재 증명을 보여준다. 즉 모든 영혼은 외부의 영향 없이 자신의 본성에 근거를 두고 우주를 개별적으로 표현하기 때문에, 모든 존재가 의존하고 그 존재들 상호 간에 완전한 일치를 만들어내는 일반적 원인이 존재해야 한다는 것이다.

라이프니츠는 계속해서 감각지각으로 얻는 것이 확실하고 지식이라 불릴 수 있다는 로크의 믿음에 다른 기준이 필요하다고 제안한다. 그것은 경험으로부터 얻은 지식은 지속적인 관찰과 이성에 근거한 현상의 연결이 더해져야 한다는 것이다. 이것은 라이프니츠가 꿈과 실재의 구별에서도 드러낸 견해이다. 그럼에도 궁극적으로 모든 진리의 최종 근거는 필연적으로 존재하고 영원한 진리를 포함하고 있는 최고의 정신이라는 것, 그리고 그것이 현존하는 것들을 결정하는 근거이고 질서 짓는 원리라는 견해를 밝힌다. 또한 개연성과 개연적 명제에 대한 동의의 정도에 관한 문제에서 라이프니츠는 아리스토텔레스의 변증론을 넘어서는, 우연적인 것들을 다루는 새로운 논리학이 필요하다고 주장한다. 그것으로 모든 개연적인 것들을 측정하고 발견법을 보완할 수 있기 때문이다. 여기에서 그는 법학에서 가져온 사례와 개념을 이용하고 개연성 이론에 관한 근대 수학의 성과를 언급한다.

로크는 삼단논법의 효용에 대해서 의심한다. 사람들은 삼단논법을 몰라도 증거의 연결을 쉽게 알 수 있다는 것이다. 이에 대해 라이프니츠는 거의 정반대의 입장을 보인다. 보편 수학의 중요성을 언급하면서 그것이 발견에서도 증명(판단)에서도 유용하다고 설명한다. 끝으로 로크의 학문 분류, 즉 자연학, 도덕학, 논리학에 대해서 라이프니츠는 학문적 진리를 정리하는 세 가지 방식을 말한다. 첫째는 진리를 증거의 순서에 따라 혹은 진리의 기원에 따라 정리하는 종합적이고 이론적 방식이고, 둘째는 목적과 선으로 시작하고 선에 도달할 수 있는 방법을 찾고 진리의 활용에 따라 정리하는 분석적이고 실천적인 방식이며, 셋째는 일람표를 만드는 것처럼 학문적 개념을 체계적으로 정리하여 진리를 발견하고 학문을 증진시키는 데 도움이 되도록 정리하는 방식이다.

이 요약으로 모두 드러나지는 않지만, 『신인간지성론』에는 흥미롭고 훌륭한 생각들이 많이 있고, 참으로 박학다식한 라이프니츠의 학문적 수준을 확인할 수 있다. 또한 경험론과 합리론의 대비가 체계적이고 친절하게 비교되어 있지는 않지만 여러 군데에서 흥미로운 간극을 발견할 수 있고 그것을 통해 근대 유럽의 두 철학적 경향이 갖는 지적 분위기와 사고방식을 엿볼 수 있다. 로크는 인간의 지식과 진리, 관념, 언어에서 문제가 되는 것을 상식의 눈으로 점검하고 비판하면서 우리가 경험을 통해서 확실한 것으로 확인할 수 있는 것과 그렇지 않은 것, 이해할 수 있는 것과 이해할 수 없는 것을 구별하려고 하는 반면, 라이프니츠는 계속해서 체계, 조화, 질서, 일치를 강조하고, 학문의 조화, 자연의 질서, 정의와 증명에 대한 믿음을 드러내며, 정확하고 엄밀한 이성적 추론의 필요성과 중요성을 언급한다. 이것은 언제나 어디에서나 보편적으로 적용될 수 있는 자연의 원리를 찾으려는 라이프니츠 철학의 근본 목적에 따른 것이다. 이 두 철학자의 사고를 경향적으로 파악하면, 로크는 인간의 지성과 지식에서 불필요한 것과 불가능한 것을 제거하고 우리 능력을 검토한 후 그 범위를 제한하려는 경향의 사고이고, 라이프니츠는 가능한 것, 잠재적인 것, 논리적인 것에 의미를 부여하며 포괄하려는 경향의 사고를 보여준다고 할 수 있다.

감사의 말

이 책은 17세기 독일의 철학자 고트프리트 빌헬름 라이프니츠(Gottfried Wilhelm Leibniz, 1646~1716)의 *Nouveaux Essais sur l'entendement humain*을 번역한 것이다. 라이프니츠는 1690년에 출판된 존 로크(John Locke, 1632~1704)의 『인간지성론(*An Essay concerning Human Understanding*)』을 읽고 그 책의 탁월함에 기대어 자신의 인식론적 견해를 정리해 대중들에게 공개하려고 계획했다. 그 계획의 결과물이 바로 이 책『신인간지성론』이다. 이 책에서 독자들은 서양 근대철학의 두 축인 합리론과 경험론을 모두 읽을 수 있지만 특히 합리론의 관점에서 경험론에 대한 비판을 볼 수 있고, 데카르트, 스피노자와 더불어 합리주의 철학자로 분류되는 라이프니츠의 인식론 철학을 읽을 수 있을 것이다.

이 번역서를 출판하기에 앞서 짧게나마 감사의 말씀을 덧붙이려 한다. 이 번역은 2017년 한국연구재단의 학술명저번역사업에 선정되어 지원을 받으면서 시작되었다. 나는 이 책을 오래전부터 번역하고 싶었지만 그 양이 너무 많고 문장이 우리말로 번역하기 어려워서 혼자서는 감당하기 힘들 것이라 생각했고, 연구자의 학문적 기여나 봉사로 여기고 시작하기에는 너무나 많은 시간을 들여야 해서 부분적으로만 번역해두었을 뿐 본격적으로 번역 작업을 하지는 못했다. 그런 상황에서 한국연구재단의 지원으로 이 책을 번역하고 출판하게 되어 무엇보다 재단의 지원에 감사한 마음이다. 그리고 번역 결과물의 심사에서 많은 지적과 제안으로 오류와 실수를 수정하는 데 도움을 주신 익명의 심사위원들께도 감사드린다. 이해할 수 없는 의견을 주신 분도 있었으나 작용은 언제나 반작용을 낳아 결과적으로 좋은 성과를 만들어낼 수 있었다고 믿는다.

이 번역을 시작하면서 서양근대철학회 여러 선생님들과 다양한 기회에 여러 경로로 대화를 나누었고 많은 조언을 들었다. 학회 회원 선생님들을 일일이 거명하지 못하지만 도움을 주신 모든 선생님들께 감사드린다. 그리고 라이프니츠 철학을 전공하신 선생님들께서 발표하신 연구 논문들과 이미 출판된 번역서에서 받은 도움도 적지 않다. 연구자가 많지 않은 라이프니츠 철학 연구에 계속해서 매진하고 계시는 선생님들께도 감사드린다. 특히 라이프니츠의 『변신론』을 번역하신 이근세 선생님은 소장하고 있던 코스테가 번역한 『인간지성론』 프랑스어본을 주셔서 이 번역에 큰 도움이 되었다. 더불어 번역 과정에서도 다양한 조언을 주셔서 감사하다는 말씀을 드리고 싶다. 또한 로크의 『인간지성론』이 번역되어 있었던 것도 이 책을 번역하는 데 큰 도움이 되었다. 그 어려운 책을 오랜 시간을 들여 번역하신 역자 선생님들께도 감사드린다.

라이프니츠 철학의 연구자로 많은 원전을 연구하고 이 책의 번역에 최선을 다했지만 실수나 오류가 있을 수 있음은 분명하다. 나는 이 번역서가 더할 것 없는 최선이라고 생각하지 않는다. 시간이 지나면 라이프니츠 철학에 관심을 갖는 대중도 더 많아지고 전공자도 더 많아질 것을 기대한다. 그때가 되면 이보다 좋은 번역서도 나올 것이다. 이 책이 그때의 발판이 될 수 있기를 기대한다. 끝으로 책을 만들어주신 아카넷 출판사의 이하심 부장님과 박수용 팀장님, 그리고 꼼꼼하게 읽고 교정에 도움을 주신 정민선 선생님께도 감사드린다.

2020년 10월

옮긴이 이상명

찾아보기

용어

ㄱ

가능성 50~52, 55, 62~64, 77, 95~96, 99, 100~101, 157, 171, 212, 220, 274, 284~285, 332
가능태 57
감각/감각 (불)가능한 23~25, 41~42, 45, 52~53, 55, 60, 70, 72, 95, 112~113, 122~123, 132, 138, 140, 158, 171, 176, 179, 181~184, 186~187, 192~195, 197, 204, 211~212, 214, 227~229, 231, 240, 243~244, 271, 277, 279~280, 282~283, 286~287, 293~295, 306, 342, 345, 376~378, 382, 387, 394~395, 418, 430
감관 23, 55, 59, 186, 191, 204, 207, 211~212, 227, 231, 293~294, 307~308, 328, 341, 368, 377~378, 382, 397, 409, 411
감정 314~315, 387, 391
개념 23~24, 26, 41, 45, 47, 59~60, 64~68, 91, 97~99, 106, 118, 120, 140, 145, 148, 159, 173, 180, 190, 212, 222, 256, 258, 269, 271~272, 283, 290, 302~303, 354, 360, 366~368, 424~426, 428~430
구별되는 개념 111, 228
일반 개념 90, 117, 301
개연성 179~182, 192, 232, 295, 305, 316, 318~319, 322, 324, 329, 332, 341~342, 346, 349, 361~363, 374, 376, 382~384, 404, 409, 412, 414~416
개체(적) 22, 43~46, 69~71, 76, 79~80, 86, 99, 106, 149, 198, 223, 276, 287, 344, 366
개체화의 원리 45, 272
견고함 363
경향(성) 145, 173, 282, 311, 357, 389, 394
경험 51, 53, 59, 61, 67, 70, 78, 84, 92, 96, 98, 103, 108, 121~122, 132, 147, 156, 158, 171, 178~179, 184, 194, 197, 206, 215, 232, 238, 241~243, 248~250, 264~265, 268, 271, 273, 277~278, 281, 291~292, 305~307, 310~312, 345~346, 348, 368, 380, 405
계시 190, 248, 296, 340, 345~346, 379, 382~383, 388, 393~396, 403, 422
고체(성) 83, 99, 133, 141, 193, 258~259

고통 59, 182, 194~195, 207, 243, 257, 294~295, 407
공리 100, 163, 175~176, 233~236, 238, 240~248, 250, 253, 258, 261, 263, 265, 267, 274, 301~302, 305~310, 313, 332, 358
공조 159, 272, 282, 415
공존 50, 73, 159, 196, 226, 231, 237, 290, 410
공준 116, 175, 233, 235, 242~243, 247~253, 255~263, 266~267, 301~303, 313, 371~372, 388, 393, 410
관념 22~23, 27, 39~42, 45~46, 48, 50, 52~57, 59~60, 62~64, 66~68, 71, 75, 83, 85, 96~98, 100~102, 106~107, 109~110, 116, 119, 122~124, 127~128, 132~133, 136~142, 144~147, 155~161, 164, 166, 171~173, 176~177, 179, 181~182, 185~187, 189~191, 194, 196~197, 200~201, 204, 206~210, 212~213, 218~219, 222~223, 225~232, 234~237, 240~241, 246, 250, 255~256, 258~259, 261~262, 271, 274, 279~280, 282~285, 287, 290~291, 293~294, 296~297, 299~301, 305~309, 312~313, 318, 347, 350~352, 358~359, 364, 366~369, 371~372, 376, 415, 424
개별 관념 301~302
구별되는 관념 49, 63, 73, 133, 145~146, 176, 179, 197, 207, 260, 271, 306, 312, 367~368, 376
단순 관념 41, 47, 49~50, 52~53, 55~63, 66, 71, 97, 124~125, 146, 149, 176, 204, 210~212, 223, 230, 269, 382
명확한 관념 127, 131, 148, 185, 370
복합 관념 49, 59, 83, 135, 141, 146, 211, 226, 230, 269
일반 관념 22, 44, 98, 287
적합한 관념 98
지성적 관념 211
합성 관념 56, 63, 100, 110, 119, 211~212, 260
혼란한(혼란스러운) 관념 187, 190, 197, 207, 306, 308, 368
기계(적) 84, 91, 107, 155, 179, 192, 207, 227, 285, 288, 312, 371, 430
인공 기계 107
자연 기계 107
기계론 207, 430
기억(력) 21, 25, 42, 46, 48, 66, 70, 118, 160~162, 173, 176, 182, 201, 250, 254, 261, 270, 296~297, 301, 311, 322~324, 398, 428
기호(법) 21, 99, 118~119, 127, 139, 141, 217~218, 221~222, 240, 279, 359, 370, 382, 423

ㄴ

논리학/논리적 47~48, 50, 59, 71, 103, 105, 116~117, 130~131, 156, 167~169, 177, 179, 214, 235, 298, 305, 330, 332, 352, 354, 356~363, 367, 385~387, 423~428
능동(적) 70, 132, 194, 197, 288

능력 19, 21, 45, 77, 84, 89, 92, 96, 148, 190~193, 195~196, 204, 208, 215, 228, 272, 279~280, 282, 290, 297, 310, 314, 316, 342, 344, 347~350, 367, 377~378, 382~383, 385, 403~404
벌거벗은 능력 191

ㄷ

다양성 50, 72, 79, 95, 102, 104, 121, 124~125, 343
도덕(적) 25, 27, 46, 67, 119, 128, 146~147, 179~180, 192, 198, 200~202, 204, 209, 212, 219, 232, 235, 251, 270, 272~273, 275, 284, 288, 303, 309, 311, 325~326, 341, 424, 426, 428, 431
도덕적 선 303
도덕학 179, 209, 235, 272, 309, 424, 428, 431
동물 20~22, 32~35, 42, 46~48, 65, 72, 77, 79, 83, 86~89, 92, 95, 97, 99, 100, 103, 108, 112~113, 116~117, 132, 135, 141, 145~146, 150, 155, 166, 198, 205, 213~216, 224, 231, 264, 269, 271, 288, 292, 328, 342, 344~345, 347~348, 352, 366, 372, 415, 420
영혼을 가진 동물 345
이성적 동물 47~48, 77, 83~85, 87, 92~93, 95, 135, 165, 224~225, 344, 350
동역학(적) 206
동의 322, 328~329
동일성 135, 159, 165, 196, 198, 235~236, 246~247, 258, 267, 274, 305, 308

ㅁ

모나드 287, 292, 345
모순율 166~168, 247, 385
무구별(적) 133
무한(성) 45, 71, 73, 76, 108, 188~189, 201~202, 218, 264, 272, 287, 289~290
물질 52, 72, 76, 81, 91, 124~125, 133, 189~195, 206, 208, 214, 225, 238, 280, 282, 286~291, 302
물질 덩어리 60
제1물질 133~134, 191~192
제2물질 191, 277
물체 25, 51~53, 60~61, 67, 70~72, 82~84, 91, 97~99, 101~102, 107~108, 117, 124, 130, 132~133, 136, 138, 141, 146, 149, 194, 205~207, 223~224, 227, 230~232, 237~238, 258~259, 263, 269, 271, 273, 277, 286~287, 309~310, 341~342, 387, 397, 411, 423, 430
영혼이 있는 물체 91, 107
명사 21, 41, 44, 47~48, 56, 110, 117, 171, 217, 223, 233~234, 241, 260, 269, 274, 299, 360, 428
고유 명사 22, 43~44
단순 명사 56
일반 명사 22, 42, 44, 47, 49~50, 52, 59, 98, 223
총칭 명사 22, 43~44
명명 42, 46, 50, 75, 77, 96, 109, 119, 121~122, 156, 231, 267, 326, 422, 429
내재적 명명 225
외래적 명명 225
명제 82, 109~110, 112, 114, 116, 155~

158, 160~161, 163, 166, 170, 173, 176, 199~200, 217, 219~220, 222~223, 229~230, 232~237, 241, 243~244, 247, 253, 258~260, 267~271, 274, 276~277, 281, 297, 299~300, 302, 305~306, 328, 349~350, 354, 356, 360, 362, 364~366, 377, 382~383, 386~387, 394, 409~410, 420, 426~428
동일(성) 명제 165, 169, 171~172, 242, 261, 267, 269, 278, 356~357
보편 명제 221, 244, 264, 276~277
사실 명제 271, 298, 328
역명제 224~226
일반 명제 118, 172, 223~224, 250, 252, 264, 272, 297
전칭 명제 355, 364~365
정언 명제 298~299, 425
특칭 명제 172, 297, 301, 355~356
명증성/명증적 50, 116, 160, 181, 233~238, 241, 243~244, 246, 252~253, 255, 261, 278~280, 284, 294~296, 303, 308, 357, 359~362, 371, 383~384, 415
미결정 316

ㅂ

반성 41, 110, 160, 219, 243, 280, 373, 376~378, 382
범주 47, 59, 107, 131~132, 428
변증론(적) 156, 235, 361
보편 수학 353, 367
본능 33, 144~145, 368, 396~397
본성 48, 54, 81, 91, 102~103, 133~134, 136, 180, 183, 191, 194, 196, 198, 225~226, 228, 252, 259, 272, 288, 294, 341, 430
물체적 본성 123, 139
사물의 본성 65, 80, 85, 97, 131, 139, 195, 290, 329, 423
인간의 본성 46, 117
본유적 233, 241, 244
본유 관념 279, 283, 285
본유 진리 279
본질 22, 48~54, 65~67, 69~71, 79~80, 82~83, 92, 97~99, 102~103, 105, 117, 123, 135, 137~139, 213, 218, 223~224, 230, 272, 276~277, 330, 340, 387, 411
명목적 본질 51~52, 136, 223
실재적 본질 51~52, 75, 81~82, 95, 99~100, 119, 131, 135~137, 213, 223, 226, 229, 309
불가능성 194, 196, 198, 247, 353, 387
불변화사 109~114, 221~222, 357
비물질적 25
비물질적인 것 190~191, 193
비물질적 영혼 193
비물체적인 것 67~68
비투과성/비투과적 134, 238
빈 공간 72~74, 100, 131~132, 198, 258~259, 342, 344

ㅅ

삼단논법 163, 167, 179, 252, 254, 260, 350~362, 364~366, 406
가설 삼단논법 355, 357
생략 삼단논법 256, 354, 357, 359~360
상상(력) 74, 77, 87~89, 99, 123, 142,

156, 184~185, 210, 214, 222, 228, 278, 306~307, 309, 335, 343, 370~371, 395, 397~398
상이성 102, 159, 196, 198, 236
생각 21, 40~41, 45, 50, 63~64, 70, 100, 110, 118, 131, 140, 171~172, 189~191 193, 207~208, 241, 278, 286~289, 291, 297, 424
구별되는 생각 160, 287
비어 있는 생각 21
생명 33, 45, 70, 91, 93, 140, 193, 326, 359, 402
성질 22, 40, 52~53, 59, 61, 67, 70, 80, 82, 96~99, 101, 106, 116~117, 135~136, 146, 148, 176, 196, 204, 207, 212, 224, 226~227, 229~231, 257, 270, 282
감각 가능한 성질 41, 52, 55, 60, 123~124, 134, 187, 197, 211, 227
제1성질 196, 226~227
제2성질 196, 227, 231
성향 131, 133, 145, 397, 403, 409~410, 415
수동(적) 70, 132, 191~192, 194, 197, 288
순서 25, 47, 74, 142, 249, 252, 264, 309, 341, 347, 352, 356~357, 361, 365~366, 425, 427~430, 446~447, 454
순서와 연결 74, 131, 240
자연적 순서 241~243, 351
습관 65, 129, 160~161, 275, 326, 365, 382, 408
습성 116
식별 56, 61, 79, 81, 124, 136, 176, 182, 225, 228~229, 340, 349
신/신성/신적 24, 53, 55, 71~73, 92, 113, 117, 132, 143, 159, 190~193, 195~196, 202, 206, 216, 218, 225, 227~228, 238, 241, 248, 269, 271~273, 279~280, 282~285, 289~291, 296~297, 303, 325, 327~328, 346, 350~351, 354, 360~361, 372~373, 376~398, 400, 403, 405~407, 410, 413, 419, 423, 430~431
신의 속성 248
신의 의지 207, 389, 398
신의 현존 204, 277, 279~280, 282~286, 293, 310, 376
신뢰성의 동인 346, 377, 383, 405
신앙 24, 40, 85, 119, 179, 192, 296, 311, 320, 325, 346~347, 378, 380~385, 392, 408, 411, 419, 421~422
신체 46, 70~72, 74, 89, 91, 132, 145, 148, 190, 194~195, 205, 207, 214
영혼과 신체의 합일 194, 198
유기적 신체 107~108
실재성 41, 48, 51, 75, 78, 123, 210, 212, 272, 299, 316, 366, 412
실체 41, 46, 48, 52~53, 55, 62, 68~71, 75, 80, 82, 89~91, 96, 98~99, 106~107, 117, 119, 123~125, 131~133, 135~138, 141, 145~147, 149, 184, 190~194, 198, 211~213, 223~227, 229, 259, 264, 271~273, 291, 300, 341, 387, 411~412, 424, 430
단순 실체 191
물체적 실체 341
비물질적 실체 190~191, 193

ㅇ

양립 불가능성 199, 230~231, 312
양태 41, 52~53, 55, 67~68, 96, 119, 137~138, 141, 145, 223, 238, 264
단순 양태 125
합성 양태 96, 123, 125, 136, 138, 146
혼합 양태 62~68
엔텔레키 91, 107
연속 201, 228, 272, 275, 292, 307, 309
연속성의 법칙 74, 198, 344
영혼 53, 72, 89~91, 93, 107~108, 131~132, 140, 146, 190, 192~195, 198, 207, 211, 216, 248, 266, 271~274, 279, 284, 288, 291~292, 300, 328, 343, 345, 372, 398, 405~407, 430
동물의 영혼 132
영혼의 불멸성 325
이성적 영혼 92~93, 214~216, 265~266, 288
예정 조화 108, 183, 207, 285, 288, 292
욕구 23, 90
욕망 19, 21, 202, 397
우연성/우연적 27~28, 32, 35, 50, 70, 102, 105, 117, 136, 165, 169~170, 184, 196, 211, 242, 272, 276~277, 280, 290~291, 297, 300, 330, 332, 339, 369, 378, 403, 415
우연적 속성 26, 103, 116~117, 142, 192, 211
운동 25, 36, 46, 57~59, 67, 70, 131, 133, 194, 196, 207, 227~228, 285~287, 290~291, 293, 413, 415
능동적 원리 91, 288
일반 원리 244, 262
원리 24, 45, 77, 104, 133, 165~166, 168, 244, 246, 248, 252~253, 255, 265~266, 272~274, 280, 300, 303~305, 307, 310, 312, 326, 331, 347, 356, 358, 367, 371, 375, 378, 385~387, 390, 409, 412, 418, 431
원자 45, 131, 133, 198, 282, 290, 415
유사성 22, 31, 42, 46, 48~50, 55, 72, 89, 99, 124, 129, 132, 180, 318~319, 343, 345, 364
응집력 198
의식 107, 121
의지 (작용) 25, 128, 161, 207, 222, 272, 291, 314, 389, 392, 398, 404~407, 424
이성 80, 83, 103, 142, 196, 216, 271, 298, 322, 326, 381, 386, 393
이성적 추론 92, 109, 182, 191
인식 40, 51~53, 61, 69, 71, 79, 82, 84~85, 92, 95, 97, 104~105, 110, 112, 115~116, 119, 121, 123~125, 137~140, 147, 150, 158, 160~161, 164, 195, 197, 202, 204~205, 207, 225, 230~231, 242, 248, 255, 258, 265, 269, 276~280, 287, 296, 302, 306, 309, 351, 357, 361, 368, 375, 377~378, 384, 415
완전한 인식 223
혼란스러운 인식 230
일체(성) 53, 90~91, 108, 191, 287~288
자기 자신에 의한 일체 90~91, 107
일치와 불일치 22, 25, 32, 40, 43, 50, 58, 64, 74, 78, 91, 96~98, 104, 108, 123, 131, 141, 145, 149, 155, 158~160, 164,

172, 176, 185~186, 191, 194~195, 208, 210~212, 217~219, 222~223, 230~231, 235, 238, 241, 264, 284, 288~289, 302, 307, 316, 318, 329, 338~339, 342, 344~345, 350~351, 359~360, 364, 378, 380, 385, 389, 392, 396, 400, 409~411, 413, 415, 420
잇달음 25, 72, 228
잇따름/잇따르는 73, 173, 191, 228, 252

ㅈ

자각 79, 155, 158~160, 243, 266, 278~279, 285, 347~348, 368, 406, 413, 416
자연 신학 108, 198, 248, 274, 430
자연적 빛 373
자유 (의지) 161, 174, 186, 191, 199, 252, 290, 308, 351, 360, 414~415
작용 23, 44, 46, 49, 59, 70, 115, 121, 124, 164, 202, 205, 211, 227, 259, 286, 322, 405, 423, 425
정념 142, 197, 398, 409, 413~414
정신 24, 45, 59~60, 63, 67, 70~72, 74, 83, 109~110, 112, 114, 116, 119, 121, 125, 129, 146, 148, 156, 159~162, 164, 172~174, 176, 179, 181, 186, 193, 196~197, 200~208, 210~212, 214, 219, 222, 242, 252, 255~256, 261, 271, 273, 276, 286, 290~291, 294, 296, 299, 303, 311, 322, 324~326, 330, 335~336, 341, 350~351, 358, 368, 371, 373, 377, 382~383, 393, 396~398, 400, 408, 414~415, 417, 420~421, 423~424, 430
인간의 정신 49, 57, 115, 189, 202, 240, 257, 269, 302, 353, 395~396
창조된 정신 148, 377~378
정의(定議) 21, 24, 47~48, 51~54, 56~59, 61, 66, 77, 81~82, 84, 92~93, 96~97, 101, 105, 113, 122~123, 128, 130~131, 135~137, 145~149, 158, 163, 171, 199, 213, 217~218, 224~226, 238, 245~247, 258, 261, 269, 272, 274, 284, 296, 305~308, 360, 376~378, 424
명목적 정의 51~53, 56, 58, 81~84, 105, 138
실재적 정의 51~53, 56, 138
인과적 정의 52
정의(正義) 67, 145~146, 212, 272~275, 340, 392, 405
정지 131, 290, 413
종 22, 65, 72, 79~80, 86, 88, 97, 101~104, 218, 225, 276
물리적 종 50, 76, 79, 89, 105
하나의 동일한 종 71, 75~77, 89, 102~103, 226
종교 24, 106, 112, 119~120, 127, 130~131, 192, 248, 251, 255, 303, 320, 326, 377, 391~392, 399, 403, 405, 419~421
종적 차이 99, 102~105
주름 368
증거 33, 38, 86, 109, 124, 133, 156~158, 161~163, 166, 173, 182, 192, 244, 246, 250, 279, 282~283, 294, 297, 309, 316, 318~319, 321~323, 325, 329~330, 333, 337, 340, 345~347, 349~350, 367, 372, 374~375, 379~380, 383, 393, 398, 400, 404~406, 408~409,

415, 417, 420, 427
정황 증거 215, 285, 317, 330
증명 55, 61, 146~147, 156, 160~163, 167~179, 182, 186, 197~202, 204, 214~215, 234~235, 237, 241, 244~247, 253, 258, 260, 262, 265, 267~268, 273, 277~279, 281~285, 287, 294~295, 304~310, 313, 318, 349, 354~358, 360~363, 366~367, 370~372, 382, 387~388, 411, 427
수학적 증명 294, 348, 351
증명적 학문 63, 160, 181, 201, 308
지각(작용) 56, 60, 70, 90, 116, 140, 155, 158~159, 164, 179, 181, 185~186, 190, 192, 194, 207, 223, 228, 235, 243, 266, 280, 287~288, 293~294, 342, 351~352, 394, 406, 412, 415~416
구별되는 지각 344~345, 368
혼란한(혼란스러운) 지각 195, 211, 228
지성 23, 48~49, 56, 65, 70, 72, 74, 95, 125, 132, 148, 202, 208~209, 211, 218, 227, 244, 268, 276, 279~280, 299, 342, 353, 399, 407~408, 415, 424, 430
지성 작용 115, 423
지성적 존재자 192, 280, 289
지성적 진리 211, 295
지속 70, 81, 91, 103, 114, 184, 225, 232, 274, 296, 345
지식 23~24, 43, 45, 53, 63, 66, 72, 79, 87, 89, 91~92, 97, 121~122, 128, 141, 144, 148~149, 151, 155~160, 164, 173, 177, 179, 182, 185~187, 191~193, 195~198, 204~207, 209~211, 212, 221~222, 227, 231, 235, 241~242, 244, 248, 253, 256, 259, 273~274, 276, 279~281, 284, 286~290, 293, 295, 301, 303, 307, 310~312, 314, 316, 319, 323, 329, 340~341, 344, 346~347, 351, 362
감각적 지식 179, 181~182, 186, 204
습관적 지식 160~161
증명적 지식 172, 182, 201, 204, 241
직관적 지식 171~173, 175~176, 182, 204
직관 116, 164, 171~173, 175~176, 179, 181~182, 186, 204, 277, 318, 371~372, 383
진리 23~24, 101~104, 114, 118, 125, 129, 142~144, 155~156, 158, 160~161, 164~165, 167, 171~172, 174~176, 179, 182~184, 187, 202~203, 211~212, 215, 217~219, 221~223, 225, 229~230, 235, 238, 240~258, 261, 269, 272~273, 278~279, 281, 295~302, 304~309, 318, 333, 337, 342, 345, 348~349, 351, 355, 358, 363~364, 371~372, 374~379, 382, 384~385, 393, 395, 403~405, 407, 409, 417, 421, 423, 425
가설적 진리 158, 304, 362
근원적 진리 171~172, 241
도덕적 진리 219, 270
사실의 진리 165, 184, 250, 278
이성의 진리 164~165, 184, 271, 278, 360
형이상학적 진리 219

필연적 진리 300
진실인 듯함/듯한 179~182, 318
진실유사성 180
질서 23, 48, 131, 206, 274, 288, 373, 376
사물의 질서 286
자연의 질서 380, 385, 387
자연적 질서 23, 78, 191, 238
집적체 107

ㅊ

추상(적) 21, 44, 46, 48~50, 52, 54, 57, 83, 101, 106, 113, 116~117, 166, 171, 192, 223, 272, 274, 276, 302
추정(적) 77, 80, 84, 86, 102~103, 215, 284, 298, 316~317, 329~330, 374, 387, 412, 417
축적 50, 92, 101, 107, 190~191
충동(성) 394, 396

ㅋ

쾌락 59, 194~195, 207, 243, 295, 303, 407~408

ㅍ

표기 22, 36, 41~42, 44, 51~52, 54, 59, 65, 68~69, 83, 110, 113, 135, 200, 222~223, 238, 240
표지 38, 61, 80~82, 86, 102, 119, 124, 200, 221, 223, 225~226, 240, 326, 359, 368, 395~396, 400
피조물 19, 55, 72~75, 83, 95, 190, 204, 211, 213, 272, 297, 350, 368, 382
필연성 19, 27, 47, 63, 232, 241, 246, 288, 307, 422
논리적 필연성 386~387
물리적 필연성 387
형이상학적 필연성 380

ㅎ

행동 22~23, 67, 106, 130, 145, 199, 243, 251, 268, 284, 294~295, 316, 324, 326, 335, 348, 394, 396, 399, 402, 421, 423
현상 59~60, 77~78, 90, 139, 176, 183~184, 191, 206, 208, 211, 228, 232, 295, 305, 310~311, 344
현실태 57~58, 194
형상 63, 73~74, 77~79, 90~91, 97, 110, 166, 271~272, 344, 366
실체적 형상 71, 89~91, 131~132
형태 32, 45, 76, 83~84, 88~89, 92~94, 96~97, 110, 133~134, 146~147, 149~150, 155, 173, 195~196, 214, 227, 286~287, 368, 423
확실성 161~162, 164, 176, 180~182, 184, 210~211, 221~223, 232, 248, 253, 256, 278, 288, 293~296, 298~299, 303~304, 310, 337, 374, 385, 394
환영 210~211, 228~229, 399
감각적 환영 228~229
활동 25, 83, 110, 219, 288, 343, 431
힘 191, 231, 280, 396

인명 및 학파

가상디 182
갈릴레이 413

니콜 320, 417

데모크리토스 45
데카르트(주의자) 55, 90, 172, 237, 258~259, 283~285, 312, 343~344, 370~371, 413

로베르발 234~235, 237, 246

메나즈 86, 92, 337
모어, 헨리 131, 133
몰리뉴 260

바울 380, 382, 395
바이겔 201, 434
베르길리우스 88, 396, 413~414
벨 390
보일 61, 312

소요학파 ⇒ 아리스토텔레스
소치니주의자 384~385, 387
소크라테스 273, 396
스콜라 철학(자) 27, 46, 57, 71, 83, 90, 97, 107, 117, 191~192, 233, 242, 249~250, 255, 267, 271~272, 284, 292, 299, 351~353, 357, 359, 361, 390
스피노자 312, 326
시라노 157, 343

아르노 234~235, 419, 437, 441
아르키메데스 177~178, 247, 249, 306, 308, 370
아리스토텔레스 57, 130, 133~135, 146, 177~178, 180, 208, 237, 253, 255, 264, 273, 277, 304~305, 332, 350, 365~366, 390
아우구스티누스 43, 299, 390, 392~393, 417
아폴로니우스 160, 178, 234
에피쿠로스 132, 182, 326
올덴부르크 312, 436~437
유클리드 163, 177~178, 199, 234~236, 238, 243~244, 246~247, 253, 268, 306, 308, 354, 361, 370, 413, 427~428

츠빙글리(주의자) 387, 391~392

카르다노 363
카이사르 43, 296, 329, 339, 373
칼뱅(주의자) 319, 412
케플러 134, 343
코메니우스 237, 401~402
코페르니쿠스 181, 413~414
키케로 43, 212, 280

파스칼 331
파푸스 305, 362, 370
프로클로스 178, 268
플라톤 132, 135~136, 146~147, 178, 291
피타고라스 130, 249

하위헌스 331, 342
헤로도토스 126, 338~339
홉스 19, 218
히포크라테스 250, 313

지은이

:: 고트프리트 빌헬름 라이프니츠 Gottfried Wilhelm Leibniz, 1646-1716

1646년 독일 라이프치히에서 태어났다. 아버지는 법률가이자 라이프치히 대학의 도덕 철학 교수였으나 라이프니츠가 6세 때 돌아가신다. 어린 라이프니츠는 아버지가 남긴 장서와 서재를 놀이 공간 삼아 독학으로 그리스어와 라틴어를 익히고, 아리스토텔레스의 논리학 서적 등 많은 고전을 읽고 논리학과 형이상학의 문제에 관심을 가졌다고 한다. 1661년 15세 때 라이프치히 대학에서 철학 공부를 시작했고, 이후 예나 대학에서 수학 강의를 들었으며 다시 라이프치히로 돌아와 법학을 공부했다. 1666년 라이프치히 대학에 박사학위를 신청하였으나 어리다는 이유로 거절당하자 뉘른베르크의 알트도르프 대학으로 옮겨 1667년 『법학에서 복잡한 사례들에 관하여(*De casibus perplexis in jure*)』라는 논문으로 탁월한 능력을 인정받으며 법학박사 학위를 받았다.
라이프니츠는 믿을 수 없을 정도로 많은 양의 독서와 공부를 통해서 철학뿐만 아니라 수학, 법학, 논리학, 신학, 역사학, 언어학, 자연과학, 공학 등에서 수많은 기여를 한 인류 최고의 지성이다. 미적분 계산법의 발견과 사칙연산이 가능한 계산기의 발명 그리고 현대 디지털 컴퓨터의 기반이 되는 이진법 수 체계는 수학자로서의 업적이고, 에너지 보존 법칙의 발견과 뉴턴의 물리학에 대적할 만한 새로운 운동이론인 동역학을 고안한 것은 물리학자로서의 업적이다. 뉴턴과 달리 시공간의 상대성을 주장한 것은 아인슈타인의 상대성 이론을 예견한 것이라 할 수 있으며, 자연의 프랙털(fractal) 구조에 대한 아이디어는 오늘날 프랙털 우주론의 시초로 알려져 있다. 논리학자로서 라이프니츠는 일반학 기획과 보편기호법에 대한 연구 그리고 논리 계산법을 통해 현대 기호논리학의 시작을 알리는 업적을 남기기도 했다. 그 외에도 신구교의 통합, 광산 개발, 학술원 설립, 중국 선교사와의 서신 교환 등 많은 분야에서 지대한 흔적을 남겼다. 라이프니츠는 철학, 역사, 수학, 정치학, 자연과학의 영역에서 매우 많은 저작과 서신을 남겼고, 아직까지 출판되지 않은 저작들도 많다. 미발간 저작들이 모두 출판되고 연구된다면, 그가 인류 지성사에 남긴 업적과 영향도 더 많아질 것이다.
1703년에서 1705년 사이에 집필된 것으로 알려진 『신인간지성론』은 로크의 『인간지성론』에 대한 비판서이자 자신의 철학을 대중에게 알리려는 목적으로 쓴 저작이다. 이 책에서 라이프니츠는 로크의 경험론적 인식론을 비판적으로 고찰하면서 합리론적 인식론의 주요 원리와 이론을 제시하고 그 인식론을 떠받치고 있는 그의 형이상학 체계를 소개한다. 독자들은 본유 관념 혹은 본유 원리의 존재에 대한 인정과 미세 지각 이론, 논리적 추론과 증명에 의한 지식, 무한 개념과 연속성의 법칙 등을 통해서 그것을 확인할 수 있을 것이다.

옮긴이

:: 이상명

독일 뮌스터 대학교에서 철학, 라틴어, 프랑스어를 공부하고 베를린 자유대학(FU-Berlin)과 공학대학(TU-Berlin)에서 철학을 공부한 후 베를린 공학대학교에서 『라이프니츠의 물체의 형이상학(*Die Metaphysik des Körpers bei G. W. Leibniz*)』(Berlin, 2008)으로 박사학위를 받았다. 2006년 8회 국제 라이프니츠 학회(VIII. Internationaler Leibniz-Kongress: Einheit in der Vielheit)에 참여한 바 있다. 현재 숭실대학교 베어드교양대학 교수로 재직하고 있다. 서양근대철학회에서 활동하며 『서양근대 윤리학』(2010)과 『서양근대 종교철학』(2015)을 함께 집필했고, 『자유와 운명에 관한 대화 외』(2011), 『라이프니츠와 아르노의 서신』(2015)을 우리말로 옮겼다. 주요 논문으로 「라이프니츠: 변신론과 인간의 자유」(2011), 「연속합성의 미로: 아리스토텔레스와 라이프니츠에 있어 무한 분할의 문제」(2012), 「라이프니츠 철학에서 기호와 인식」(2016), 「홉스와 라이프니츠: 기호의 기능」(2016), 「라이프니츠의 정의에 관한 두 저작: 1. '필연적 진리로서 정의'에 대한 고찰」(2017), 「라이프니츠의 「새로운 체계」와 기계 형이상학」(2018) 등이 있다.

한국연구재단총서 학술명저번역 서양편 627

신인간지성론 2

1판 1쇄 펴냄 | 2020년 11월 30일
1판 2쇄 펴냄 | 2021년 10월 18일

지은이 | 고트프리트 빌헬름 라이프니츠
옮긴이 | 이상명
펴낸이 | 김정호
펴낸곳 | 아카넷

출판등록 2000년 1월 24일(제406-2000-000012호)
10881 경기도 파주시 회동길 445-3
전화 | 031-955-9511(편집)·031-955-9514(주문)
팩시밀리 | 031-955-9519
책임편집 | 박수용
www.acanet.co.kr

Printed in Paju, Korea.

ISBN 978-89-5733-712-7 94160
ISBN 978-89-5733-214-6 (세트)

이 도서의 국립중앙도서관 출판시도서목록(CIP)은
서지정보유통지원시스템 홈페이지(http://seoji.nl.go.kr)와
국가자료공공목록시스템(http://www.nl.go.kr/kolisnet)에서 이용하실 수 있습니다.
(CIP 제어번호: CIP2020046830)